U0005485

BREVERTON'S
PHANTASMAGORIA

A Compendium of Monsters, Myths and Legends

奇幻圖鑑

不可思議的怪物、神話、傳說

蒐羅史上最神秘的奇幻與怪異人事物

一本關於神話、傳說和神人、妖獸、怪物真相的精美插圖大百科。

泰瑞·布雷文頓————著
Terry Breverton

林捷逸————譯

序 言

細數世上每個文化，我們都在成長過程中對特定事物深信不疑，然後隨著年歲增長便漸漸不再信以為真。例如西方文化裡，每個國家都有一位聖尼古拉（基督教聖徒，被認為是悄悄給人贈送禮物的聖徒。）或稱聖誕老人，或叫聖誕老公公，我們只在孩童時期才相信有這號人物。其他例如天使與惡魔的概念，許多人長大後也隨之拋棄，然而朋友與夥伴的概念可能就被保留下來。對某些人而言，「害怕妖怪」與害怕黑暗可能終其一生無法擺脫。許多宗教訴說同樣的故事，其中例如「大洪水」這樣的故事是根據數千年前的真實事件而來。

許多園丁堅信植物會對語言和音樂有所回應，古老的泛靈論者（萬物皆有靈性）也抱持相同看法。許多故事跨越了不同文化，例如亞瑟王傳說和《一千零一夜》，它們重現在現代小說裡成為新情節的基石。有些難以置信的怪獸是根據旅人的傳說，結果卻是真有其獸。其他例如巨大鳥禽也許是根據已經滅絕的物種。人類總是對自己的祖先感到著

迷，而且從語言文字出現之後便流傳著洋洋灑灑的故事。大量關於怪獸、幽靈和奇妙生物的傳說遍及許多文化。今天，儘管我們能隨時取得資訊，對不同國家、動物和自然奇景的了解也遠多於以往，然而我們仍津津樂道於祖宗的故事，且從他們身上獲益匪淺。

「魔幻燈影劇場」是一門創造超自然幻覺的藝術，集合了各種鬼魅幻影。這名稱始於十八世紀一種投射鬼影的表演，一具經過修改的投影機將惡魔、骷髏和幽靈等駭人影像，投射在牆壁、煙霧或半透明布幕上，有時還用到背面投射的技術。使用多台投影機還可迅速切換不同影像。我們今天了解到，一些所

謂的幽靈與惡魔是源自現實生活或過往
經歷的事件，我們祖宗先輩在擁有較少
知識與資訊的情況下，透過神話、傳奇
故事與宗教等途徑，去解釋他們無法理
解的事物。

　　本書打算保持趣味性，動筆時也已
經預期到三千年後的子孫會如何看待我
們，如同我們覺得人類祖先既原始又非
理性一樣。然而，某些信念、地點、人
物和動物從各方面來看就是很「奇妙」
與「神秘」。如果生命的多元性以及歷
史如何塑造我們不再讓人驚奇，也就看
不到生命目標了。這是一個奇妙、令人
振奮的星球，它的過去與未來都充滿驚
奇。

　　本書首先描述奇特有趣的人物，
他們貫穿歷史影響我們的認知。接著是
世界各地的神話怪獸與鬼魅。然後是人
們曾經找出或發現的動人神秘地點。接
續章節帶來從天使到奇特生物的飛行傳
說，此外還有深海與河川的神秘事物，
緊接著是藏寶傳說。從古至今奇特神秘
的人造製品接著出現，最後列舉了那些
有事實根據的「怪獸」和神話。最重要
的，本書旨在趣味性。我希望它能鼓勵
讀者的好
奇心，對
我們生活
的世界做
出更深入
的研究。

Contents | 目錄

第一章

詭秘、神奇與不可思議的人

亞當與夏娃

英國動物學家理查·道金斯（Richard Dawkins）在他的著作《伊甸園外的生命長河》（*River Out Of Eden*）裡，用一個複雜數學模型追溯我們共同的祖先，大約是二十五萬年前活在非洲的一位女性。他提到，「必定存在使這主張得以成立的一位女性。僅有的爭議是她活在哪個地點，哪個年代。她的確曾在某時某地存活過，這項事實無庸置疑。」道金斯是知名的無神論者，但此科學論證的「原始女性」或者非洲夏娃，也可以被那些信仰上帝的人用來證明他們的信念為真。

煉金術士

許多我們稱之為「煉金術士」的人，不僅一心想把如銅和鐵的卑金屬煉製成銀和金，也真的想去理解化學作用。大部分煉金術士由衷相信人類丟失了「古人的祕密」，於是回首過往以便重新發掘他們的技術。許多人支持亞里斯多德關於物質四元素的理論。所有物質被認為生於原始混沌的材料，唯有賦予「形式」後才變成真實存在。來自原始混沌的「形式」創造出火、氣、水、土四元素。這些「簡單實體」以不同比例混合在一起的結果，產生出無限多樣的生命與物質。每個元素具有四種原始「性質」的其中兩種。火有熱和乾的性質；氣有熱和濕的性質；水有冷和濕的性質；土有冷和乾的性質。每個元素中的一種性質占有優勢：火是熱，氣是濕，水是冷，土是乾。經由「煉製」，任何元素透過共同具有的性質可以變成另一個元素。氣透過濕為媒介可以變成水，火透過熱為媒介可以變成氣，以此類推。嘗試轉變物質的手段是火烤、鍛燒、溶解、蒸發、升華和結晶。如果銅和金是火、氣、水、土依不同比例構成的物質，那麼改變銅的元素比例就能得到想要的元素比例。因此煉金術士希望改變卑金屬的元素比例，做出例如銀和金的稀有金屬元素比例。煉

金術士受到秘密誓約的限制，用複雜編碼寫下他們的配方。直到十六世紀末，煉金術士才開始脫離古典理論，成為我們今天稱之為的化學家。然而，即使到了十八世紀，如艾薩克·牛頓（Isaac Newton）這樣卓越的科學家也仍在研究煉金術。

▌來自外太空的外星人

天文學家估計宇宙裡有成千上萬顆恆星，極有可能的是許多恆星都有行星環繞。我們知道太陽系有八大行星，一些矮行星包括：穀神星（Ceres）、冥王星（Pluto）、賽德娜（Sedna）、鬩神星（Eris）等等，我們附近區域的銀河系裡還有 429 顆太陽系外行星。如今，美國航空暨太空總署（NASA）宣稱，它的克卜勒太空望遠鏡又已發現七百顆疑似的新行星，其中 140 顆與地球大小相仿。慶幸的是聯合國已挑選一位「負責人」，當有來自這些行星的任何通信或造訪時可以代表我們地球人。如同所有依賴大眾資金成立的非民選龐大組織一般，聯合國有許多目的與用途

不明的委員會。其中之一就是聯合國外太空事務署（UNOOSA），主任是馬來西亞女性天體物理學家馬茲藍·奧斯曼（Mazlan Othman），她自 2010 年起被正式任命為地球去跟外星人交涉對話的「負責人」。

UNOOSA 實際監督 1967 年簽署的《外太空條約》（*The Outer Space Treaty*），聯合國會員國據此同意為保地球免受外太空物種污染，將對他們施以「滅菌處理」。超過四十年的時間裡，這都是地球對外太空訪客的的官方政策。即便 1977 年發射的兩艘航海家探測船上攜帶的訊息說：「我們跨出自己的太陽系進入宇宙，只為尋找和平與友誼。」訊息由當時聯合國秘書長寇特·華德翰（Kurt Waldheim）所錄製，他年輕時還曾加入納粹，駐紮在奧斯威茨（Auschwitz）集中營外，那裡正是種族滅絕發生的地方。史蒂芬·霍金（Stephen Hawking）教授就曾警告人類嘗試尋找外星生命的危險：「我想他們是存活在巨大的太空船裡，早已耗盡自己星球的所有資源。我們的結局可能就像哥倫布（Christopher Columbus）第一次登陸美國那樣，對美國原住民而言結果並沒多好。」

▌阿基米德：機械天才

阿基米德（約西元前 287 －前 212 年）出生於西西里島上希臘人居住的敘

拉古城（Syracuse），在埃及的亞歷山大城（Alexandria）接受教育。他後來回到敘拉古城，在此耗費餘生致力於各個領域的研究實驗。阿基米德曾建造一種蒸汽大砲，對著圍攻敘拉古城的羅馬艦隊發射火焰彈。在李奧納多·達文西（Leonardo da Vinci）的素描裡有繪製蒸汽大砲，據說是出自阿基米德之手。

阿基米德為敘拉古城抵禦羅馬人建造了許多武器，由幾個巨大凹面鏡所構成，以便聚焦陽光讓羅馬船隻著火。是所謂的「熱射線」武器。現在用高度拋光的銅盾便能重現此武器，讓塗覆柏油的小木船著火。2010 年，一位義大利教授西撒·羅西（Cesare Rossi）主張說，陽光熱射線與蒸汽大砲這兩樣發明其實是同一個設備。他認為阿基米德並非直接將陽光反射到行進中的船隻上，而是利用鏡子加熱裝水的「鍋爐」，為他的原型大砲提供動力。凹面鏡將陽光聚焦在一個水槽上。水沸騰後的蒸氣壓力便能發射大砲，把火焰彈投向羅馬人，比歐洲開始用火藥還早了 1500 年。羅西構思他自己的版本，他說加熱砲筒只需一盎司的水轉換成蒸氣，即可投擲 13 磅（6 公斤）的砲彈到 500 呎（150 公尺）遠的距離。羅西認為砲彈是用黏土做成，裡面填充被稱為「希臘

火」的易燃混合劑，一種包含硫磺、瀝青、松脂和氧化鈣的致命組合，落在羅馬槳帆船塗抹柏油的木製甲板上會像燃燒彈一樣炸裂。

日後的阿拉伯文獻引述到阿基米德在數學與機械上的進步，包括造出水鐘這類水力裝置。他的《浮體論》（*On Floating Bodies*）為船隻的浮力與穩定性建立了物理基礎。長久以來人們對此一無所悉，而且歷經好幾個世紀，直到他將傑出見解實際應用在船隻的設計與安全評估上。阿基米德也是那年代最偉大的數學家。他對幾何學的貢獻徹底改變了這門學科，他的逼近法也為微積分埋下伏筆，這比艾薩克·牛頓和哥特佛萊德·萊布尼茲（Gottfried Leibniz）早了兩千年。他實用的發明涵蓋了各式各樣機械，包括滑輪與阿基米德式螺旋抽水機。他在力學上定義了槓桿原理，發明滑輪組也有他一份功勞，還有水力螺桿可把低處的水送往高處。他曾提到自己在槓桿上的研究成果：「給我一個支點，我就能撐起地球。」他最著名的就是發現流體靜力學定律，一般稱為「阿基米德原理」，說明一個物體浸在流體中受到的浮力，等於它所排開流體的重量。

當敘拉古城被攻佔時，阿基米德被一名羅馬士兵殺死。據說那時他太

專注於計算，竟然警告這士兵別打擾他。西塞羅（Cicero）曾來參拜阿基米德的陵墓，上方圓柱墓碑內有個鑿出的球體空間。阿基米德證明了球體的體積和面積是它外切圓柱體之體積和面積的三分之二，並視之為自己最重要的數學成就。他的眾多發明在此不及備載，從里程計到滑輪舉重系統都有，但在敘拉古城淪陷後，羅馬將軍馬克盧斯取走了兩樣輔助天文觀測的機械裝置，它們能顯示太陽、月亮和五大行星的運行。這是機械式天象儀或稱太陽系儀，阿基米德或許也曾設計過它們運作時需要的差速齒輪裝置，如安提基特拉機械（古希臘時期為了計算天體在天空中的位置而設計的青銅機器，屬於模擬計算機）。

1906 年，一份十三世紀 174 頁的羊皮祈禱書在康斯坦丁堡（Constantinople）被找到。它被發現是再生羊皮書，先前墨跡被刮除後又被拿來書寫。原始文件顯示的十世紀手抄本裡有七篇佚失的阿基米德著作，包括僅存的《浮體論》希臘原文抄本。

▎頭巾女士

分析甘迺迪總統於 1963 年在德州達拉斯被暗殺的影片，一位神秘的女士被捕捉入鏡。她身穿棕色外套，頭上包著頭巾。這樣的穿著風格類似於俄羅斯老奶奶的風格。她似乎拿著被認為是攝影機的東西舉在面前，而且出現在許多現場拍攝的照片裡。當大部分人逃離那地區時，她卻依然不動繼續拍攝。不久之後，她被看見往埃爾姆大街離開。美國聯邦調查局（FBI）公開要求這女士應該挺身而出並交出她拍攝的影片，但她從未現身。沒人知道頭巾女士的身分，她在那裡做什麼，以及為什麼不現身交出證據。

▎荒原上的禿頭人與獨眼的阿里馬斯皮人

大約西元前 450 年，希臘歷史學家希羅多德（Herodotus）寫道：「放眼塞西亞人（Scythians）的國度（當今的土庫曼 Turkmenistan），我所提到的廣闊土地都是一片平坦，土壤厚實；在此之後你會進入崎嶇多石的地區。穿過這塊綿延的丘陵地帶後，你會來到高山底下的禿頭人聚落，這裡的人可說是不分男女，從出生以來就是禿頭，有著扁平鼻子和很長的下巴。他們吃某種樹果為生，這植物叫黑樹；它的大小相當於我們的無花果樹，結的樹果像豆子，裡面有果核。果實成熟後，他們用布包住擠壓；流出的是黑色濃稠汁液，當地人稱它為『艾許』（aschy）。他們用舌頭舔食汁液，也會混合牛奶當飲料；他們用固體殘渣做成糕餅，吃這些糕餅代替肉類；因為他們國家只有少量羊隻，那裡不適合放牧……所以，到這邊為止，這個地區的情況大家都清楚了；但是比

亞瑟王 —— 歐洲最有影響力的傳説

亞瑟王的年代在英國史中是最有爭議的部分之一。它在威爾斯被稱為「聖徒時代」（The Age of Saints），歐洲其他各地則視為「黑暗時代」（The Dark Ages）。

亞瑟是六世紀居爾特族的軍事領袖，圍繞他的是關於卡美洛（Camelot）、關妮薇（Guinevere）、梅林（Merlin）、蘭斯洛特（Lancelot）、聖杯（The Holy Grail）、漁人國王（Fisher King）、加拉哈德爵士（Sir Galahad）、摩根勒菲（Morgan le Fay）、黑騎士與圓桌等等神話。他擊退了撒克遜人來自東方的威脅，平定北方與西方的皮克特人。

直到十九世紀，亞瑟一直被認為是真有其人，他是亞瑟路易斯（Athrwys）或亞瑟麥爾（Arthmael）王子——威爾斯語的熊王子，格溫特國王（King of Gwent）之子（筆者寫了超過二十本關於威爾斯歷史的書，認為可以排除其他聲稱為亞瑟的人物了）。他的兒子摩根（Morgan）後來成為格拉摩根（Glamorgan）國王。格溫特國王之子居住在格拉摩根－格溫特，文件記載他是此地三代國王的子嗣，這個地區是由西盧爾人（Silures）裡的居爾特族所控制。格拉摩根的玻凡頓（Boverton）被認為是他其中一處王宮所在。超過一百位的六世紀威爾斯聖人都跟亞瑟有關係，同時也跟統治格拉摩根－格溫特的諸位國王有關聯，這是早在中世紀傳說以前的故事裡就有描述的。

禿頭人更遠的北方還有一塊，沒人能夠明確交待的區域。高聳險峻的山脈從來沒人能跨越，阻礙了向前推進。據禿頭人說，但對我而言不太可信，就是住在這些高山上的人有著如山羊般的足蹄；而且通過他們之後你會發現另一人種，他們一睡就是半年。後面的陳述似乎相當不值得採信。在禿頭人東邊的地區是眾所皆知的伊賽涅斯人（Issedonians）居住地，但在這兩個國家北方的大片區域則是完全未知，除了他們提供的描述……更遠區域只能透過伊賽涅斯人的描述得知，他們說的故事則是獨眼民族和看守黃金的獅鷲。這些故事是塞西亞人從伊賽涅斯人那兒聽來的，然後再傳給我們希臘人：就這樣，我們給獨眼民族取了塞西亞名字叫阿里馬斯皮（Arimaspi），『阿里馬』（arima）在塞西亞語是『一』的意思，『斯波依』（spû）是『眼睛』的意思。」

▌報喪女妖

報喪女妖（BANSHEE）是愛爾蘭和居爾特民間傳說裡的超自然物種，有時被稱為「精靈女子」（the woman of the fairies）。她在夜裡尖叫或哭嚎的聲音預告了家族成員或聽到此聲的人

的死訊。報喪女妖有時化身為老太太的模樣，走過將死之人的屋前窗下。在愛爾蘭，一般相信報喪女妖只會對純愛爾蘭後裔提出警告。至於在威爾斯有個相似的人物叫「霧中鬼婆」（gwrach y Rhibyn），也只造訪純威爾斯血統的家族。

▌「保加利亞人屠夫」巴西爾

西元 976 到 1025 年，「保加利亞人屠夫」巴西爾（Basil）在拜占庭統治東羅馬帝國。巴西爾領導拜占庭帝國在東邊的領土擴張，最後完全征服了帝國在歐洲的頭號勁敵保加利亞。他去世的時候，帝國版圖從南義大利到高加索，多瑙河到巴勒斯坦邊界，是四個世紀前回教世界崛起後領土擴張最大的一次。

巴西爾於 976 年登基時，保加利亞開始襲擊拜占庭領土。於是巴西爾釋放了他所俘虜

的保加利亞前沙皇鮑里斯二世（Boris II），希望內部的權力鬥爭可以削弱保加利亞。然後巴西爾在 986 年入侵保加利亞，圍攻索菲亞城（Sofia），但在圖拉真之門（Gates of Trajan）戰役遭到頑強抵抗而敗退。保加利亞沙皇薩穆伊爾一世（Samuel I）鞏固了他的勝利，奪取亞得里亞海到黑海之間的土地，並且襲擊希臘。1000 年以後，巴西爾解決內亂與阿拉伯人後，開始全力對付保加利亞的威脅，從此不斷在保加利亞境內發起戰端。薩穆伊爾在西馬其頓山區的核心領土變得孤立，1009 年在塞薩洛尼基（Thessaloniki）附近遭受挫敗。1014 年，經過 15 年的戰爭後，巴西爾在克雷迪昂（Kleidion）戰役運用策略戰勝保加利亞軍隊，薩穆伊爾落得僥倖逃脫。據說巴西爾俘虜了 15,000 人，每 100 人就挖除 99 人的眼睛。剩餘的 150 人領著盲人回去找他們的統治者。薩穆伊爾看到瞎眼軍隊驚駭不已，兩天後便因為這致命一擊而身亡。這件事讓巴西爾獲得「保加利亞人屠夫」的稱號。因為巴西爾的殘酷行為，保加利亞人又抗戰了四年，但最後在 1018 年俯首稱臣。

▌「血腥伯爵夫人」
伊莉莎白‧巴托里

伊莉莎白‧巴托里‧迪艾切德（Elizabeth Báthory de Ecsed，1560 － 1614）伯爵夫人在人們記憶裡就是「卡克特采的血腥夫人」（Bloody Lady of Čachtice），取名來自於她在斯洛伐克居住的城堡。據說伯爵夫人年輕時非常漂亮，但歲月摧殘了她的美貌，便求助於「巫術」來保持青春。僕人多蘿卡（Dorka）告訴她說若要恢復美貌，可以在清晨四點的「魔法時刻」浸浴在處女的鮮血裡。這治療未見成效，於是多蘿卡對伯爵夫人說她應該折磨女孩，讓鮮血潑灑在臉上才能使咒語生效。

於是地方上的女孩開始被綁架、折磨與殺害。城堡下方的村民活在伯爵夫人的恐懼中，但他們害怕得不敢採取行動。她的僕人被帶去審問，最後揭發她折磨與謀殺了 80 名年輕女孩的罪行。兩名伯爵夫人的女僕被判決拔掉指甲，然後綁在火刑柱上燒死。然而伊莉莎白‧巴托里因為她的世族身分，既沒受審也沒定罪，只被軟禁在卡克特采城堡沒有窗子的房間內，四年後被發現死在裡面。從此之後，她與吸血鬼弗拉德（Vlad the Impaler）齊名，還被稱為「德古拉伯爵夫人」（Countess Dracula）、「血腥伯爵夫人」。

來自外西凡尼亞（Transylvania）顯赫貴族世家的她身為新教徒，跟天主教的哈布斯堡王朝神聖羅馬帝國皇帝敵對。皇帝馬提亞斯（Matthias）因為積欠她們家族金錢而曾壓下死刑判決，她死後便順利成章沒收她的領地與財富。

▌老寶兒 —— 古老部落的最後一人

位於印度外海 750 哩（1200 公里），矗立了六萬五千年的安達曼群島

食人家族

歐洲最不可思議且真實發生的故事之一，是十五世紀蘇格蘭艾爾郡（Ayrshire）海岸一個恐佈的食人家族，他們犯下規模嚇人的殺人罪行。這個大約48人的家族以索尼‧賓恩（Sawney Bean）為首，不但近親亂倫，還俘虜並吃掉路過的旅客。他們被發現藏身在海邊洞穴，裡面盡是醃漬的屍塊和從被害人那兒掠奪來的贓物。家族成員被帶到愛丁堡，男人不經審判直接燒死。女人與小孩被砍斷手腳流血至死。其罪行被害人總計超過一千人。

（Andaman Islands），有一個居住在這兒的獨特部落，最後一位成員在2010年二月去世了。

大安達曼人有十個原始部落，老寶兒（Boa Sr，1925-2010）是其中波族（Bo）的最後一人。享年85歲的她是最後一個會說波語的人，由於與其他大安達曼人部落的語言不同，她已經有好多年無法用自己的語言交談，因為倒數第二個波族人已經逝去。波族最後的國王在2005年去世。老寶兒逃過2004年造成超過三千五百名島民喪生的海嘯。附近的加洛瓦（Jarawa）部落則住在遠離殖民者的森林裡。僅有兩百至三百人的加洛瓦部落生活在游牧帶，獵取野豬和蜥蜴為生，與外面世界少有接觸。小安達曼島的翁奇（Onge）部落大約只有一百人。桑蒂納爾（Sentinel）部落住在他們自己的北桑蒂納爾島，與外人沒有接觸。2004年的海嘯之後，他們被拍攝到用箭射向試圖協助他們的直升機。

歐洲各國妖怪名稱

在歐洲許多國家，妖怪（bogeyman）或惡鬼（boogyman）是用來嚇唬小孩的可怕怪物，被想像成躲在臥室門後或床鋪底下。在荷蘭則被認為是藏在水下。

這名詞變成了一種象徵，代表我們無緣由會害怕的人物或東西。甚至運動迷會以bogey team代表可怕的隊伍，說的是他們非常難被打敗。父母經常用妖怪來教訓沒禮貌、咬指甲或吸拇指的小孩，告訴他們說「妖怪會來抓你！」有些人相信這字眼來自於對「Old Boney」（老怪物）的畏懼，那人就是拿破崙·波拿巴（Napoleon Bonaparte），英國人給他取的綽號叫可怕的人（Boneyman）。另外有人認為起源是中世紀英語「bugge」或蘇格蘭語「bogle」或威爾斯語「bwg」，意思是妖精或幽靈。

此外，麻六甲海峽的布吉人（Bugis）海盜也被返航的水手稱為「bugismen」。妖怪會被聯想成惡魔，公認的源頭是斯拉夫語的「bog」（神）。英文對應的字眼是bugabow、bugaboo、bugbear和boggle－bo，過去都是用來指稱遊行前往五朔節花柱（西方春季節日五朔節時會用花飾裝飾的柱子）時高舉的異教神像。

「humbug」這字源起於挪威語的「hum」（夜晚）加上bog或bogey，原本是指夜晚精靈。如果你不相信某個花俏的事，你會說「humbug！」（耍花招）。「bug」這字源起於威爾斯語的bwg（精靈），也用來稱呼昆蟲，因為人們相信昆蟲是在尋找重生的靈魂。其他源起於bog的還有蘇格蘭語的bogle，約克夏語的boggart，英語的Pug、Pouke和Puck，愛爾蘭語的Pooka，威爾斯語的Pwcca。丹麥語的

13

Spoge 和瑞典語的 Spoka 則是衍生出我們所說的 spook（精靈）。

在德國，妖怪被稱做 der Schwarze Mann（黑人），因為他藏身黑暗之處，像是夜晚森林中，或者漆黑臥室的櫥櫃裡或床底下。在義大利，與妖怪同義的也是「l'uomo nero」（黑人），一個高大男子穿著厚重黑外套，戴了黑帽遮住他的臉。

有時父母會在桌子底下大聲敲擊，假裝有人在敲門，然後說：「黑人來了！他一定知道這裡有個孩子不願喝湯！」黑人並不被認為會吃掉或傷害小孩，但會帶他們到一個神秘又可怕的地方。在伊朗，淘氣孩子被警告可怕的 Lulu－Khorkhore（吃掉所有東西的妖怪）來了，好讓他們乖乖吃飯。西班牙的妖怪被叫做 El Cuco 或 El Coco，一個外形不定的角色，有時是長毛怪獸，它會吃掉被叫去睡覺時不聽話的小孩。父母會唱著搖籃曲，或對小孩唸著韻文警告說，假如不睡覺，El Coco 就會來把他們抓走。韻文源自十七世紀而且歷經多年衍變，但仍保有原始意義。這名詞也被用在講西班牙文的拉丁美洲國家裡。在瑞典，妖怪是指

Monstret under sängen，基本意思是「床底下的怪獸」。

勞勃・波義耳與未來預言

勞勃・波義耳（Robert Boyle，1627－1691）是 1660 年英國皇家學會（The Royal Society）的創始成員，與艾薩克・牛頓同一時期，這位卓越科學家列出了他的願望與對未來的預言。在平均壽命四十歲的年代，波義耳預言了人的壽命會大幅增長，以及「恢復青春，或者至少恢復年輕特質，例如年輕時的新牙和髮色。」他的 24 項預言幾乎全都實現，例如「任何風向條件下都能行走的船，不會沉沒的船」；「經由喝茶可以像瘋子一樣不必睡太多」；「強效藥物可以改變或增強想像、清醒、記憶與其他功能，並且舒緩疼痛，獲得適當睡眠，做一些無害的夢等等」；「製造更輕且極堅硬的盔甲」；「加速種子發芽生長」；「可行且精確的方式找出經度」；「飛行的技術」；還有「遠距離醫療或器官移植」。

布拉漢先知

來自路易斯島（Isle of Lewis）烏伊格（Uig）教區的布拉漢先知（Brahan Seer， 約 1650 － 1677），蓋爾特語本名叫寇雷尼・裘達（Coinneach Odhar）。他出生於錫福斯

（Seaforths）伯爵領地，被認為是麥肯齊（Mackenzie）氏族的一員。成為出名的占卜師後，他受邀到丁沃爾附近的布拉漢城堡，為錫福斯伯爵三世的肯尼斯・麥肯齊（Kenneth Mackenzie）工作。人們認為他利用一個中間有洞的石頭讓自己開天眼。傳說他預言了血腥的庫洛登（Culloden）戰役。他預見斯特拉佩佛（Strathpeffer）將充滿尋找健康和愉悅的人潮。自從十八世紀發現礦泉之後，這裡真的成為受歡迎的溫泉療養地。根據一份資料，布拉漢先知預言薩瑟蘭凱爾河（Kyle of Sutherland）上的博納橋（Bonar Bridge）將會「被一群羊隻沖走」。1892 年 1 月 29 日，這座橋被一陣洪水沖走了。目擊者說「洪流浪花就像擁擠的一大群羊。」

他說如果在斯特拉佩佛建了五座教堂，船隻將會定錨在它們的尖塔。第一次世界大戰後不久，一艘飛船的錨鉤纏住一座尖塔，實現了這項預言。先知預料印威內斯（Inverness）的尼斯河（River Ness）若有五座橋跨越時，將有遍及世界的混亂。1939 年八月時有五座橋跨越在尼斯河上，然後第二次世界大戰爆發了。他也預告若有九座橋時會有大火、洪水與災禍。第九座橋建於 1987 年，而 1988 年的北海 Piper Alpha 鑽油平台發生爆炸災難。他最著名的預言應該是「有一天船隻會繞著姆納荷里奇山（Tomnahurich Hill）背面航行」。在那年代，船運既有的水路是尼斯河，但在山的另一邊卻是現今的卡利多尼安運河（Caledonian Canal），1822 年完工的大運河將蘇格蘭一分為二。先知有四項關於費爾本這地方的預言，至少三項被認為實現了。根據其中一項預言，「費爾本（Fairburn）的麥肯齊氏族終將喪失他們全部的財產；他們的城堡變成杳無人跡，一頭母牛在塔樓最上層產下小牛。」這顯然宣告了麥肯齊氏族和錫福斯伯爵世家的衰敗。1851 年時，現已毀壞的費爾本塔樓正由一位農人用來儲藏乾草，一頭母牛在閣樓裡產下小牛。一般相信這動物是跟隨一串乾草進入塔樓，爬到最上層後困在那邊。母牛與小牛在 5 天後被帶下來，這讓人們有足夠時間去見證預言實現。不幸的是他進一步預言，人在巴黎的錫福斯伯爵正和一或多位女子發生姦情。錫福斯夫人憤怒不已，叫人把先知釘在柏油桶裡帶到加努里岬（Chanonry Point）燒死。執行日期可能是 1677 年，因為當年有一位叫「基諾奇・奧德哈爾」（Keanoch Odhar）的人因為巫術被起訴，而錫福斯伯爵三世是在 1678 年去世。

先知在柏油桶裡對著人群大叫說，錫福斯伯爵世家將滅絕在一位耳聾的伯

爵身上，兒子會比他早死。他吼著說歷代受贈的土地將被變賣，同時出現四位身體缺陷的勛爵時，便是世家滅絕時。這四位是蓋爾洛赫的赫克托‧麥肯齊爵士（Sir Hector Mackenzie of Gairloch）——暴牙；啟斯蒙的啟斯蒙（Chisholm of Chisholm）——兔唇與斜視；拉賽島的麥克勞德（MacLeod of Raasay）——口吃；還有格蘭特的格蘭特（Grant of Grant）——弱智。錫福斯勛爵最後的兒子死於 1814 年，他在大約這時候賣掉了一些土地。

▌「地獄惡魔」 卡幼斯特羅伯爵

卡幼斯特羅（Cagliostro，1743－1795）被稱為「地獄惡魔」。卡幼斯特羅的傳記作者伊恩‧麥克卡門（Iain McCalman）提到卡幼斯特羅的仇敵們：「那時代最偉大的情人卡沙諾瓦（Casanova）對他感到忌妒不已；俄羅斯女皇凱薩琳大帝（Catherine the Great）一心想要絞死他；最受推崇的德國作家約翰‧馮‧歌德（Johann von Goethe）恨他恨到快發瘋；法國路易十六國王（King Louis XVI）給他扣上危險革命份子的帽子；瑪麗‧安東尼皇后（Queen Marie－Antoinette）真想把他永遠關在巴士底獄（Bastille），因為害她捲入鑽石項鍊的詐騙；教宗庇護六世（Pope Pius VI）指控他威脅到倖存的天主教會。」

他出生於義大利的巴勒摩（Palermo），本名朱塞佩‧巴爾薩莫（Giuseppe Balsamo）。他在聖本篤修會受教育時發覺自己在藥物與化學上的天賦，但後來逃跑去加入一幫「遊手好閒」的人。17 歲時，他對煉金術與神祕學這類黑魔法感到興趣。他說服一位叫馬雷諾（Marano）的金匠說他能轉變卑金屬，要金匠給他 60 盎司黃金證明此事。卡幼斯特羅的同夥襲擊了金匠，得手不義之財的卡幼斯特羅帶著錢遊走世界各地，走訪埃及、希臘、波斯、羅德島（Rhodes）、印度和衣索比亞，學習神祕學與獲取化學知識。1768 年回到那不勒斯，他開了一家從富有的外國旅客身上騙取金錢的賭場，但被迫離開這座城市。到了羅馬，他搖身一變成為醫生，但被宗教法庭懷疑是邪門異教，於是被迫偕同新婚妻子逃往西班牙。

再回到巴勒摩後，他因被控欺騙金匠馬雷諾而遭逮捕，但是從一位煉金術士那兒詐騙大筆金錢又逃往英國。在此遇見的聖傑曼伯爵（Le Comte de St－Germain）引介他進入共濟會，並給了他煉製長生不老藥的處方。卡幼斯特羅立刻在英國、德國、俄羅斯和法國成立「埃及禮

拜共濟分會」（Egyptian Rite Masonic Lodges）。1977 年前往巴黎，他賣起藥物和長生不老藥，並且舉行降神會。路易十六感到興趣，於是接受這位伯爵款待，參加他專為取悅凡爾賽朝廷所舉辦的魔法晚宴。卡幼斯特羅成為法國朝廷最喜歡的人物之一，但是他在 1785 年捲入鑽石項鍊事件（Affair of the Diamond Necklace），這是導致 1789 年法國大革命最主要的醜聞。此事涉及詐騙珠寶商一條昂貴項鍊的買賣，受到牽連的有瑪麗・安東尼、羅昂樞機主教（Cardinal de Rohan）和卡幼斯特羅，他在巴士底獄被關了 9 個月。判決無罪後，被驅逐前往英國。卡幼斯特羅在這裡遭指控是朱塞佩・巴爾薩莫，他發表了「給英國人民公開信」全盤否認，迫使指控者撤回控告並且致歉。卡幼斯特羅在 1789 年末偕同妻子離開英國前往羅馬，重拾賣藥與降神會的勾當。不過，他企圖在羅馬成立共濟分會，所以在 1791 年遭宗教法庭逮捕。他被關在羅馬的聖天使城堡（Castel Sant'Angelo），一個原本是羅馬皇帝哈德良（Hadrian）陵寢的漂亮環形城堡，依異教、巫術、施魔法與共濟會等罪行接受審判。經過 18 個月的深思熟慮，宗教法庭判決卡幼斯特羅死刑，但被教宗減刑為終身監禁

卡幼斯特羅試圖逃亡，所以被送到蒙特費爾特羅（Montefeltro）附近聖萊奧（San Leo）城堡的獨囚室，他在

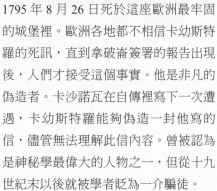

1795 年 8 月 26 日死於這座歐洲最牢固的城堡裡。歐洲各地都不相信卡幼斯特羅的死訊，直到拿破崙簽署的報告出現後，人們才接受這個事實。他是非凡的偽造者。卡沙諾瓦在自傳裡寫下一次遭遇，卡幼斯特羅能夠偽造一封他寫的信，儘管無法理解此信內容。曾被認為是神秘學最偉大的人物之一，但從十九世紀末以後就被學者貶為一介騙徒。

▌卡珊德拉的預言

卡珊德拉（Cassandra）是特洛伊普賴姆國王（King Priam of Troy）的女兒，受到神祇阿波羅所愛，所以被贈予預言能力。阿波羅期望她用愛做為回報，但被她給拒絕，所以決定讓她的預言儘管能實現，卻沒人會相信。雖然她提出警告，普賴姆國王仍答應她弟弟帕里斯（Paris）遠航至希臘。他帶著墨涅拉俄斯（Menelaus）之妻海倫（Helen）一同返回特洛伊，於是引發可怕的特洛伊戰爭。卡珊德拉警告特洛伊人別讓特洛伊木馬進入城內，但又一次被忽視。為了躲避希臘人而藏身雅典娜神廟（Temple of Athena），

她在祭壇上被小埃阿斯（Ajax）強暴，然後被當做奴隸帶走，被阿伽門農（Agamemnon）納為妾。根據埃斯庫羅斯（Aeschylus）劇作所述，她在臨死前發出的詛咒宣稱阿伽門農的血脈終將遭遇不測，就是所謂的「阿楚斯家族的詛咒」（Curse of the House of Atreus）。

▍約翰·迪伊 —— 原稱「黑傑克」的「一代魔法師」

約翰·迪伊（John Dee，1527 – 1608），威爾斯本名 Ieuan Ddu（John Black），英文原稱黑傑克（Black Jack），日後成為伊莉莎白一世的導師，在朝廷裡是個受敬重的人物，同時也是數學家、古物家、天文家、哲學家、地理學家、倡導者、占星家和間諜。約翰·迪伊在威爾斯較為人知的是一位術士與施行黑魔法的人，而非伊莉莎白女王的朝廷顧問。迪伊後來遷往佛萊明大區（Flanders）的魯汶（Leuven），因為他認為英國人本主義的教條不夠科學，他在這裡接觸到一些在數學與地理學上最傑出的人，例如麥卡托（Mercator）、奧特柳斯（Ortelius）和赫馬·費里修斯（Gemma Phrysius）。他後來到巴黎演講數學且獲得「巨大的掌聲」，這時他才23歲，然後在1551年回到愛德華六世的朝廷裡。

「一位令人驚嘆的博學之士……這位二十三歲的學者在巴黎的演講轟動全場；他在歐洲各地獲得親王們的青睞。他帶著像是直角儀這類的導航儀器回到英國，被女王、萊斯特伯爵的隨扈與西德尼斯先後召見，成為伊莉莎白時代的核心人物。」

他憑著能言善道逃過天主教對新教徒的迫害。1553 年「血腥瑪莉」（瑪莉一世）登基時，迪伊被指控「施行魔法危害女王性命」而被關進漢普敦宮。迪伊在翻譯歐幾里得（Euclid）的《幾何原本》（Elements）曾提到，他總被認為是「惡魔的同夥，召喚邪惡討厭的鬼靈」。1555 年，迪伊被英國樞密院釋放，且被帶進伊莉莎白女王的朝廷核心。

他被形容是同時具有莎士比亞筆

下人物普洛斯彼羅（Prospero）與馬洛（Marlowe）筆下的浮士德（Faust）兩種典型。「他在摩特雷克（Mortlake）擁有數量可觀的藏書，並成為英國多數探險家尋找東北與西北水路前往中國時背後的思想家，可以翻出成堆的論文、地圖、指南，並將技術、科學、擴張主義、思考、幻想和神秘學以他獨特方式融合其中。」迪伊在 1576 年為伊莉莎白女王發明「大英帝國」（British Empire）這名詞，證明她有權前往北美，因為那地方是威爾斯王子馬多格‧阿布奧瓦因‧圭內斯（Madog ap Owain Gwynedd）在 1170 年發現的。迪伊宣稱斯堪地那維亞、北極圈和美國是屬於伊莉莎白的，他用馬多格的這段歷史來證明對美洲的所有權。迪伊也對法蘭西斯‧德瑞克（Francis Drake）的環球航行提出建言，還為探險家漢弗萊‧吉爾伯特（Humphrey Gilbert）規畫出一條西北方的水路。

1581 年，迪伊開始尋找「賢者之石」和實驗水晶球占卜，這是利用一顆玻璃球或一池清澈水的占卜方式（諾斯特拉達姆斯〔Nostradamus〕也用這方法寫出他的四行詩）。根據他在 1581 年 5 月 25 日寫下的日記，迪伊在占卜中最先看到幽靈，後來幾年看到了天使烏列爾（Uriel）的景象，烏列爾給了他一塊凸面水晶，讓他能跟靈界對話。

迪伊沉迷於招魂論與煉金術，倫敦的盜賊在 1583 年譴責他的圖書館是黑暗術士的巢穴，劫走他驚人的 4000 本藏書和 70 份手稿。迪伊在 1584 － 89 年間避走波西米亞、布拉格與波蘭。1587 － 88 年間，迪伊在布拉格發布關於「強大王國即將垮臺，可怕風暴就要來臨」的預言。這些訊息經由他的贊助者皇帝魯道夫（Emperor Rudolph）傳到梵諦岡，又被轉載傳遍荷蘭，使得佔據該地的西班牙軍隊士氣瓦解。迪伊歡欣鼓舞寫了封信給女王伊莉莎白，說 1588 年西班牙艦隊的撤退證實了他的預言。然而，女王的繼任者詹姆士一世拒絕迪伊請求為他澄清關於「靈界巫師或招魂者」的這番詆毀。

迪伊的驚人智慧與神秘學行徑一旦引起懷疑，對他的流言詆毀便隨之響起，因他曾在劍橋一場阿里斯多芬（Aristophanes）戲劇演出中製作一個神奇的舞臺裝置。人們看到他的科學才華，但也看到他與神秘力量掛勾。《威爾斯傳記大辭典》（*Dictionary of Welsh Biography*）裡說：「似乎可以確定的是，如果他堅持純粹科學並迴避魔法或神秘學，他幾乎可以名列英國科學先鋒的第一人。」他的 79 篇論文大多止於手稿階段，但關於象形文字的書籍卻在歐洲各地出版，以及死後出版的《英

格蘭日記》。迪伊曾準備出版一本羅伯特·雷科爾德（Robert Recorde）的數學研究，羅伯特是他的威爾斯同鄉，也是發明「等號（=）」的人。迪伊的功勞在於製作的天文計算讓英國能採用格里曆，以及提倡歷史文件的收集與保存。迪伊是偉大的文學家與數學家，以及首批當代科學家之一。有趣的是，他也是最後一位重要的煉金術士、招魂者與水晶球占卜者。

多貢人與《天狼星之謎》

《天狼星之謎》（The Sirius Mystery）是羅伯特·坦普爾（Robert K.G. Temple）在 1976 年出版的著作，裡面描述西非馬利的多貢人（Dogon）擁有的非凡知識。

這部落顯然在幾世紀前就察覺，天狼星附近環繞著一顆肉眼看不見的白矮星，這事實直到最近才被發現。坦普爾相信多貢人的知識有五千年歷史，同時埃及在西元前 3200 年的帝國前時期也有相同知識，所以多貢人部分知識可能來自他們。現在約有四十萬至八十萬多貢人生活在尼日河以南的馬利。他們相信最亮的那顆天狼星（sigi tolo，star of the Sigui）有兩顆伴星，樸托魯（po tolo，Digitaria star）和恩美雅托魯（emme ya tolo，the female Sorghum star）。當樸托魯最靠近天狼星便是它最亮時，每隔 50 年到最遠時就閃爍得

像是數顆星。天狼星 B 是肉眼完全看不見的，「樸」是多貢人所知最細小的穀粒。天狼星 B 的存在是 1844 年透過數學計算才推論出來。

多貢人的最高神祇是創造者阿瑪（Amma），每年祭拜一次（埃及人有一個重要女神叫阿蒙 Amon）。多貢人最重要的節日是 Sigui，每 50 年舉辦一次，等同於天狼星 B 的軌道週期。最近，有些天文學家已經假設說在天狼星 A 與天狼星 B 附近還有第三顆星。

分身

這個出現在窗子上或眼角餘光的可怕人影或許是你自己。它是你的「副本」或分身（doppelgänger，德文代表極為相似的兩個人），這景象可以預告你的死亡將近。它有時被形容是具體顯現的靈魂，有時又是靈魂的投射或一股靈光，它的出現是個警訊。據稱英國女王伊莉莎白一世在她生命垂危時見到這幅景象，靜止而蒼白，過沒多久就去世了。哥德與亞伯拉罕·林肯（Abraham Lincoln）也宣稱見過他們的分身，而當俄國的凱薩琳女皇（Catherine the Great）見到自己走過來時，她命令士兵朝它開槍。沛爾希·畢西·雪萊（Percy Bysshe Shelley）在 1822 年溺死前不久看到自己的分身。記載顯示霍蘭特伯爵（earl of Holland）的女兒戴安娜·里奇女士（Lady Diana Rich）走在

花園時看到自己像照鏡子般的分身，一個月後死於天花。

長久以來人們相信，女巫可以投射自己的分身去胡作非為。結果每當穀倉燒毀、牛隻暴斃或者不管發生什麼事，許多女人就被指控是女巫而該為此負責，儘管她們毫無疑問可以證明自己根本身在他處。

一個古老的萬聖節習俗認為，如果年輕女孩在鏡子前吃蘋果時點起兩根蠟燭，就會在鏡子裡看到自己未來丈夫的可怕影像，就像從身後越過肩膀瞪著

她看。如果她膽子大到敢去墓園，而且繞著走 12 圈，她會遇上那個分身。古老習俗會在有人剛去世的房子裡遮住所有鏡子，是要避免有人看見亡者的靈光或分身。

在不同名稱下，分身在全世界為人所知，例如英國與愛爾蘭稱「fetch」（和「取」同字，因為分身會來「取」你性命）。埃及人相信靈魂有一個分身叫做 ka。人在死之後 ka 與屍體一起留在墳墓裡，靈魂則去陰間。墳墓裡有個特別區域叫做「ka 的房間」，這是保留給分身的，祭司在此為它獻祭食物、飲料與陪葬品。

▎愛蜜莉亞‧艾爾哈特神秘失蹤

愛蜜莉亞‧艾爾哈特（Amelia Earhart）是第一位飛越大西洋的女人，艾爾哈特在 1937 年與導航員佛蘭德‧努男（Fred Noonan）啟程進行環球飛行，她原訂計畫的 29,000 哩（46,670公里）航程已經完成 7000 哩（11,265公里）。接下來的航程是從巴布亞紐幾內亞飛往一個叫做豪蘭島（Howland Island）的小環礁，那裡已經建好跑道，並駐紮了美國海岸防衛隊船隻以便提供無線電導航。

不良的無線電訊號最終斷線，於是艦艇朝西北前進尋找失蹤的飛機。美國海軍發動 16 天的龐大搜尋與求援行動，找遍所有的無人島。最盛行的理論是說她在執行美國間諜任務，飛越日本掌控的區域。她的照片於 1944 年在塞班島（Saipan）上被發現，一位陸軍中士聲稱見到美國海軍陸戰隊看守著她的飛機，後來飛機被摧毀。1944年，一位陸戰隊士兵說在附近天寧島（Tinian）上看到她的墳墓，並且聽說她與努男被當做間諜射殺了。一般認為美國政府與其承認利用這位出名女英雄當間諜，倒不如掩蓋事實。同樣地，日本人不會多承認一項戰爭罪行，所以跟著否認實情。另一個理論是說飛機油料將罄，飛行員降落在無人居住的尼庫馬

羅羅環礁（Nikumaroro），因為未獲救援船隻及時援救而餓死。

腓特烈・威廉一世和「普魯士巨人擲彈兵團」

1713 年登基的普魯士國王腓特烈・威廉一世（Friedrich Wilhelm I，1688－1740）建立了一支四萬名外籍傭兵的軍隊。他喜歡非常高大的士兵，這組成了他的「普魯士巨人擲彈兵團」。擲彈兵身高至少要 6 普魯士尺，大約 6 呎 2 吋（1.88 公尺），成員來自歐洲各地。國王每年都要招募數百名新兵，並每天親自操練自己的兵團。他喜歡憑著記憶為他們畫像。並努力在外賓面前炫耀兵團，好讓他們印象深刻。有時他為了自己開心，就算臥病在床也要命令他們在面前行軍。這個包括整個兵團的隊伍由一隻當做吉祥物的熊來領隊。他從未冒險把他的「巨人」送上戰場，而且告訴法國大使說「世上最美的姑娘或女人我都不感興趣，除了高大的士兵——他們是我的弱點。」

綠人

這是一個傳說中漫步在歐洲森林中的異教神祇，也許是居爾特人或德魯依教遺留下來的萬物有靈論信仰。他通常被描繪成一個長獨角的人，從葉子做成的面具後向外凝視，這葉子通常來自橡樹。他為人所知的其他名稱有「綠傑克」、「一身綠的傑克」和「綠喬治」，代表著樹木、植物與綠葉的精靈。一般相信他有求雨的力量，讓繁茂的草地能夠餵養家畜。有時在英國教堂的裝飾可以看到他的蹤跡。

亨利四世、路易十四與數字「十四」

亨利四世是法國第十四任以及納瓦拉王國的國王，他出生於 1553 年 12 月 14 日（1+5+5+3=14）。他的妻子瑪格麗特・德・瓦盧瓦（Marguerite de Valois）出生於 1553 年 5 月 14 日（總合又是 14）。他的名字 Henri de Bourbon 有 14 個字母。他在伊夫里（Ivry）贏得重要戰役是 1590 年 3 月 14 日，但同年 5 月 14 日在巴黎有一場反對他的龐大示威。他被教宗格雷戈里十四世逐出教門，於 1610 年 5 月 14 日在巴黎遇刺。

路易十四登上王位是在 1643 年（1+6+4+3=14），死於 1715 年（1+7+1+5=14），享壽 77 歲

仙子

仙子（Fairies）是超自然的生物或精靈，或善或惡。有些人認為他們存在天堂與塵世之間的領域，其他人則認為他們住在人間。他們以不同的形態與穿著出現。例

如，矮精靈可能是綠衣綠頭髮模樣，住在地底下或石堆裡，會基於善意而施展魔力。仙子也許是嬌小纖細的雌性生物，穿著白色衣服住在仙境，對人類的態度親切和善。

愛爾蘭的拉布列康（leprechaun）通常配戴三角帽與工作裙，有善有惡。他是個迷你鞋匠，拍打鞋底時會讓別人發現他的存在，他藏了一罐金子放在不肯透露的地方，除非抓到他的人用人身安全威脅他。人類自古就相信有仙子，他們眾多形式包括印度的乾闥婆（gandharva，半神的天國樂師），希臘的寧芙（nymph），阿拉伯神話的鎮尼（jinn），還有棕仙（brownie）、哥布林（goblin）、侏儒（dwarf）、尖耳小精靈（elf）、山精（troll）、普卡（pooka）等等。

英格蘭國王詹姆士一世在他關於巫術的著作《魔鬼學》（*Daemonologie*）裡，將巫術女神命名為戴安娜（Diana），同時也是仙子之后。仙子之王叫奧布朗（Oberon），同時也是魔法師召喚的一個魔鬼。

（7+7=14）。他在 1638 年的出生日期和 1715 年的死亡日期合併起來是 3353，這些數字加起來的總合是 14。

聖血

關於拿撒勒人耶穌的家族，我們唯一擁有的實證來自《新約聖經》，而它在一些地方又有矛盾。不過，所有資料一致的是耶穌的母親叫馬利亞，她嫁給若瑟（儘管處女生子的故事意味著若瑟不是耶穌的父親）。我們也讀到耶穌至少有四位兄弟（「正直的」雅各、約西、西門與猶大），和至少兩位姊妹。沒有任何資料（無論教會或其他來源）

指出耶穌有結婚，只有些許經書外文獻暗示耶穌與抹大拉的馬利亞有著特殊關係。相信基督有血脈後代的擁護者認為他與抹大拉的馬利亞結婚。據史學家赫格西普斯（Hegesippus，大約西元 110 至 180 年）記載，也被優西比烏（Eusebius，大約西元 260 至 340 年）引述，耶穌兄弟的後裔繼續領導耶路撒

冷教會，直到第二世紀初。現代作家提出的任何其他關係都只是臆測。

▍L・羅恩・賀伯特與一本信仰書的最佳開場白

L・羅恩・賀伯特（L. Ron Hubbard，1911-1986）在《戴尼提：現代心靈健康科學》（*Dianetics: The Modern Science of Mental Health*）一書中開場白寫道：「戴尼提（Dianetics）的創建是人類的一個里程碑，比得上火的發現，超越了輪子與拱門的發明。」

賀伯特關於戴尼提的第一篇文章出現在1950年的《神奇科幻小說》雜誌上，然後山達基教會散播了他的著作。最知名的山達基教徒是湯姆・克魯斯與約翰・屈伏塔。賀伯特在上述著作中告訴我們：「眾所公認的是，所有形式的生命都進化自基本的建構元件：病毒與細胞。」

他在1952年的《人類史》（*A History of Man*）由此發展出一套進化理論。我們身上每個細胞都有一份記憶可以回溯到進化開端，它記得我們祖宗先輩的每一個創傷，這是我們心理弱點的來源。百萬兆年以前的宇宙碰撞創造了一個單細胞有機體稱為Helper，人的第二個進化階段是Clam，一個「扇形貝的生物」。它的創傷之一是「它的殼被卡住，沒辦法閤起來」。然後來到另一個殼Weeper，它有「兩個唧管」可以把海水轉成陸地，這兩個唧管進化成眼睛。我們接著進化成為無防禦的樹懶，然後是皮爾丹人（Piltdown Man），再成為我們所知道的人類。對賀伯特的山達基教徒而言，生命的下一步是成為希坦（Thetan），但我怕這進化的樹懶可能趕不上了。

▍伊本・巴圖塔與中國人發現美洲

阿布・阿布杜拉・穆罕默德・伊本・阿布杜拉・阿・賴瓦蒂・阿・團智・伊本・巴圖塔（Abu Abdullah Muhammad Ibn Abdullah Al Lawati Al Tanji Ibn Battuta，1304 － 1367或77）是摩洛哥柏柏人學者，伊斯蘭遜尼派法官，足跡涵蓋73,000哩（117,000公里），也是旅行家與探險家。他的旅程遍及所有已知的伊斯蘭世界，以及更遠的歐洲、非洲、印度與中國。他的記述集結成《給關注城市奇觀者的贈禮》（*A Gift to Those Who Contemplate the Wonders of Cities*）以及《讚嘆之旅》（*Marvels of Traveling*），通常簡稱為《伊本・巴圖塔之旅》（*Ibn Battuta's Rihla*）。

他提到曾在桑吉巴和一位中國船長交談，對方告訴他說年輕時曾航行到「一處黃金地……從中國往東航行了數不清的日子」。這支中國遠征隊從一處有高山與一座神聖湖泊的地方帶回金和銀。這可能是美洲的秘魯與的的喀喀湖

（Lake Titicaca）——不然中國東方還有什麼其他可能的地方？

不朽的細胞

海瑞塔·拉克絲（Henrietta Lacks）是一位來自維吉尼亞州的黑人婦女，她在 1951 年因為侵入性子宮頸癌於巴爾的摩去世。在未告知家屬的情況下，她的腫瘤切片被送到醫院的組織培養究中心。科學家一直在嘗試培養人體細胞卻屢屢失敗，但拉克絲的細胞卻不斷增長。標上海拉（HeLa）這個代碼後，它們被送到全世界的實驗室，迅速成為醫學研究的主要工具，被用來發展癌症治療、小兒麻痺疫苗與其他無數病症治療上。它們還被送上太空，暴露在核爆下，現在世界各地都可發現一大堆海瑞塔·拉克絲的快速增長細胞

拉撒路 —— 死後復活

耶穌將拉撒路從死亡中喚醒，這是罕見但有詳細記載的現象，就是現在醫學教科書所說的「拉撒路症候群」（Lazarus syndrome）。它的起因並不是很清楚，但從 1982 年以後至少有 25 起急救失敗後心跳自然恢復的記錄。美國的威瑪·湯瑪士（Velma Thomas）在 2008 年曾有三次停止心跳，她被診斷腦死躺了 17 小時。她兒子離開醫院去準備喪葬事宜。她的人工維生機器關掉

十分鐘後，醫生正準備摘取捐贈的器官時，這位 59 歲的婦女醒過來了。

李奧納多·達文西—— 真正多才多藝的人與世界末日

李奧納多·迪·瑟皮耶羅·達文西（Leonardo di ser Piero da Vinci，1450-1519）的成就包含了藝術領域和科學域。他是畫家、雕刻家、建築家、數學家、植物學家、解剖學家、製圖家、作家、音樂家，工程師、發明家和科學家，真是多才多藝的縮影。

他是佛羅倫斯公證人皮耶羅、達文

西（Piero da Vinci）與農婦卡特琳娜（Caterina）的非婚生兒子。達文西在青少年時成為義大利最著名畫室的學徒，他一直待到 1483 年，然後前往米蘭。他在這城市被盧多維科·斯福爾扎公爵（Duke Ludovico Sforza）徵召雕塑公爵父親的騎馬像。此地是他完成早期傑作《岩間聖母》（Madonna of the Rocks）的地方。達文西也是一位偉大的工程師與發明家。許多實證來自於他接受委託建造的精美政府建築與教堂，或者構想出足以讓敵人大吃一驚的嶄新武器。他同時是有史以來最有科學頭腦的人之一。大量觀察與實驗記錄在他的素描裡。精心詳盡的繪製包括了骨骼與肌肉的結構，器官系統的觀察，還有解剖學上的研究。他廣受推崇為史上最偉大的畫家之一，而且是最多才多藝的天才。他的兩件作品，《蒙娜麗莎》（Mona Lisa）與《最後晚餐》（The Last Supper），和同時米開朗基羅（Michelangelo）的《創造亞當》（Creation of Adam），也許是世界上最有名的畫作。他於 1473 年八月的畫作，繪製他在托斯卡尼（Tuscany）住家附近的山腰瀑布，是西方藝術中最早的純風景習作，現存最早的一個例子由畫家選擇自然世界做為唯一主題，而不是在神話或宗教場景中做為背景。達文西甚至具體構思了直升機、坦克車、計算機、太陽能、潛水艇、雙層船殼與其他許多工程發明的設計。

傳說法國國王弗朗西斯一世成為了他的摯友，在他去世時陪在身側，將達文西的頭擁入懷裡。達文西死後二十年，金匠與雕刻家本韋努托·切利尼（Benvenuto Cellini）向弗朗西斯國王報告說：「世上從來沒有另一個人像達文西如此見多識廣，除了繪畫、雕刻與建築，他還是非常偉大的哲學家。」梵諦岡研究者沙布利納·斯福爾札·加利西亞（Sabrina Sforza Galitzia）相信，達文西《最後晚餐》的壁畫裡提供線索指出，世界末日是在 4006 年 12 月 1 日。中間畫著半月的窗子包含了一個數學與考古上的謎題，他從中看出末日是一場「大洪水」，也標示出「人類的一個新起點」。

拉布列康

拉布列康（Leprechaun）是愛爾蘭精靈，通常現身為一個獨居老人，像個小孩童的身形，穿著紅色或綠色外套。他喜歡惡作劇。拉布列康把時間花在製作與修補鞋子，他們把金幣存放在彩虹盡頭一個藏黃金的罐子裡。一旦被人抓到，拉布列康會用魔法力量實現人的三個願望以換取自由。大眾描述顯示拉布列康不比一個小孩高。「小矮人」這類故事出現在世界各地，從最早記載以來已有好幾個世紀。

20世紀以前，拉布列康的穿著是紅色而非綠色。山謬‧勒夫爾（Samuel Lover）在1831年寫道：「……儘管如此，他的打扮風度翩翩，因為他穿著剪裁方正的紅色外套，繫滿金色蕾絲花邊，他的三角帽、鞋子與帶扣同樣不可言喻。」葉慈（W.B. Yeats）告訴我們說，像拉布列康的獨居精靈是穿紅色夾克，然而「群居精靈」是穿綠色。拉布列康的外套有七排扣子，每排有七個扣子。在西岸，紅夾克外披著粗呢外套，在阿爾斯特（Ulster）地方，這生物戴著三角帽，當他做了非比尋常的惡作劇，就會跳上牆頭倒栽蔥旋轉，讓自己平衡在帽頂上。

大衛‧麥克安內（David McAnally）給了最好的描述：「他大約三呎高，穿著紅色小夾克，套了膝蓋束口的紅馬褲，灰或黑色的襪子，還有一頂三角帽子，一個世紀前的樣式，戴在老邁憔悴的臉龐上。脖子圍著伊莉莎白百折領飾，袖口掛著蕾絲褶邊。在荒野的西海岸，大西洋海風帶來幾乎不斷的降雨，他省掉領飾與摺袖，在漂亮紅衣服外穿上一件粗呢大衣，除非刻意留心三角帽，否則你會在路上和一個拉布列康擦身而過，完全不知在那身穿著下的就是他本人。」他也說北方的拉布列康穿著「軍紅色外套和白馬褲，戴著寬沿

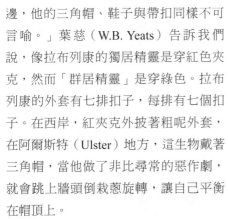

高頂巫師帽，有時他會倒栽蔥立在帽子上。」

蒂珀雷里（Tipperary）地方的拉布列康穿著「陳舊破爛的紅夾克，上面佈滿皺摺，以及一頂騎士帽，還帶著一把顯目的劍，他拿來當做魔杖。」凱里（Kerry）地方的拉布列康是一個「氣喘噓噓的肥胖小傢伙，他快活的胖臉紅得像他穿的圓角禮服，這禮服有七排扣子，每排有七個扣子。」莫納亨（Monaghan）地方的拉布列康穿著「紅色燕尾禮服，綠色背心，白色馬褲，黑色襪子，閃亮皮鞋，還有一頂高高的無帽沿巫師帽，有時會當做武器。」

威廉‧里利預言倫敦大火

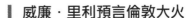

威廉‧里利（William Lilly，1602-1681）是英國在十七世紀最重要的占星師，他從1632年開始研習占星術。1641年起開始執業，不久之後投入英國內戰的議會派陣營。據說國王查理一世原可說服他加入自己陣營，他一個人的價值就勝過一大群人。里利發表過許多占星曆，1647年寫了《基督教占星學》（*Christian Astrology*），是以英文發行過最可靠的卜卦占星術書籍。這書至今仍舊暢銷，從來沒有絕版。他最著名的也許是預言1651年的倫敦大瘟疫和

1666 年的倫敦大火。王政復辟後，里利因身為議會派支持者而一再被調查，他在 1666 年 64 歲的時候被送到議會的一個委員會上。因為他被懷疑是放火者，他被詢問「關於最近大火，你有什麼要說的，那是否是人為計畫的」。里利將此悲劇歸疚於「上帝之手」，而後獲得釋放。他繼續執業自己興旺的占星術，到 1681 年 6 月 9 日去世。

弗朗西斯科‧索拉諾‧羅培斯 —— 南美洲最瘋狂的獨裁者

弗朗西斯科‧索拉諾‧羅培斯（Francisco Solano López，1827-1870）繼父親卡洛斯（Carlos）之後，成為巴拉圭的總統與實質獨裁者。他為自己買了與拿破崙一模一樣的皇冠複製品，擴張軍隊，為他們配置與拿破崙軍隊一樣的制服，還從巴黎花錢請來一位妓女與他生活。在三國同盟戰爭（1864–70）中，他不顧鄰國巴西、阿根廷與烏拉圭的強權。犧牲所有最好部隊去對抗懸殊勢力之後，他和數以千計的百姓難民一同撤往內陸。1868 年，他告訴自己說巴拉圭的支持者其實要叛變奪他性命。幾百名巴拉圭顯要在他命令下被逮捕處決，包括他的兩個兄弟、兩名妻舅、內閣大臣、法官、地方首長、軍官、主教和神父，還有十分之九的文職官員，連同超過 200 人的外籍人士，其中包括數名外交使節（甚至有一次是著名的聖費南多大屠殺）。在這期間他還鞭打自己 70 歲的母親並將其處死，只因她揭露他是非婚生孩子。羅培斯也企圖要地方主教封他為聖徒。1870 年，他逕自宣告自己為聖徒。23 名巴拉圭主教質疑這項冊封而在羅培斯命令下被處決。直到他被殺之前，超過巴拉圭人口（超過二十五萬人）半數以上的人死亡。只有兩萬八千人躲過屠殺戰火。

消失的以色列支派

1492 年，哥倫布航行帶回了人類在聖經中未提及的新知。歐洲人困惑自己來自何處。答案是他們來自以色列消失的支派，已經隨著以色列王國與猶大王國在西元前一世紀中殞落而消失。

西班牙教士巴托洛梅‧德‧拉斯‧卡薩斯（Bartolomé de Las Casas，1484-1566 年）因為反對征服者在西印度群島、秘魯與瓜地馬拉進行屠殺，成為美洲原住民的守護者。拉斯‧卡薩斯相信美洲原住民應該轉信基督教，因為他確

信他們源自於古老的以色列。他相信聖經包含的證據說他們曾是以色列消失的支派成員。教宗保祿三世最終在 1537 年宣告說美洲原住民是「全人」（fully man）。

葡萄牙旅行家安東尼奧·德·孟德西諾（António Montezinos）在 1644 年的一份報告（不幸是杜撰的）聲稱，有個猶太部落住在安地斯山脈隘口的另一端，他看到他們正在進行猶太儀式。湯瑪斯·湯羅格德（Thomas Thorowgood）在 1650 年的著作《美洲的猶太人》（Jewes in America）中主張有必要轉化這些失落的部落。

某些基督教聖傳宣稱當以色列的十支派被發現並回歸聖地時，基督再臨統治至高世界也即將來臨。「以色列消失的十支派」在以色列王國被摧毀後，完全從聖經記載中消失，他的人民被亞述帝國征服並放逐。形形色色的種族聲言他們屬於這些支派，例如英國的威爾斯人還有普什圖人（Pashtun）。印度南部的本內以法蓮人（Bene Ephraim）宣稱是以法蓮（Ephraim）支派後裔，印度東北部的布內瑪拿西人（Bnei Menashe）自稱是消失的瑪拿西（Menashe）支派後裔。貝塔·以色列人（Beta Israel）是一群古老的衣索比亞猶太人，他們相信自己是消失的但（Dan）支派後裔。波斯猶太人（尤其是布哈拉 Bukharan 猶太人）主張自己是以法蓮支派後裔，奈及利亞的伊博（Igbo）猶太人說是分別來

自以法蓮、瑪拿西、利未（Levi）、西布倫（Zebulun）與迦得（Gad）支派。南非的倫巴（Lemba）族人自稱是來自猶太消失的支派，他們逃離現今葉門（Yemen）地區後往南遷移。

馬多克王子與發現美洲

美國獨立戰爭的子孫後代於 1953 年在莫比爾灣（Mobile Bay）的摩根堡（Fort Morgan）樹立了一塊紀念牌區。牌區上寫道：「以此紀念馬多克王子（Madoc），一位威爾斯的探險家，他於 1170 年在莫比爾灣登陸，並為印第安人留下威爾斯語。」

這位北威爾斯的歐文·吉內德（Owain Gwynedd）國王之子據稱曾經到訪美洲，他和部下被上密蘇里地區的一個部族同化。部族盛傳關於金髮印第安人的傳說，他們住在圓形小屋，使用像圓盆的圓船，這兩樣東西在威爾斯都很普遍，但在那時的美國卻從沒聽過。據稱他們說的語言和威爾斯語很相近。馬多克一行人到達美洲後，從莫比爾灣沿著廣大河系逆流而上，最初安頓在喬治亞、田納西與肯塔基地區，在此建造石頭堡壘。他們與當地印第安切羅基人（Cherokee）發生戰爭。1186 年後的某刻，他們決定返回下游，建造了大船，但是遭到埋伏，他們試圖通過俄亥俄河上的伏擊點（現今肯塔基州路易威爾路〔Louisville〕所在）。交戰持續

好幾天。戰鬥終於叫停之後，雙方交換俘虜，並且同意馬多克與他部下離開這個地區，永遠不再回來。他們往下游航行到密西西比州，再往上來到密蘇里州交匯處，然後他們逆流而行，安頓並融入了一個住在密蘇里河畔叫做曼丹（Mandan）的強大部族。1781－1782年的天花疫情削減了曼丹人口，40,000人的部族只剩2000人倖存。他們休養恢復了一些人口，到了1837年約有12,000人，但當年類似的疫病又讓這部族幾乎滅絕。記載顯示他們只剩39名倖存者，但曼丹裔的希達察人（Hidatsa）號稱有200人。倖存者被希達察人接納，他們也被相同疾病感染，但是感染人數少多了。美國畫家喬治·凱特林（George Catlin）確信曼丹人原本是威爾斯人。

泰爾的馬里努斯和神佑群島

馬里努斯（Marinus，約西元70至130年）是地理學家和數學家，同時也是數學地理學的創立者。他利用固定間隔的標線給每個地方指定正確的經度與緯度，改進了地圖的繪製，還發展出一套航海圖。羅德島是他測量緯度參考的中心點。他的地圖是根據前人的地圖與旅行者的日誌，在羅馬帝國是第一次標示出中國。大約西元120年，馬里努斯寫說可居住的世界最西邊是神佑群島（Fortunate Isles）。克勞狄烏斯·托勒

魔法師與巫師

人類長久以來相信有些人精通隱蔽神秘的技藝。那些號稱有秘密知識的人被稱做魔法師或巫師，通常被歸類於擁有超自然力量。有些煉金術士可以歸屬於這類描述，他們討論「魔法」，而其他人則只是想在化學領域有所發展。魔法師受到尊敬與畏懼，有時還被告發，端看他的名聲而言。有些文化裡，他們被認為是道士或先知。在埃及，祭司被視為具有魔法力量，監督法老的轉世。本書提到的這些人物，聖傑曼伯爵，約翰·迪伊，諾斯特拉達姆斯，以及亞歷山卓·卡幼斯特羅，在他們有生之年都被人們視為魔法師，並追求他們的魔法力。

浮士德博士

浮士德博士的原型大概是煉金術士約翰·喬治·浮士德（Johann Georg Faust，約1480-1540年），他被指控施行魔法。從1506年起的三十年間，他被記載到施行魔法與占星術，並有著各種不同身分，包括醫師、哲學家、煉金術士、魔法師和占星

家，而且經常被指控是一個騙子。教會譴責他是夥同撒旦的褻瀆者。然而，他在1520年收到錢為主教和班博格城（Town of Bamberg）施行占星術。1528年，他被放逐離開因哥爾斯塔特（Ingolstadt），1532年企圖進入紐倫堡（Nuremberg），因為年輕市長稱他是巫師和雞姦者。1536年，一位教授推薦浮士德是一位可敬占星家，1539年，一位在沃姆斯（Worms）的醫師讚揚浮士德的醫藥知識。浮士德據說死於煉金實驗的一場爆炸，他的身軀「嚴重殘缺」，證明了撒旦想要接走他。

在德國與浮士德同時代的是海因里希・科尼利厄斯・阿格里帕・馮・內特斯海姆（Heinrich Cornelius Agrippa von Nettesheim，1486－1535）。他被視為魔法師、神學家、神秘學作家、占星家與煉金術士。1510年，他完成傑作《秘教哲學三書》（*De occulta philosophia libri tres*）的早期草稿，這是神秘學思想的摘要。有人建議他要秘密寫作這本有爭議的書，結果20年內都沒出版。1512年在法國演講，他被指責是一個「猶太派異端」（Judaizing heretic），這也許是他反猶太的一個事例。阿格里帕周遊法國、德國與義大利，各式各樣的受雇身分有士兵、法律專家、神學家和醫師，同時也研究神秘學，而且一直因為他的觀點而遭受譴責。他的語錄有：「凡事瞞不過博學與明智，然而懷疑與鄙視無法知悉神秘。」還有「所有相似而且因此相關的東西，都被彼此吸引。」

吉普賽魔法

羅姆人（Roma）在英國被稱為吉普賽人，源於以為他們來自於埃及（吉普賽是埃及的音變），超過一千年來，他們因為和自然界的關係，總與算命聯想在一起。羅姆人相信他們之中的某些人擁有偉大力量，利用他們在某些領域的知識可以施展魔法。這樣的人通常稱為女巫、男巫或巫師，但在羅姆或吉普賽社會裡被稱為裘比漢尼（chovihani）。他們有四種特別喜愛的算命方式：手相、茶葉占卜、水晶球與紙牌。左手顯示我們天生潛能，而右手顯示後天運勢。看手相時，裘比漢尼用掌線、掌丘、掌相與手形來斷言一個人的過去、現在與未來。最早知道的塔羅牌來自印度，吉普賽人把它帶到全世界。他們的魔法技藝幾乎都是女人在執行。

野獸

阿萊斯特・克勞利（Aleister Crowley）原名愛德華・亞歷山大・克勞利（Edward Alexander Crowley，1875－1947），可說是在他那時代最惡名昭彰的魔法師。克勞利是在普里茅斯弟兄會（Plymouth Brethren）嚴格教條環境下成長，他的叛逆拒絕了父母的信仰，他的親生母親叫他是《啟示錄》（*Book of Revelation*）裡的野獸，這件事影響了他一生。他被引介加入黃金黎明協會（Golden Dawn），這是英國最有影響力的神秘學組織，據說他們召喚惡魔，舉行黑彌撒，還參加性愛狂歡聚會。他在1912年走訪德國，對「性魔法」產生興趣，得到一個冠冕堂皇的頭銜「先知聖殿裡的愛爾蘭、愛奧那和所有不列顛人的至高與神聖國王」。第一次世界大戰後，克勞利被認為是「世界上最邪惡的人」。1916年，他以耶穌基督之名為一隻蟾蜍浸洗後將它釘上十字架，晉升到了法師的等級。1934年，克勞利輸掉一場官司而宣告破產，他試圖控告女演員尼娜・哈奈特（Nina Hamnett），因為對方說他是個黑暗魔法師。他在海斯廷斯（Hastings）去世，享年72歲，死時依舊是個海洛因重度使用者，才剛施打足以殺死五人的劑量。

密（Claudius Ptolemy，西元 90 至 168 年）在大約西元 150 年時採納神佑群島做為他地圖中的本初子午線。這是最有名的古典世界地圖，將近 1500 年的時間無人能出其右。托勒密引用最多的來源是馬里努斯的地圖與著作。比現代發現尼羅河源頭還早了大約 1700 年，馬里努斯記載了一趟大約西元 110 年前往魯文佐里（Ruwenzori）的旅程。一位叫第歐根尼（Diogenes）的希臘商人做了 25 天的非洲內陸之旅，從東海岸到「兩座大湖與白雪覆蓋的群山，尼羅河由這兩個源頭流出」。

托勒密和馬里努斯是哥倫布在判斷地球圓周時最主要的兩個依據。馬里努斯的重要性在於他知道太平洋東邊有一塊大陸，就如他的地圖（以及兩代之後的托勒密地圖）顯示為美洲西岸而非東岸。他的地圖標出赤道南方三處凸出的海岬，分別命名為聖羅倫佐岬（Cape San Lorenzo）、聖埃倫娜岬（Cape Santa Elena）與卡沃布蘭科（Cabo Blanco）。無法確定的是馬里努斯如何知道那裡有個美洲大陸——古亞歷山大圖書館（Library in Alexandria）的大火燒毀了古老世界許多知識的史料。

▍梅林 —— 亞瑟王的巫師

梅林（Merlin）是亞瑟王的指導者、先知與魔法師，這個角色基本上是蒙默思的傑弗里（Geoffrey of Monmouth）在他寫於西元 1136 年的著作《不列顛諸王史》（*History of the Kings of Britain*）中塑造出來的。傑弗里結合威爾斯傳說中的先知吟遊詩人梅爾因（Myrddin）以及威爾斯僧侶兼作家內尼爾斯（Nennius）寫的一則故事作為梅林的藍本。

目前所知最早提到梅爾因的故事大

鐵面人

法國路易十四在位期間，一個身分不明的政府囚犯被關了超過 40 年。他於 1703 年 11 月 19 日死在巴士底監獄，下葬時被稱為「馬奇奧利」（Marchioly）。他遷移過不同監獄，從不允許跟任何人講話，戴著黑色絲絨面具（並非鐵的）。

有人相信他是韋爾昂杜瓦公爵（Duc de Vermandois），路易十四的私生子。大仲馬（Alexandre Dumas）寫鐵面人是路易十四同母異父的哥哥，馬薩林樞機主教（Cardinal Mazarin）的兒子。克頓男爵（Lord Acton）認為鐵面人是馬蒂奧利伯爵（Count Matiolo），曼切華（Mantua）公爵的大臣，生於 1640 年，他在談判時不忠，原本被監禁在皮內羅洛（Pignerol）。

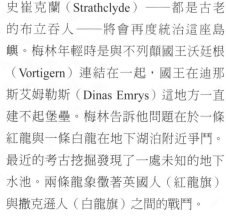

約是西元十世紀的威爾斯預言詩《不列顛預言》（*The Prophecy of Britain*）。咸認梅爾因就是亞瑟王傳說中的梅林。此後梅林變成十三世紀法國作品中受歡迎的人物，湯馬斯·馬羅里（Thomas Malory）在《亞瑟王之死》（*Morte d'Arthur*）將梅林描繪成亞瑟的指導者，還在可爾里昂（Caerleon）為烏瑟·潘德拉剛（Uther Pendragon）創設圓桌。丁尼生（Tennyson）在《國王之歌》（*The Idylls of the King*）中讓梅林成為卡美洛城堡的建築師。

英國城市卡馬森（Carmarthen）一地是以梅林之名命名。卡馬森是梅爾因的轉化詞，早在亞瑟王系列故事以前，卡馬森現身在威爾斯民間傳說中就是世上最有名的巫師，爾後扮演亞瑟的指導者，還預言了英雄的沒落。梅爾因轉變成熟知的梅林，是因為傑弗里將梅爾因一詞拉丁化後就變成了梅林。

梅林同時也是一位詩人與先知，預言有一天威爾斯將再度掌管不列顛土地，並將撒克遜人驅逐。這說出了驚人遠見——不列顛群島東岸將沒入海洋的面積會有西岸的四分之三那麼大。在未來的一千年，英國也許會消失，然後威爾斯與臨近的康瓦爾（Cornish）、坎布里亞（Cumbria）和

史崔克蘭（Strathclyde）——都是古老的布立吞人——將會再度統治這座島嶼。梅林年輕時是與不列顛國王沃廷根（Vortigern）連結在一起，國王在迪那斯艾姆勒斯（Dinas Emrys）這地方一直建不起堡壘。梅林告訴他問題在於一條紅龍與一條白龍在地下湖泊附近爭鬥。最近的考古挖掘發現了一處未知的地下水池。兩條龍象徵著英國人（紅龍旗）與撒克遜人（白龍旗）之間的戰鬥。

傳奇故事中，梅林接下來建議打敗沃廷根的安布羅斯·奧略留斯（Ambrosius Aurelius），要到愛爾蘭取回巨人指環的神聖石頭來搭成巨石陣。安布羅斯死後，繼任的烏瑟·潘德拉剛迷戀格洛斯（Gorlois）之妻伊格賴因（Igraine），於是梅林將他裝扮成格洛斯的模樣，他們交歡後便生下亞瑟。奧斯雷特戰爭（Battle of Arturet）之後，梅林發瘋而深居森林裡。他後來返回輔佐亞瑟。威爾斯傳說他被鐵鍊鎖在卡馬森梅爾因山的山洞裡，或在迪內弗爾（Dinefwr）城堡附近的山洞，或被埋在巴德西島（Bardsey Island），他曾在這島取得不列顛十三寶（Thirteen Treasures of Britain）。也有人認為他一直被禁錮在不列塔尼（Brittany）的一處深潭下。

梅林死後留下一組

關於接下來一千年的預言，湯瑪斯·海伍德（Thomas Heywood）在 1812 年的著作《梅林一生》（*The Life of Merlin*）中，將梅林預言和英國史上重要事件連結在一起，例如火藥密謀案：「密謀殺死國王，掀起叛亂，改變宗教，顛覆國家，招致外人侵入。」一位法國作家在大約 1330 年寫的《愛德華二世的一生》（*The Life of Edward II*）中說：「威爾斯人習於反抗英國人是個存在已久的狂熱……而這是原因所在。威爾斯人早先被稱為布立吞人，他們曾經地位崇高並統治整個英國土地；但是他們被撒克遜人趕走，失去聲譽和國土。然而，他們根據梅林預言所說仍舊希望收復英國。因而不斷反抗。」

▎瑪土撒拉與長生的秘密

根據《創世紀》，瑪土撒拉活了 969 年。他在 187 歲生下兒子拉默克（Lamech），拉默克是挪亞（Noah）的祖父，死於大洪水的那一年。甚至，先知以諾（Enoch）從來沒死，他現在大概有 3000 歲了。（《創世紀》中敘述以諾並未死去，而是被上帝接去。）

巴比倫國王吉爾伽美什（Gilgamesh）尋求永恆生命。然而，他沒能獲得保持七天七夜清醒的能力，不死的秘密就此離他而去。在巴基斯坦的罕薩河谷（Hunza Valley），據說這裡的人經常健康地活到 90 歲，許多人還活到 120 歲。他們飲食主要來自果實、穀類和蔬菜。厄瓜多爾南部的比爾卡班巴河谷（Vilcabamba Valley），根據報告許多居民在健康狀態下活到 100 歲甚至更久。許多人把長壽歸因於自然礦泉水。阿布哈西亞人（Abkhasia）住在俄羅斯南部的高加索山區，他們以長壽和健康稱著。前蘇聯時期，希拉利·莫斯列利莫夫（Shirali Muslimov）號稱活了 168 歲，他有幸成為特製郵票上的人物。日本人也許擁有世上最長的自然壽命，平均大約 82 歲（美國的數字大約是 77 歲）。最健康的日本人在沖繩縣，這裡的冠狀動脈疾病、癌症和中風比例是全世界最低的。沖繩人可以活到九十、一百多歲，他們長壽的飲食包含新鮮魚類、新鮮蔬菜、海菜、豆腐、綠茶，以及大量運動。被稱為長壽島的沖繩是知名度最高的人瑞集中地。資料顯示沖繩人不但是世上最長壽的可能人選，還有可以遠離疾病活得更久的能力。

《沖繩人瑞研究》（*The Okinawa Centenarian Study*）報告說，相較於北美人，沖繩人的乳癌與前列腺癌發生率低了百分之八十，卵巢癌與大腸癌發生率也低了一半。除了荷爾蒙依賴的癌症

什麼都吃先生

米歇爾‧洛蒂托（Michel Lotito，1950－2007）是個法國表演者，他出名的是能吃難以消化的東西。他的藝名叫Monsieur Mangetout（Mr. Eat-All，什麼都吃先生）。他在舞台上能吃金屬、橡膠和玻璃，還有從腳踏車、電視機、購物推車拆下來的零件，有一次甚至是一架賽斯納150小型飛機。這架飛機的零件被切碎後吞下肚，從1978到1980年間逐步被吃掉。他從九歲開始吃這些材料，16歲時第一次公開表演。他顯然沒發生任何不良後果，甚至是吃下被認為有毒的東西之後。表演時，洛蒂托通常每天用餐還會吃掉2磅（1公斤）材料配上大量飲水。有趣的是，他宣稱吃水煮蛋或香蕉會想吐。1959到2007年間，一般認為他吃下了十噸材料。於57歲時以自然原因過世。

發生率極低，沖繩人的糖尿病與心臟疾病的發生率也顯著較低。日本傳統飲食的魚類和蔬菜，也不從肉類攝取過多飽和脂肪，這些在沖繩都被遵循──且帶有沖繩本地特色。沖繩和日本本島因為氣候因素而有不同烹調方式。亞熱帶溫暖晴朗的氣候允許沖繩整年種植新鮮蔬菜。這讓他們不需籍由醃漬來保存蔬菜，使得沖繩人減少鈉的攝取。除了飲食之外，沖繩人對食物的態度扮演了長壽的關鍵角色。沖繩人說他們的食物是「良藥」或「生命之藥」。任何食物若沒包含有益健康的成分就被視為無用而不吃。

有一種方法確定可以增加壽命。1907年，愛因斯坦在他的廣義相對論裡假設，時間在較高的海拔因為重力較弱而跑得較快，一世紀後最精確的原子鐘量測證明，當鐘提高12吋（30公分）時，時間跑得比較快。引力時間膨脹意味著一個人的頭比他的腳要老得快，而住高樓的人要比地面的人老得快。現在可以合乎科學地證明如果你住地下室，在平均79歲中可以增加九十億分之一秒的壽命。

希普頓修女──納勒斯伯勒的古怪女先知

烏蘇拉‧撒塞爾（Ursula Southeil，1488－1561）是一位女占卜師與預言家，據說她是在約克郡納勒斯伯勒（Knaresborough）的一處山洞裡出生。當時正值暴風雨期間，而她母親對那「刺耳噪音」無動於衷。現在此處被稱做希普頓修女洞穴（Mother Shipton's Cave），與石化井（Petrifying Well）一起開放給大眾觀光。傳說她非常醜陋，但也在1512年嫁給了地方上的木匠托比‧希普頓（Toby Shipton），然後一生都在算命與預言，並成為人們所知的希普頓修女。她的預言集直到1641年才第一次出版。其中主要包含一些地方性的預言，但只有兩首預言詩。塞謬爾‧皮普斯（Samuel Pepys）記載說，在考察1666年倫敦大火造成的損害時，聽到英

國王室討論說希普頓修女預言了這次事件。她的許多「預言」，例如關於 1881 年是世界末日的預言，其實是一個叫做查爾斯·欣德里（Charles Hindley）的人在 1871 年出版她的預言集時寫的。

拿非利人──神的兒子

拿非利人（Nephilim）被視為「上古民族」，依蘇美人描述是高度文明。就《希伯來書》所言，拿非人是大洪水前統治世界的民族。他們在《聖經》中被提到是上古有名的英雄。他們據稱是「神的兒子」與「人的女子」生下的子孫（《以諾書》裡的記述）。

諾斯特拉達姆士

諾斯特拉達姆士（Nostradamus，1503－1566）是一位法國藥師，在宣稱發現治療鼠疫的的方法後，但獲得眾人注意而出名的卻是他的預言。他的預言之一：「年輕獅子將在國土上的一次對決中戰勝老獅子。他會立刻刺穿金黃獸籠裡的雙眼，令他悲痛逝去。」傳到國王亨利二世的妻子凱薩琳·德·麥地奇（Catherine de Medici）耳中，她相信是說她丈夫。她讀過諾斯特拉達姆士寫的年鑑後，1555 年召喚他到巴黎講解，並為她孩子起草年鑑。亨利在 1559 年的一場武術會上被長矛刺中眼睛後，諾斯特拉達姆士便出名了，凱薩琳讓他成為新國王的顧問與藥師。1566 年，諾斯特拉達姆士惱人的痛風轉變成水腫，到六月下旬，他吩咐律師起草一份遺囑。7 月 1 日晚上，助理尚·德沙維尼（Jean de Chavigny）發現他在長凳上書寫，便詢問：「主人，明天嗎？」諾斯特拉達姆士回答說：「日出時你將發現我不再活著。」德沙維尼離開房間。隔天回來時，他發現諾斯特拉達姆士死了，桌上筆記留下：「當使者回歸時，國王贈禮安置其位，無事將會一身輕。他會成為神之親屬，摯友，血肉兄弟。察覺死寂近在床椅前。」（伯納德·舍維尼亞，《諾斯特拉達姆士的預言》，1999）。諾斯特拉達姆士的預言第一次出版是在 1555 年，從他死後幾乎沒絕版過。一則似乎涉及 1666 年倫敦大火的預言來自二世紀五十一節，其中「老婦人」被認為是聖保羅大教堂：「正義鮮血將被召喚，倫敦火焚三次二十加六。老婦人從高位墜落，相同宗教多人被殺。」

古怪民族

大約西元 77 年，老普林尼（Pliny the Elder）在他的《自然史》（*Natural History*）中對「不同國度的奇異類型」下評註：「在附近同樣屬於居住北方地區的人，離北風吹起不遠處……據說存在著阿里馬斯皮人……這民族引人注意的是只有一個眼睛，而且位在額頭中央…再過了許多座山，有個部落的人長著狗頭，身穿野獸皮毛。他們不說話，而是吠叫；還有，他們長著獸爪，靠獵取與捕捉鳥禽為生。根據克特西亞斯（Ctesias）的記述，這些民族的人數超過十二萬；同一作者告訴我們，印度有某個民族，女人在一生中只懷胎一次，小孩出生頭髮就立刻變白。他也說到另一種民族稱做獨腳人（Monocoli），他們只有一隻腳，但能夠靈活跳躍。這民族也被稱做影子腳（Sciapodæ）：因為他們習慣躺在地上，在特別熱的時候，就用他們的腳擋太陽，躲在影子後面。他說，這些人住的地方離穴居人（Troglodytæ）不遠；再往他們西邊是沒有脖子的民族，眼睛長在肩膀上……」

帕拉塞爾蘇斯──德國醫神

帕拉塞爾蘇斯（Paracelsus，1493 － 1541）曾在瑞士的巴塞爾（Basel）大學研究煉金術、外科醫學與藥學。撇開煉金術的實驗不說，帕拉塞爾蘇斯有功於將鴉片與水銀引進醫藥領域。他的成果也為科學知識與磁力學原理指出發展方向。

他被稱做「化學藥理學與治療學的先驅，以及十六世紀最有原創性的醫學思想家」。他在招魂術上的研究惹惱官方之後便被迫匆匆離開巴塞爾。並開始在德國、法國、匈牙利、荷蘭、丹麥、瑞典與俄國等地遊走，靠著占星預言和執行各種神密儀式養活自己。在俄國，他被韃靼人抓起來，帶到可汗面前，結果成為大受歡迎的人物。帕拉塞爾蘇斯陪同可汗的兒子從中國出使康斯坦丁堡，在這城市一個阿拉伯人傳授給他「至高機密」的萬能溶劑

（alkahest）。帕拉塞爾蘇斯回到歐洲，沿多瑙河來到義大利，在這裡成為一名軍隊醫生。他的神奇治療由此開始。1526 年，當他 32 歲的時候重回德國，在巴塞爾大學取得物理、藥學與外科醫學的教授職位。這職位是在伊拉斯謨（Erasmus）與厄科蘭帕迪烏斯（厄科蘭帕迪烏斯）的堅持下給他的。他成為人們所稱的「醫生界的馬丁路德」，因為授課時他指責受到尊崇的羅馬醫學家蓋

倫（Galen）與他的學說陳腐過時。那些學說對當時官方而言是堅信不移且不可褻瀆，任何偏離學說者都被視為異教。

為了達到羞辱，帕拉塞爾蘇斯把這些大師著作放在銅鍋裡，加上硫磺與硝石把它們燒掉。他給自己取了帕拉塞爾蘇斯的拉丁名，意思是「比凱爾蘇斯還偉大」。凱爾蘇斯是西元一世紀偉大的百科全書作者之一，他的醫學概要從1478年付印以來是最早關於醫學的古典著作之一。採用新名字之後，帕拉塞爾蘇斯勇敢宣稱他的醫學比那些古老的希臘人羅馬人更偉大。這使他樹敵無數。他用礦物藥品進行醫療的論據證明了他的學說只會促使與醫學界更加對立，他們因為權威與名聲正被這「異教」學說掏空而倍感憤怒。帕拉塞爾蘇斯再一次被迫離開這城市，踏上流浪之路。他的支持者以希臘醫神之名視他為「德國的赫密士」。

▋女教宗瓊安

根據傳說，教宗瓊安是一位女性，在位期間是 853 年到 855 年。奧帕瓦的馬丁（Martin of Opava）在其著作《教宗與皇帝的編年史》（*Chronicon Pontificum et Imperatum*）中陳述說：「一般認為瓊安是位女性，她還是姑娘時被某個情人指使穿上男人衣服去雅典。她在這裡精通了各方知識，直到無人出其右，後來她在羅馬講授文科，學生與聽眾當中不乏大師人物。她的言行學識在這城市獲得很高評價，於是她被選為教宗。然而她擔任教宗時懷了伴侶的孩子。無法預期孩子何時誕生，從聖伯多祿大殿前往拉特朗聖若望大殿的隊伍中，她在競技場與聖克門教堂之間的窄巷產下小孩。她死後據傳被埋葬在同樣的地點。」

最早提及女教宗的是十三世紀初尚‧德馬伊（Jean de Mailly）在《梅斯記事》（*Chronica Universalis Mettensi*）裡的記載，事件設定在 1099 年：「關於某位教宗或確切說是女教宗，她沒被記在教宗或羅馬主教之列，因為她是女人卻裝扮成男人，她基於聲望與才智成為教廷秘書，接著是樞機主教，最後成為教宗。有一天，她騎馬時產下一名嬰兒。她立刻經由羅馬法官審判，雙腳被綁在一匹馬尾上拖行兩公里半遭眾人亂石投砸，在身亡處就地埋葬，那裡寫著：『啊，彼得，我的教父，背叛生育的女教宗。』在此同時，被稱為『女教宗齋戒』的四日齋戒首度確立。」

威爾斯主教阿斯克的亞當（Adam of Usk）在《年代記》（*Chronicon*）裡稱女教宗為艾格尼絲（Agnes），還提到羅馬據說有一尊她的人像。

在十四世紀，一般相信會準備兩張給教宗就職時用的大理石椅，椅子上為了判定新教宗的性別而開了洞，被稱做澄清之座（sedia stercoraria）。據說教宗得裸身坐上其中一張椅子，紅衣主教中的一位監察人會從椅子底下往洞裡瞧。這種馬桶座椅的確存在，而且在 1099 年推舉教宗帕斯卡二世（Pascal II）時使用過。其中一張仍保存在梵諦岡博物館，另一張在巴黎羅浮宮。

▍祭司王約翰──真實或虛構？

關於祭司王約翰（Prester John）這位東方基督徒國王的傳說起源不明。1122 年，印度的約翰族長被認為曾探訪教宗嘉禮二世（Pope Callistus II），但這故事似乎沒有事實根據。其次，主教歐托・馮・費辛（Otto von Friesing）在 1145 年提到「祭司王」約翰。他說安提阿（Antioch）的雷蒙王子在 1144 年送加巴拉（敘利亞）的雨果主教去見教宗尤金二世（Eugene II），報告耶路撒冷遭受的壓迫。雷蒙王子乞求教宗成立另一支十字軍去保護聖地。歐托主教在尤金教宗面前遇到雨果主教，得知國王約翰與他的人民在遠東已經改信聶斯托里教義（Nestorianism），並已攻克波斯與米底亞。經過一場激烈戰鬥後，約翰帶領他的軍隊前去拯救耶路撒冷，但被底格里斯河滿漲的河水阻擋住。

據傳約翰是東方三賢士（Magi）

的後裔，統治非常富裕和充滿珍寶的國土。二十年後，一連串的信件寄給了拜占庭皇帝曼努埃爾、腓特烈一世以及全歐洲的王子。信件傳說是描述一個失落的聶斯托里基督教國家，他們仍存在亞洲。許多副本至今仍舊存在，它們被認為是當時聶斯托里教徒的偽造品。1177 年，教宗亞歷山大三世派他的醫生菲利帕斯（Philippus）去見約翰，遞出邀請要他加入羅馬教會。亞歷山大信中說要提供一座羅馬教堂給約翰，還有耶路撒冷聖墓教堂的某些權利，這座教堂至今仍存在，但邀請結果如何則不得而知。

歐托主教在 1145 年的信中寫道，基督教約翰抵禦波斯人蘇丹的戰役發生在「沒多少年前」。1181 年，阿德蒙特（Admont）的《編年史》（Annals）告訴我們：「祭司王約翰，亞美尼亞與印度的國王迎戰並擊敗波斯人與米底亞人的國王。」在 1145 年以前不久有戰役記錄的是 1141 年，波斯的桑賈爾蘇丹（Sultan Sanjar）在埃克巴坦那（Ecbatana）附近被中國的可汗擊敗身亡。在 1219 年，埃及的港口杜姆特（Damietta）被十字軍攻下，1221 年的一份報告在他們之間流傳說，東方的國王大衛是祭司王約翰的兒子或姪兒，他帶領三支強大軍隊馳騁在穆罕默德的國土上。國王腓特烈二世熱切等待大衛到達杜姆特。然而，這位「國王大衛」正是成吉思汗，他的三支軍隊消滅了亞洲的伊斯蘭勢力。聽聞蒙古人燒殺擄

掠的報告後，現在人們相信他們是祭司王約翰給皇帝曼努埃爾信中提及的「野蠻遊牧人」，他們崛起後殺了祭司王約翰與大衛。博韋的樊尚（Vincent of Beauvais）在他的《歷史寶鑑》（*Speculum Historiale*）中寫道：「在我們主的年代裡的 1202 年，殺死他們的統治者（大衛）後，韃靼人開始將他們人民趕盡殺絕。」

威廉·賴希和哥白尼革命

威廉·賴希（Wilhelm Reich，1897年－1957年）被公認是心理學怪人，稱他的有機能量學是「生物學與心理學上的革命，可比得上哥白尼革命」。他聲稱發現一種能量形式叫「奧剛能量」（orgone），它瀰漫在大氣與所有活體之內。他接著打造了「奧剛能量吸收櫃」，讓病患坐進去駕馭能量以獲取健康效益。他最終因違反藥物法令坐牢，病死於牢中。

聖傑曼伯爵──怪奇之人

「一個無所不知而且絕不會死的人」，伏爾泰（Voltaire）如此評論聖傑曼伯爵（Le Comte de St-Germain，1712-1784）這位神秘的朝臣、冒險家、發明家、業餘科學家、小提琴家與業餘作曲家。

聖傑曼伯爵一生被認為是個「怪奇之人」，但我們不知他來自何方，他最終也消失得無影無蹤。歐洲主要語言他都能說得流利，歷史知識完備，但最有名的是他在醫藥與煉金術上的技巧。他能把金屬變成金，還有神秘技巧讓鑽石上的裂縫消失。

他也可說是創造共濟會的人，還宣稱活了幾千年。他有做卡巴拉（Kabbalah，猶太秘傳的訓練），幾乎沒有公開用餐，總是穿著黑色與白色。他第一次出現的記錄是賀拉斯·沃波爾（Horace Walpole）在 1743 年的一封信，說聖傑曼伯爵出現在倫敦朝廷上。沒過多久他就遭到驅逐，被指控是天主教斯圖加特家族意圖王位所派的間諜。

聖傑曼在 1748 年左右到了法國，成為路易十五歡迎的人物。國王好幾次雇他做間諜，而伯爵似乎對路易發揮很大影響。路易十五必然已經知道他是誰，因為對他的友好在朝廷上引發他人妒忌。路易十五把香波爾城堡（Château de Chambord）的房間分給他一間。並把自己和聖傑曼以及龐巴度夫人（Madame de Pompadour）關在那裡，一次待上好幾晚；烏塞夫人（Madame du Housset）說，在她的記憶中，國王提到聖傑曼是出身顯要的名人。大約 1760 年，聖傑曼被迫離開法國，回到英國遇見卡幼斯特羅伯爵，教了他「埃及人的儀式」。1762 年，聖傑曼在俄國的聖彼得堡，參與了促使凱薩琳大帝登基的謀反。阿列克謝·奧爾洛夫伯爵（Count Alexis

Orloff）幾年後在義大利遇見他時說：「就是這個人在我們革命中扮演重要角色。」

1770 年回巴黎後，他遊遍德國，定居在什勒斯維希—霍爾斯坦（Schleswig-Holstein）。伯爵在此與黑森卡塞爾的查爾斯王子（Landgrave Charles of Hesse Cassel）研究「秘密科學」。這位德國貴族，伯爵晚年相處的人，或許也已知道他的身世。他跟他練習煉金術，聖傑曼把他訓練得跟自己平起平坐。聖傑曼在被猜想死於 1784 年的不久前將共濟會文件託付給他。有些人質疑這時間點，因為據說 1789 年他於法國大革命期間現身巴黎。共濟會正式文件載明法國石匠於 1785 年在當時會議上選他做代表，而且梅斯梅爾（Mesmer）、聖傑曼與卡幼斯特羅都有出席。

1789 年後，世界各地都有看見過他的傳聞。許多人相信他是西班牙卡洛斯二世寡婦與安達內羅伯爵（Comte Adanero）的私生子。另有人認為他是特蘭瓦尼亞（Transylvania）王子法蘭西斯‧拉科齊二世（Francis Rákóczi II）的兒子。王子的兒子們交給奧地利皇帝養育，但其中之一脫離他的監護。傳說他死了，但其實是交給麥第齊（Medici）家族最後一代照料，他在義大利長大。據說他的名字取自幼年時期曾待的小鎮

聖傑爾馬諾（San Germano），父親在此擁有地產。他本人與知道他秘密的人都閉口不談，說明了他們害怕如果洩露秘密可能遭到奧地利皇帝的報復。

然而，最難以置信的是他的長壽。音樂家拉莫（Rameau）以及熱爾日夫人（Madame de Gergy）都斷言，他們於 1710 年在維也納遇見他以蒙特弗爾拉侯爵（Marquis de Montferrat）的身分出現，根據卡沙諾瓦所說，後者還在 1775 年左右與他一起用餐。兩人都認為他看起來模樣沒變。1750 年到 1760 年期間，他在巴黎名聲頂沸的時候，人們一致認為他看起來是 40 到 50 歲的人。他消失了 15 年，當德阿代瑪伯爵夫人（Comtesse d'Adhemar）在 1775 年又見到他時，聲稱他看來比以前年輕。1789 年，巴士底監獄暴動過後再次見到他，仍舊看來一樣，還說他都待在中國與法國。

傳說還沒結束。「我又看到聖傑曼。」德阿代瑪伯爵夫人在 1821 年寫道，「每次都令我訝異。在女王被害時，在 18 日霧月政變時，在 1815 年一月昂吉安公爵（Duke d'Enghien）死後隔天，還有在貝瑞公爵（Duke de Berry）遇刺前夕。」讓利斯女士（Mademoiselle de Genlis）聲稱她在 1821 年維也納和約談判期間碰到聖傑曼伯爵；駐威尼斯大使沙龍伯爵（Comte de Chalons）也說在不久之後，兩人在聖

馬可廣場還有交談。

戈梅拉島的口哨民族

戈梅拉島（La Gomera）在加那利群島（Canary Islands）的特內里費島（Tenerife）以西50公里，這死火山島佈滿陡峭、無法通航、雲霧瀰漫、被稱為巴蘭科斯（Barrancos）的峽谷。早期希臘商人形容這裡居民的語言「不像人的語言，倒像鳥在鳴叫」。這語言叫做戈梅拉口哨語（Silbo），完全由口哨聲組成。西班牙文的silbar是吹口哨的意思，這語言由牧羊人發展出來，他們要在迷霧中跟10公里外峽谷對面的人交換訊息。口哨語曾被視為亞特蘭提斯（Atlantis）消失的語言，但現在認為是大約2500年前由柏柏里人（Berber）部落民族帶來的。一種口哨形式的語言仍存在摩洛哥山區。這語言有四個母音和四個子音，配合口哨抑音與揚音可形成超過4000個單字。戈梅拉島的18,000居民中有將近3000人「說」這語言。它被稱做是一種「調音語言」（articulated speech），利用手指放在嘴巴裡面和周圍產生不同音調。這語言在手機使用普遍下正逐漸凋落，但現在已經啟動一個教育計畫，要教每個戈梅拉島學童這種語言。

第六感

少數人似乎可以預知即將發生的事，這情況不能只以偶然或碰巧就輕言帶過。

有好幾天，10歲的厄爾・邁・瓊

女先知

女先知的詞源來自西比拉（Sibylla），一位住在特洛伊附近的女預言家，阿波羅贈予了她預言天賦（卡珊德拉也受贈此天賦）。在古老世界，最著名的女先知居住在德爾菲、利比亞、波斯、辛梅里亞（Cimmeria）、俄里瑞（Erythrae）、赫勒斯滂達爾達尼亞（Dardania on the Hellespont）、撒米亞（Samia）、福瑞吉亞（Phrygia）、堤福里（Tivoli）與庫邁（Cumae）等地。住在那布勒斯附近庫邁洞穴裡的女先知據稱活了一千年。這洞穴從山側切入425呎（130公尺）長，在1932年被考古學家發現。她的預言集合成12冊書，被羅馬最後一任國王塔克文（Tarquin）取得。這些書存放在朱比特神廟，但被西元83年的大火摧毀。維吉爾（Virgil）說這位女先知引領伊尼亞斯（Aeneas）到冥界，而她預言一位救世者即將來臨，基督徒認為他就是耶穌。

絲一直告訴母親說她「不怕死亡」因為「我將和彼得與瓊恩在一起」。1966年10月20日，她對母親說，「讓我告訴你昨晚我做的夢。我夢到要去上學而學校不見了。漆黑的東西掩蓋住它！」隔天早上，大量廢煤和泥漿像瀑布似地席捲了她在威爾斯艾伯芬（Aberfan）的小學。掩埋窒息了116位學童與28位大人。厄爾和她最好的朋友彼得與瓊恩同樣被埋在巨大土堆下。

勞瑞‧杜塞（Larry Dossey）在《預感的力量》（*The Power of Premonitions*）裡記述一位北卡羅來納州的母親夢見掉入黑暗旋渦，同時聽到一個男人聲音重覆著「2830！2830！」他同時喊著一個名字「聽來像是路克還是霍路克」。她不顧先生的抗議，取消訂好的2001年9月11日前往迪士尼樂園的飛機票。那架撞進紐約雙子星大樓南塔的聯合航空175班機的副機長叫邁可‧霍洛克，事件中最初計算的死亡人數是2830。

杜塞寫道另一位女士在事件發生兩星期前在華盛頓特區度假。先生開車時，她在車上打盹，但突然看到五角大廈冒出滾滾黑煙。驚慌之下，她變得歇斯底里飽受折磨。兩星期後，美國航空77班機衝進五角大廈，造成184人死亡，還從建築物內冒出濃濃黑煙。勞倫斯‧波伊松（Lawrence Boisseau）在世界貿易中心工作，夢到雙塔在他四周墜落。幾天後，他妻子夢見曼哈頓街上充

滿殘礫。再幾天後，波伊松就在一樓協助拯救幾個被困在托兒所的孩童。他死在那裡。怪異的是，四架墜毀客機的載客率只有百分之二十一，遠低於一般航班載客率，這顯示許多人延後或取消他們的航班。

名人也曾有這樣的幻覺。金融家約翰‧皮爾龐特‧摩根（John Pierpont Morgan）在1912年預感鐵達尼號會沉船，於是在最後一刻取消他的旅程。2007年十一月，影星丹尼斯‧奎德（Dennis Quaid）12天大的雙胞胎小孩與他妻子金柏莉衝進洛杉磯一家醫院，因為懷疑孩子被細菌感染而接受常規的抗生素治療。住院的第二天，疲憊的父母離開醫院回家小憩片刻。晚上九點，金柏莉‧奎德醒來，感到絕望驚恐：「我就是感到這驚恐襲擊而來，我覺得就像小孩過世了，我就是有這恐怖感覺。」她害怕得草草寫下：「晚上九點，小孩有事發生。」丹尼斯‧奎德打電話去醫院，對方告知小孩很好，但有人過去檢查小孩後，發現小孩正因過量的抗凝血藥劑而與死神在拔河，後來在加護病房待了11天。

還有許多動物預感的故事，包括牠們知道主人即將過世，包括印度南方沿岸的紅鶴在2004年印度洋大地震來襲前逃避等等。常被忘記的是人類也是動物，也許我們有些感官潛藏在深處。

▌喬安娜‧索捷科特與預言箱

喬安娜‧索捷科特（Joanna Southcott，1750－1814）是英國德文郡的農夫之女，她在 42 歲確信自己有預言天賦，且正是《啟示錄》提到的那位婦人：「天上現出大異象來，有一個婦人，身披日頭，腳踏月亮，頭戴十二星的冠冕……」她用韻詩寫作與口述預言，並到倫敦用 12 先令到一基尼不等的花費招募 144,000 位「神的選民」。64 歲時，她說自己懷孕了，會在 1814 年 10 月 19 日生下新的彌賽亞。救世主未依承諾到來，她的擁護者描述說她陷入出神狀態，兩個月後去世。追隨者將她屍體保存了一陣子，相信她會死而復生，直到屍體開始腐爛才同意下葬。

她的追隨者被稱為索捷科特徒（Southcottians），據稱在她死時已超過十萬人。她留下一個藏著預言的密封木箱，通常叫做喬安娜‧索捷科特之箱，被指示說只能在國家危機時開啟，而且英國教會 24 位主教得在場見證（當時也只有 24 位主教）。1927 年，格蘭瑟姆主教（Bishop of Grantham）打開箱子，裡面只有一些不重要的文件，一支卡賓槍和一張樂透彩券。然而，有些信仰者抗議這不是真的箱子，仍然鼓吹要打開真正的箱子。

▌特斯拉──自達文西以來最偉大的發明家

尼古拉‧特斯拉（Nikola Tesla，1856－1943）是少數幾位聰明才智接近李奧納多‧達文西水準的人。身為塞爾維亞裔的美國人，特斯拉是機械工程師和電氣工程師，最重要的還是發明家。在「電流戰爭」（War of the Currents）中，他用我們今天所知的 AC（交流電）系統試圖趕走愛迪生的 DC（直流電）系統，因此成為商用電力誕生的主要推手。他為人所知的還有在電磁學與無線通信上革命性的發展。磁通量的測量單位「特斯拉」便是以他命名。特斯拉也在 X 光射線、機器人學、遠端遙控、雷達、原子核物理學、理論物理學和彈道學上有所進展。他有過人的記憶力，還能「圖像化」他的發明，其中包括「和

平射線」用以防止戰爭。這是一種粒子束裝置，能夠從極遠距離將敵人飛機打下來。

吟遊詩人湯瑪斯與精靈女王

湯瑪斯·萊爾蒙特（Thomas Learmonth）是一位十三世紀蘇格蘭領主，來自厄爾斯頓（Earlston）的他住在蘇格蘭邊區，他也許就是「譚林（Tam Lin）傳說」的起源。

據說湯瑪斯在艾爾登希爾斯（Eildon Hills）山腳下的魔境與精靈女王一起住了七年。他的詩文預言了亞歷山大三世在1286年去世，1314年的班諾克本戰役，以及蘇格蘭詹姆士六世在1603年登基成為英國國王。他也是「吟遊詩人湯瑪斯」這首民謠的主角，英國民謠樂團 Steeleye Span 在 1970 年代唱紅了這首歌。

堤埔女先知

她來自伊特拉斯坎（Etruscan）地區的堤埔（Tibur），現今義大利的堤福里。早期的基督教作家拉克坦提烏斯（Lactantius）寫道：「堤埔女先知的名字叫阿爾布內阿（Albunea），在阿涅內河（Anio）畔不遠處的堤埔被當成一位女神崇拜，據說河裡曾出現她的影像，手裡拿著一本書。在大約西元 380 年的《女先知書》中，她也許預言了君士坦丁大帝的出現把基督教帶到這世界。她也預告「反基督者將被上帝的力量透過大天使米伽勒（Michael）在橄欖山上殺死」。

帖木兒與骷髏山丘

帖木兒（1336－1405）統治的期間是從 1369 年到 1405 年，討伐的領域從印度到窩瓦河。他在征服後的城市與國家留下堆積成塔的人頭，以警告其他國家。這些骷髏山丘遍布在德里、伊斯法罕（Isfahan）、巴格達與大馬士革。

雖然他是一位穆斯林，並試圖恢復蒙古帝國，但他最大的勝利卻是對抗韃靼族的伊斯蘭「欽察汗國」。在一場戰役受傷後，他被敵人暱稱為「瘸子」。

帖木兒出生在當今烏茲別克的撒馬爾罕（Samarkand）以南大約 50 哩（80 公里）的一個巴魯剌思氏（Barlas）遊

牧民族，是成吉思汗的蒙古部落後裔。從 1360 年起征戰遍及亞洲，成功戰績使他成為巴魯剌思氏的領導者，1369 年在撒馬爾罕稱王。克里斯多福·馬羅（Christopher Marlowe）在他的劇作《帖木兒大帝》提到這事：「於是我的家鄉故里，撒馬爾罕將會……威名遍及最遠疆土，因為我的壯麗宮殿將座落彼處，閃耀塔樓將令天國黯然失色。」

接下來的三十五年征戰未曾間斷，他攻克的土地從裏海到窩瓦河與烏拉爾河岸，拿下了波斯與北伊拉克。波斯的伊斯法罕在 1387 年沒抵抗就投降，受到仁慈對待。不過，後來一場抗議重稅的暴動，使得幾位稅務人員遇害。帖木兒下令屠殺了整座城市，據稱死了七萬居民。目擊者看到超過 28 座骷髏高塔，每座堆積 1500 顆頭顱。

從 1385 年起，帖木兒持續對抗蒙古人的欽察汗國，十萬人跨越 1700 哩（2750 公里）的俄羅斯大草推進到莫斯科。戰爭一直持續，直到 1395 年欽察汗國在捷列克河（Terek River）戰役一敗塗地。帖木兒催毀欽察汗國的首都薩萊（Sarai），還有阿斯特拉罕（Astrakhan），重創對手依靠絲路貿易的經濟。他在 1398 年入侵印度，對待印度教徒特別殘暴。在德里戰役前，帖木兒處決十萬名俘虜，其中大部分是印度教徒。

帖木兒回憶說：「當士兵持續逮捕那些逃進城市的印度教徒與帕西人，他們拔出刀劍抵抗。衝突火焰被點燃，從伽哈納貝紐（Jahán-panáh）與西里（Sírí）蔓延到舊德里，所到之處無一倖免。野蠻的土耳其人瘋狂燒殺擄掠。印度教徒用自己雙手點燃他們的房子，燒死自己的妻女小孩，然後衝進戰鬥中被殺死。這座城市的印度教徒與帕西人在戰鬥中顯得敏捷勇敢。負責守住城門的官員阻止更多士兵進入這地方，但戰爭火焰已經燒得太旺，這種預防措施無法熄滅它們。在星期四那天，還有星期五整個晚上，將近 15,000 名土耳其人投入殺戮、掠奪與破壞。當星期五破曉時，我的軍隊不再受到控制，衝進城市只管殺戮、掠奪。整天到處洗劫。第二天，17 日星期六，這天還是一樣地過去了，掠奪成果極為豐碩，每人抓到五十到一百人的俘虜，男人、女人和小孩。沒人抓到的俘虜少於二十人。其他戰利品有無數的紅寶石、鑽石、石榴石、珍珠與其他寶石、金銀珠寶、成罐的金銀錢幣、金銀器皿、昂貴的織錦絲綢。掠奪印度婦女的金銀裝飾多到不計可數。除了四分之一人口的賽伊德、學者，以及其他穆斯林之外，整城市被掠奪一空。命運之筆為這城市人民寫下這個命運。雖然我很想赦免他們，但做不到，因為那是阿拉的意志讓災難降臨這城市。」帖木兒全部動用了九十頭象去搬

46

運印度洗劫來的珍貴寶石，用它們興建撒馬爾罕驚人的比比哈奴清真寺（Bibi-Khanym Mosque）。

1399 年，他開始跟埃及蘇丹人與鄂圖曼帝國打仗。他入侵敘利亞，佔領阿剌坡（Aleppo），殺死大馬士革所有穆斯林居民，只留工匠帶回撒馬爾罕為他工作。帖木兒接著入侵基督教的亞美尼亞和喬治亞，抓走 60,000 名俘虜，後來在 1401 年拿下巴格達，殺死 20,000 名市民。他命令每位士兵拿給他看兩個砍下的人頭。當中國明朝要求帖木兒效忠時，他才剛掠奪完西邊的安那托利亞人（Anatolia）。帖木兒打算聯合蒙古人準備入侵中國，但卻在發動戰役前死於瘟疫。他的墳墓現仍坐落在撒馬爾罕，1941 年掘墓時發現他的骨骸在那年代算是高大，跛腳是因為臀部受傷。他的墳墓蓋著玉石板，上面刻著阿拉伯文：「當我崛起時，世界將顫動。」據說棺木內還刻有銘文是「開我棺墓者將釋放比我可怕之侵略者」。俄羅斯人開挖的兩天後，納粹德國發動巴巴羅薩行動（Operation Barbarossa）入侵蘇聯。諷刺的是，若沒帖木兒當年催毀蒙古勢力，俄羅斯與東歐在二戰時可能還會是伊斯蘭天下。到時西歐可能很快就會跟著淪陷。

▍真相奇才

毫無疑問的是某些人有異於他人的能力。奇才專案（Wizards Project，正式名稱叫第歐根尼專案 Diogenes Project）是研究人們察覺他人謊言的能力。奇才專案裡的「真相奇才」辨識謊言的正確率至少了達到百分之八十或更高，一般人大概只有百分之五十。然而，沒有真相奇才可以達到百分之百。「奇才」這名詞定義是「擁有驚人技巧或成就的人」。

科學家測試特勤局、聯邦調查局、治安官、警察、律師、仲裁人、心理學家、學生及其他各行各業的兩萬人後，鑑定其中合格的只有五十人（四百分之一）。奇特的是，精神病醫生與執法官員並沒比學生更具這方面天資，特勤局探員則最有技巧。保羅・埃克曼（Paul Ekman）博士提到他們「發現 50 人能近乎完全識破謊言，而且未經任何特殊訓練。」莫琳・歐蘇利文（Maureen O'Sullivan）博士宣稱，「我們的奇才非常懂得察覺面部表情、肢體語言和說語與思考方式的細微差異。其中有些人可以注視錄影帶幾秒鐘，然後令人驚訝地描繪出影片主角八個細節。」真相奇才利用各種線索去發現欺瞞，不會只依賴一種線索去辨識謊言。他們顯得具有特殊本領能察覺微表情，或將驚人注意力放在情緒、肢體語言和言談的矛盾處。

▍海克力士的十二試煉

海克力士（Hercules，或在希臘神

話裡叫赫拉克勒斯 Heracles）是宙斯與凡人女子阿爾克莫涅（Alcmene）的兒子，天生擁有驚人的力量。他在搖籃中掐死兩條大蛇，還沒成年就殺死一頭獅子。因為宙斯的不貞，海克力士被宙斯的妻子希拉憎恨。海克力士逐漸長大，結婚並生下三個兒子，過著平靜生活。然而，希拉讓他做了一個可怕惡夢，使海克力士在瘋狂中殺掉自己的家人。清醒後的他傷心得將自己放逐，之後去找阿波羅的神諭求問神祇，他要做什麼才能彌補自己的罪孽，結果是以奴隸身分去服侍國王歐律斯特斯（Eurystheus）。國王為他設下十二試煉，這能讓他從謀害家人的命運中解脫。唯有完成全部任務才能免除希拉的報復，重新獲得自由。這些任務是：

（1）殺死涅墨亞獅子（Lion of Nemea）。他毫不囉嗦勒死了它。

（2）殺死九頭蛇海德拉（Hydra）。海德拉每被砍掉一個頭的傷口就會再長兩個頭出來，有一個頭是長生不死的。海克力士燒灼斷頭的傷口將它們封住，再將不死的那個頭穩穩壓在巨石下。

（3）活捉刻律涅母鹿（Ceryneian Hind）。追捕牠好幾個月後，他終於得手帶給歐律斯特斯。

（4）生擒厄律曼托斯山（Erymanthus）野豬。

（5）一天之內清洗奧格阿斯（Augeas）國王的牛棚。他引進附近河水把髒污沖洗一空。

（6）殺死斯廷法利斯湖（Stymphalis）肉食怪鳥，牠們的糞便有劇毒，還有金屬的鳥喙和羽毛。

（7）制伏克里特島（Crete）狂野的白色公牛。

（8）馴伏狄俄墨得斯（Diomedes）的食人母馬。

（9）奪取亞馬遜女王希波呂忒（Hippolyta）的腰帶。

（10）帶回巨人格律翁（Geryon）的栗色牛群。

（11）從赫斯珀里得斯（Hesperides）的聖園摘取金蘋果，那裡有巨龍拉冬（Ladon）一直看守著。他以代為扛住天空做交換，哄騙擎天神阿特拉斯（Atlas）去摘蘋果。當他拿回來時，海克力士要他幫忙支撐一下，好去拿塊枕頭墊住疼痛的肩膀。阿特拉斯照做了，而海克力士帶著蘋果一走了之。

（12）將黑帝斯的三頭地獄犬從冥府帶回來。

完成十二項任務後，海克力士自由回到底比斯（Thebes）並且娶了德伊阿尼拉（Deianira）。後來人頭馬涅索斯（Nessus）企圖擄走德伊阿尼拉；海克

力士用毒箭射中他。垂死的涅索斯告訴德伊阿尼拉要保留他的血，因為它可以永遠保存海克力士的愛。後來德伊阿尼拉害怕自己被俄勒（Iole）取代，送給海克力士一件浸過涅索斯血液的衣服。血液灼燒身軀並毒死海克力士，他死後被帶往奧林帕斯山成為永生的神。

▌吸血鬼

希臘神殿的不朽諸神

希臘人留給羅馬人乃至於其他歐洲地區的是歷久不衰的神話，雖然他們許多的傳奇故事與信仰是奠基於其他文化，例如米底亞人（Medes）、波斯人與巴比倫人等等。

原始神（Protogenoi）——創世之神

希臘諸神中最早的神祇是創造世界的原始諸神：蓋亞（Gaia，大地女神）、烏拉諾斯（Ouranos，天空神）、蓬托斯（Pontos，海洋神）、白晝、黑夜等等神祇。雖然他們是原始神祇，有時也會以擬人的方式現身，例如蓋亞會像一個老婦人從地面浮起半身。塔拉薩（Thalassa）可能會以女人模樣升出海面，諸如此類。

寧芙（Nymphae）與自然之神

這些神給自然界四元素賦予活力：阿伊阿得斯（Naiades）是水泉仙女，德律阿得斯（Dryades）是樹之精靈，涅瑞伊得斯（Nereides）是海仙女，薩堤爾（Satyroi）則是照料所有動物。

代蒙（Daimons）——身心之神

第三類神包含福波斯（Phobos，懼怕）、革剌斯（Geras，高齡）、厄洛斯（Eros，慾望）、許普諾斯（Hypnos，睡眠）、歐芙洛緒涅（Euphrosyne，歡樂）、厄里斯（Eris，仇恨）、桑納托斯（Thanatos，死亡）等等神祇。這些名字衍生出當今使用的名詞，例如恐懼症（phobia）、性衝動（eroticism）、催眠（hypnosis）等等，我們有時說「被鬼（demon）附身」是指某人行為不可思議。

狄奧（Theoi）——自然與技藝之神

第四類神支配自然的力量，並授予人類文明的技藝。他們包括：

神格化的凡人。有些偉大人類會在眾神意旨下，經由神格化過程提升至神明地位，例如海克力士（Herakles）與阿斯克勒庇俄斯（Asklepios）。

泰坦神（Theoi Titanes）。原始神後第一代眾神，例如普羅米修斯（Prometheus），克洛諾斯（Kronos）、泰美斯（Themis）等。

冥界神（Theoi Khthonioi），例如黑卡蒂（Hekate）、普西芬妮（Persephone）等。

奧林匹亞神（Theoi Olympioi），例如希比（Hebe）、謬思（Mousai）等。

天神（Theoi Ouranioi），例如阿涅摩伊（Anemoi，風）、赫利俄斯（Helios，太陽）等。

海神（Theoi Halioi），例如格勞科斯（Glaukos）、涅瑞伊得斯（Nereides）、崔萊頓（Triton）等。

希臘名	羅馬名	父母	主司	配偶	子女
宙斯	朱比特	泰坦克羅諾斯與泰坦瑞亞	眾神之王，命運、王權、天空、氣候之神	希拉	阿波羅、阿芙羅黛蒂、阿蒂蜜絲、雅典娜、阿瑞斯、戴歐尼修斯、海克力士、赫密士等等
希拉	朱諾	泰坦克羅諾斯與泰坦瑞亞	眾神之后，天空、女人、婚姻、生育	宙斯	阿瑞斯、赫菲斯托斯、艾莉西亞、希比、厄倪俄
波塞頓	涅普頓	泰坦克羅諾斯與泰坦瑞亞	海洋、洪流、馬匹、地震之神	安菲特里忒	崔萊頓、忒修斯、波利菲莫斯
狄蜜特	刻瑞斯	泰坦克羅諾斯與泰坦瑞亞	農業、收穫、糧食、來世	無	普西芬妮、普路托斯、萊博、阿里翁
荷絲提雅	維斯塔	泰坦克羅諾斯與泰坦瑞亞	住家、爐邊、家庭、烹飪、犧牲奉獻	無	無（處女神）
阿波羅	阿波羅	宙斯與泰坦勒托	音樂、預言、知識、痊癒、瘟疫	無	阿斯克勒庇俄斯、特洛伊羅斯、阿瑞斯泰俄斯、奧菲斯
阿蒂蜜絲	黛安娜	宙斯與泰坦勒托	狩獵、野生動物、分娩、女童、瘟疫	無	無（處女神）
雅典娜	密涅瓦	宙斯與泰坦墨提斯	智慧、英勇、手工藝、戰略、編織	無	無（處女神）
阿瑞斯	馬爾斯	宙斯與赫拉	暴力、男子氣概、戰爭	某些資料是阿芙羅黛蒂	得摩斯、福波斯、厄洛斯、阿忒洛斯、哈耳摩尼亞、等等
阿芙蘿黛蒂	維納斯	宙斯與泰坦狄俄涅；或從海中泛起的泡沫中延生	美麗、愛、愉悅、生殖	赫菲斯托斯，也許後來是阿瑞斯	得摩斯、福波斯、厄洛斯、哈耳摩尼亞、洛斯、普里阿普斯、卡里忒斯、佩托、歐諾彌亞、阿忒洛斯、赫馬佛洛狄忒斯
赫密士	墨丘利	宙斯與寧芙邁亞	畜牧、競技、好運、冥界引導者、神使、語言、偷竊、旅行、貿易	無	潘、堤喀、奧托里庫斯、安吉里亞等等
赫菲斯托斯	兀爾坎	希拉，沒有父親	建造、火、煉金、雕刻、火山	阿芙羅黛蒂	塔利亞、艾菲蜜、艾忒尼亞等等
戴歐尼修斯	巴克斯	宙斯與公主塞墨勒	酒、狂歡、慶典、植物、來世	阿里阿德涅	庫密俄斯、歐芙洛緒涅

田野神（Theoi Nomioi），例如阿瑞斯泰俄斯（Aristaios）、潘（Pan）等。

農神（Theoi Georgikoi），例如普路托斯（Ploutos）等。

城市神（Theoi Polikoi），例如歐諾彌亞（Eunomia）、赫斯堤亞（Hestia）等。

奧林帕斯十二神——奧林匹亞眾神

第五類神對古希臘人來說顯然是最重要的。整個希臘神殿由十二主神會議所管轄，他們要求所有子民的崇拜。任何人未向十二主神獻上應給的犧牲奠酒將被懲罰。奧林匹亞眾神統治宇宙萬物與人類生活，並控制眾多次級神與精靈。羅馬人採納了希臘眾神，但給他們不同名稱。（見左頁表）

冥界國王與王后——黑帝斯與普西芬妮

第十三、十四位「主神」是黑帝斯（Hades）和普西芬妮（Persephone）。不像其他12位神祇，他們從未被稱做奧林匹亞神，也沒參加奧林匹亞眾神飽宴。他們一直待在冥界。

希臘名	羅馬名	父母	主司	配偶	子女
黑帝斯	普路托	泰坦克羅諾斯與泰坦瑞亞	冥界之王，死亡	普西芬妮	
普西芬妮	普洛塞庇娜	宙斯與狄蜜特	冥界之后，來生，春天成長，收穫	黑帝斯	馬卡庇亞、墨利諾厄、普路托斯、薩古洛伊

星座之神

第六類神是盤繞在星空中的神祇。包括黃道帶十二符號在內的每個星座，都是一或多個神祇所有，例如人馬座是人頭馬的凱隆（Kheiron），雙子座是狄奧斯庫洛伊兄弟（Dioskouroi Twins）等等。

妖怪、野獸與巨人

第七類是與神祇關係密切的半神性生物構成，例如龍（Drakones）、巨人（Gigantes）、人頭馬（Kentauroi）、地獄犬（Kerberos）、獅身人面獸、海妖女等等。

半神英雄（HEROI HEMITHEOI）

最後一類是死後被推崇具有低階神性的英雄，包括阿基里斯（Akhilleus）、忒修斯（Theseus）和柏修斯（Perseus）。女英雄有阿爾克墨涅（Alkmene）、海倫（Helene）和伊阿姆柏（Baubo），還有例如厄里克托尼俄斯（Erikhthonios）、卡德摩斯（Kadmos）與珀羅普斯（Pelops）等重要的開創性國王也是半神性。有些希臘神殿裡的神不只屬於單一分類。例如堤喀可以歸在第二類是俄刻阿尼得斯（Okeanis）寧芙，在第三類是幸運女神，在第四類是廣受崇拜的自然與工藝女神。

宙斯（朱比特）與希拉（朱諾）

波塞頓（涅普頓）

阿芙羅黛蒂（維納斯）

狄蜜特（刻瑞斯）

戴歐尼修斯（巴克斯）

阿波羅（阿波羅）

赫菲斯托斯（兀爾坎）

吸血鬼（vampire）出現在世界上大部分民間文化裡。這字源自於俄文的vampir，pi 是動詞「喝」的意思。有些人說希臘字nosophoros（plague-carrier瘟疫帶菌者）演化成斯拉夫的「nosufur-atu」進而成為 nosferatu 這個字，它與吸血鬼同義。吸血鬼民間故事廣泛流傳在斯拉夫民族裡，也許是因為在歷史上他們人口中有眾多吉普賽人或羅姆人。吉普賽人的遷徙可以追溯到印度北方，那地區有許多活靈活現的嗜血神祇，例如迦梨（Kali），或者小鬼這類生物。吸血鬼被認為是死人以肉身形式返回人間，喝動物或人的血才能延續生存。據說最有可能變成吸血鬼的人是魔法師、狼人、被逐出教會者、自殺者、謀殺犯以及被吸血鬼攻擊的人。

自 1730 年到 1735 年，匈牙利、巴爾幹半島、波蘭、保加利亞與波西米亞（現今的捷克共和國）經歷一場吸血鬼流行病，最有可能是爆發霍亂疫情造成的。許多霍亂患者過早被埋葬而試圖從棺材逃出來，這被解釋成變成吸血鬼的徵兆。美國曾報告在新英格蘭爆發多起吸血鬼流行病，就像 1854、1888 和 1890 年那樣，所有案例在事後同樣都被歸因於霍亂患者。

吸血鬼最顯著的特徵是非常蒼白，對陽光有過敏反應，以及剛吸完血後貪婪飽足的表情。即使埋葬多年也沒屍體腐爛的痕跡，死後僵硬也消失了。吸血鬼必須攻擊人類喝他鮮血，通常會咬開脖子的頸動脈，然後從受害者傷口飲用大量的血。受害者通常會死於失血過多，但死後換他們變成吸血鬼。

有多種方法可以讓你抵禦吸血鬼。在基督教國家，揮舞十字記號或十字架被認為很有效。大蒜是最普遍用來對付吸血鬼的天然驅逐劑，同樣的還有山楂與山梨。另一種防禦是撒落種子——吸血鬼被認為會全神貫注數每粒種子，因而對他的犧牲者失去興趣，或者沉迷計算而忘記太陽升起。銀在傳統上不像大眾小說想像的是一種防禦金屬，鐵才是人們的選擇。鐵刮鬍刀會放在孩子的搖籃下，或者戴上綁著鐵釘的項鍊，或用其他鐵器策略性地圍住需要保護的地方。殺死吸血鬼最常見的方法是將他屍體搬出棺材，挖出心臟燒掉後再斬首，然後用任何木頭的木樁刺穿身體，但不要用松木，它象徵不朽生命，因為松樹從不落葉。其他迷信認為可以摧毀吸血鬼的方法包括用十字架觸碰它，把它浸在聖水與大蒜裡，偷走它左腳襪子塞滿石頭丟進河裡，或者運用「半吸血鬼」（dhampir，吸血鬼與人的混血）。據說只有半吸血鬼能看見無形的吸血鬼，他們有時利用這項專長接受雇用去獵殺吸血鬼。

穿刺者弗拉德（德古拉）

弗拉德三世（Vlad III，Vovoide of Wallachia，1431 － 1476）的別名德古拉（Dracula）意思是「龍之子」，是參照他父親瓦拉幾亞大公弗拉德二世德拉庫里（Vlad II Dracul）而來。弗拉德三世出生於特蘭西瓦尼亞（Transylvania），五歲時正式加入紐倫堡的龍騎士團（Order of the Dragon），他父親幾年前也已加入。1436 年，他父親被親匈牙利派系趕下王位。1442 年，在鄂圖曼帝國蘇丹的協助下重獲統治權，但需交出弗拉德和他弟弟拉杜（Radu）到鄂圖曼帝國做人質。弗拉德被監禁在那裡，經常遭受鞭打，但他弟弟改信伊斯蘭教後效忠穌丹。1447 年，弗拉德的父親被與匈牙利朝廷勾結的大貴族殺死，兄長被弄瞎活埋。為了避免瓦拉幾亞陷入匈牙利掌控，鄂圖曼帝國入侵瓦拉幾亞並將弗拉德推上王位。但弗拉德隨後因戰敗而逃往他叔父的摩爾達維亞公國（Moldavia）。叔父在 1451 年遭刺殺，弗拉德重回匈牙利。由於憎恨鄂圖曼土耳其人，他與昔日的敵人匈牙利和解，重新統治瓦拉幾亞。

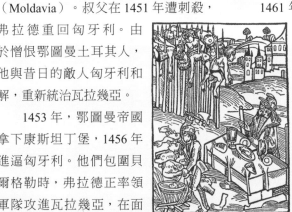

1453 年，鄂圖曼帝國拿下康斯坦丁堡，1456 年進逼匈牙利。他們包圍貝爾格勒時，弗拉德正率領軍隊攻進瓦拉幾亞，在面對面戰鬥中殺死它的國王而奪回祖國。

弗拉德立刻努力振興自己國家的經濟與國防。他用木樁穿刺的方式處決許多大貴族，將土地與職權賞給次階貴族並解放農民。因為瓦拉幾亞的特權貴族與特蘭西瓦尼亞的撒克遜領導者有勾結，弗拉德對特蘭西瓦尼亞發動襲擊，再度穿刺俘虜。

他與匈牙利新國王結盟，控制多瑙河此岸，但鄂圖曼土耳其帝國意圖掌控這條河，以防神聖羅馬帝國的進犯。1459 年，鄂圖曼土耳其帝國國王要求弗拉德付出他延遲進貢的一萬錢幣和五百名年輕男子，但弗拉德殺死土耳其的使者，將他們的纏頭巾釘在頭上。土耳其人渡過多瑙河想招募一支軍隊來反抗弗拉德，但他刺死信使。鄂圖曼土耳其帝國此時企圖安排弗拉德和尼科波利斯（Nicopolis）的貝將軍會面，趁此機會俘虜他。弗拉德察覺此意圖，於是設好自己的埋伏，將 1000 名土耳其騎兵刺死。

1461 年冬天，弗拉德侵襲塞爾維亞與黑海之間的地區，寫信給匈牙利國王說「我殺了男女老幼……23,884 名土耳其人與保加利亞人，還沒包括那些在家裡被我們活活燒死，或者沒被我們士兵砍下頭顱的……」1462 年，鄂圖曼土耳其帝國穆罕默德二世（Mehmed II）派出大約

妹前，總共坐了大約 12 年牢。1476 年，弗拉德在匈牙利的支持下回去攻佔瓦拉幾亞，但在布加勒斯特附近的戰役中被殺。土耳其人將他斬首，頭顱放在蜂蜜裡保存，並放在康斯坦丁堡展示。

60,000 騎兵與 30,000 非正規軍對抗瓦拉幾亞。他遇上如叢林般的一片木樁，上面是被弗拉德刺死的 20,000 名穆罕默德先前派出的鄂圖曼軍隊。然而，弗拉德旗下只有 20,000 到 40,000 人，無力阻止鄂圖曼軍隊在 1462 年八月佔領他的首府。憑著游擊戰，他率領精銳部隊偽裝成土耳其人，進入鄂圖曼軍營企圖刺殺蘇丹。穆罕默德逃掉了，但失去將近 15,000 人。再經過三場戰役後，鄂圖曼軍隊敗退撤回多瑙河彼岸。弗拉德受到教宗讚賞，還有來自威尼斯、熱那亞等義大利城邦與特蘭西瓦尼亞的稱頌。於是穆罕默德派遣弗拉德弟弟拉杜與禁衛軍來對抗他的軍隊，但是被擊退。

然而，許多積怨未了的大貴族現在加入拉杜陣營，寧可接受鄂圖曼帝國而不要匈牙利的保護。弗拉德沒錢付給這些唯利是圖的人，便向匈牙利國王請求協助，但他卻被誣告叛國罪而關進大牢。匈牙利國王馬蒂亞斯·科菲努斯（Matthias Corvinus）已從教宗那裡收到大筆援助以對抗土耳其人，但他把錢花在完全不相干的事上。現在土耳其人已經近在眼前，他需要弗拉德來當替罪羔羊。弗拉德在 1474 年獲釋並娶了國王堂

巫毒信徒

巫毒教預估約有五千萬信徒，他們相信神靈附身，神明藉此過程在崇拜儀式中向信徒短暫發言。他們深信神明的影響會體現在日常生活各個方面，取悅神明就能獲得健康、財富和精神上的福報。巫毒教幾乎遍及海地，但也可以在紐約、紐奧良、休士頓、查里斯頓、南卡羅來納與洛杉磯看到，它被視為合法宗教。

在西非達荷美（Dahoeny，現今的貝南）和多哥（Togo）部分地區，巫毒這字眼意思是「靈魂」或「神靈」。奴隸被帶過大西洋時將巫毒教傳到新世界，起點是加勒比海群島的牙買加與聖多明尼克（Saint Domingue，現今的多明尼加共和國與海地）。白人奴隸主變得非常害怕這玩意，禁止宗教儀式與任何形式的聚會。違反或持有「物神」（fetish）者會受到極端的處罰，包括剁指、毀容、剝皮，甚至活埋。法國總統尼古拉·薩科齊在 2008 年要求法國商店撤下一個以他樣貌製作的巫毒玩偶，販售時

附贈一組大頭針以及如何「惡整」他的詳細說明。

約翰·威爾金斯——發明單位「公尺」與首度嘗試登陸月球

在 1668 年的《論真實字符與哲學語言》（An Essay Towards a Real Character and a Philosophical Language）一書中，牧師約翰·威爾金斯（John Wilkins，1614 － 1672）試圖發現一個能普遍理解的語言。他的語言含括了傳統單字當做測量單位：line、inch、foot、standard、perch、furlong、mile、league 和 degree，但也想實現一個普遍的測量標準。他採用的方式據說是同年代的克里斯多佛·雷恩爵士（Sir Christopher Wren）所建議，就是把長度標準建立在時間標準上（如同今天的做法），並且讓標準長度等同於一個已知「週期」的鐘擺長度。鐘擺是相當可靠的時間標準，它們的週期只取決於自身長度與當地重力影響。重力在地球表面各地變化非常小。威爾金斯指出鐘錘應該盡可能用最重、密度最高的球體，吊線要用最輕、最柔韌的細繩，長度要調整至搖擺週期盡量接近一秒鐘。然而，威爾金斯不是只取吊掛點到鐘錘中心的長度做為標準長度。他反倒指出：「……有兩段已知長度，那就是吊線長度與鐘錘半徑，由此第三個比例量得找出來；必須以吊掛點到鐘錘中心的長度除以鐘錘半徑，等同於前述半徑除以這第三個比例量，它因此可以找到，從鐘錘中心再延伸此比例量的兩個五分之一（0.4）倍長度，便能得到想要的測量單位。」用數學語言可以說成：假設 d 是吊掛點到鐘錘中心的長度；假設 r 是鐘錘半徑，x 的比例量是

休伊·威廉斯（Hugh Williams）——船上最幸運的名字

1664年12月5日，一艘船沉沒在威爾斯北岸外海的梅奈海峽（Menai Straits）。81名乘客中唯一的生還者叫休伊·威廉斯。1785年12月5日，一艘雙桅遊艇沉沒在梅奈海峽，只有一個生還者——休伊·威廉斯。這次死了六個人，包括他全部的家人。1860年12月5日，一艘載25人的小船在梅奈海峽進水沉沒。唯一生還者的姓名是休伊·威廉斯。適逢季節交替時，

1820年8月5日，一場泰晤士河上的遊河野餐派對在一艘運煤駁船上舉行。船上25人中大多是不到12歲的兒童。來自利物浦的五歲休伊·威廉斯是唯一生還者。1889年8月19日，在里茲（Leeds）的一艘九人運煤駁船沉沒。兩個人被漁夫救起，一對叔姪都叫休伊·威廉斯。

由 d/r = r/x 得出。那麼 d +
（0.4）x 就是測量的標準
單位。威爾金斯聲稱如果
遵照這說明，那麼測量的
標準單位「將顯示為……
三十九又四分之一吋」，
即 0.997 公尺。威爾金斯
稱這新的測量結果是「標
準單位」。公尺是國際單
位制（International System
of Units）的長度基本單位。1791 年，法
國國民議會（French National Assembly）
接受法國科學院（French Academy of
Sciences）的提案，將公尺重新定義成垂
直通過巴黎之地球子午線，從赤道到北
極長度的千萬分之一。從 1983 年起，它
被定義為光在真空中前進 1/299,792,458
秒的距離。威爾金斯在公尺被正式採用
前的 113 年就發明了幾乎精確的一公尺
測量標準單位，除此功績之外，他也將
十進制帶入標準單位的數量計算。他把
百分之一標準單位稱為一吋，但實際上
是一公分，1000 標準單位仍稱為一哩，
但它實際計算出來的幾乎等於一公里。
他繼續將十進制套用在重量、尺寸與貨
幣上——他是超越時代的一個人，也是
當時最有科學頭腦的人之一。

AN ESSAY
Towards a
REAL CHARACTER,
And a
PHILOSOPHICAL
LANGUAGE.

By JOHN WILKINS D.D. Dean of Ripon,
And Fellow of the ROYAL SOCIETY.

LONDON,
Printed for Sa: Gellibrand, and for
JOHN MARTYN Printer to the ROYAL
SOCIETY, 1668.

的氣囊，這是充氣輪胎的原型。
更甚者，威爾金斯還計畫他個人
的登月任務，靈感來自著名探
險家哥倫布、德瑞克與麥哲倫
（Magellan）偉大的環球發現之
旅，他在兩本書中探究太空旅行
的可能性。記載顯示他開始研究
原型太空船，或是如他所稱的
飛行戰車（flying chariots），以
便載運太空人。1638 年，當他
才 24 歲時，威爾金斯出版《發現月球新
世界》（*The Discovery of a New World
in the Moone*）一書。他相信其他行星
與月球一定有居民。他希望認識這些他
稱呼的塞勒尼堤（Selenite），甚至與
他們貿易：「也許，有其他一些發明方
法可以載人前往月球，雖然穿越浩瀚太
空始終看來是個可怕又不可能的事，但
毫無疑問的是總有人敢冒這險……」然
而，威爾金斯必須考慮如何脫離地球引
力，那幾乎是艾薩克·牛頓在 1687 年寫
道地心引力的五十年前。威爾金斯認為
我們被一種磁力吸附在地球上。對雲的
觀察讓他想到人如果能達到海拔 20 哩
（32 公里）的高度，他便能脫離這磁力
飛越太空。他的計畫是建造真的能飛的
機器，造形像船但擁有強力彈簧、齒輪
和一組翅膀。火藥也許可用來推動一具
原始形式的內燃引擎。翅膀需要覆蓋例
如天鵝或雁鳥等高飛鳥類的羽毛。威爾
金斯認為太空船需以低角度起飛，就像
現代飛機一樣。他估計需要十或二十個

約翰·威爾金斯博士是英國皇家
學會創始成員，娶奧立佛·克倫威爾
（Oliver Cromwell）的姊姊為妻，發明
了第一枝氣槍、里程記錄器、娛樂院子
裡客人的人工彩虹製造機，還有會膨脹

人通力合作，每個人花費 20 基尼，雇用一位好鐵匠來組裝他這套計畫的飛行機器。威爾金斯認他的探險家不需要帶食物，因為已經有證據顯示人能長時間不吃東西而存活下來。在太空不受地球磁力影響，他推測沒有牽引力作用在他們消化器官就不會感到飢餓。大家知道登山家在高海拔會感到無法呼吸，但威爾金斯說這是因為他們的肺不習慣天使呼吸的純空氣。他的太空人會即時適應，所以能在他們的奔月旅程中呼吸。大約 1654 年，威爾金斯偕同另一位重要的科學家與博學之士，偉大的羅伯特·虎克（Robert Hooke），在牛津大學瓦德漢學院（Wadham College）的庭院實驗製造飛行機器。然而，到 1660 年代，他開始明白太空旅行並非如他想像的那麼簡單，於是放棄他的太空飛船，把興趣轉向測量單位的十進制。

▍獵巫將軍瑪竇·霍普金斯

十七世紀英國內戰期間，瑪竇·霍普金斯（Matthew Hopkins，1620-1647 年）聲稱持有獵巫將軍頭銜，他從 1645 年開始在英國東部各郡搜捕女巫，用嚴刑拷打、剝奪睡眠等手段從受害者口中逼供。兩年後，才 27 歲左右的他就因為肺結核而隱退並去世。大約 14 個月內，他讓因巫術而被吊死的人數比過去 100 年還多。曾有估計，十五世紀初到十八世紀末的英國所有女巫審判結果，因巫

術被處決者不到 500 人，霍普金斯與他同夥約翰·斯帝爾納（John Stearne）的傑作就佔總數百分之四十。

霍普金斯獵巫手法在他 1647 年的著作《發現女巫》（*The Discovery of Witches*）中略有描述。這些做法受到法律書籍推薦，大西洋彼岸的新英格蘭殖民地立刻開始審判並處決施行巫術者，首宗瑪格麗特·瓊斯（Margaret Jones）的定罪就是透過霍普金斯「搜索」與「監視」的技巧。瓊斯是新英格蘭從 1648 年持續到 1663 年這一系列獵巫行動中第一位被處決者。總共十三名婦女和兩名男子被處決，而他的方法又被利用在 1692 年到 1693 年麻薩諸塞州的塞勒姆審巫案（Salem Witch Trials），當時有 20 人被處決，150 人入獄。

▍鄭和——宦官航海家

福建省一個小鎮發現了一根石柱，上面銘文描述「宦官航海家」鄭和驚人的旅行。它講述了明朝皇帝吩咐他航向「眼界以外的國度……直往塵世盡

頭」。他的任務是展現明朝強大權勢以及向「遠方海域的蠻族」收取貢品。銘文中有鄭和到訪國家的中文名稱，從亞洲到非洲包含三十國的旅程航行了56,000公里。他在1405年到1433年間帥領七次前往「西洋」的遠征，到達爪哇、吉達（Jeddah）、阿拉伯海、孟加拉灣，也許還比葡萄牙人早了70年環繞非洲一圈。他的成就顯示中國在十五世紀擁有可以探索世界的造船與航海技術。然而，中國沒有把這些探險之旅持續下去。中國將他們的遠洋船隻銷毀，並且終止探險。因此一世紀後，歐洲人才會「發現」中國，而不是中國人「發現」歐洲。

明朝的造船師也發展出縱帆、船尾舵以及配備槳輪的船。甲板下的水密隔艙可以防止船身產生裂縫時沉沒。有些船有金屬裝甲做保護。這些技術讓遠距航行得以實現。鄭和到訪每個國家，他會贈送皇帝給予的禮物，並索取貢品以張顯明朝的榮耀。中國人對外交關係有獨特的見解。因為中國文化發展是獨立於其他重要文明之外，視自己為世界中心。所以稱自己國家是中土之國。

鄭和原姓馬，是來自雲南省的回族。當明王朝在1378年攻克雲南後，他被帶到中國首都當朝廷臣官。他在朝廷權勢逐漸坐大，被賦以中國海軍的指

揮權。1402年，鄭和與王景弘率領龐大艦隊前往西洋（現今的東南亞），開啟貿易與文化交流。艦隊出航的船隻數量約是40到63艘，還有許多士兵與水手隨行，這意味總記人數超過27,000人。鄭和最後一次遠征時間比歐洲航海家同規模的航行早了半世紀。他最著名的旗艦叫做「寶船」，它的「布帆、船錨與船舵要200到300人才搬得動」。這艘船建於十五世紀初期，據說有152公尺長，63公尺寬，不少於九根桅杆。肯亞外海一項花費兩百英鎊的探勘，焦點放在也許是鄭和艦隊的一艘船上，他們試圖證明他比瓦斯科‧達伽馬（Vasco da Gama）早了80年到達非洲東岸。針對拉穆群島（Lamu archipelago）當地斯瓦希里人（Swahili）的基因測試顯示，他們的遠祖可追溯到中國人，這是居民長久以來的主張。

還魂屍

還魂屍是死人經由巫毒或巫術的方法復活，在此過程中他的心智能力被毀壞。數千名海地人被認為是還魂屍，其中有些人每天在家庭、在工作上過著正常生活，而且還是受敬重的市民。海地刑法第249條寫道：「它也應被視為謀殺未遂的行為，有害任何真實之人，即便未導致真正死亡，仍產生長短不等

人類感覺動物學

我們為了體會到感覺，需要感覺感受器。每一種感受器對應特定感覺能力。傳統上，我們學到人類有五種感覺：

視覺：看的感覺。我們眼睛有兩種對光的感受器。一種叫視桿細胞（rods），感覺光的強度，在低亮度時運作。另一種叫視錐細胞（cones），能夠感覺顏色，需要相當強度的光線才會作用。

聽覺：聲音的感覺，來自耳朵裡的聲音感受器。

嗅覺：氣味的感覺，來自鼻子裡的化學受體。

味覺：味道的感覺，來自嘴巴裡的化學受體。

觸覺：皮膚的感覺。然而，因為觸覺包含四種不同的神經，所以皮膚感覺被區分成：熱、冷、壓、痛。有時會把「癢」加入清單。

除了這八或九種感覺，我們可以加上動覺（運動感覺，讓我們覺得自己在動）以及平衡覺（前庭平衡感覺，來自耳朵裡的感受器，能在重力環境中察覺自己定位）成為十或更多種感覺。在我們的肌肉與關節裡有感受器，它會告訴我們身體不同部位的相對位置，還有肌肉的運動與張力。這些感覺允許我們，比如說，閉起眼睛讓兩手食指互碰。膀胱的感受器會告訴我們該排尿了。同樣，我們大腸有感受器會指示說吃飽了。它也有餓或渴的感受器。神經系統會記錄與判定我們每天全身無數的感覺。這是怎麼運作的？什麼原因導致你的腿或手臂麻的時感到刺痛？你怎麼知道自己就要打噴嚏了？我們可以列出14到20種不同感覺，端看我們選擇如何看待它們。還有人似乎具有其他感覺。有些人會「看到未來」。有些人可以「探知」水源、石油和隱藏的東西。有些人能為警察指出被藏起來的屍體。有許多人會感到氣候即將發生變化。還有些人覺得他們能感覺到有人在看著他，或者身旁另有他人。筆者相信我們祖宗先輩曾擁有我們今天已經喪失的感覺，比如循著地磁線航行，這是許多哺乳動物、鳥禽和魚類仍舊擁有的。

嗜睡性昏迷。若此人已被埋葬，此行為不論後果為何皆應被視為謀殺。」若要促成還魂屍，據說巫毒師會製造包含河魨毒（對人類最強的神經毒素之一）的藥劑。這會拿給計畫的受害者服下，造成嚴重神經損害，最初影響腦部控制語言、記憶與運動機能的左半部。受害者變得嗜睡，然後漸漸看似死亡。實際上，受害者的呼吸與脈搏變得太弱，以致幾乎法察覺生命跡象。受害者被送進醫院時還保留完整的知覺，後來或許被送進停屍間，甚至最後被活生生埋葬。巫毒師接著把受害者從墳墓挖掘出來，讓他成為自己的奴隸。曾有一度據稱海地甘蔗田裡像機器人般的苦工大多是還魂屍。

亞瑟王的魔法師梅林

吸血鬼弗拉德（德古拉）

女教宗瓊安

納勒斯伯勒的「女先知」希普頓修女

傳說的海克力士

「機械天才」阿基米德

第二章

神話中的巨獸、妖怪與恐怖之物

亞伯丁動物寓言

短篇合集的動物寓言是敘述各種真實與想像的動物或怪獸，通常帶有基督教寓意與道德教化。《亞伯丁動物寓言》（*Aberdeen Bestiary*）被視為其中典範。原稿的寫作繪製是 1200 年左右出現於英國。歷史記載最早出現此書是 1542 年，它被列在西敏寺舊王室圖書館的動物書籍清單第 518 號。這裡

的藏書是亨利八世在古物家約翰·利蘭（John Leland）專業協助下收集而來，以保存從解散的修道院中搶救出來的手稿與文件。

雙頭蛇

雙頭蛇（Amphisbaena）如同中世紀動物寓言所描繪，在身體兩端都有一個惡毒的頭。大約西元 150 年，埃里亞努斯（Aelianus）寫道：「尼坎德羅斯

（Nikandros）聲稱雙頭蛇的蛻皮若包裹在拐杖外面，可以驅趕所有蛇類與其他具有致命毒牙的生物……雙頭蛇是有兩個頭的蛇，一個在

前面，另一個在尾巴那端。當牠前進時，因為需要一個向前推動的動作，牠會把一個頭放在後面當尾巴，另一個當頭。反之，若想要後退，兩個頭就像前述方式完全交換位置。」

七世紀塞維亞的依西多祿（Isidore of Seville）有相同描述：「雙頭蛇有兩個頭，一個在正常位置而另一個在尾巴。牠能以圓周運動方式朝任一個頭的方向移動。牠眼睛像燈火一樣閃耀。牠在蛇群中獨來獨往。」雙頭蛇在紋章學與中世紀畫作中通常被描繪成具有翅膀和兩隻腳，頭上有角。現在 amphisbaenidae 這字被用來指稱蚓蜥科，牠們可以朝前或朝後移動。

雙頭龜與移植

雙頭龜（Amphisbaena Tortoise）這個類似雙頭蛇的生物據說棲息在神話中的南海七島。西元前一世紀西西里的狄

奧多羅斯（Diodorus Siculus）記載說：「我們得知在這之中也有獸類，牠們身形小，但身體構造與血液功能令人驚訝；牠們圓圓的外形非常類似烏龜，但表面有兩條顯著的對角線，每端都有一隻眼和一張嘴。牠用四隻眼看和四張嘴吃，然而食物會集中到同一個食道，都從這裡吞下去後流進同一個胃，由此可知牠的體內器官是單一的。牠在身體下方周圍有許多隻腳，因此可以隨心所欲朝任何方向走。他們說，這個動物的血液有非凡功能；因為牠能把身體被切斷的部位立刻黏合回去；甚至像手意外被切斷，只要傷口是新的，用這血液可以再黏回去，同樣方法也適用在身體類似的其他部位，只要不是致命或不可或缺的部位。」

▎巴西利斯克——蛇中之王

傳說巴西利斯克（Basilisk、Baliskos 或雞蛇 Cockatrice）是從公雞所孵的蛇或蟾蜍蛋中出生，但雞蛇是從蛇或蟾蜍所孵的公雞蛋中出生。這條小蛇一般相信是出生於一顆圓形無孵黃的蛋，牠必須在天狼星出現的期間產下。牠只能來自七歲大的公雞，並由蟾蜍來孵蛋。其中一種巴西利斯克會用毒液灼死任何接近的東西，第二種則是用眼神一瞥便能殺死活生生的東西。這兩種都很可怕，牠們的氣息會令草木枯萎，足以粉碎岩石。另外的傳說提到三種巴西利斯克，牠們都有破石的氣息。「金黃巴西利斯克」用牠的眼神毒害所有東西。「惡眼巴西利斯克」用金色頭頂上的第三隻眼恐嚇並殺死所有生物。「血紅巴西利斯克」的螫刺讓受害者骨肉分離。殺死巴西利斯克唯一方法是在牠眼前放一面鏡子，這會讓牠驚恐而死。牠的天敵是對牠眼神免疫的鼬鼠。如果鼬鼠被咬，牠會退下陣來吃些芸香，那是在巴西利斯克氣息下唯一不會枯死的植物，然後恢復力氣重新上陣。由此推論，巴西利斯克被認為是眼鏡蛇，而鼬鼠被認為是貓鼬。於是巴西利斯克可能源自印度的角蝰（horned adder）或眼鏡蛇。巴西利斯克另一個天敵是公雞，似乎聽到雞啼聲就會立刻死亡。

到中世紀時代，牠轉變成一條有公雞頭的蛇，或者有時候是人頭。在人文科學中，巴西利斯克是惡魔與反基督的象徵，對新教徒而言是天主教會的象徵。巴西利斯克的名字源自希臘文 basileus，「國王」的意思。巴西利斯克被認為是「蛇中之王」，而且是地球上

最毒的可怕生物。羅馬人稱牠「雷古勒斯」（regulus）或小國王，不只因為牠有頂冠（或許是眼鏡蛇張開的頸部），同時也因為牠致命的眼神與毒液威脅所有其他生物。牠通常是黃色，有時帶些黑色調。老普林尼提到牠頭上的白點，也許被誤解為頭帶或王冠，而其他人提到牠前額有三個刺狀角鱗。牠的樣貌總是引起爭論，因為沒人能在看到巴西利斯克後還活著。牠在紋章學裡被描繪成獸類的頭、人的軀幹、公雞的腳、蛇的舌頭和蝙蝠的翅膀。像蛇的尾巴末端有個箭頭。

老普林尼在他的《自然史》裡寫道：「任何人看到巴西利斯克的雙眼會立刻死亡。牠不超過十二吋長，頭上的白色班紋看起來像頭帶。不像其他蛇嘶嘶地消失無蹤，牠高挺著腰直往前進。被牠觸碰到，甚至只是牠的氣息就會讓青草枯萎，灌木凋零，岩石崩裂。牠的毒性非常致命，曾有人騎在馬上用矛去刺一條巴西利斯克，毒液從矛傳導上去，不僅殺死了人，也殺死那匹馬。鼬鼠可以殺死巴西利斯克；蛇若被拋進住著鼬鼠的洞穴，在牠殺死鼬鼠的同時也會被鼬鼠的氣味殺死。」

七世紀的西班牙學者塞維亞的依西多祿寫道：「巴西利斯克的長度是六吋，帶有白色斑點，牠是蛇中之王。所有動物對牠都退避三舍，因為牠的氣息甚或僅僅眼神就能殺死一個人。鳥禽只要飛進牠的視野，無論距離多遠都會著

火。可是鼬鼠能殺死牠，因此人們會把鼬鼠放進牠躲藏的窩穴。牠們跟蠍子相似的地方就是沿著乾地走，當牠來到水邊時會使人瘋狂和怕水。牠們也被稱為西伯勒斯（sibilus），嘶嘶作響的蛇，因為牠帶著嘶嘶聲造成死亡。」

教宗李奧四世（Leo IV）在位期間（847－855），據說一條巴西利斯克藏身在羅馬露琪亞（Lucia）聖堂附近的一座拱門。牠的氣味造成毀滅性的瘟疫，但教宗用祈禱文殺死了這生物。1474 年，在巴塞爾，一隻老公雞被發現產下一顆蛋。這鳥禽被抓起來審判，遭控行為反常而要在數千群眾前被活活燒死。就在行刑前，暴民搶在劊子手前面將公雞剖開，結果還有不同發育階段的三顆蛋在肚子裡被發現。這件事取材自艾華·佩森·埃文斯（E.P. Evans）在 1906 年不可思議的作品《動

物的犯罪起訴與死刑》（*The Criminal Prosecution and Capital Punishment of Animals*）。1733 年，當坎布里亞郡（Cumbria）倫威克（Renwick）的教區禮拜堂被拆除時，一個巨大、有蝙蝠翅膀的生物，應該是一條雞蛇，憤怒地朝工作人員拍打翅膀。一個叫約翰·塔倫泰爾（John Tallantire）的人用山梨樹

為國王量身製作

王室宴席中，雞蛇被廚師重現成料理端上桌。這道料理是用半隻雞與半隻乳豬縫合起來，表面塗上一層麵粉與蛋黃烘烤而成。

枝殺了牠，贏得領主免除稅賦的獎賞。村民描述他們之所以能察覺這生物的存在，是因為空氣中突如其來的一陣寒顫。

貝西摩斯——聖經中的巨獸

《聖經·約伯記》將口噴火焰的海怪利維坦（Leviathan）和舉世無敵的貝西摩斯（Behemoth，聖經中譯為「河馬」）相提並論。書中說人們不需質

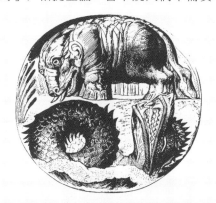

疑上帝，因為祂創造了牠們，並能獨自捉拿牠們。《約伯記》第四十章可以讀到：

40.15　你且觀看河馬；我造你也造他。他吃草與牛一樣。

40.16　他的氣力在腰間，能力在肚腹的筋上。

40.17　他搖動尾巴如香柏樹；他大腿的筋互相聯絡。

40.18　他的骨頭好像銅管；他的肢體彷彿鐵棍。

40.19　他在神所造的物中為首；創造他的給他刀劍。

40.20　諸山給他出食物，也是百獸遊玩之處。

40.21　他伏在蓮葉之下，臥在蘆葦隱密處和水窪子裡。

40.22　蓮葉的陰涼遮蔽他；溪旁的柳樹環繞他。

40.23　河水氾濫，他不發戰；就是約旦河的水漲到他口邊，也是安然。

40.24　在他防備的時候，誰能捉拿他？誰能牢籠他穿他的鼻子呢？

擲糞者博肯納

《亞伯丁動物寓言》記載：「人們在亞洲發現一種叫博肯納（Boncon，Bonnacon）的動物。牠有著公牛頭，身材尺寸如同公牛，長了鬃毛的頸部則像馬。牠的彎曲牛角往後朝向自己，以致碰上任何敵手都傷不了對方。但這前額沒作用的怪獸防禦力來自腸胃。因為當牠逃跑時，從肚子排出糞便所發散的氣味可以擴散到三英畝範圍，只要接觸這熱氣就會被灼傷。正因如此，牠用有殺傷力的排泄物驅逐追趕者。」

老普林尼告訴我們：「博肯納是

在培奧尼亞（Paeonia）發現的。牠有馬的鬃毛，除此之外就像一條牛。牠向後彎曲的角在打鬥時毫無用處；遭受攻擊時，牠便逃跑並排出糞便，拖曳長達三浪（furlong）距離。追趕者觸碰糞便就會如著火般被灼傷。」培奧尼亞大約是現今的馬其頓。中世紀英國人講 cacafuego 是指惡霸、自誇者或「噴火

者」，但它的字面意思是「排」洩而非「噴」火。

　　寶藏船「聖母無染原罪號」被法蘭西斯·德瑞克（Francis Drake）追逐數日後在 1579 年 3 月 1 日擄獲。它成了史上獲利最高的戰利品，價值高達約一百五十萬當時的達克特幣，或者約等於現今五億英鎊。追逐它的私掠船為它取了粗俗的名稱叫 Cacafuego，意思是「擲糞者」，因為它是當時少數配備火砲的西班牙寶藏船之一。伊莉莎白女王取得了大部分的戰利品。被擄的大帆船上有個西班牙年輕人說他的船「不該再被稱為擲糞者，而該稱做擲銀者（Cacaplata）」，而且不甘願地建議說德瑞克的小船「後衛號」（日後因輝煌功績而改名為「黃金後衛號」）才應該改名為擲糞者。

人頭馬

　　人頭馬（Centaur、Kentauroi）是外形半人半馬的野蠻部族。他們棲息在馬格內西亞（Magnesia）地區的山林裡。這個原始部族以山洞為家，獵取野生動物為食，用石頭與樹枝當武器。人頭馬是寧芙涅斐勒（Nephele）的後裔，她遭受拉比斯（Lapith）國王伊克西翁（Ixion）的非禮。不幸生下的孩子被送到皮利翁山（Mount Pelion），由人頭馬神祇凱隆（Charon）的女兒們哺育撫養長大。他們受邀參加拉比斯的堂兄皮瑞蘇斯（Peirithoos）的婚禮，結果喝醉後想搶走新娘和女賓。人頭馬在接下來的交戰中差不多被消滅殆盡。

　　伯羅奔尼撒（Peloponnese）西部另有一支人頭馬部族，他們在這裡與英雄海克力士發生爭執。還有一支長牛角的部族生於賽普勒斯島（Cyprus）。人頭馬被描繪成從頭到腰的上半身是人，然後坐落在馬的身體上。人頭馬的臉部特徵有時像個人，有時又被畫成有獅子鼻與尖耳朵，典型的魯莽色狼。

有角的蛇

　　塞維亞的依西多祿記載說：「角

蝰（Cerastes）這蛇的頭上有像公羊的角；牠因此得名，希臘人叫牠 kerata（角）。牠有四根看起來像誘餌的角，能夠立刻殺死被引誘來的動物。牠將自己覆蓋在沙子底下，只露出用來誘捕鳥禽或動物的部分。牠的身體極為柔韌，看來就像沒有脊椎。」據稱牠也可能只有兩根像公羊的角，或者是四對小羊角。

黑帝斯的巨大看門犬

刻耳柏洛斯（Cerberus、Kerberos）在希臘與羅馬神話中是巨大的獵犬，牠是黑帝斯的看門犬，防止亡魂逃離冥府。刻耳柏洛斯被描繪成有蛇尾巴、蛇鱗毛與獅爪的三頭犬。有說法是牠有五十個頭，然而這可能包含了牠鱗毛的結球。

海克力士的十二試煉中，最後一項是被派去冥府把刻耳柏洛斯抓來，這任務因為普西芬妮的恩賜得以完成。當他將這強悍野獸帶給國王歐律斯特斯時，國王嚇得拔腿逃跑，並央求海克力士將刻耳柏洛斯送回冥府。

喀邁拉——史芬克斯之母

喀邁拉（Chimera、Khimaira）是堤豐（Typhon）與厄客德娜（Echidna）的女兒，生下史芬克斯（Sphinx）與涅墨亞獅（Nemeian Lion）。依據希臘神話，這個會噴火的怪獸毀滅了安納托利亞（Anatolia，土耳其南岸）的呂基亞（Lycia）地區。喀邁拉具有鬃毛獅的身軀和頭（有時是三個頭），但從背部冒出一個山羊頭，而且還有山羊乳房與蛇尾巴。荷馬在《伊利亞德》描述騎著飛馬佩加索斯（Pegasus）的貝勒羅豐

（Bellerophon）拿鉛頭長矛刺她喉嚨使她窒息而死：「首先，國王埃俄巴提斯（King Iobates）派他去按照指示殺了誰也無法靠近的喀邁拉；牠是神的創造物，不是人類，有獅子的前半身與蛇的後半身，一個山羊頭在中間，呼出的鼻息是明亮可怕的火焰。他遵照神諭，殺了喀邁拉……」赫西俄德（Hesiod）在《神譜》（*Theogony*）中敘述：「她生下了喀邁拉，一個鼻噴怒焰，巨大可怕的野獸，強壯又敏捷。牠有三個頭：一個是怒目而視的獅子頭，一個是山羊頭，第三個蛇頭是一條強大的龍。然而

喀邁拉（冰冷空氣）被佩加索斯（春天）與勇士貝勒羅豐所殺。但牠也愛上俄耳托斯（Orthos，晨曦），產下史芬克斯……以及涅墨亞獅。」牠被當做與聖喬治（St George）搏鬥的龍的典型。喀邁拉看來就像冬天升起的摩羯座（有蛇尾的公羊），牠在每年春天被飛馬座從星空中驅趕走。

有些作者寫這噴火怪物來自呂基亞的瑟里斯（Phaselis）附近叫做喀邁拉的火山，或是庫拉吉爾斯（Cragus）附近的火山谷，這些地方都是描寫喀邁拉相關事件的場景。最近發現的呂基亞藝術作品中，牠被描繪成就是單純一頭獅子（生出了涅墨亞獅）。亞洲獅曾棲息在希臘、土耳其和遠東地區，但現在只剩 400 隻的數量棲息在印度的基爾森林（Gir Forests）。

半狼半獅克洛可

「衣索比亞有個地方的土狼與母獅交配；牠們的結合產生一種叫做克洛可（Crocote）的怪獸。牠像土狼一樣會發出類似人的聲音。牠從不需費力轉變視線方向，倒是得努力讓牠保持不變。牠的嘴裡沒有牙齦。單一、連續的牙齒天生就像珠寶盒一樣開闔，所以永遠不會變鈍。」（《亞伯丁動物寓言》）

後期賽克洛斯

在荷馬史詩裡，賽克洛斯（Cyclops）是巨大、傲慢、無法無天的牧羊族，住在西西里島西南部，會吞食人類。他們沒有法律或團體制度，每個人與妻兒住在自己的山洞，隨心所欲支配他們。他們的首領波利菲莫斯（Polyphemus）是波賽頓的兒子，被描繪成只有一隻眼睛長在前額。荷馬在《奧德賽》裡描述奧德修斯（Odysseus）與同伴如何被波利菲莫斯捕獲，但奧德修斯刺瞎他眼睛而逃跑。後來的傳說將賽克洛斯視為赫菲斯托斯

第一代獨眼巨人

他們是蓋亞和烏拉諾斯（Uranus）的三個兒子，布隆特斯（Brontes，雷鳴之意）、史特羅佩斯（Steropes，閃電之意）以及阿爾格斯（Arges，光亮之意）。他們與泰坦的兄弟被烏拉諾斯丟進暗黑地獄塔爾塔洛斯（Tartarus），但在母親唆使下協助克洛諾斯（Kronus）奪權。但克洛諾斯又把他們丟進塔爾塔洛斯。宙斯在和克洛諾斯與泰坦們的戰爭中釋放了他們，賽克洛斯則提供雷霆閃電給宙斯，隱形頭盔給黑帝斯，三叉戟給波賽頓。此後他們擔任宙斯的大臣，但因為提供雷電給宙斯去殺阿斯克勒庇厄斯（Asclepius，阿波羅之子），被阿波羅復仇給殺死。

的助手。這位火神的工坊是火山，因此西西里島的埃特納火山（Mount Etna）和附近島嶼被認為是他們的住所。身為赫菲斯托斯的助手，他們不再牧羊，而是為眾神與英雄製作鐵甲與飾品；他們如此賣力在工作，以致於西西里和附近島嶼迴蕩著他們錘擊的聲音。

狄普薩

狄普薩（Dipsa）這種蛇小到踩中牠前根本看不見，而且毒到被牠咬中時還沒感覺就死了。西元一世紀的盧坎（Lucan）還有七世紀的塞維亞的依西多祿都有記載。

衣索比亞（非洲）怪獸

老普林尼在他的《自然史》裡告訴我們：「衣索比亞有非常多的山貓（Lynx），還有棕色毛髮、胸部有一對乳房的史芬克斯，以及許多其他怪獸——有翅膀、頭長角的馬叫衣索比亞飛馬（Pegasoi Aithiopikoi）；鬣狗（Crocotas）像狗與狼的混血，可以用牙齒咬下任何東西，然後一口吞下在肚子裡絞碎；長尾猴（Cercopitheci）的臉是黑色，臀部有毛，聲音不像其他任何猴子；印度牛（Boves Indici，也許是犀牛）有一隻角也有三隻角；鬣狗獅（Leucrocota），最敏捷的野生動物耶魯（Yale）……野牛（Tauros Silvestres，有刀槍不入的紅皮革）……蠍獅（Mantichora）……衣索比亞西部有一處湧泉叫尼各里斯（Nigris），大部分人都認為是尼羅河源頭…在這附近有一種動物叫卡托布來帕斯（Catoblepas）……毒蜥（Basilisci Serpentis）……是產自昔蘭尼加（Cyrenaica）地方。」

命運女神

莫伊賴（Moirae、Moerae 或 Moirai，希臘文是分配者的意思）在希臘神話中是三位身穿白袍的命運女神。她們是宙斯和泰坦女神泰美斯的女兒，或者是原始神倪克斯（Nyx，黑夜女神）、卡俄斯（Chaos，混沌之神）與阿南刻（Ananke，必然女神）的女兒。她們控制了象徵凡人從生到死的生

九頭蛇海德拉

龍

巴西利斯克

中世紀怪獸彼格翁尼
（**Bigorne**），靠吃忠貞
的人為生

龍身海德拉

龍

希臘與羅馬神話中描繪了許多種類的龍，例如衣索比亞龍（Drakones Aithiopes）是下撒哈拉地區的一種原生巨蛇品種，羅馬作家埃里安（Aelian）告訴我們：「提到衣索比亞這國度（眾神沐浴之處，荷馬稱它俄刻阿諾斯並讚賞不已，是個令人嚮往的美好鄰國），聽我說，這國度孕育了非常龐大的龍（蛇）。因為你必須知道，牠們長達一百八十呎，不能用任何物種來稱呼牠們，然而人們說牠可以殺死大象，而且

這些龍是數一數二的長壽動物。」埃里安形容印度龍（Drakones Indikoi）是巨大、有牙齒的蛇，棲息在印度，會捕食大象：「我聽說在印度，大象和蛇是最針鋒相對的敵人。由於大象會拽下樹枝來吃，龍知道之後便爬上樹，將後半身藏在樹葉裡，前半身到頭的部分就像繩索一樣吊掛著。大象靠近拔取嫩枝時，龍就躍去象的眼睛把牠挖出來。龍接著纏繞大象脖子，後半身緊抓樹不放，前半身愈加纏緊，用牠獨特的單結套索絞死大象。」寓言中還可發現許多其他不同的龍：

佛里幾亞龍（Phrygian Dragons）棲息在安納托利亞，長度有60呎（18公尺）。牠們靠尾巴挺直身體，用神秘氣息誘捕鳥禽。

賽提亞（Cetea），巨大蜿蜒的海龍。

斯克洛潘德拉（Scolopendra），一個龐大的海中怪物，鼻子有延伸的長鬚，還有龍蝦般的扁平尾巴，腹部兩側各有整排的蹼足。

科爾基亞龍（Colchian Dragon），從不睡覺並看守著金羊毛（Golden Fleece）。

西庫瑞德斯（Cychreides），被趕出薩拉米斯島（Salamis）成為狄蜜特的隨從。

赫斯珀里亞龍（Hesperian Dragon），有一百個頭的龍，看守赫斯珀里得斯的金蘋果，被海克力士殺死。

海德拉（Hydra），九頭水龍，被海克力士殺死。

涅墨亞龍（Nemean Dragon），看守宙斯的聖林。

培冬（Python），蓋亞用來看守德爾菲神廟。

特洛伊雙龍（Trojan Dragons），波塞頓派出的兩條龍，殺死了特洛伊的拉奧孔（Laocoon）與其子，因為他警告人民木馬會造成威脅。梵諦岡博物館有一座刻著拉奧孔與其兒子的出色紀念雕像，大約是西元前40年在羅德島雕刻的。還有一種龍叫杜拉肯納（Dracaena）或「女妖」，上半身是美麗的寧芙，下半身取代腿的是龍或海怪的身軀。

坎珀（Campe）是可怕的女妖，看

守著塔耳塔羅斯（Tartarus）的監獄大門。她有大蛇的身軀，一百個蛇「腳」以及可怕的蠍子尾巴。坎珀被宙斯殺死，賽克洛斯與赫卡同克瑞斯（Hecatoncheires）才得以從監獄中獲救。

刻托（Ceto）是醜陋的海中女妖，海龍的身軀取代了腿。她生下厄客德娜、赫斯珀里亞龍以及一大群其他怪獸。

厄客德娜（Echidna）是堤豐的女妖妻子，她生下許多神話中的龍。

斯庫拉（Scylla）是一個海中女妖，她在西西里島和義大利之間的美西納海峽獵食，捕捉並吞食經過船隻的水手。她是以海怪尾巴取代了腿的寧芙。

示巴里斯（Sybaris）是出沒在德爾菲附近一座山上的女妖，她吞食牧羊人與路過旅客。後來被英雄尤里巴洛斯（Eurybarus）推下山崖。

命線。莫伊賴會在新生兒誕生後第三個（有一說是第七個）晚上出現來決定他的一生。克洛托（Clotho，紡線者）將生命線從她的紡紗桿捲到紡錘上。拉克西斯（Lachesis，命運決定者）用她的量桿測量每個人分配到的生命線。阿特羅波斯（Atropos，終結者）負責剪斷生命線，以及選擇每個人的死亡方式。當他們死期來臨時，如同密爾頓（Milton）在他的詩作《里西達斯》（Lycidas）裡想像的，她就用那「令人痛恨的剪刀」剪斷他們的生命線。也許身穿斗篷，手持長柄大鐮刀的時間老人（Old Father Time）形象是源自這個傳說。

食屍鬼

食屍鬼（Ghoul）源自阿拉伯、波斯與印度的傳說，被匯編成阿拉伯文並在十九世紀翻譯成英文《一千零一夜》（*The book of the Thousand Nights and a Night*）。譯者理察·伯頓爵士（Sir Richard Burton）有幾個註解提到男食屍鬼是吃人肉的生物：「阿拉伯文『Ghul』在這裡指一種食人魔鬼。『黑夜』裡的食屍鬼相當可怕，似乎不只是迫於需要才捕食人類。他們的胃口幾乎無法滿足……『願阿拉解救汝，如同陛下您將我從永不滿足的食屍鬼中解救出來！』……」甚至他們名號聽來

都很嚇人，例如「我們得向阿拉祈禱免受其害的食屍鬼」。伯頓提到女食屍鬼與 ghul 這個字的起源：「Ghulah（女食屍鬼）是希伯來文裡的莉莉斯（Lilith 或 Lilis），古典傳說中的拉彌亞（Lamia）；詞源上來看，『Ghul』是劫數，是極度恐懼；而這怪物顯然是對墳墓和墓地感到懼怕的具體化。」

鱷魚殺手海德拉斯

海德拉斯（Hydrus）據說是尼羅河裡發現的水蛇，牠會游進鱷魚嘴裡，被吞下後就一路咬穿鱷魚肚子，然後把牠們殺死。塞維亞的依西多祿提到「海德拉斯是小動物；以此為名是因為牠生活在水中，具體來說是尼羅河。如果牠發現一隻鱷魚睡著了，就先滾進泥巴裡，然後爬進鱷魚嘴中；把鱷魚身體內部都吃掉後，就咬穿肚子殺死牠……海德拉斯是一條水蛇；受害者被牠咬後會腫脹。這種蛇咬後的疾病有時被叫做牛症，因為可以用牛糞來治療。」

海德拉斯有時會與海克力士絞殺的海德拉分不清楚；有些文獻說牠是住在勒拿湖（Lerna）、有許多頭的水龍，還能長出新的頭。十二世紀中葉的冰島手抄本《博物學者》（*Physiologus*）將海德拉斯描繪成一隻鳥，羽毛從鱷魚嘴中露出，鳥頭從腹側冒出。然而，海德拉斯幾乎都被描繪成一條蛇，尾巴伸在鱷魚嘴外，牠的頭從鱷魚腹側冒出來。

醜陋的火惡魔

鎮尼（Jinn）是阿拉伯與伊斯蘭民間傳說的醜陋惡魔，他所擁有的超自然能力能夠賦予那些可以召喚他們的人。鎮尼的單數是 jinni 或 djinni，傳到西方就被稱做 genies。傳說中，所羅門王（King Solomon）用一枚戒指召喚鎮尼來協助他的軍隊作戰。在伊斯蘭民間，鎮尼是與沙漠聯想在一起的火精靈。他們會擾亂人類生活的同時，也被認為值得解救。一個人若死於罪孽，就可能在此世過渡到彼世的期間變成鎮尼。最屬害的鎮尼是伊布利斯（Iblis），如眾所皆知的黑暗王子阿撒茲勒（Azazel），換言之就是撒旦。

鎮尼被認為是比天使低階的精靈，因為他們是用火製造成的，並非神明。他們能變成人類或動物形象，影響人們去為善或為惡。根據波斯神話，他們有些住在叫做鎮尼斯坦（Jinnistan）的國度，但其他同類與另外的超自然生物住在包圍大地的神秘翠綠山岳高夫（Kaf）。這名字的阿拉伯文原意是「隱秘」。在《可蘭經》裡，有三種有感知能力的生物：天使、人類和鎮尼。其中兩種有自由意志：人類和鎮尼。

《可蘭經》提到鎮尼是用無煙之火製造出來，生活在與人類平行的世界。如果他們在意念上選擇具有人的軀殼，便會有類似人的外形。鎮尼有善也有惡，或者兼容敦厚。

1998 年，巴基斯坦原子能科學家蘇爾丹·巴希魯丁·馬罕穆德（Sultan Bashiruddin Mahmood）在《華爾街日報》的訪問中陳述說，鎮尼能用來解決能源危機，因為他們是用火製造的：「我想如果我們發展自己的靈魂，就能發展與他們的交流……每個新觀念都有反對者，但伊斯蘭與科學之間沒理由要有這種爭辯，因為伊斯蘭與科學並不衝突。」

2001 年 11 月 2 日的《紐約時報》有這樣一則新聞標題：「一個國家的挑戰：核能恐懼；上週被捕的巴基斯坦原子能專家，具有強烈支持塔利班的觀點。」報導說：「上週被捕的三名巴基斯坦科學家被懷疑與塔利班有聯繫，核能工程師蘇爾丹·巴希魯丁·馬罕穆德是其中之一，他的專長是核子武器製造，但根據熟悉巴基斯坦科學界的科學家所說，他也是一位具有非正統科學觀點的伊斯蘭基本教義派信徒。超過三十年時間在巴基斯坦核能計畫裡任職，他帶領建造生產濃縮鈾與鈽的工廠，用以製造巴基斯坦小型但數量日益增多的核子武器。但他也簽署加入所謂「伊斯蘭科學」的實踐者行列，他們堅持《可蘭經》是科學知識的根源，巴希魯丁·馬罕穆德先生曾發表論文提及鎮尼，一個《可蘭經》中描述用火製造的生物。他提議這些實體可以用來解決能源危機，他還寫了如何理解死後生命的方法。」

2001 年八月，蘇爾丹和一位同事在阿富汗會見奧薩瑪·賓·拉登與其代理人艾曼·查瓦希里（Ayman al－Zawahiri）。《紐約時報》報導說：「毫無疑問，馬罕穆德跟兩位蓋達領袖談到核子武器，或者蓋達組織不顧一切想得到原子彈。」2009 年 1 月 8 日，在《紐約時報》又寫道：「……『這傢伙是我們的終極夢魘，』一位美國情報官員在 2001 年末告訴我，那時是《紐約時報》第一次報導馬罕穆德。『他參與了巴基斯坦所有計畫。他知道自己在做什麼。而且他完全神經錯亂。』」

蘇爾丹曾寫過 15 本書，最著名的是《末日技術》（*Mechanics Doomsday*）和《死後生命》（*Life After Death*），其中以科學理論與《可蘭經》知識的見解分析導致世界末日的事件。蘇爾丹在書中明白表示他相信巴基斯坦的原子彈是「全體烏瑪（Ummah）的財產」，歸屬於全世界伊斯蘭社會。美國歷史傳記學會（US Institute of Historical Biographies）曾在 1998 年頒給他金質獎章，蘇爾丹也曾獲得巴基斯坦科學院金牌獎章。

▌死亡女魔克蕾絲

若說希臘神話中的桑納托斯是平和的死神，那麼克蕾絲（Keres）就是猛烈殘酷的死亡、災禍、兇殺或致命疾病的女魔。她們是命運女神與命數之神（Moros，摩羅斯）的執行官，前者在

人出生時決定他的生命長度，後者驅使人走向他無可避免的毀滅。克蕾絲渴望並享用鮮血，她把戰場上重傷命危的士兵靈魂扯離軀體，將他送上黃泉之路。數以千計的克蕾絲在戰場上盤旋，相互爭搶猶如兀鷹爭食垂死獵物。克蕾絲對人的生命沒有絕對權力，但她們對鮮血的饑渴企圖製造超越命運的死亡。奧林匹亞眾神常被形容在戰爭中偏袒自己支持的一方，從他們身邊趕走死亡女魔的利爪。有些克蕾絲化身成為傳染疾病，縈繞在瘟疫地區。這些克蕾絲被描繪成有尖牙利爪、身穿血紅衣服的女人。她們似乎是從潘朵拉盒子裡逃出的某些惡靈來降禍人類。根據西元前七或前八世紀的古希臘詩人赫西俄德所述，她們是倪克斯的女兒，莫伊賴的姊妹，會因為人類的罪行而懲罰他們：「倪克斯（黑夜）生出可恨的摩羅斯（命數）和黑暗的克爾（Ker，破壞）與桑納托斯（死亡），又生出許普諾斯（睡眠）和奧涅尼洛伊（Oneiroi，夢）部族。接著陰鬱的女神倪克斯獨自生出摩墨斯（Momos，譴責）與痛苦的俄菊斯（Oizys，窮困），還有赫斯珀里得斯……她也生出莫伊賴（命運）與殘忍報復的克蕾絲（死亡─命運）……倪克斯又生出涅墨西斯（Nemesis，報應）來折磨凡人，接著是阿帕忒（Apate，欺騙）與菲羅忒斯（Philotes，友誼）以及討厭的革拉斯（Geras，高齡）和冷酷的厄里斯（Eris，衝突）。」

獅子殺手里翁德丰

里翁德丰（Leontophone）對獅子而言是個致命小動物。若要致獅子於死，里翁德丰的身體會燃燒，灰燼佈滿在肉上面，這是個抉擇。即使獅子只吃一小口都會死。獅子痛恨里翁德丰，於是四處獵殺，用爪子撕裂牠們而不用口咬。

彌諾陶洛斯、迷宮與伊卡洛斯

牛頭怪物彌諾陶洛斯（Minotauros）是克里特皇后帕西淮（Pasiphae）與公牛交配後生下的。牠住在代達羅斯（Daedalus）為國王米諾斯（Minos）建造的迴旋迷宮裡，定時接受獻祭的少男少女以滿足牠吃人的食慾。牠最終被英雄忒修斯所殺。牠的真名阿斯特倫（Asterion，星點）讓人想到他與金牛座的關聯。偽阿波羅多洛斯（Pseudo-Apollodorus）在西元二世紀寫道：「米諾斯渴望得到（克里特的）王位，但被斷然拒絕。然而他聲稱得到眾神授予的君權，為了證明此事，他說自己無論祈求何事都會成真。所以獻祭海神波賽頓時，他祈求一頭牛從深海出現，並承諾牛現身時用牠來獻祭。波賽頓的確送給他一頭極為漂亮的公牛。於是米諾斯獲得統治權，但他把公牛送到自己牛群裡，拿另一頭牛來獻祭……波

賽頓對於公牛沒被拿來獻祭非常生氣，於是令牛發狂。他也慫恿帕西淮愛上公牛。在對公牛的熱情下，她找來名叫代達羅斯的建築師共謀……他造了一個裝輪子的木頭母牛……剝下母牛真皮，把這裝置縫進母牛皮裡，接著將帕西淮裝在裡面之後，放置在公牛通常放牧的草地上。公牛過來與她交配，當她是頭真的母牛。帕西淮生下阿斯特倫，被稱為彌諾陶洛斯。他有個公牛頭，但其他部分如同正常人。米諾斯遵從某些神諭指示，將他關在迷宮裡嚴密看守。這座代達羅斯建造的迷宮是一個『迴旋彎曲的牢籠，走道紊亂無序』（換言之，複雜的彎道回轉讓人找不到出路）。」

似乎是克里特仍稱霸愛琴海，而雅典還是羽毛未豐的國家之時，雅典人殺了國王米諾斯之子安德洛吉俄斯（Androgeus）。於是米諾斯為了復仇擊敗雅典人，並且根據卡圖盧斯（Catullus）所述，雅典「因為殺了安德洛吉俄斯而受到殘酷瘟疫的懲罰」。雅典國王埃勾斯（Aegeus）要避免他殺了安德洛吉俄斯的罪行所引發的瘟疫，只得為彌諾陶洛斯進貢「相同數量的少男少女當大餐」。國王米諾斯要求每九年（或有一說是每年）抽籤選出七名少男與七名少女，供給彌諾陶洛斯大塊朵頤。當第三次獻祭來臨時，埃勾斯之子

忒修斯自告奮勇前去殺死怪物。他與父親約定，如果成功了便在船隻回航時掛上白帆，如果他被殺了船員就掛黑帆。在克里特，米諾斯的女兒阿里阿德涅（Ariadne）愛上忒修斯，幫他引導迷宮唯一通往中心的路線。大部分描述是說她給他一個線團沿路放線，讓他能夠找到折返的路。忒修斯用埃勾斯的劍殺死彌諾陶洛斯，帶領雅典少男少女走出迷宮。然而，忒修斯忘記掛上白帆，所以他父親看到船時以為兒子已死，於是投海自盡。

米諾斯文明遺跡已在克諾索斯（Knossos）的龐大宮殿遺跡被找到。

天才的雅典工匠代達羅斯企圖從異鄉的克里特宮殿逃出，他和兒子伊卡洛斯（Icarus）被國王米諾斯囚禁在此。代達羅斯之所以被軟禁，是因為他給了米諾斯的女兒阿里阿德涅線索，幫助米諾斯的敵人忒修斯找出迷宮路線並擊敗彌諾陶洛斯。為了逃脫，代達羅斯為自己與兒子用石蠟和羽毛做了兩對翅膀。從島上起飛前，他警告兒子不要飛得太靠近太陽，也不要太靠近海洋。克服飛行恐懼後，伊卡洛斯騰空而上，但飛得太靠近太陽而讓石蠟融化，掉近海裡溺斃，這塊位於薩莫斯島（Samos）西南方的海域如今以他命名為伊卡利亞海（Icarian Sea）。這段傳奇故事後來有

不同版本，說他們是乘坐由帕西淮提供的船逃離克里特，代達羅斯發明的首帆讓船跑得比米諾斯追趕的大帆船還快。在這版本中，伊卡洛斯是在航向西西里島的途中落水淹死。

▌慕斯卡利特

慕斯卡利特（Muscaliet）這種動物出現在皮耶・迪博韋（Pierre de Beauvais）的《動物寓言》（Bestaire）中，據說身體像兔子，腿和尾巴像松鼠，耳朵像鼬鼠，口鼻像鼴鼠，毛髮像豬，牙齒像野豬。牠會爬樹，並用尾巴力量在樹枝間跳躍。牠一爬上樹就對葉子與果實大肆破壞。牠在樹底下挖地洞當巢穴，體熱導致樹木乾枯死亡。

▌人馬怪——男性慾望的象徵

人馬怪（Onocentaur）擁有男人的上半身與驢子的下半身。上半身是理性的，但下半身極度狂野。這野獸的兩極天性象徵偽君子滿口仁義卻無惡不作。中世紀盎格魯—諾曼語（Anglo-Norman）詩人菲利浦・迪陶恩（Philippe de Thaon）提到，男人之所以被稱為男人是在他講真話時，但做錯事時卻是個驢子。

▌銜尾蛇、環形蛇

關於一條蛇或龍吞食自己尾巴的描述可以追溯到西元前 1600 年的埃及。甚至更早時候，法老王烏納斯（大約西元前 2350 年）金字塔內石棺密室裡的象形文字寫著：「一條蛇纏繞另一條蛇……公蛇被母蛇咬住，母蛇被公蛇咬住，天國著了魔，大地著了魔，普世王者著了魔。」希臘人為這生物取名銜尾蛇（Ouroboros，吞尾者）。

在諾斯底教派（Gnosticism）中，環形蛇象徵永恆與世界靈魂。煉金術士克麗奧佩脫拉（Cleopatra）畫的蛻變銜尾蛇（Chrysopoeia Ouroboros）是最古老的銜尾蛇圖像之一，它啟發了歷史上許多煉金術士、共濟會員和神秘學派。銜尾蛇帶有許多交織的含義。首先是大蛇吞食自己尾巴的象徵，代表了宇宙無限循環的本質：創造來自毀滅，生命出自死亡。銜尾蛇以吞食自己尾巴維生，這是一種無限循環的重生。

在自然界中，犰狳蜥（Cordylus

80

偽裝大師帕蘭度斯

「帕蘭度斯（Parandrus）的體形如牛；牠的頭比公鹿大，兩者有幾分相似；牠的角有分支，是個偶蹄動物，獸毛跟熊的一樣長。牠原本的顏色像驢子，當牠認為時機適當就變回原色。牠的獸皮堅硬無比，被用來製作盔甲護胸。遇到威脅時，這動物會反映出樹木、矮叢與花朵的顏色，或者藏身之處的顏色；因此牠極少被捕獲。」（老普林尼，《自然史》）。這野獸據描述是來自衣索比亞，但普林尼也提到塞西亞的塔蘭度斯（Tarandrus）能改變顏色，有些人認為那是在說馴鹿或麋鹿。

cataphractus）長度大約有 7.5 吋（19 公分），是南非特有物種，也許就是衛尾蛇的由來。牠有一種抵擋獵捕的技巧，就是受到驚嚇時把尾巴含在嘴裡，全身捲成球狀。這種姿勢可以藉由背部粗厚方正的鱗片和尾巴上的尖刺防衛自己。這種行為與犰狳相仿，牠也因此得名。

十九世紀化學家奧古斯特·凱庫勒（August Kekule）夢見如衛尾蛇般的環狀，他因此得到啟示發現苯的分子結構。他在 1865 年寫道，這結構包含六個碳原子分別以單鍵或雙鍵連結成一個環。這個對苯的新理解，乃至於對所有芳香味化合物的理解，被證實在純粹與應用化學上都極為重要，德國化學會在 1890 年特別表彰凱庫勒的榮譽，並慶祝他發表第一篇苯論文屆滿二十五週年。苯的環狀性質最後在 1929 年被結晶學確認。

原野惡魔

1830 年出發的路易斯與克拉克遠征（Lewis and Clark Expedition），目的是要橫越美國大陸西部考察，最遠到達太平洋沿岸，威廉·克拉克（William Clark）在 1804 年 8 月 25 日的日記中寫下原野惡魔一事：「從這溪口往北的方向，一望無際的原野矗立一座看似圓錐形的高山，不同於這地區住的印第安部族，那裡被認為住著惡魔：他們有人的外形，顯著的大頭，大約十八吋高，生性非常警戒，以利箭當武器能在很遠距離外殺人。據說他們會殺掉任何膽敢嘗試靠近高山的人。人們聲稱古老傳說告訴他們，許多印第安人都遭到這些小矮人的毒手，其中三個馬哈人才在幾年前成為他們殘酷暴怒下的受害者。馬哈族、蘇族、歐托斯族及臨近部族都相信這傳說，任何報酬都不足以引誘他們靠近那座山。」

喧鬧鬼

喧鬧鬼（Poltergeist）現象在許多文化裡都曾聽聞，過去被歸咎是魔鬼、惡靈、女巫和亡魂在做祟。德文 poltern（敲打）與 geist（幽靈）兩字的組合是描述包含怪異聲響與物體移動的現象。科學家曾企圖解釋這現象是出於地震或強風等。典型的喧鬧鬼活動包括石頭、塵土和其他小東西如下雨般從天而降；物體被拋擲或移動，其中包括大型家具；出現惡臭味道、響亮噪音與尖叫聲。據說喧鬧鬼會干擾電話和電子設備，還會讓電燈和電器一開一關。有些喧鬧鬼會對人捏、咬、打或甚至性侵。

據說喧鬧鬼通常是在惡作劇，偶爾會有壞心眼，他們製造噪音、移動物品、攻擊人與動物因而暴露蹤跡。筆者本身曾經歷過屋子裡出現松鼠、蝙蝠、鳥和老鼠，覺得許多經驗都可歸因於這些動物製造的噪音。通常這類活動會突然開始和停止，而且經常跟某個人有關。這現象或許會延續幾個小時到幾個月，但有些案例甚至持續好幾年。他們幾乎都是在夜間當某個人出現時發生。這人彷彿是活動的媒介或磁石，通常是 20 歲以下的女性。

1970 年代末期，人們用電腦分析從 1800 年開始收集到的案例。大約 64% 涉及小東西的移動；58% 是發生在夜間；48% 的特徵是敲擊聲；36% 涉及大物件的移動；24% 持續超過一年；16% 特徵是喧鬧鬼與媒介者

三角與弦

三角學通常從平面三角開始教起，但它起源於天文學和球面三角。在十六世紀以前，天文學的基礎主張是地球位於一群同心圓狀球體的中心。計算恆星和行星的位置就要使用到我們現在稱為三角學的概念。三角函數最早的應用跟一個圓形上的弦有關，並將給定弧度x對應的弦長表示為2sin（x/2）。弦是指一線段的兩端點都在任一圓弧上，這線段若通過圓心就是它的直徑。希帕求斯在西元前140年製作了已知第一個弦值表，列舉了每隔7.5度的弦函數值。他的成果在西元100年左右被梅涅勞斯和托勒密做更進一步推展，這兩人都依賴巴比倫人的觀察與常規。托勒密的弦值表以0.5度的間隔列舉了0.5度到180度的弦值。

的交流；還有 12% 涉及門窗的開關。最早被記錄下來的喧鬧鬼活動實例之一是在 1682 年。新罕布夏殖民地大臣李察・張伯倫（Richard Chamberlain）待在新堡（New Castle，當時稱理想島 Great Island）的喬治與艾莉絲・華頓小酒館裡。他目睹「利瑟波力亞」（Lithobolia，丟石惡魔）的攻擊。張伯倫在 1698 年寫的小冊子裡記載「（一隻看不見的手）丟出大小不一的石頭、磚塊和碎磚，其中還夾雜另外東西，例如鋤頭、木鎚、鐵撬、口水和其他器皿，就像突然想使壞一樣，每隔三個月就發生一次。」愛普沃斯（Epworth）喧鬧鬼活動是文件記載最完整的案例，發生在 1716 年 12 月的林肯郡愛普沃斯教區牧師公館。衛斯理一家人在兩個月期間都有聽到大聲的敲擊與噪音。根據衛斯理夫人的記錄，有時噪音像是特定人物製造出來的。有一次當她與丈夫走下樓梯時，聽到的噪音就像有個人在他們腳下倒空一大袋錢幣。接下來的聲音就像玻璃瓶「被摔得粉碎」。其他還有跑步、呻吟、門閂被提起數次的聲音。

弗烈德伯特・卡格（Friedbert Karger）博士是來自馬克斯・普朗克學會的兩位物理學家之一，他協助調查德國羅森海姆（Rosenheim）喧鬧鬼事件。這次媒介者似乎是安妮梅莉・史奈德（Annemarie Schneider），十九歲的她於 1967 年時在羅森海姆當地法律事務所擔任秘書。影片捕捉到電力與電話中斷、一張掛畫在旋轉、燈炮在搖擺（這是第一次有喧鬧鬼活動被拍成影片），以及像是來自電器的奇怪聲音被記錄下來。儘管物理學家、記者與警察密集調查，沒有證據顯示這是騙局。這些作用隨著年輕女孩轉換工作而跟著移動，直到最後漸漸消失，並且不再發生。卡格博士說：「這些實驗對物理學而言是真正的挑戰。我們在羅森海姆案例中所看到的，可能完全顯示出已知物理學無法解釋的一面。」這次現象的目擊者包括了心理玄學家漢斯・班德（Hans Bender）、警方、刑事調查部門、報刊記者與物理學家。

▎培冬——德爾菲神廟的地龍

培冬（Python）這條雌蛇住在德爾菲神廟，就是崇拜牠母親蓋亞的所在地。希臘人認為這神廟是世界中心，代表物是一個叫肚臍（omphalos）的魔法石，正是由培冬看守著。培冬遭到阿波羅的敵視而被殺死，牠的地盤變成了崇拜阿波羅的神廟，而且還是希臘最著名的神諭所。

▎彩虹蛇與滅絕的物種

這在澳洲原住民的藝術與神話裡是一個常見的主題。牠的名字由來是因為蜿蜒貫穿平原的河流像蛇一樣，以及適當的陽光角度照射水面會產生如彩虹

83

般的光譜。這蛇被看作是住在水洼裡，掌控著生命最重要的資源。牠與永續存在的太陽不同，有時不可預測，但會備足水量，流過平原時形成溪谷和深渠。「夢世紀」（Dreamtime）神話講的是偉大聖靈從荒蕪大地造出生命，形成動物和人的樣貌。彩虹蛇來自地底，向上推升造出龐大山脈、群峰與峽谷。巨蛇被認為仁慈地保護著牠的子民（來自四周鄉野的族群），同時也凶狠地懲罰破壞法規的人。

沃那比蛇（Wonambi）是已滅絕的兩種澳洲巨蛇之一。牠跟澳洲其他大蟒不同，並不屬於蟒蛇。根據化石研判，牠身長達到 26 公尺。被取名沃那比是來自原住民對夢世紀中的蛇所做的描述。這個物種所屬的巨蛇科（Madtsoiidae）在五千五百萬年前就從世界其他地方消失，但新物種繼續在澳洲演化。這兩個物種是所知最後存在的巨蛇科，直到五萬年前才滅絕。沃那比蛇生活在水洼旁邊的向陽處，牠們伏擊袋鼠、沙袋鼠及其他前來飲水的動物。因為這個緣故，澳洲原住民文化裡禁止幼童到這類地方嬉戲，只有在成人陪伴下才可前往。在地圖上標示出澳洲西部這類位置時可以

發現，這些幾乎都是仍被視為神聖的區域。曾有假設說這蛇滅絕的主因是原住民定期用火燒掉植被的焚灰農耕（fire-stick farming）所造成。

▋火之王者沙拉曼達

身帶斑點的沙拉曼達（Salamander，蠑螈）完全不怕火，所以住在火山裡，牠的唾液含有劇毒，人只要碰到就會全身毛髮脫落。老普林尼寫道：「沙拉曼達身形像蜥蜴，但全身覆蓋斑點。沙拉曼達冰冷到火碰到牠就熄滅。牠口中流出乳白液體；這液體只要碰到人的身體任何部位，就會造成毛髮全部脫落，皮膚變色爆發疹子。沙拉曼達只在雨天出現，天晴就消失……喝下沙拉曼達死在裡面的水或酒會致命，用這生物飲過水的器皿來飲水一樣致命。」五世紀的聖奧古斯丁（St Augustine）寫道：「假

如沙拉曼達真如博物學家記載的活在火裡，這例子足以讓人信服的是任何著火之物不會毀滅，地獄中的靈魂亦是如此。」依西多祿告訴我們：「所有動物唯獨沙拉曼達能熄滅火；牠可以活在火中，既不痛苦又不會灼傷。有毒動物就屬牠的毒性最強，因為一次就能殺死許多人。如果牠爬上一棵樹，會使全部果

實有毒，任何人吃了果實都會死；如果牠掉進一口井，會使水有毒，任何人喝了都會死。」

沙拉曼達「號稱」能抵擋火的外皮，據說被用來當做包裹貴重物品的布料。這些「防火布」在日後分析中出現礦物質石棉的成分，當地紡成細絲時能編織成柔韌的布料。石棉（asbestos）是古希臘人取的名稱（意思是「不會消滅的」），但希臘地理學家斯特拉波（Strabo）和羅馬博物學家老普林尼都說，這物質傷害那些編織石棉布的奴隸的肺。神聖羅馬帝國皇帝查理曼據說擁有一塊珍貴的石棉桌布。在波斯，這布是富有的貴族從興都庫什山帶回來的，他們直接火燒來清理布料讓賓客映象深刻。有些波斯人相信這纖維來自叫做「沙曼達」（samander）的動物皮毛，這動物活在火中而且遇水則亡。馬可波羅描述他在旅程中看過這些神奇的衣服。有些考古學家認為裹屍布是用石棉製成，國王屍體被包在裡面進行火葬，以便只保留他們的骨灰而不留其他任何東西。另有些人認為石棉被用來製作陵墓燈的永續燈芯。以上傳說應是奠基於一項事實，就是蠑螈身上的氣孔會分泌相當多的乳狀汁液，因此能保護身體免受火害。就象徵性來說，沙拉曼達代表通過情慾與塵世的烈火考驗而變得純淨無瑕的人。

▌薩堤爾

薩堤爾（Satyr）住在非洲海岸外被稱為薩堤里茲（Satyrides）的群島上。二世紀的地理學家保薩尼亞斯（Pausanius）記載說：「我希望比多數人更了解薩堤爾，於是從各方面進行調查。卡里亞人（Karian）攸菲謨斯（Euphemos）說他在前往義大利的航行中被風吹往外海，遠離船員預計的航道。他堅稱那裡有許多無人島，另外一些島嶼住了野人。船員不想停靠後面那

些島嶼，因為他們以前停靠過，跟島上居民有接觸的經驗，但這次情況沒得選擇。這些島被船員稱做薩堤里茲，居民有紅色毛髮，腹側尾巴沒比馬匹小多少。當牠們一看到不速之客就默不作聲衝向船，攻擊船上的婦女。最後恐懼的船員丟了一位外國婦女到島上。薩堤爾侵犯她，還用令人震驚的方式強暴

她。」

　　他們跟阿特拉斯山（Atlas Mountains）的利比亞薩堤爾類似，兩者都源自旅行者對猴子與猩猩的敘述。薩堤爾是低階的樹林與山岳之神，他們被描繪成半人半獸，通常具有山羊的尾巴、腹側和腳蹄。身體上半部是人，但也有山羊角。他們是牧神潘（Pan）與酒神戴歐尼修斯（Dionysus）的夥伴，成天飲酒、跳舞和追逐寧芙。

▌希塔莉斯──美麗的蛇

　　塞維亞的依西多祿記載說：「希塔莉斯（Scitalis）擁有閃耀多彩的皮膚，這些特徵使得任何看到牠的人都會放慢動作。牠爬行遲緩，追不上獵物，所以用非凡的外表令對方驚呆。牠體溫很高，甚至冬天都會脫皮。」

▌賽普斯

　　依西多祿敘述這小蛇：「致命的賽普斯（Seps）迅速吞食一個人，他在牠嘴裡溶解……賽普斯是一種罕見的蛇，牠的毒液可以溶解肉體與骨頭。」

▌史芬克斯和謎語

　　史芬克斯（Sphinx）在希臘神話中是一個雌性怪獸，擁有獅子的身體，女人的頭和胸，老鷹的翅膀，有時還有毒蛇頭尾巴。不同描述說她是堤豐與厄客德娜的女兒，或者是堤豐與喀邁拉的女兒，或者是俄耳托斯與喀邁拉的女兒，史芬克斯被眾神派去降禍於底比斯城（Thebes）。西元二世紀的偽阿波羅多洛斯寫道：「克瑞翁（Kreon）當國王時，天譴降臨底比斯，因為希拉派去襲擊他們的是史芬克斯，喀邁拉與堤豐之女。她有女人的臉孔、胸、腳和尾巴像獅子，還有鳥的翅膀。她跟謬思（Mousai）學來謎語，然後坐在芬其恩山（Mount Phikion）不斷盤問底比斯人，謎語是：『什麼動物有一種嗓音，同時又有四隻腳、兩隻腳與三隻腳。』一則神諭告訴底比斯人說他們只要猜對謎語就能擺脫史芬克斯，所以他們時常聚集尋找答案，但只要提出錯誤答案，她就抓一個人吃掉。許多人死

了，最後還包括克瑞翁自己的兒子海孟（Haimon），克瑞翁公開宣佈他將把王位和賴俄斯（Laios）的遺孀一併讓予解開謎語的人。伊底帕斯（Oedipus）聽到這消息並解開謎語，他說史芬克斯謎語的答案是人。人在嬰兒時用四肢爬，成人時用兩腳走，當他變老時撐了枴杖就是三隻腳。於是史芬克斯從衛城跳下自盡。」

由於底比斯傳說的緣故，史芬克斯經常被用在英年早逝者的墓碑雕刻上。埃及描繪的史芬克斯是趴著的獅子沒有翅膀，擁有人的上半身，她的雕像出現在通往神廟的大道上。埃及最大的一座史芬克斯雕像在吉薩（Ghizeh），除了爪子以外的部分是由整塊岩石刻成。埃及史芬克斯有時也叫做獅身人面（Androsphinges），以便跟上半身是公羊的史芬克斯區分。

▋枯枝人和大腳怪

華盛頓州喀斯喀特山脈（Cascade Mountains）的雅克瑪印第安人（Yakama Indian）有一傳說，就是群山高處住著枯枝人或小矮個。有些山嶺是枯枝人不可侵犯的領域，接近他們是不被允許的，因為就怕他們會傷害遊客。枯枝人可能也會無緣由地惡作劇，例如偷走你的車鑰匙。

羅伯特·邁克爾·佩爾（Robert Michael Pyle）在他 1995 年的著作《大腳怪足跡：跨越隱密的分界》（*Where Bigfoot Walks: Crossing the Dark Divide*）中記載：「大量關於 Ste-ye-hah'mah 的傳說，他們也被叫做丟枝人或枯枝人。Yakama 這字是指躲藏在樹林掩蔽下的精靈。有些人說『枯枝』是指他們這種習性。另外說法是這些生物會用枯枝戳弄印第安人的棚屋，好把他們引出來或惹惱他們，或把成堆枯枝丟到他們身上。最近在奎諾爾特（Quinault）的一個傳聞，就是婦女會用淺簍裝著鮭魚和其他食物，然後大腳怪會把柴枝放在簍子裡，換走這些食物—這是另一個和『枯枝』的關聯。有些印第安人認為枯枝人是精靈，他的名字甚至不該被提起；唐·萊盧斯卡·史密斯（Don Lelooska Smith）認為枯枝人只是跟大腳怪混為一談了。」

▋第一個機器人塔羅斯

塔羅斯（Talos）是希臘火與煉金神赫菲斯托斯用青銅製造出來，並送給了國王米諾斯。另外的記述是他受到宙斯的託付去歐洲守衛克里特島。赫菲斯托斯的機器人守衛克里特的方式是每天沿著島的外圍繞三次，有船靠近就朝他們丟石塊雜物，讓他們無法登陸。他非常強壯，但身上有一個弱點，就是足踝的血管。阿爾戈英雄（Argonauts）從利比亞回航的途中遇上塔羅斯。美狄亞（Medea）說服塔羅斯說如果他讓她的

船登陸島上，就會給他長生不老的神祕藥劑。塔羅斯同意並喝下藥劑，隨後睡著了。美狄亞走向沉睡的塔羅斯並拔掉他足踝血管的栓子，塔羅斯因此流血致死。另外傳說美狄亞企圖登陸島上，塔羅斯在努力逐退她時被岩石劃傷足踝流血致死。完全不同的版本是說塔羅斯是被阿爾戈英雄的波伊俄斯（Poeas）所殺，他被一支箭射中足踝。

▎不朽的風暴巨人堤豐

西元前七或前八世紀的赫西俄德寫道：「宙斯把泰坦們從天空趕走後，碩大的蓋亞（大地）透過阿芙蘿黛蒂愛上塔耳塔羅斯（地獄），生下她最年輕的孩子堤豐（Typhon）。」據說堤豐身形大到頭頂觸碰到星辰。他從肩到股都是男人的模樣，腿是兩條盤繞的毒蛇。每隻手的手指位置是 50 個蛇頭。他有翅

膀，骯髒糾纏的頭髮與鬍鬚，尖耳朵，射出火光的雙眼。根據某些說法，堤豐有 200 隻手，每隻手的手指是 50 條蛇，這些蛇有 100 個頭，他的身形像人，同時還有牛、豬、蛇、獅與豹的頭。身為火山邪神，堤豐將火工石塊丟向天空，嘴中噴出爆發的火焰。他的子孫包括海

德拉、哈爾庇厄（Harpy）、刻耳柏洛斯、喀邁拉、高加索神鷹（Caucasian Eagle）、涅墨亞獅、科爾客斯凶龍（Colchian Dragon）、史芬克斯、戈爾貢（Gorgon）、斯庫拉與特洛伊雙龍，以及其他許多魔怪。堤豐被宙斯擊敗，囚禁在塔耳塔羅斯的深淵，這也是冥府會發出毀滅風暴的由來。後來詩人的想像是他被困在西西里島的埃特納火山下。

▎狼人

狼人（Werewolf）是在滿月時會被轉變或自行蛻變成狼的人。凡人若被狼

人詛咒或咬中，也會變成狼人。狼人只在夜間行動，他們在此期間吞食人類與死屍。根據新近的傳說，銀箭或銀子彈這類銀製品可以殺死狼人。狼人死後便回復人形。

Werewolf 這字是古撒克遜字 wer（人）與 wolf 的縮略。變狼妄想症患者（lycanthrope）這個專有名詞有時也被拿來形容狼人，但它是指一個人罹患精神疾病而誤認為自己變成一匹狼。狼人的概念也許來自阿卡迪亞（Arcadia）國王萊卡翁（Lycaon）的神話，他是個惡名昭彰的殘酷人物。他為了取悅宙斯而殺死自己的小兒子尼克提墨斯（Nyctimus），烹煮後獻給宙斯，但憤怒的宙斯懲罰他，將他變成一匹狼。在這世界上狼不常見的地區，狼人在傳說中的角色就替換成人變老虎、獅子、熊

之類的動物。中世紀宗教法庭會逼迫與拷打精神分裂患者、癲癇患者與弱智者懺悔說自己是受到撒旦指示的狼人。1270 年後，不相信狼人存在甚至會被視為異端。直到十七世紀，歐洲法庭才因為缺乏證據而取消對狼人的指控。對於狼人傳說的解釋可能在於罕見的紫質症，它會造成毛髮不正常的過度增長，對光線與黑暗敏感，以及牙齒與手指的怪異扭曲。

耶魯（或森堤科瑞）

老普林尼告訴我們：「耶魯（Yale）是在衣索比亞發現的。牠有黑色或黃褐色皮膚，大象的尾巴，公豬的獠牙。牠可移動的角超過一腕尺（約四十五公分）長，打鬥時可以交替運用，依照需求指向前方或轉向後方。」依照傳說，牠長而彎曲的角可以各自轉向任何方向。牠打鬥時把一隻角朝後，這麼一來如果打鬥用的角受損了，牠就可以換另一隻朝前。耶魯的體格像馬。巴西利斯克是耶魯的敵人，牠如果發現一隻睡著的耶魯，就會叮咬牠兩眼之間，造成眼睛腫脹直到破裂。

神話中的半人妖怪

半人半羊的生物

沒有頭但臉在胸口的人形妖怪

典型的史芬克斯,部分像
女人,部分像動物

豬人

有人臉和五隻偶蹄的妖怪

傳說中有顆熊頭的人物角色

第三章

傳說與現實中的神奇之地

阿旃陀與埃洛拉石窟

　　阿旃陀與埃洛拉石窟（Ajanta and Ellora Caves）是十九世紀一群英國軍官在印度馬哈拉施特拉邦（Maharashtra）獵捕獅子時所發現。阿旃陀石窟是在兩千年前建立成佛教僧侶閉關修行之地。一般認為經過此地的僧侶在雨季時利用天然石洞做掩蔽，並用宗教雕像裝飾裡面以度過雨季。隨著這樣的石窟逐漸增多，這裡變成固定的修行場所，在 29 個華麗的石刻洞裡住了大約 200 名的僧侶和學者。僧侶雕出石階、長椅、窗戶、圓柱、石像與他們想要的裝飾，這些都是與地板、天花板和充滿繪畫的牆壁一起鑿刻出來的。這處場所在七世紀時被遺棄，因為僧侶逐漸移往附近的埃洛拉，那裡靠近商隊路線，他們更容易取得施捨。阿旃陀石窟被遺棄後，他們開始在埃洛拉動手開鑿石洞。埃洛拉石窟混雜了多種文化，最早來到的是西元前 200 年至西元 600 年的佛教，接著是 500 至 900 年的印度教以及 800 至 1000 年的耆那教。34 個石窟在埃洛拉山丘斜坡上開鑿出來，12 個是佛教風格，17 個是印度教風格，5 個是耆那教風格，有些石窟還同時具有多種風格。

　　凱拉薩神廟（Kailasa Temple）是埃洛拉最著名的岩鑿寺廟，用來紀念喜馬拉雅山上的凱拉薩峰（Mount Kailasa），那是毀滅之神濕婆（Shiva）的居所。神廟看來像是複雜多層的獨棟寺廟，實際上是由單一石塊鑿刻出來的，占地面積是雅典帕德嫩神廟（Parthenon）的兩倍大。它是世界上最大的單一石塊建築物，從頭到尾都由一塊岩石雕刻出來。寺廟擁有世上最大的懸臂石頂，原本外表塗了白色灰泥，以便與白雪覆蓋下的寺廟有更好的一致性。建造寺廟必須移除 200,000 公噸石頭，一般認為這需要 7000 名勞工花費 150 年才能完成。不像其他阿旃陀與埃洛拉的石窟，凱拉薩神廟有廣大的露天庭院，被數層樓高的迴廊高牆圍繞。

　　凱拉薩峰位於西藏境內，同時被佛教、印度教、耆那教與苯教認為是永恆極樂的聖地，記錄顯示未曾有人嘗試攀登這座海拔 6638 公尺的山峰。佛教與印度教的信仰禁止攀登此山，它是世上未被攀登的山峰中最賦有意義的一座。Kailasa 在梵語中是水晶的意思，西藏人稱它為岡仁波齊，意思是「珍貴的雪寶」。隨著中國在 1950 年入侵西藏，前往傳說中濕婆居住地的朝勝之旅

在 1954 到 1978 年間終止。此後，只有少數印度朝勝者在嚴格監督下被允許前往該地。前往聖山附近須靠雙腳步行或騎小馬與犛牛，並且花費三天時間長途跋涉。

51 區

51 區（Area 51）又被稱為馬伕湖（Groom Lake），是位於拉斯維加斯北方 145 公里的一處秘密軍事設施。這塊區域有 155 平方公里大小，中央是一座禁止進入的空軍基地。這地方在 1950 年代中期被選做 U2 偵察機的測試地點，而且馬伕湖一向是美國「黑色預算」下秘密航空器被公開承認前的試驗場。這處設施和周圍地區也和幽浮與陰謀論傳聞扯上關係。1989 年，包伯·拉札（Bob Lazar）在一個拉斯維加斯電視台上聲稱，他曾在 51 區南方的嬰兒湖（Papoose Lake）處理過外星人的太空船。從此之後，51 區流傳成為美國政府掩蓋幽浮真相的代表。幾世紀以來已有數百宗幽浮目擊事件，維基百科有一個「UFO 事件列表」提供有興趣的讀者參考。

阿雷鎮幽浮機場

位於法國西南海邊，一個 5500 人的阿雷鎮在 1976 年召開一場小鎮會議，會中提供了美食好酒（世界上只有法國人真的知道如何舉辦會議）。歡笑聲中，議會通過一筆總額將近 600 英鎊的預算去建造世上第一座「幽浮機場」。議會發現機場每年吸引了 20,000 名遊客，於是在 2010 年決定增設新的高能見度紅白跑道燈和大型風向袋，以供外星人著陸時判斷之用。2010 年九月，在「降落跑道」上舉辦的派對中提供了生蠔與白酒，焦點活動是為跑道上類似飛碟的金屬藝術作品揭幕，根據遊客中心主任克理斯欽·伊斯龐度（Christian Esplandiu）的說法，這麼一來「外星人降落時不會感到孤獨」。一位美國人曾在 1980 年代寫信給議會，憤怒地抗議雷根總統不願在美國建造同樣的設施。

亞特蘭提斯

最早提到亞特蘭提斯（Atlantis）的是柏拉圖（西元前 428 至前 348 年）的對話錄，說到在他年代的九千年前，也就是最後一次冰河時期，因地震而被大海吞沒的消失陸地。柏拉圖說這國度沉沒在海克力士之柱（Pillars of Hercules）的外面某處，就是現今直布

羅陀海峽的外海：「我們的記錄顯示你們國家在很久以前阻止了一個強大軍隊的前進，他們從遙遠的大西洋某處出發，彎橫地進攻整個歐洲，而且還殃及亞洲。因為那裡海洋在當時還可航行；在那峽口前方，就是你們希臘人所稱的「海克力士之柱」外面，有一座比利比亞和亞洲加總起來還大的島，當時旅客能穿過它去其他島嶼，再從那些島嶼到對面包圍真正海洋的完整大陸。我們在此所有的一切，都位於我們提到的峽口裡面，顯然是一個具有狹小入口的避風港；但那遠方是真正的海洋，而包圍它的陸地，完整而正確地來說，應該被稱為一個大陸。此時這個亞特蘭提斯島存在一個君權聯盟，具有不可思議的龐大權勢，統治了整個島嶼、其他許多島嶼以及大陸的部分地區。」根據柏拉圖舅舅克里提亞斯（Critias，西元前460至前403年）所說，亞特蘭提斯人攻克地中海地區最東到埃及，深入歐洲大陸到伊特魯亞尼（Etruria，現在義大利中部），他們對待人民像奴隸一樣。雅典人領導一個聯盟抵抗亞特蘭提斯帝國，當聯盟瓦解時，他們獨自戰勝了帝國，解放被佔領的國家：「但此後那裡發生強烈地震與海嘯，在一天一夜的災難中，所有窮兵黷武的人全都陷入地下，亞特蘭提斯島也以相同方式消失在大海深處。」

曾有許多地點被認為是亞特蘭提斯。其中大部分在地中海裡面或附近（例如薩丁尼亞島 Sardinia、克里特島、聖托里尼島 Santorini），但有些提議遠及南極洲、印尼與加勒比海地區。斯帕特爾（Spartel）這候選地點符合柏拉圖所說的一些環境。斯帕特爾海堤（或叫馬其翁海堤 Majuan Bank）這個沉沒海底的古老島嶼位於直布羅陀附近的斯帕特爾角，它的最高點大約是海平面下 150 呎（46 公尺）。它在一萬兩千年前消失，因為末次冰河極盛期後融化的冰帽使海平面上升，而柏拉圖所說的陸地是於一萬一千五百年前在相同地點消失。

▌ 巴勒貝克──太陽城

巴勒貝克（Baalbek）是黎巴嫩東部一個繁盛的腓尼基城市，希臘人在西元前331年佔據它，並改名為赫里奧波里斯（Heliopolis）。他們認為巴勒貝克的神祇就是太陽神。它在西元前16年成為羅馬帝國的殖民地而隸屬皇帝奧古斯都（Augustus）的統治。自此之後的三百多年，羅馬人在衛城建造了雄偉的建築群，包括三座神廟、三個中庭以及圍繞的石牆，石牆上有些是人類加工過最大的巨石。石材來源是巴勒貝克城南邊入口的一座採石場。有一

個巨大石塊仍像將近兩千年前被切割時那樣躺在採石場，它被認為是世上切割過最大的石塊。這被稱做孕婦之石（Stone of the Pregnant Woman）的石塊體積有 21x5x4.25 公尺，重量估計有 1000 公噸。神廟遺址埋在碎石下好幾個世紀，但在 1898 年被挖掘出來。羅馬人將當時朱比特神廟的大院（Great Court）建在既有的神廟與庭院上，然後開始興建巴克斯神廟。當羅馬帝國在西元 313 年宣佈基督教為合法宗教時，拜占庭皇帝君士坦丁正式關閉巴勒貝克神廟。阿拉伯人在 636 年攻佔巴勒貝克之後，神廟被轉做堡壘使用。巴勒貝克相繼又被伍麥亞（Omayyad）、阿拔斯（Abbasid）、突魯尼（Toulounid）、法提瑪（Fatimid）與阿伊亞貝（Ayyoubid）等王朝佔領。大約 1260 年被蒙古人洗劫後，巴勒貝克在馬木路克（Mameluke）統治下享有一段平靜繁榮的日子。朱比特神廟的墩座是用一些前所未見的大石塊建造而成。墩座西側是著名的三巨石（Trilithon），由三塊巨大石頭組成，每塊大約 800 噸重。人們建造神廟時決定為它配置一個廣大雄偉的墩座，根據腓尼基人的傳統，它的構成不能超過三層石頭。實際上這決定啟動了切割、搬運和舉起史上最大、最重石塊的工程。除了高度 40 呎（12 公尺）的高牆只用三排石頭構成之外，並且為了美觀，中間層石塊的長度是它高度的四倍。加上這些石塊的深度等於它的高度，一個石塊的體積必然接近 300 立方公尺，重量幾乎相當於 1000 公噸。就技術而言，巴勒貝克建造者證明他們能夠做到，因為這樣的三個石塊已在中間層就定位，但從時間上來看，他們並未成功—墩座從未完工。不過，巴勒貝克長久以來就是因為三巨石而聞名。

巴比倫和巴別塔

在《創世紀》中，巴別塔（Tower of Babel）被描述是建在示拿（Shinar）平原上的一座巨大高塔。人類在大洪水後團結起來，只說同一個語言，並往西方遷徙。他們來到示拿（意思是兩河，就是美索不達米亞與巴比倫這塊土地），決定建造一座城和一座塔，「它的塔頂通天……免得我們分散在全地上」。上帝看見他們的行為便說：「他們是一樣的人民，都說一樣的語言，他們圖謀要做事就沒有能阻擋的了。」然後上帝說：「來吧，讓我們下去，打亂他們的語言。」耶和華使眾人分散在世界各地，打亂他們語言，於是他們停止建造那個名叫巴別的城，「因為耶和華在那裡打亂全地上的語言。」（《創世紀》11:5－8）這語言的混亂描述了人類語言分歧最早是因為要建造巴別塔。在此事件前，人類說同一個語言，那是相同於或演變自亞當與夏娃在伊甸園裡說的語言。語言被打亂時，

根據傳說分裂成 70 或 72 種方言。巴別由兩個字組成，「bab」意思是「門」，「el」是「上帝」，但在希伯來文中，「balbal」是混亂之意。現今地圖上可以看到一處方塔遺跡，位在伊拉克境內巴比倫遺址中央。它是七曜塔（Etemenanki Ziggurat），最早可能建於西元前十四世紀。巴比倫城於西元前 689 年被辛那赫里布（Sennacherib）夷平，他聲稱摧毀了七曜塔。這座城由那波勃來薩（Nabopolassar）與他兒子尼布甲尼撒二世（Nebuchadnezzar II）重建。他們花了 88 年重建城市，主要特色是馬爾杜克（Marduk）神殿和七曜塔。根

據烏魯克（Uruk）的一塊刻寫板記載，七層樓的七曜塔高達 295 呎（90 公尺），塔頂有一個神殿。根據西元前 610 年尼布甲尼撒二世自己所言：「一位先王興建了七曜塔，但沒完成塔頂。有很長一段時間，人們放棄它了，對它隻字不提。此後地震與閃電讓曬乾的黏土崩解；外牆磚塊龜裂，塔內地面散佈土堆。偉大的神馬爾杜克激起我修復這建築的想法。我沒改變地點，也沒移走以前建造的基石。所以我修復它，完成它；如同遠古時的模樣，我也攀向頂峰。」亞歷山大大帝在 323 年將它拆毀，打算重建巴別塔，但在動工前他就死了。也許希伯來人在西元前六世紀成為巴比倫之囚

大淫婦

古代以色列人痛恨巴比倫，因為尼布甲尼撒二世攻克猶地亞（Judea）與耶路撒冷後，俘虜了大部分的人到巴比倫。《啟示錄》上面敘述：「我被聖靈感動，天使帶我到曠野去。我就看見一女人騎在朱紅色的獸上，那獸有七頭十角，遍體有褻瀆的名號。女人穿著紫色與朱紅色衣服，用金子、寶石和珍珠做裝飾。她手中拿金杯，杯中盛滿可憎之物，就是她淫亂的污穢。她額頭上銘寫著，奧秘哉、大巴比倫、做世上淫婦和可憎之物的母。」因此「大淫婦（Scarlet Woman）」原本代表巴比倫。

但無論如何，巴比倫也有許多創舉，如一小時被劃分成 60 分鐘，月份取了名稱，還有西半球首次觀察到天體運行。巴比倫人還計算黃道

十二宮的升起時間，他們的發現成為爾後希臘天文學、數學與學問的基礎。

（Babylonian captivity）期間聽聞過七曜塔，才有了巴別塔的聖經故事。

本寧頓三角

本寧頓三角（Benninton Triangle）是美國佛蒙特州南部的一塊區域，會定期有人離奇消失。從連環殺手到「大腳怪」都被列為嫌疑犯。美國原住民只把這區域當做墓地，因為在他們傳說中，這裡是宗教上災難降臨之地。

比米尼路

1968 年，在巴哈馬群島中的北比米尼島附近海底發現一組岩石地層。許多人認為那是自然形成的「棋盤石」（tessellated pavement），長度有 800 公尺。貝殼結核與沙形成堅硬的沉積岩，久而久之斷裂出直線，然後在垂直方向也發生斷裂。這地形在澳洲塔斯馬尼亞島（Tasmania）相當普遍，吸引許多遊客前往。然而，北比米尼島的海底岩石排列很不尋常，許多人相信它是消失國度亞特蘭提斯的一部分。愛德加·凱西（Edgar Cayce）在 1938 年對亞特蘭提斯做出預言：「部分神殿也許在比米尼附近的長年積土與海水下面等待被發現……預計將發生在 68 年或 69 年─不會太久遠。」時間更近的一次探險中，業餘考古學家格雷格·雷托（Greg Little）就在第一次發現的岩石正下方

又發現另一排相同型態的岩石，導致他相信比米尼路實際上是一道牆或碼頭的頂端，也就是所謂的比米尼牆（Bimini Wall）。這「牆」的附近還有兩條明顯直線，似乎支持碼頭的說法，但地質學家說多排的「石塊」在世界上其他地方也看得到，比如說澳洲的塔斯馬尼亞（Tasmania），而且經常性斷裂也會造成多層次。後來的探險家聲稱在比米外海曾發現水底金字塔。

亞瑟王的宮殿卡美洛

卡美洛是有關亞瑟王中最著名的城堡，但在早期亞瑟王資料中並未出現。它直到 1170 年代才出現在克雷蒂安·德·特魯瓦（Chretien de Troyes）關於蘭斯洛特的詩句裡面，被稱為可爾里昂（Caerlion）。位於威爾斯蒙茅斯郡（Monmouthshire）的可爾里昂擁有碩大的羅馬堡壘和露天劇場，在威爾斯傳說中總是和亞瑟的宮殿與圓桌聯想在一起，但克雷蒂安是第一次在他作品中記載此事，蒙默思的傑弗里在他寫的《不列顛諸王史》中也是一樣。傑弗里

對雄偉的遺跡與澡堂所做的華麗描述取自威爾斯故事集《馬比諾吉昂》（Mabinogion）中《庫爾威奇與奧爾溫》（Culhwch and Olwen）的故事，這也許是在十一世紀寫下的故事。故事說亞瑟的三處主要宮殿之一在卡紐（Cernyw）的凱蘇伊格（Celliwig）。不要把康瓦爾郡（Cornwall，威爾斯語Cerniw）和這個卡紐搞混了，卡紐是一個王權及其領地的名稱，即早期格魯厄辛王國（Glywyssing）的領土，包括格拉摩根（Glamorgan）、蒙茅斯郡和部分格洛斯特郡（Gloucestershire）。卡紐這名稱在六世紀末被淘汰，也許是避免與英國人的康瓦爾郡混淆。很不幸，後來學者認定卡美洛（卡紐的凱蘇伊格）就是康瓦爾郡的某處，但卡紐的凱蘇伊格（直譯是森林樹叢之意）位於蒙茅斯郡與格拉摩根交界處，距離可爾里昂只有幾哩遠。六世紀時的主教白德溫（Bedwyn，傳奇故事中叫包德溫爵士Sir Baudwin）駐在加地夫（Cardiff）近的凱蘇伊格，是卡紐的最高主教。他與亞瑟的關聯是亞瑟在凱蘇伊格慶祝耶誕節、復活節與聖靈降臨節。據說包德溫爵士是惡瑟最早的騎士之一，被任命為領土治安官和治理英國（當時的外人）的總督之一。他以醫生與隱士的身分了結生命。不管其他理論怎麼說，亞瑟主要的宮殿無論怎麼稱呼，就是位於蒙茅斯郡境內距離紐波特（Newport）的幾哩處。

卡普奇尼地下墓穴

1599 年，位於義大利西西里島巴勒摩（Palermo）的卡普奇尼（Capuchin）修道院中一位修道士過世。其他修道士幾個月後造訪他的地窖，發現他的屍體已經自然變成木乃伊。修道士們過世後，其他同伴也選擇讓他們自然變成木乃伊，並且置於地下墓穴中。後來這變成一種社會地位的象徵，鎮上富人穿上他們最好衣服後，被做成木乃伊或進行防腐處理，然後存放在壁龕裡。由於空間不足，所以後來屍體被掛在吊鉤上，但依據年齡、性別、職業與社會地位分別歸類。這個做法在1920 年代就終止，但我們仍能看到搖椅上的孩童、辦公桌前的律師、穿制服的士兵、脖纏繩子的苦修僧侶，諸如此類。屍體被放在專用的小房間裡乾燥八個月，然後用醋清洗。人們自行決定想要穿上的衣服，還可在特定時間更換衣服。這裡除了有橫跨過去 400 年各式風格與時尚的迷人服飾，有些屍體還有保存良好的肌肉、頭髮與睫毛。

哥斯大黎加巨型石球

巨型石球是 1930 年代在哥斯大黎加的迪奎斯三角洲（Diquis Delta）被發現，當時聯合果品公司開始砍伐叢林準備種植香蕉。這些石球目前存在超

過 300 顆，幾乎都從原來的位置被移走了，它們尺寸從直徑幾吋、重量數磅到直徑 2.4 公尺、重量超過 16 公噸的都有。它們幾乎都以輝長石（gabbro）這種堅硬的火成岩當材料，用人類雙手從單一巨石雕刻出來。原本數量有幾千顆，但許多在尋寶過程中被打碎，或被搬到庭院當裝飾品。1940 年代，哈佛大學的山謬‧洛斯羅普（Samuel Lothrop）博士獲悉在不同地點有一組 45 顆石球。它們來自許多哩外的山區，被雕刻成近乎完美的球體。有時它們排列成三角形，或者是直線或弧線，較小的石球被存放在墓穴裡。從沒發現未完工的石球，完成的石球必須從 80 公里外的採石場搬運過來。石球最有可能是圓卵石透過控制下的崩裂、鑿刻與打磨後縮減成球體。它們可能先經過熱（煤碳）與冷（冷水）的處理而大致成形。當形狀接近球體時，就用相同硬度的石頭加以鑿刻敲擊。最後，它們被打磨與拋光到非常光亮。這過程相似於製作光滑的石斧和石雕。從考古遺跡和埋藏地層可以得知石球是屬於大約西元前 200 年至西元 800 年的阿瓜斯布埃那斯（Aguas Buenas）文化。有一組 4 顆球被發現是排成直線指向地磁北極。可惜的是大部分這種隊列都已被破壞，因為石球被搬離它們原本的位置。許多石球被發現是放在矮牆上，其中有些還排成隊列。座

落在農田裡的石球都已受損，因為反覆經歷收割後的火燒，曾經光滑的球體表面開始破裂腐蝕，目前所知最大的石球也已面臨如此的毀壞作用。

麥田圈

最早的麥田圈是 1647 年在英格蘭被發現。美國最早的麥田圈出現在 1964 年，但從 1970 年代起，據報導全球大約出現 10,000 個麥田圈，除了中國與南非以外，幾乎遍及世界各地。造假者承認有些是他們所為，其他則被認為是由雷暴造成，這些大部分出現在小麥田或玉米田。原因可能是一股旋轉氣流的漩渦在通過農田時突然轉向地面。雖然許多被發現的麥田圈是在可以輕易進入的農田，有些則不是，它們是在管制區內，比如說威爾特郡（Wiltshire）索爾茲伯里平原（Salisbury Plain）上的軍事設施。此外，曾有幾個麥田圈的位置遠離農夫的牽引機路線，這使得造假者幾乎不可能掩藏他們在場的跡象。研究者曾拍攝證據顯示，真實麥田圈裡的植物倒下時以特殊方式交織在一起。造假者通常踩在木板上或使用園藝鎮壓器，無法達到相同效果。一位研究者記錄著

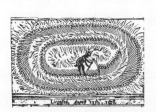

「麥田圈圖案通常出現在油菜田。這種植物的硬度相當於芹菜。如果莖部彎曲超過四十五度就會趴地斷掉。可是在「真實的」

麥田圈圖案裡，植物莖部時常折彎成九十度。植物專家或其他科學家都不能對此提出解釋，同時人類也無法複製出這樣結果。」另一位麥田圈調查者在某些圖案中心測量到的電磁輻射（EM）有 40 到 50 納特斯拉（nanoteslas），他說是幅射強度是一般農田的十倍。1991年，兩位美國核能物理學家寫的論文總結說：「在提供一些種子與土壤樣本給實驗室嚴格分析後，他們重要的發現是真正圖案裡的土壤包含至少四種短壽命放射性同位素─釩、銪、碲和鐿。對貝克漢普敦（Beckhampton）七月三十一日圖案取來的土壤進行測試的結果，α射線比控制樣本高了 198%，β 射線高了 48%，兩者看似『顯著提升』，因為它們的放射性是圖案外面土壤的兩到三倍。」關於圖案最常見的理論包括旋流漩渦、電漿漩渦（有時它們形成時會看到光球）、地球能量、外星人、地下考古學、聲波振動、上帝或惡魔的力量，還有像微波之類的軍事實驗。

德爾菲神廟

德爾菲（Delphi）是從邁錫尼人（Mycenaean，西元前十四至前十一世紀）的年代開始有人居住，這一小群居民是奉獻給孕育萬物的大地之神。後來希臘神話告訴我們阿波羅如何一箭接著一箭射死培冬。這條龍看守山丘上的蓋亞聖地長達數百年。獲勝的阿波羅有權宣告德爾菲成為他的神廟。阿波羅在西元前十一到前九世紀做為光明與音樂之神受到崇拜，神廟的規模和重要性也與日俱增。德爾菲受到整個希臘世界推崇是因為它是肚臍石的所在地，也就是「世界的中心」。西元前八世紀期間，德爾菲因為皮堤亞（Pythia）的神諭能力變得名聞遐邇。傳神諭者是根據水波的輕拍與樹葉的窸窣聲預知未來。她坐在先知石（Sibylline Rock）上，或者一個三腳椅的碗座上，呼吸著地面冒出的蒸氣，口中說出奇特的預言。

2001 年，地質學家發現石縫間存有乙稀，如果在密閉空間呼吸到它會產生麻醉或幻覺效果。普魯塔克（Plutarch）在德爾菲擔任祭司，他的歷史記載告訴我們，皮堤亞進入神廟內的小房間（Adyton，至聖所），坐在三腳椅上吸入地表裂縫漏出的（淺色碳氫化合物）氣體。陷入出神狀態後，她嘀咕著凡人無法理解的話語。神廟祭司於是將她的神諭轉譯成一般語言傳達給請求的人們。儘管如此，神諭總有不同詮釋的空間，經常含糊到正反兩面都說得通。

神諭在希臘具有可觀的影響力，所有重大計畫執行前都會卜問神諭，舉

凡出兵征戰、建立殖民地等等。據說神諭讓蘇格拉底領悟到自己的無知，會這麼說是和最有名的格言之一有關：「認識自己。」另一個來自德爾菲的著名格言是：「萬事有度。」利底亞（Lydia）國王克羅索斯（Croesus）在西元前 532 年卜問神諭，說他是否應該向波斯人發動攻擊。神諭回答說，如果他跨過哈里斯河（Halys River）去攻打波斯人，一個宏偉帝國將被毀滅。他出兵進攻，但不幸的是被毀滅的是他自己的利底亞帝國。當波斯人好整以暇準備洗劫雅典，雅典將軍特米斯托克力（Themistocles）向神諭尋求忠告，神諭只簡短建議「木牆」有助勝利，米斯托克力詮釋為這是提到雅典艦隊的木製船艦。他在西元前 480 年的薩拉米斯（Salamis）海戰獲得響亮的勝利。希臘與外國顯要、國家元首和一般民眾都會前往德爾菲神廟朝觀，並為獲得皮堤亞的忠告付出大筆金錢。因為神廟只在一年中九個月期間的少數幾天服務大眾，比較富裕的居民付大錢以便繞過冗長的朝觀隊伍。德爾菲神廟在西元前 191 年落入羅馬人之手，西元前 86 年被蘇拉將軍（General Sulla）把財物洗劫一空去資助他圍攻雅典。才三年後，德爾菲被色雷斯人（Thracian）夷平，據說他們撲滅了數世紀以來從未熄滅的神聖火焰。至今仍有大量遺跡留在德爾菲。

▍地表最乾與最濕的地方

智利北部的阿他加馬沙漠（Atacama Desert）有海拔 3525 公尺高，延伸面積達 188,000 平方公里。它就像一根細手指伸展在太平洋與安地斯山脈間長達 1000 公里。太平洋高壓環讓濕氣遠離它的西邊，東邊山脈又阻擋了亞馬遜盆地生成的雲。在海岸邊，來自南極洲的秘魯涼流冷卻了沙漠空氣，更進一步抑止了雨雲形成。平均年降雨量是 2.5 公分，沙漠中間的某些地點從人類開始記量以來就沒有下雨記錄。甚至仙人掌也無法在此生長。空氣乾到金屬物品永遠不會氧化或生鏽，肉品放在露天下可以無限期保存。沒有濕氣就不會腐爛。這裡通常被認為是地球上最乾的地方，但這名號實際上屬於南極洲上被稱為乾燥谷（Dry Valley）的一個地區。這塊 4920 平方公里的區域完全不降水──幾乎不含水、冰或雪的一個地區。山上吹來的風充滿水氣，也被重力拉向地面而無法達到乾燥谷。

印度東北部卡西丘陵（Khasi Hills）上的馬西壤母（Mawsynram）平均年降雨量大約是 12.2 公尺，再加上 16 公里外的乞拉朋吉（Cherrapunji），兩者可以角逐地球上最濕地方的名號。那裡的一個氣象站曾經連續兩年不中斷地記錄日降雨量。兩個城鎮偶爾會遭遇缺水。因為砍伐森林的緣故，土壤沒有涵養水分的能力，雨水全都流走並導致

孟加拉洪水氾濫。

黃金城

十六世紀時，歐洲人認為有一個藏在南美洲山區裡叫埃爾多拉多（El Dorado）的大城，它擁有無法想像的寶礦有待發掘。西班牙征服者時常冒著生命危險去尋找它。在安地斯山高處，現在的哥倫比亞境內，住著奇布查族（Chibcha）。他們大量開採黃金和祖母綠，當大祭司受膏時，他們把他全身塗滿香脂，然後用藤桿將金粉吹遍全身，直到他看起來像個純金雕像。這個埃爾多拉多，字面意思是「金人」，在儀式上會浸泡在神聖的瓜塔維塔湖（Lake Guatavita）裡。這習俗到 1480 年他們被另一個部落征服時便終止了。然而，民間口述傳說傳遍南美洲與中美洲時把埃爾多拉多的故事加油添醋，說他統治一個浩瀚的王國，所有東西都是金、銀或寶石做成。埃爾多拉多變成了代表他的首都，一個難以想像的富有黃金城。法蘭西斯克·皮薩羅（Francisco Pizarro）在 1530 年代征服了現在秘魯境內的印加人，對庫斯科城（Cuzco）的先進工藝與財富感到讚嘆

不已。來自不明印第安部落的一名信使帶著口信來到庫斯科城找印加皇帝，並沒意識到帝國現在被西班牙人控制著。他遭到西班牙人拷問，告訴他們說他來自波哥大地區的錫帕（Zipa）部落，但知道東邊高山上有另一個王國，住在那兒的富有部落把他們酋長全身塗滿金子。西班牙探險隊出發尋找並準備掠奪埃爾多拉多，但找不到它的位置。前往奧利諾科河（Orinoco River）附近的探險隊，有一名生還者在友善的印第安人協助下脫困。這人叫璜·馬丁尼茲（Juan Martinez），說他們蒙住他眼睛好幾天，將他帶到他們叫做馬諾阿（Manoa）的王國，皇宮裡所有東西都是黃金做成的。馬丁尼茲說他收到大筆財富當餞別禮，但在回來的路上被其他印第安人偷走了。華特·雷利爵士（Sir Walter Raleigh）在 1586 年聽到這故事，於是啟程尋找埃爾拉多拉，他寫了一本書叫《探尋浩瀚、富有又美麗，與馬諾阿偉大黃金城有關的蓋亞那帝國》（*The Discovery of the Large, Rich and Beautiful Empire of Guyana with a Relation to the Great and Golden City of Manoa*）。他在 1618 年率領另一支探險隊出發，但仍無法找到馬諾阿或埃爾多拉多。

世界末日

這項預言根據的曆法是古馬雅文明

所制定，他們在中美洲潮濕的雨林裡興旺了將近兩千年，直到大約西元 900 年時莫名其妙地衰退了。陰曆一個月（相繼兩次新月的間隔）持續 29.5305 天，即是 2,551,435 秒。馬雅人在沒有天文望遠鏡或電腦的輔助下，計算結果在這兩百五十萬秒裡只有 34 秒的誤差。他們也準確預測了包括木星與火星的行星運行，以及未來許多世紀裡日蝕與月蝕的發生。考慮到這些極為精確的預言，末日論者警告說，馬雅「長紀曆」（Long Count）的曆法看來突然結束在一個他們記載為 13.0.0.0 的日期上。在我們今天用的格里曆（Gregorian calendar）上對應的是 2012 年 12 月 21 日。關於馬雅人認為那天會發生什麼事，唯一線索可能來自一張古老石桌，那是墨西哥在 1960 年代修築道路時發現的。石桌上刻的象形文字談到 2012 年和馬雅的戰爭與創世神布龍揚克（Bolon Yokte）。石上裂痕讓刻文的最後部分難以閱讀，但墨西哥考古學家將它解釋成：「他將從天降臨。」

複雜蜃景

複雜蜃景（Fata Morgana）這詞彙來自義大利人翻譯的摩根勒菲（Morgan le Fay），她是亞瑟王同父異母的變形女巫，涉及的是一個非常複雜的「高階」海市蜃樓。這種視錯覺是在狹小區域裡交替出現直立與顛倒的影像。複雜蜃景通常是變化快速的海市蜃樓，在極地區域最常見。光線的畸變與折射會產生非常奇特的效果。拉多維奇·肯尼迪（Ludovic Kennedy）在他的著作《追擊：追蹤與擊沉俾斯麥號》中描述 1941 年發生在格林蘭與冰島之間的丹麥海峽上，就在胡德號巡洋艦被擊沉後的一個事件。德國戰艦俾斯麥號在英國巡洋艦諾福克號與沙福克號的追擊下，漸漸消失在海霧中。就在幾秒內，那船艦似乎又重新出現，並以高速衝向英國船艦。巡洋艦慌忙分散開來，預期即將發生攻擊，接著兩艘船的觀測員驚訝看著巨大戰艦飄忽不定、愈加模糊，然後消失不見。雷達觀測員指出俾斯麥號在這期間其實並沒改變航線。

伊甸園

伊甸園依《創世紀》的描述是第一個男人與女人被上帝創造後居住的地方。許多宗教相信這樂園過去真的存在，《創世紀》透露這樂園的位置關係著四條主要河流。大部分學

者確定伊甸園位置在中東靠近美索不達米亞（現今的伊拉克）的某處。2009年的一項基因研究表示，人類發源地是在那米比亞與安哥拉邊界附近一處背陰荒涼的地區。這區域居住著也被稱為布希曼人（Bushmen）的桑族（San），他們也許最接近聖經的亞當與夏娃。科學家表示桑族話語中特有的卡嗒聲也許是人類原初語言的遺跡。然而，桑族也許在50,000年前曾經從非洲東部遷往西部，所以地理位置可能有誤。同一個研究中，他們計算50,000年前人類——也許是只有150人的單一部落——離開並移居到世界其他各地的原初地點。得出的地點接近非洲紅海海岸線的正中央。

▌聖邁可教堂

聖邁可教堂（St Michael's Church）原先被稱做蘭卡雷威（Llangarewi），位於英格蘭和威爾斯交界的斯肯弗里斯（Skenfrith）附近，大約建於西元600年，就在一座居爾特基督教建物的附近。最早的石造教堂是聖殿騎士團（Knights Templar）在1180年左右建造，土地是亨利二世授與他們的。教堂建有非常罕見的圓形中殿，覆蓋式地基到1927年才被發現。它是英格蘭與威爾斯境內僅有的六座騎士團教堂之一。塔樓建於1200年左右，是跟教堂分開建造的，它被用做威爾斯來襲時的避難

所，到了十五世紀才與中殿連接起來。這地方極其重要，1294年時甚至獲得騎士團最後一任大團長雅克·德·莫萊（Jacques de Molay）親臨視察。1307到1314年這段期間，法國國王與教宗解散了騎士團，德·莫萊遭受酷刑並被處死。他們在高爾威（Garway）的土地被轉移給附近丁莫爾（Dinmore）的醫院騎士團（Knights Hospitaller），圓形中殿在十五世紀被改為傳統的中殿。它變成有幾分像是騎士團歷史愛好者的朝聖中心，還是個具有許多奇異特徵的非凡建築。除了騎士團大團長從歐陸前來造訪外，據說非常珍貴的東西在英國內戰時從拉格蘭城堡（Raglan Castle）附近的大圖書館被搬到這裡，免於跟圖書館一起焚毀。有些人猜測那應該是聖杯。

▌格魯森之謎

1924年，在法國的小村格魯森（Glozel），17歲的農夫之子埃米爾·法蘭登（Emile Fradin）偶然找到考古發現中最具爭議性的東西。他犁田時幫牛鬆脫卡在洞裡的腳，接著與他父親發現一個橢圓形磚牆地窖，裡面有人類頭

骨、雕刻的骨頭與卵石、壺罐以及刻有神秘符號的黏土刻寫板。

業餘考古學家安東尼·摩爾列特（Antonin Morlet，1882-1965）博士開始擴大挖掘，推斷那是獨一無二的新石器時代遺址。他立刻發表自己的發現，但被稱為江胡騙子，因為發現物不像任何已知的新石器時代遺跡。法蘭登被指責是個偽造者，然後警察突襲了這家人的農場。埃米爾·法蘭登反擊說這是對他人格的誹謗，並且和父親利用農場外屋開設小型博物館，展示超過 2000 件來自墳場的物品。五十年後，科學家決定用新發展的熱釋光測年法去測試來自遺跡的陶製品。它們既不屬於 1920 年代，也不屬於新石器時代，而是來自晚期鐵器時代或高盧羅馬人時代（大約西元前 200 年至西元 400 年）。接下來的二十年，橢圓地窖被發現似乎是十二到十二世紀的玻璃窯，也曾有後中世紀早期的活動跡象，包括人類的葬禮。現在碳十四定年法顯示有些雕刻的骨頭是中世紀（大約西元 1100 年至 1300 年）的物品。經由熱釋光測年法確定年代的發現物全都不是當地當時的產物。若不是 1970 年代中期以後進行的科學年代鑑定，許多人會把這裡當做騙局一場而拋諸腦後。

客家土樓

福建省境內的客家土樓是居住單元密集且形狀奇特的房屋，美國研究者描述它「像是來自其他星球東西」。中央情報局在 1960 年代曾刺探這個「可疑的中國核能基地」，如今成為了世界文化遺產。福建客家人在秦朝（西元前 221 至前 207 年）到宋朝（西元 960 至 1279 年）的一千多年期間，從中原遷徙到福建。他們自稱客家人，這些漢族移民保留他們祖先大部分的生活風格、宗教與文化，包括他們獨特的土樓建築。這些土樓最常見的是圓樓和方樓，此外還有矩型、D 字型、半圓型，其他形狀包括馬蹄鐵、雨傘、風車或八卦（從《易經》演變而來的八邊形）。土樓通常是三到五層樓高，中央有廣大的中庭，所有房門與內窗朝向中庭開啟。它們被當作祠堂和住家使用。使用泥、石、竹、木建造成的土樓採光佳，空氣流通，既防水又耐地震，而且冬暖夏涼。大部分客家人傳統上住在山區，這種結實泥土建成的聚落房舍能夠抵禦搶匪和野生動物——幾乎就像一座小堡壘。這些建築格外堅固。環極樓建於 1693 年，在 1918 年挺過芮氏規模 6.2 級的嚴重地震。戰爭時，建物曾遭到砲轟，壕溝裡的水還被用來撲滅火勢。

蘋果之母的故鄉

哈薩克的烏爾蘋果（Ur-apple）是全世界 20,000 種不同蘋果的始祖。農藝上來說，每一粒種子長出來的蘋果都

有其獨特性。要保持蘋果的品種不變，就得把它嫁接在砧木的根莖上才能維持原本品種。

梅林的果樹

威爾斯西北方的巴德西島（Bardsey Island）在威爾斯語被稱為 Ynys Enlli，意即水流中的島嶼，因為它實在很難靠近。這裡也稱做兩萬聖徒島，因為有這麼多的朝觀者被埋在島上。實際上，前往巴德西島朝觀三次被視為等同於前往羅馬朝觀，而且埋在巴德西島的人會保證可以得到永恆的救贖。從六世紀開始曾有一個朝觀的地方，現在還可在那裡找到一處大修道院的遺跡。它最早的名稱叫 Afallach，威爾斯語是蘋果島的意思，它也被認為是亞瑟在劍蘭之戰（Battle of Camlan）受到致命重傷後被帶去的魔法之島阿瓦隆（Avalon）。然而，在歷史中並沒有關於巴德西島蘋果的記載。1998年，兩位鳥類學家發現了一棵粗糙扭曲的蘋果樹，它長在島上一棟叫小地方（Plas Bach）的房屋旁，躲過強風吹襲。果實和果樹都沒有病害，這在北威爾斯非常罕見。來到肯特郡（Kent）的布拉格岱爾（Brogdale），國家水果收藏中心（National Fruit Collection）的瓊‧摩根（Joan Morgan）博士是頂尖的水果史學家，她表示這果實和果樹都是獨一無二的。媒體稱它為「世界上最稀有的果樹」。這果樹被當地人封為「梅林的果樹」。在那房屋上方的山腰有個洞穴，據說亞瑟王的魔法師梅林便是埋葬在裡面的玻璃棺材中。

所羅門王的寶藏

太陽子民

赫利阿得斯（Heliades）是希臘神話中在遙遠南方如天堂般的七個島，位於衣索比亞和印度另一端的印度洋上。這片和平富足的土地，沒有冬天也沒有戰爭，島上充滿長年結果的果樹森林。此地居民貌美和善，身材高大，除了頭髮、鬍子和眉毛之外沒有毛髮。島民有柔韌如橡膠般的骨骼，大耳朵，分叉的舌頭讓他們可以同時跟兩個人說話。他們會模仿動物與鳥類的聲音，穿著華麗的紫色亞麻長袍，然而，太陽子民需要在150歲時接受某種形式的安樂死。他們躺在一種神奇植物上，會讓他們像睡著般毫無痛苦地死去。除此之外，他們的生命與肉體不受死亡與疾病的侵襲，身體四肢意外被切斷，也能用雙頭龜血液粹取的膠水黏合回去，這種神奇鳥龜也住在島上。每個島由一個國王統治，他就是島上最老的人，當年齡到達150歲便由第二老的人繼位。這國家沒有家庭，因為小孩是共同養育，某種程度上阻斷了家庭觀念的形成。嬰兒出生會被放在一隻魔法鳥背上，判定他的心靈性格。無法通過測試的人便被拋棄，留在野地等死。

所羅門王是西元前十世紀的以色列國王。他累積了龐大財富，統治整個幼發拉底河西岸。所羅門王最著名的來訪賓客是來自阿拉伯南方的示巴女王（Queen of Sheba）。阿拉伯是擁有大量黃金、乳香與沒藥的國家。所羅門需要示巴的商品與貿易路線；示巴需要所羅門合作銷售她國家的商品。女王和大批隨扈的駱駝隊運著香料、黃金與寶石到訪。近期研究指出，大衛王與兒子所羅門掌控了現今約旦南部地區的銅礦工業。一個跨國考古團隊已在海貝恩那哈斯（Khirbat en-Nahas）挖掘出古老的銅生產中心，他們挖了超過 6 公尺深的工業冶煉殘渣或鑪渣才到達原始土壤。2006 年的挖掘帶來新的科技儀器，利用碳十四定年法判定這工業規模的大量生產是發生在西元前十世紀，和聖經的描述一致。海貝恩那哈斯在阿拉伯文的意思是「銅的廢墟」，它位於死海南邊荒蕪乾燥地區的一處低漥地，這裡曾是以東（Edom）王國領土，現在是約

旦的費南（Faynan）地區。因此所羅門王著名的「從俄斐（Ophir）運來的貨物」看來應該是銅而不是金。據估計，在他統治結束時已累積 500 公頓黃金，使他身價達到現今六百萬兆英鎊，在古代史中的財富排名僅次於亞歷山大大帝。

▍萊伊線

1921 年，阿弗烈德·瓦特金斯（Alfred Watkins）發現一條不可思議的直線，連接了自然地貌與教堂、墳塚之類的古老遺跡。這種直線在世界各地都可發現。瓦特金斯原本在觀察名稱裡有 leas 的地區，以及名稱結尾是 lay、lea 或 ley 的地點，「萊伊線」（Ley Lines）這名詞由此而來。「ley」這個字源於撒克遜文，是「清乾淨的林間空地」之意。他的理論是說，英國各地的古跡實際上是刻意排出直線的，這些直線連接並貫穿英國有人煙的地區。於是石圈、立石、長墓塚、石堆、古墓與教堂形成貫穿地形的直線。（教堂經常建在以往禮拜儀式的舊址上。）因為萊伊線可以被「探測」（跟著探測棒走），它們似乎代表地球磁場的某些變化。鳥、鯨、蜜蜂、魚和細菌都利用身體組織裡面的磁性氧化鐵與地球磁場來導航。磁性氧化鐵讓它們感覺到磁場的改變，現在還發現人類大腦也有磁性氧化鐵。細菌組織裡的磁性氧化鐵結晶使得

細菌「漫無目的遊走」，隨著地球磁場移動。看來人類可能在過去某個時期失去「感知」萊伊線的能力，於是在這些線的位置堆放立石加以標記。古墓也許之所以這樣對齊，是因為站在一座古墓頂端可以看到下一座古墓，於是在它們之間或沿著標記可以建構出路徑。同樣原理適用在分佈威爾斯境內的諾曼人城堡。在遭受攻擊時，城堡頂上生起烽火或打出訊號就可以將消息傳送到下一個城堡，這也說明了格拉摩根與蒙茅斯郡境內最早被征服地區的城堡密度。

失落的阿波羅城

「失落城市」概念來自希臘作家西西里的狄奧多羅斯（約西元前90－前30年），他在西元前36年著有《世界史》（*Historical Library*）四十卷。第二冊第三章中描述了「極北族人」（Hyperboreans），他們崇拜阿波羅，善良並親近希臘人：「在那（極北族人的）島上有一個莊嚴宏偉的阿波羅城區，還有一座裝飾許多球形供品的耀眼神殿。那是一個紀念阿波羅的城鎮……所謂的極北族人——玻瑞阿斯（Boreas）的後裔——統治這個神聖城區。人們依照世襲取得領導權。」狄奧多羅斯說這島位於高盧（Gaul）旁的海洋上，跟西西里島一樣大。它的市民據說以往彈著豎琴迎接希臘旅客，他們身後留下銘刻文字。月亮在他們國家看來明顯比較大，因為據說比較靠近地球。那裡氣候好到一年可以有兩次收成。巨石陣被認為就是失落城市，彈奏豎琴的是德魯伊僧侶。希臘人與腓尼基人必定是在羅馬人入侵前幾百年就跟英國有貿易往來。

失落之城 Z

波西瓦爾·哈里森·費西特上校（Colonel Percival Harrison Fawcett，1867-1925年）在一次探險中要尋找巴西一座被他命名為「Z」的失落城市，最後和他兒子在不明環境下失蹤。1906

至07年，他為皇家地理學會（Royal Geographic Society）在地圖上畫出一塊介於巴西與玻利維亞的叢林區域。他聲稱曾看見並開槍射擊19公尺長的巨大蟒蛇，為此他被科學家們揶揄了一番。

他描述自己正划著獨木舟沿阿布南河（Rio Abuna）旅行，位置接近尼格羅河（Rio Negro）匯流處。此時幾呎寬的河面上，靠近獨木舟的附近，一個強而力、激起波浪的蜿蜒身軀和一個巨大

巨石與立石

巨石是一個巨大石頭結構或一組立石，在歐洲、亞洲、非洲、澳洲、北美與南美都有發現。它們被認為具有宗教和天文的重要性。許多巨石形成的年代是在新石器石代和青銅時代早期。巨石被分成兩大類。支石墓（dolmen）、室墓（chamber tomb）或長墓（long tomb）通常包含一或多個埋葬死者的墓室。有些支石墓也含有長墓的墓室或連接不同房間的走廊。長墓也被稱做通道式墳墓。用土覆蓋形成小丘的墳墓叫塚（tumuli）。支石墓除了埋葬死者，一定還有別的用途，因為不是所有支石墓都有發現遺體。許多穴口都在特定之日對準太陽。春分的陽光射入通道，代表太陽神授精於「孕育萬物的大地」，確保莊稼與牲畜興旺。

立石（menhirs）是一個巨大站立的石頭，或一組站立石頭排成圓形，或是環狀列石（cromlech）。假如有堤或溝環繞石頭，它就被稱做石陣（henge）。立石這字眼來自威爾斯語maen（石）和hir（高）。這些站立的石頭，特別是那些包含孔洞的，被認為具有超自然或神奇的療癒力量。病人爬過孔洞，希望藉此恢復健康。最大的巨石集中地位在法國布列塔尼（Brittany）的卡奈克村（Carnac）。估計原本矗立了11,000塊石頭，目前僅剩3000塊排成直線、支石墓、岩塚和環狀列石。有一個被埋在土堆下的支石墓已確定年代是西元前4700年。

三角頭升出水面，他和隊員驚恐看著的同時，一條非常巨大的蟒蛇開始浮現在河岸上。費西特開槍射死這條蛇，然後發現它被射殺前露出水面的長度有13.7公尺，留在水裡的部分有5.3公尺。費西特和隊員沒辦法將這非常巨大又迅速腐爛的蟒蛇搬運回文明世界。從來沒有一個確認無誤的蟒蛇樣本有超過9公尺長，但有四種已知的水生蟒蛇棲息在南美洲熱帶沼澤與河流中。曾有未經證實的聲稱說有超過15公尺長的巨蟒。費西特在那時還記載了許動物學未知的神秘動物。他在1906到1924年間與印第安原住民合作，進行了七次探險。

1908年，費西特沿韋爾迪河（Rio Verde）逆流而上，在1913年聲稱看到有兩個鼻子的狗。第一次世界大戰服役後，費西特回到巴西尋找一座失落的城市，他相信這城位在馬托格羅索州（Mato Grosso）境內，並將它命名為「Z」。他留下指示說，如果這趟探險一去不回就不該派出救援隊伍，以免救援者遭遇到他相同的命運。偕同兒子傑克與與傑克的老友雷利・米梅爾（Raleigh Rimell），費西特了兩位巴西駝夫，兩匹馬、八匹騾和兩隻狗。來自探險隊的最後通訊是在1925年5月29日，當時正要穿越亞馬遜河的一條支流。他們最後被印第安人看到時，費西特的兒子與友人正在生病。後來數個探

▋巨石構成的石圈

英國埃夫伯里
（**Avebury**）石圈

英國澤西島
（**Jersey**）的
巨石圈

德魯依聖圈，英國坎布里亞郡凱西克（**Keswick**）附近

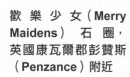
歡樂少女（Merry
Maidens）石圈，
英國康瓦爾郡彭贊斯
（Penzance）附近

德魯依石圈，位於伊
朗達拉卜（Darab）

英國索爾茲伯里
平原上的巨石陣

險隊被派去尋找費西特的下落以及失落的城市，估計約有 100 人死在路程中。

失落的世界

這是亞瑟‧柯南‧道爾（Arthur Conan Doyle）爵士在 1912 年的冒險故事標題。場景位於亞馬遜的一處高原，恐龍在此仍活生生地漫步著。甚至現在還有「失落的世界」以及未知的物種等待被發現。2007 年的一個探險隊到巴布亞紐幾內亞西邊的福賈山脈（Foja Mountains）發現兩種新的哺乳動物，一種侏儒負鼠和一種巨鼠。一年後接著出發的探險發現更多新物種，包括數種哺乳動物、一種爬蟲類、一種兩棲動物、不下十二種昆蟲以及引人注目的一種新鳥類。其中包含奇特的長鼻樹蛙（暱稱皮諾丘蛙），身型較大但非常溫馴、毛茸茸的草食鼠，像滴水嘴獸的黃眼壁虎，生活在森林的微小沙袋鼠，牠是袋鼠家族在這世上最小的成員，還有新品種的皇鳩。其他發現還有新品種花蝙蝠，牠吃雨林花蜜維生，以及新品種小樹鼠、有花灌木、巨蜥以及一種與北美帝王斑蝶有關的黑白蝴蝶。露營地米袋裡發現的樹蛙有個像皮諾丘鼻子的突起物，雄蛙在叫時會向上翹，不活躍時就洩氣向下垂。

登高到 2130 公尺以上，福賈山脈包圍著一塊超過 3000 平方公里的區域，這裡是未經開發和不受打擾的雨林。第一次探險隊的新聞報導把這裡稱為「失落的世界」。探險隊成員布魯斯‧比賀勒（Bruce Beehler）博士提到：「地球上的動植物正以數千年來未曾見過的速度消失，發現這些完全不可置信的生命形式是非常需要的正面消息。像這樣的地方對我們所有人來說代表一個健康的未來，並且顯示要阻止目前物種滅絕危機還不算太遲。」福賈山脈實際上是個孤島，物種在此不受打擾地演化了無數個世紀。

2008 年，來自邱園（Kew Gardens）的一組生態環境保護者結束探險，他們前往位於莫三比克中央的一處「不在地圖上且未經探勘的伊甸園」。位於高山上 70 平方公里的地區被野生生物專家和地圖製作者忽略了，因為它的地形崎嶇，加上過去幾十年戰爭讓它難以接近。一位英國研究員在 Google 地圖上認出一塊綠色森林時，它被發現了。探險隊造訪這塊圍繞馬布山（Mount Mabu）的處女地，發現新的野生物種，包括侏儒變色龍、史威氏叢鴝以及細紋劍尾蛾、皇帝燕尾蝶之類的蝴蝶。那裡有三種新蝴蝶，一種前所未見的小毒蛇，非常罕見的蘭花，包括加彭噝蝰的大蛇，還有成群的稀有鳥類。在帶回來的數百個植物樣本中，預期可以發現更多的新物種。

地磁逆轉

地球磁場的強度是保護我們免受外太空致命輻射的力量，它在過去一百年已經顯著減弱。巴黎地球物理學會（Paris Geophysical Institute）的高瑟‧霍特羅（Gauthier Hulot）發現地球磁場在兩極附近衰減最快，這表示一個「翻轉」（磁極逆轉）可能快要發生。根據愛丁堡英國地質調查局（British Geological Survey）的艾倫‧湯姆森（Alan Thomson）博士說法，「地球磁場曾經消失過好幾次——這是我們磁極逆轉的前兆，也就是地磁北極變成南極，反之亦然。地磁逆轉大約每 250,000 年發生一次，因為將近一百萬年都沒發生了，我們很快就會遇到一次。」我們不知道這種逆轉會持續多久。過去發生的記錄內嵌在古老的火山岩床裡，其中顯示有些持續了好幾千年，地球在這期間將暴露在太陽輻射爆發下。另一方面，有些研究者說某些逆轉只維持了幾星期。結果可能造成災難。通常在大氣層前轉向的強大輻射將會長驅直入，加熱上層大氣，引發氣候混亂。導航與通訊衛星將被摧毀，追蹤地球磁場的遷徙動物將會找不到方向。對人類而言，最大危險是強烈的太陽輻射爆發。這些輻射通常被地球磁場抑制而射向太空，但地球磁場如果消失，微粒子風暴會開始衝擊大氣層。劍橋天文學研究所的保羅‧莫爾丁（Paul Murdin）博士告訴我們：「這些太陽粒子會造成深遠影響……就火星而言，當磁場在億萬年前永久消失時，它把大氣蒸發光了。就地球而言，它會加熱上層大氣，將熱浪傳送到全世界，對氣候產生巨大而不可預測的影響。」我們開始納悶，馬雅人關於 2012 年「世界末日」的情節，也許跟地磁逆轉有關，那將會徹底摧毀地球上的生命。

海市蜃樓

筆者曾在伊朗胡齊斯坦省（Khuzestan）的阿瓦市（Ahwaz）看到遠方像似紐約天際線的一座奇異城市，它在閃閃發亮的湖水後方，影像反射在水面。就近觀察後，它只是一群簡陋的小屋，幾里以內也沒湖水。這種自然發生的光學現象所產生的效果幾乎沒辦法解釋。光線偏折產生遠方物體或天空的錯置影像。海市蜃樓可被照相機拍攝下來，因為光線折射到觀察者的位置產生虛像。海市蜃樓可被分類為「下蜃景」（意思是在實物下方）、「上蜃景」（意思是在實物上方），還有一系列複雜罕見的堆疊影像構成的複雜蜃景，它會形成快速變化的海市蜃樓。至於呈現的影像代表什麼，則由人類心智的詮釋機能來決定，比如說在地面的下蜃景就

很容易被誤認是一小灘水的反射。

月亮

因為月亮一開始出現在黑暗夜空是明亮的新月，然後經過一個月的盈虧變化，所以它通常象徵人的出生、成長與死亡。最早的月神是五千年前美索不達米亞烏爾城（Ur）所崇拜的欣（Sin）。欣之後是托特（Thoth），他是「眾神之神」，偕同太陽神拉（Ra）橫越天空。古埃及人為托特樹立巨大雕像，相信他在人死時會衡量他的心。如果人觸怒了他，托特就會切掉人的心。希臘人崇拜月亮女神阿蒂蜜絲、塞勒涅（Selene）和黑卡蒂（Hecate），到了羅馬人則稱做狄安娜、露娜（Luna）和料想不到的名稱翠比亞（Trivia）。

現代的威卡教（Wicca）神秘活動中依舊崇拜月亮，他們的巫師集團每年在月圓下集會十三次。在這全新的起點，高階女巫師要「拉下月亮」，將月亮女神的能量傳送到地球。十八世紀的威廉·布萊克斯通（William Blackstone）爵士在他廣為流傳的《英格蘭法律評論》（*Commentaries on the Laws of England*）描述「精神錯亂」（lunatic）：「……有判斷力的一個人，但因為疾病或悲痛而失去理智。精神錯亂者實際上有明確發作間隔，有時他與感官相安無事，有時則否，往往依據月亮變化而定。」這定義在制定 1845 年《精神錯亂法》（*Lunacy Act*）時被採用，而且證據顯示醫院、警察局和消防隊在月圓時特別忙。傳說中人會在滿月時變成狼人。

最後晚餐的聖杯

威爾斯神話中，梅林必須看守的十三樣寶物之一是「拉德奇盤子」（Dysgl of Rhydderch），拉德奇是六世紀的斯特拉斯克萊德（Strathclyde）國王。那是一個「想要的食物都會立刻出現在上面」的廣口大淺盤。這個敘述與「受祝福的布蘭國王牛角杯」（Drinking Horn of King Bran the Blessed）雷同，那杯子會盛滿「想要的飲料與食物」。「凱麗杜恩的釜鍋」（Ceridwen's Cauldron）包含所知識，她生出了詩人塔利埃辛（Taliesin）。「狄烏納斯的釜鍋」（Cauldron of Diwrnach）為英雄烹煮最美味的肉食，但不為儒夫烹煮。受祝福的布蘭也有一個大鍋，它可以讓死人復生。這種居爾特神話中盤子或鍋子反覆再生的主題，似乎是聖杯或最後晚餐之杯的先驅。

耶穌基督在最後晚餐中用過的餐杯被亞利馬太的約瑟帶去格拉斯頓柏里（Glastonbury），並且為了安全緣故再帶到斯特拉達佛羅里達修道院（Strata

Florida Abbey）。當亨利八世在 1536 到 1541 年間解散修道院時，最後七位修道士將杯子帶去南堤厄斯大宅接受鮑威爾家族的保護。有一則傳說，是說這木碗的殘片啟發了當時住這兒的華格納寫出歌劇《帕西法爾》。1960 年代，當鮑威爾家族離開南堤厄斯大宅時，家族最後的女繼承人費歐娜・米惹里斯（Fiona Mirylees）將這寶貴的「杯子」存放在赫里福郡（Herefordshire）的銀行保險箱。餘留下來古老的橄欖木殘片寬 10 公分。殘片量很少，因為懇求者都會帶極小一塊碎片回去。

傳說南堤厄斯大宅裡有三個鬼魂：一位早期鮑威爾夫人在一家之主臨終時現身為手持燭臺的灰衣女士；第二位女士死後離開臥床去藏起仍未被發現的珠寶；還有一位鬼魅騎士半夜出現在碎石車道上。

納斯卡線

這些位於秘魯納斯卡沙漠上的線條，在興建直接穿越它們的泛美高速公路時並沒有被注意到。納斯卡線是一種地畫（在地面上的圖畫），占地超過 435 平方公里，包含 13,000 個線條與圖像。巨大圖畫包括蜂鳥、猴子、蜘蛛和蜥蜴等，這還只是一小部分。有一隻

猴子的尾長達 90 公尺，還有一隻鵜鶘長 290 公尺，其中一些直線延伸數哩。這些線條只能從空中觀察出來，它們是移除氧化鐵覆膜的石頭砂礫後，露出底下淺色土壤而形成。線條是在西元前 200 到西元 600 年由此地區的納斯卡文化所製作。人們猜想製作納斯卡線需要某種形式的人為飛行（以便看到它們），熱氣球是唯一可能的技術。最著名的理論是艾利希・馮・丹尼肯（Erich von Daniken）所提出，他認為線條實際上是外星人的太空船降落跑道。另一個理論爭辯說線條是「移動神廟」的痕跡，就是一大群參拜者沿著既定圖案行走以供奉特定神祇。他們祈求降雨，因為水源乾涸了好幾百年，這麼一來雨神便憐憫他們並降下雨水。

橡樹島錢坑

有關船長亨利・摩根（Captain Henry Morgan）與船長基德（Captain Kidd）的眾多海盜藏寶地，最令人感到好奇的地點最初在 1795 年被發現。它位於加拿大新斯科細亞省（Nova Scotia）南岸一座海島上。幾年後，層層圓木和泥土被挖開，發現一塊刻寫板上的密語寫著：「四十呎下埋著兩百萬磅」。這些年來，人們發現許多詭雷和一處人工海灘，還有一個非常複雜的排水系統。四個人在 1965 年挖掘這地點時喪生。本書無法詳細

描述這處知名地點，但有幾本關於它的書籍，而最容易取得資訊的方法是上 Swashbuckler's Cove 的網站「The Money Pit of Oak Island（橡樹島錢坑）」。

羅阿諾克殖民地

1584 年，華特‧雷利爵士派遣探險隊前往北美東岸，因為伊莉莎白一世女王准許他開拓維吉尼亞殖民地。他返航時帶了兩名美洲印第安人和土生動植物樣本。1585 到 1587 年間，兩組開拓者登陸羅阿諾克島（現今北卡羅來納州境內）建立他們的殖民地。接下來與當地原住民部落發生了戰鬥，第一批開拓者缺乏食物與人力防禦殖民地，所以當法蘭西斯‧德瑞克爵士劫掠加勒比地區後到訪，並提議接他們回英國時，他們接受提議而離開。1857 年，121 名新開拓者到達，發現當地原住民（Croatan 克洛坦族印第安人）很友善。在美國出生的第一個英國小孩是這些開拓者中某人的女兒。這群人試圖和其他一些與開拓者交戰過的部落交往，結果導致喬治‧豪（George Howe）被殺害。其他成員說服領導者返回英國求助。他們的領導者約翰‧懷特（John White）返航英國，留下 90 名男人、17 名女人和 11 名小孩。當懷特在 1590 年 8 月回來時，只見到被遺棄的殖民地。那裡沒有任何打鬥跡象，也沒發現任何遺體。唯一線索是堡壘柱子上刻著「Croatoan」這個字，以及附近一棵樹上刻著「Cro」幾個字母。這地方被稱為失落的殖民地，它的成員從此未曾出現。如今有些推測說開拓者離開去跟附近部落一起生活。一個事實支持這說法，就是許多年後有些部落信仰基督教，而且還懂得英語。

羅斯威爾事件

發生在新墨西哥州的羅斯威爾幽浮事件（Roswell incident）牽涉的是疑似發現外星殘骸，1947 年七月墜毀在羅斯威爾附近的物體甚至還包括外星人屍體。1947 年 7 月 8 日，羅斯威爾陸軍機場（RAAF）發布新聞稿說基地人員在附近農場發現一個墜毀的「飛行碟盤」，引來媒體熱烈關切。幾天後的另一份新聞稿說一具「雷達追蹤器」的殘骸已被尋獲。這事件被遺忘超過三十年，直到傑西‧馬塞爾（Jesse

Marcel）少校的一次採訪刊登出來，他參與了 1947 年最早發現殘骸的行動。馬塞爾說他相信軍方隱瞞發現外星人太空船的事，而他的敘述傳遍幽浮界，特別是他在 1980 年二月接受《國家詢問者》（National Enquirer）雜誌採訪之後。接下來幾年，更多目擊者與描述出現，添加了新的重要細節，包括據稱有一個龐大行動要從 11 個墜落地點找回太空船與外星人。目擊者據說受到威脅，一位前殯葬業者在 1989 年聲稱羅斯爾軍事基地執行了外星人解剖。1995 年的一份政府報告說找回的殘骸屬於秘密的莫古爾計畫（Project Mogul），那是利用高空氣球偵測蘇聯原子彈測試與彈道飛彈的聲音。1997 年的第二份報告說，目擊者無知編造的記憶其實看到的是修復試驗用假人模型，而這些人已死於軍事意外。

聖托里尼島與十災

希臘迷人的聖托里尼島（也稱為錫拉島）是巨大火山爆發後的遺跡。這個米諾斯爆發（或稱錫拉爆發）發生在三千六百年前，正是克里特島上米諾斯文化（Minoan civilization）發展巔峰的時候。爆發留下一個龐大火山口，四周火山灰沉積數百呎深，也間接導致南方110 公里遠的克里特島上米諾斯文化滅亡，因為大海嘯襲擊這島，火山灰長期影響島上農耕。《出埃及記》中，埃及人因為對待以色列人的方式而遭受十個

災禍降臨。這故事很可能和這巨大爆發有關。這十個災禍是不見天日、尼羅河變血水、猛烈冰雹、家畜染瘟疫、成人起疱疹、蛙災、虱災、蠅災、蝗災，最後是所有長子死亡之災。葛拉罕·菲利浦斯（Graham Phillips）在《摩西遺物》（The Moses Legacy）寫道，這些災難可能全是因為火山灰遮蔽尼羅河三角洲的日照所引起。當華盛頓州的聖海倫火山在 1980 年爆發，一朵火山灰雲遮蔽了 800 公里地區的日照。灼燙的火山碎屑像冰雹般落下，摧毀農作物。因為到處都是酸性塵土，數百人皮膚受損，家畜暴斃。河面與湖面都漂浮著死魚，水要經過淨化才能飲用。《聖經》裡說：「……河裡的魚必死、河也要腥臭、埃及人就要厭惡喝這河裡的水。」聖海倫火山爆發後，華盛頓州到處出現蛙滿為患的情形。許多青蛙被壓死在路上，開車變得危險，因為路面非常黏滑。成群青蛙侵入住家和水管。火山灰殺光了魚類，卻沒殺死沉在水裡的蛙卵。因為蒼鷺和其他野生捕食者逃離該區，蝌蚪孵化成為青蛙後免受獵殺。火山爆發後，人們也注意到昆蟲大量繁殖，牠們的捕食者同樣也是非死即逃。昆蟲在火山灰層外尋找食物。法屬馬丁尼克（Martinique）在 1901 年發生火山爆發後，倖存者受到成群飢餓飛蟻的攻擊，牠們就像蝗蟲一樣吃光所

世界七大奇蹟

這些地方都位處地中海沿岸，古希臘人選七個地點是認為它們代表完美與繁榮。「幸運數字七」也是出於這樣的信念。希羅多德與卡利馬科司（Callimachus）都有提出奇蹟名單，它們包括：

1.**羅德島神像**（Colossus of Rhodes）：是一尊希臘太陽神赫利俄斯的雕像，建於西元前292到前280年間，跨立在海港入口處。鍍銅神像高度超過33公尺，站立的大理石座本身高度就有15公尺。

2.**古夫大金字塔**（Great Pyramid of Khufu）：位於吉薩，建於西元前2560年，是古夫法老王的陵墓，建築師赫米烏努（Hemiunu）用了2,300,000個石塊，每塊超過一噸重，地基覆蓋13英畝（5公傾）。它在4500年的期間都是世界上最高建築，直到1889年建造的艾菲爾鐵塔出現。

3.**巴比倫空中花園**（Hanging Gardens of Babylon）：位於伊拉克，可能是尼布甲尼撒二世於西元前600年左右建造來取悅他妻子，讓她憶起波斯家鄉的芳香植物。新的理論提議說它是亞述國王辛那赫里布建造，位於底格里斯河旁的尼尼微（Nineveh）。

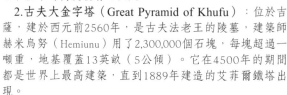

4.**伊絲塔城門**（Ishtar Gate）：後來被亞歷山大燈塔（Lighthouse of Alexandria）代替。伊絲塔城門曾列於最早的名單上，柏林帕加馬博物館（Pergamon Museum）裡有一個重建品是這雙城門的其中一座。它是巴比倫內城的八座城門之一，西元前575年為尼布甲尼撒二世而建，奉獻給伊絲塔女神。它是伊拉克境內巴比倫城牆的一部分，大部分的城門雕刻目前放在德國收藏。

亞歷山大燈塔建於西元前280到前247年，位在埃及亞歷山大港外的一座小島上，估計高度是120到140公尺，是個難以置信的成就。從東港口可以看到它在水下的廢墟。

5.**哈利卡那索斯的摩索拉斯王陵墓**（The Mausoleum of Mausolus at Halicarnassus）：建於西元前350年左右，位處土耳其的博德魯姆（Bodrum）附近，保存著波斯總督摩索拉斯和他妻子阿爾特米西亞（Artemisia）的遺體。

6. 奧林匹亞宙斯神像（Statue of Zeus at Olympia）：這尊菲迪亞斯（Phidias）雕刻的巨大座姿神像建於西元前432年左右，放置在宙斯神廟中。1950年代時，菲迪亞斯的工坊在這裡被發現，有一只杯子上刻著他的名字。

7. 愛菲索斯的阿蒂蜜斯神廟（The Temple of Artemis at Ephesus）：建於西元前550年左右，位於土耳其的舊址幾乎沒留下什麼遺跡。

以上名單是在中世紀前匯編而來，當時除了大金字塔以外都已毀壞。因此「七大奇蹟」的其他名單隨之產生，例如：

孔姆·艾爾蘇卡法地下陵墓
羅馬競技場
中國萬里長城
聖索菲亞大教堂
比薩斜塔
南京琉璃塔
巨石陣
開羅大城堡
克呂尼修道院
伊利座堂
泰姬陵

2006年，《今日美國》（USA Today）新聞報聯合《早安美國》（Good Morning America）電視節目由六位評審發表一份「新七大奇蹟」名單。第八大奇蹟的亞利桑那州大峽谷經由觀眾反應意見後入選。它們是：

1. 西藏拉薩布達拉宮
2. 耶路撒冷舊城
3. 極地冰帽
4. 夏威夷帕帕哈瑙莫夸基亞國家海洋保護區
5. 網際網路
6. 墨西哥猶加敦半島馬雅文化遺址
7. 坦尚尼亞與肯亞的塞倫蓋蒂遷徙
8. 亞利桑那大峽谷

2007年，「新世界七大奇蹟」從200個現存的遺跡中票選而出。有人質疑布列塔尼的卡奈克村為何沒列在這些名單中：

墨西哥契琴伊薩，大約西元600年
巴西救世基督像，1931年
羅馬競技場，大約西元80年
吉薩大金字塔，大約西元前2560年
中國長城，西元前五世紀至西元十六世紀
祕魯馬丘比丘，大約西元1450年
印度泰姬瑪哈陵，大約西元1648年
約旦佩特拉，大約西元前150年

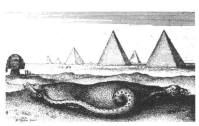

陵墓，立石與支石墓

帕拉斯紐德（Plas Newydd）的環狀列石，安格爾西島（Anglesey）

基茨科蒂（Kit's Coty）新石器時代支石墓，肯特郡艾爾斯福德（Aylesford）附近

川瑟比石（Trevethy Stone），支石墓或環狀列石，康瓦爾郡利斯卡德（Liskeard）附近

康斯坦丁（Constantine）支石墓，康瓦爾郡

哈洛德石（Harold's Stones），蒙茅斯郡川雷其（Trelech）

奇石林（Cheesewring），康瓦爾郡博德明摩爾（Bodmin Moor）

有還在生長的東西。

香格里拉

香格里拉是英國作者詹姆斯‧希爾頓（James Hilton）在 1933 年小說《消失的地平線》（*Lost Horizon*）中虛構出來的地名。香格里拉自此之後代表著和長壽、健康與幸福相關的一處隱密、完美的地方。

索多瑪與蛾摩拉

《舊約聖經》裡說「上帝將硫磺與火從天上降與索多瑪與蛾摩拉」。十九世紀探險家亨利‧萊亞德（Henry Layard）在尼尼微城（Nineveh）皇宮圖書館的遺跡裡發現一塊泥刻字板。這裡是亞述帝國的首都，接近伊拉克的摩蘇爾（Mosul）。泥板上的符號最近被譯解出來，它原來是西元前 700 年的一份抄本，內容是蘇美人天文學家觀察一顆小行星的記錄。他似乎目睹這小行星摧毀了索多瑪與蛾摩拉，兩座位於現今約旦與以色列邊界的城市。

用電腦重新計算星空後，科學家指出他看到的景象是西元前 3123 年 6 月 29 日黎明前夕。大約這時候有一顆小行星撞擊奧地利庫芬茲（Köfels）的阿爾卑斯山地。當它低空劃過時會拖曳一道具毀滅性的超音速衝擊波，然後像洪水般撞擊到地面。譯解萊亞德刻字板的馬克‧漢普索爾（Mark Hempsall）博士說，至少 20 個古老神話記載這種規模相當於小行星撞擊的的大毀滅，包括《舊約聖經》關於索多瑪與蛾摩拉毀滅的傳說，還有古希臘神話裡赫利俄斯之子法厄同（Phaeton）駕駛父親的太陽戰車失控掉入厄里達納斯河（River Eridanus）。漢普索爾博士與艾倫‧龐德（Alan Bond）的研究結果發表在他們 2008 年的書本《一個蘇美人對庫芬茲撞擊事件的觀察》（*A Sumerian Observation of the Kofels Impact Event*）。

獅身人面像

這座古代最大的紀念雕像是從長 73 公尺、20 公尺的單一石脊雕刻出來。頭部是較硬的天然露頭岩，紋理與身體不同，侵蝕情況也較不嚴重。為了造出獅身人面下半部的身軀，巨大石塊從基石上開鑿下來。這些石塊後來成為獅身人面像正前方與南方神廟的主要建材。獅身人面像似乎經過第四王朝法老王卡夫拉（Khafra）的修復，確定年代則不

明。十九世紀時在吉薩（Giza）高原發現的「庫存表石碑」（Inventory Stele）記錄顯示，卡夫拉前任法老王古夫（Khufu）下令在獅身人面像旁邊興建一座神廟。最近地質學家確認說，獅身人面像的身軀嚴重侵蝕可能不是風沙造成的，反而是水造成的。風化作用不會發生在被沙掩埋的身軀上，而獅身人面像在過去將近五千年都處於這種狀態，直到 1817 年才被挖掘出胸部。地質學家贊同說埃及在遠古時代曾有嚴重洪水氾濫。關於獅身人面像重要年代的額外證據，或許可從身形的天文含意獲得指引，因為它是一頭獅子。

每隔 2160 年，因為分點歲差的緣故，太陽在春分升起時遇上的星座會不同。過去兩千年的星座是代表魚的雙魚座，基督教時期的象徵。雙魚座之前的時期是牡羊座代表的羊，再之前的時期是金牛座代表的牛。西元前一千到兩千年的期間大約是牡羊座時期，以羊為主的圖騰在早王朝年代的埃及很普遍，而金牛座時期的克里特島米諾斯文化則興起對牛的崇拜。

地質學的研究結果顯示獅身人面像的刻鑿似乎完工於西元前 10,000 年以前，而這期間剛好是代表獅子的獅子座時期，它的期間是西元前 10,970 到前 8810 年。電腦程式能夠產生夜空任何部分的精確圖像，不論是從地球各個不同地方，或在遠古或未來的任何時間點去看。葛瑞姆‧漢卡克（Graham Hancock）在《天之鏡》（Heaven's Mirror）中陳述：「電腦模擬顯示西元前 10,500 年的獅子座在春分時籠罩著太陽—也就是說，在那時期破曉前的一個小時，獅子座斜靠在正東方的地平線上，太陽即將升起的地方。這意味有著獅子身體、正向朝東的獅身人面像會在清晨直視天上的一個星座，也許那可以視為它在天空的攣生兄弟。」如果西元前 10,000 年的理論可以被證實就太精彩了，但大部分專家相信獅身人面像是卡夫拉建於西元前 2560 年左右。

聖艾維斯教堂

聖艾維斯（St Elvis）堂區是英國最小的堂區，但聖艾維斯的教區長職權優於附近索爾瓦（Solva）的聖泰伊洛（St Teilo）教區牧師。聖艾維斯這地名出現在地圖上至少可回溯到十六世紀。此處的遺跡是有五千年歷史的聖艾維斯環狀列石，這巨大墓室有兩個墓碑，幾碼外有一方塔基石，也許是瞭望崗或這地區僧侶的糧倉。教堂遺跡很大，而且不尋常地座落在南北向。附近是聖艾維斯聖井，1976 年乾旱時每小時還可

唧取 1636 公升的水，它在當年必定是用來給牛群供水。聖井靠近聖艾維斯農場，二十世紀初時有用教堂加工過的石頭蓋了一棟糧倉。聖艾維斯教堂最後一次舉行婚禮是在 1860 年代，它被記錄在哈弗福韋斯特（Haverfordwest）檔案館裡。普瑞斯里山（Preseli Hills）在此沒入海中，遺跡離海岸邊只有兩塊田的距離，但良好的隱藏讓愛爾蘭與北歐海盜沒有發現。聖艾維斯巨石位處風景如畫的索爾瓦港河口外側，現在被稱為綠崖（Green Scar）、黑崖（Black Scar）和大海（The Mare）。全歐洲只有這裡把 Elvis 這名字拿來當地名，它似乎是 St Ailbe 傳訛而來，所以 St Aelfyw 修道院就成了 St Elvis 教堂。據說兩條重要的萊伊線在此交會，一條是連接巨石陣，這處遺跡散佈著墳墓。農場主人曾說，經常在搭建小屋等等時候，他會看到土裡有「白堊標記」，只要一觸摸就化為粉塵，也就是古老的人骨。法蘭西斯·瓊斯（Francis Jones）並沒有記載聖井，但當地的傳說是說聖大衛（St David）在這裡接受他堂兄聖艾維斯洗禮，在聖艾維斯教堂前用的就是聖井的水。這個洗禮盤現在存放在附近的索爾瓦聖泰伊洛教區。聖大衛天大教堂距此只有幾哩遠。原本做為門柱的一根刻有十字的六世紀柱子被送去聖泰伊洛教堂，但成對的另一根柱子在 1959 年「遺失」了。更吸引人、更具歷史重要性的是一塊方石，上面刻著簡單的人臉。人們認為國家名勝古蹟信託（National Trust）的僱員把它拿去修田埂了。威爾斯的古老石塊中僅有極少數具有黑暗時代的臉部圖像，或許進行一次封鎖檢查就能找到它。石塊先前在毀壞的教堂中央，上下兩面都有鑽孔，像是讓它能夠當做門的插槽，或許是個獨特的紀念品。沒有任何關於這石塊的記載，除了存在擁有這塊地的農場主人與他兒子的記憶裡，這也是為什麼它正被寫進這本書裡。筆者在前一本書裡提到艾維斯這名字來自附近的普雷西尼山（Preseli Mountains），他的雙胞胎兄弟、父親與母親都有威爾斯名（傑西·加倫 Jesse Garon，弗農 Vernon，葛萊蒂絲 Gladys）。美國第一個有記載的普里斯萊是大衛·普里斯萊（David Presley），又一個威爾斯聖人的名字。此評論出版後，國際媒體把注意力放在「艾維斯是威爾斯人？」這主題。也許聖艾維斯聖井的水應該裝瓶輸出到美國，讓酒客叫一份「波本艾維斯」。

▎神秘的嗡嗡聲

陶斯之聲（Taos Hum）這種低頻聲在全世界都有被聽到過，尤其在美國、英國與北歐。它通常只在非常安靜的環境下才聽得到，常被描述成像是遠方柴油引擎發出的聲音。經過證實，它無法被麥克風或超低頻天線捕捉到，因此它的來源與性質仍是個謎。1997 年，美國國會指派研究機構的科學家與觀測員去

研究一個奇怪的低頻噪音，一種「嗡嗡聲」，新墨西哥州陶斯鎮的居民在小鎮裡和周遭聽到這種聲音。這種無法解釋的現象因此得名。

神的城市

特奧蒂瓦坎（Teotihuacan）這座大城位於古老的特斯科科湖（Texcoco）東北方 40 公里處，這湖也是現今墨西哥城的所在地。特奧蒂瓦坎是墨西哥最吸引考古愛好者造訪的地方。它是前哥倫布時代美洲最大的城市，占地約 5.40 平方公里，人口介於 100,000 到 250,000 人。從大約西元前 500 年開始有人居住，直到西元 750 年城市大部分被燒毀後急劇

頹敗。此地後來被阿茲特克人（Aztecs）發掘，並為它取名特奧蒂瓦坎，意思是「通達神祇的人民居所」。太陽金字塔與月亮金字塔俯視整座城市，此外還有魁札爾科亞特爾（Quetzalcoatl）神廟，一個非常錯綜複雜、稱為城塞的地方，占地 111,000 平方公尺。這些主要建築臨近一條 4 公里長的砌道，稱做「亡靈大道」。直到最近才在太陽金字塔挖掘出一個洞穴與地道系統。考古學家在太陽金字塔的第五層發現龐大厚重的雲母板。在此之後，

距離太陽金字塔 365 公尺發現另兩塊厚雲石板，它們有 8.5 平方公尺，就在亡靈大道附近。這些石板堆成兩層，一片緊貼著另一片。雲母這物質包含不同金屬，端看它發現自怎樣的岩石構造。因為它處於石塊地板下，顯然不是用來裝飾，而是有其功能性。這些龐大光滑的石板被鑑定為一種只在巴西才有發現的雲母。這些特定形式的雲母是如何、而且為何要搬移運送將近 3200 公里來嵌入建築裡？這麼大的東西在史前「石器時代」是如何開鑿、處理和運送，而且毫髮無傷？我們不知道是哪個民族建造這城市。某些奧爾梅克（Olmec）文化的遺跡也發現類似的南美洲雲母。

兵馬俑與長生不老藥

秦始皇（西元前 259 至前 210 年）是中國戰國時代秦國的國王，並且在西元前 221 年成為中國統一後的皇帝。這位秦朝始皇帝隨後修建了龐大道路系統與第一段中國長城。他焚書坑儒以保政權穩定，還為自己建造規模足可比擬城市的陵墓，並由「兵馬俑」守護著。當上皇帝後，他熱中於追求「長生不老藥」，三次登臨渤海芝罘島尋找靈丹以便成為不死之身。這島上傳說有一座「不老山」，他留下這樣的石刻：「巡登之罘……請刻於石」（西元前 218 年），「至之罘，見巨魚，射殺一魚」（西元前 210 年）。他派一名芝罘島民

率領數百位年輕男女乘船尋找神秘的蓬萊山，據說有八位仙士住在上面。他們要找傳說中的仙人安期生，秦始皇認為他在出巡時遇見過。這些人從未返航，因為他們知道如果沒找到允諾的靈丹就會被處死。傳說這些人到了日本開拓殖民地。西元前211年，據說一顆大隕石掉落在黃河下游。隕石上面刻著：「始皇死而地分。」沒人承認做這件事，於是附近居民全被處死，石頭被焚毀磨碎。秦始皇在最後的巡遊離開都城咸陽兩個月後死於行程中。據說他是吞下可以讓他長生不老的水銀藥丸而死，其實裡面含有致命劑量的這種金屬。在他死後，丞相李斯開始擔心死訊會引發暴動或奪權。他與官員得花兩個月才能回到都城，這就無法阻止一場戰爭，於是他決定返回咸陽途中隱瞞皇帝死訊。李斯命令兩輛裝著臭魚的貨車前後緊跟載送皇帝的馬車。親信宦官拉下簾幕不讓人們看到他的臉，而且每天為他更換衣服，送上食物。所有對皇帝的稟報都需透過丞相。這要提防有人聞到皇帝車輛傳出的腐臭味，他的屍體在炎熱夏天開始嚴重腐爛。

秦始皇陵墓是他當上皇帝後最早進行的工程之一。西元前215年，他動員300,000人進行建造。其他中國史料指出他派遣720,000名無薪苦勞按他指示興建，但現今認為只有16,000人參與其

中。埋葬皇帝的主墓還沒有出土，證據顯示屍體應該還保存得相當完整——據說他被泡在一池水銀裡。一則關於陵墓的描述提及裡面有宮殿與塔樓的複製品，100條水銀做成的河川，天體的圖像，以及預防萬一有人闖入的上膛十字弓。秦始皇陵建在距離西安45公里的驪山。考古學家已將探針深深插入墳墓中，顯示出異常高的水銀反應，相當於天然存在量的100倍。大部分造墓者都被殺死。陵墓躺在高76公尺、占地350平方公尺的金字塔土塚下。這處古蹟只有部分被挖掘開。兵馬俑是1974年一群農人鑿井時發現的。士兵是由一系列混搭的黏土模型再進一步個別修改，所以每個人像都是獨一無二。人像身高從1.8公尺到1.93公尺不等，端看它們代表的身分，最高的是將軍。塑像包括士兵、戰車、軍吏、雜技人、壯漢與奏樂者。目前估算三處墓穴裡的兵馬俑有超過8000個士兵，130輛戰車、520匹馬和150匹騎兵馬，大部分仍埋在土裡。每個士兵的臉都不一樣，它們都有上一層顏色。

▍蒂亞瓦納科巨石塊

蒂亞瓦納科（Tiahuanaco）位於玻利維亞的的喀喀湖南岸附近，它是這一帶廣大地區的宗教與文化中心。這是個神秘地方，因為有些研究者估計它有一

萬七千年歷史，也因為它具有罕見的石造技術。一座石造金字塔仍存在當地，但古蹟上許多漂亮的雕刻石塊被拆卸下來，拿去建造拉巴斯的大教堂以及玻利維亞境內其他大型建築。這處遺跡占地將近 2.6 平方公里，最引人注目的中央部分包含一個巨大矩形土石堆，原本是階梯狀，每階由切割石頭組成的厚牆支撐著，石崗頂上被石造結構完全覆蓋，現在還可辨識出部分基座。這個結構被稱為「堡壘」，附近還有神廟。最值得注意的遺跡是巨大石碑堆砌的石門，龐大到無法移開。距離神聖的的的喀喀湖只有 19 公里，蒂亞納科似乎是創世神話與社會秩序的根源，還是南美文化特別先進的天文學發源地。被稱為普瑪彭古（Puma Punka）的結構似乎是大型碼頭或岸墩的遺跡（蒂亞納科過去緊臨的的喀喀湖岸），以及大型四部結構建築的廢墟。一塊構成岸墩的石塊估計重達 447 公噸，其他幾個石塊重量也有 100 到 102 到 152 公噸。這些巨石的採石場位於的的喀喀湖西岸，距離 16 公里遠。在古老安第斯世界沒有已知技術能夠搬

運如此巨大沉重的石塊。西元 500 年前的安第斯民族用他們簡易的蘆葦船不可能般運這些石塊。作家們提出說這些發現以及遺蹟在天文學上的連線位置強烈指出一個可能性，就是原本蒂亞納科文明早在傳統考古學家假設的年代前就已繁榮數千年。他們相信蒂亞納科與墨西哥的特奧蒂瓦坎、黎巴嫩的巴勒貝克、還有埃及的獅身人面像與大金字塔都是失落已久的文明留下的殘片。

遺蹟上的普瑪彭古金字塔是用重達 203 公噸以上的石塊建造，還得搬到海拔 4000 公尺的高原。那裡不比巨石陣，沒有樹木可當滾柱，輪子也還沒有發明。巨大石頭一旦被搬到現場，它們被切割得如此精準，可以像拼圖片一樣組在一起。有些石塊上有完美筆直的溝槽，深度只有 1 公分，但石塊是閃長岩，世上最硬的花崗岩。閃長岩在今日得用鑽石刀具或水刀才能切刻，但建造者卻能將 200 噸石塊精確組合在一起。金字塔裡面是沙岩塊，最大的體積約有 7.6x5x1.2 公尺和 7.6x2.4x1.8 公尺，重量分別是 133 和 96 公噸。考古學家推斷這些沙岩塊是從的的喀喀湖附近約 11 公里一處陡峭懸崖下的採石場搬上來的。做為石塊鋪面與雕刻用的較小塊安山岩，則是來自科帕卡瓦納（Copacabana）半島的採石場和其他超過 96 公里的地方。

亞歷山大大帝陵墓

西元前 323 年六月，亞歷山大大帝死於幼發拉底河畔的巴比倫。他希望自己的身軀被丟進河裡，如此一來屍體就會不見蹤影。亞歷山大心想這麼一來就會形成神話，說他消失到天國與神祇阿蒙（Amun）永在，那是他宣稱自己的父親。然而，亞歷山大的將領們策畫了一場華麗葬禮。移柩終點也許是在馬其頓，出殯隊伍在敘利亞遇上托勒密（Ptolemy），亞歷山大軍隊中的馬其頓將領，他把防腐處理的屍體移往埃及，埋葬在孟菲斯（Memphis）的一座陵墓裡。西元前 305 年，托勒密宣告自己就位埃及國王為托勒密一世，建立托勒密王國。後來，在托勒密或他兒子托勒密二世在位期間，遺體從孟菲斯移往亞歷山大城。「愛父者」托勒密四世隨後將先王與亞歷山大的遺體放在亞歷山大城新的共同陵墓。現在有三處亞歷山大陵墓分別在孟菲斯與亞歷山大城。前兩個都未曾發現。第三個位於亞歷山大城東西向與南北向幹道的交會處。

屋大維，這位未來的羅馬皇帝奧古斯都，在克麗奧佩脫拉七世（Cleopatra VII）於西元前 30 年自殺後不久造訪亞歷山大城。據說他曾參拜亞歷山大的遺體，在陵墓前獻上花朵，還將王冠放在已成木乃伊的亞歷山大頭上。蘇埃托尼烏斯（Suetonius）記載說：「大約此時，屋大維吩咐將亞歷山大大帝的石棺與遺體推出密室，凝視之後，他在上面放置一頂金冠並撒上花朵以表敬意；然後被問到是否也想參拜托勒密的陵墓，他回答說，『我希望見一位王者，而非一具殘骸』。」蘇埃托尼烏斯也提到，大約西元 40 年「卡利古拉（Caligula）經常穿著凱旋軍甲，就算出征前也一樣，有時還戴上亞歷山大大帝的護胸，那是從他的石棺裡拿走的。」

狄奧‧卡西烏斯（Dio Cassius）講述說西元 200 年時：「皇帝賽佛勒斯（Severus）探究每一件東西，包括那些被非常小心收藏的東西；因為他是那種無論有關人也好，神也好，絕不允許任何事物有所隱藏。於是，他拿走所有聖殿裡找到包含神祕知識的全部書籍，也封死亞歷山大的陵墓；這是為了要讓將來沒人能見到他遺體，或者讀到上述書籍的內容。」

赫羅狄安（Herodian）記錄了最後一次羅馬皇帝的造訪，那是西元 215 年的卡拉卡拉（Caracalla）：「卡拉卡拉和他的軍隊一入城就來到聖殿，在那裡大肆獻祭，到祭壇上大量焚香。然後他到亞歷山大的陵墓，脫下身上穿的紫色斗篷，手上戴的寶石戒指，腰上繫的皮帶，以及隨身所有貴重物品，全都放到墓穴上。」

陵墓也許已經毀壞，甚至在奧勒良（Aurelian）於西元 270 年後的統治期間遭到洗劫，當時的政治動盪使得亞歷山大城受盡劫掠。到了第四世紀，

陵墓地點已不可考，只能相信幾位基督教早期教父的敘述。大約西元 400 年的約翰·屈梭多模（John Chrysostom）寫道：「告訴我，亞歷山大的陵墓在哪裡？指給我看，並告訴我哪天是他的忌日……他的陵墓甚至連他的子民都一無所知。」1989 年重新挖掘錫瓦綠洲（Siwa Oasis）被稱為神諭聖殿（Oracle Temple）的遺址後，據稱亞歷山大就是埋在這裡，因為他希望接近他的父親阿蒙。亞歷山大在西元前 331 年造訪錫瓦求問著名的阿蒙神諭。根據推測神諭宣佈亞歷山大是阿蒙之子。這地點位於開羅西方 530 公里接近利比亞邊界的位置。

未完成的方尖碑

這個有 3000 年歷史的方尖碑位於埃及亞斯文（Aswan）採石場，它在採石過程中產生一道裂縫，所以從未完成，但仍躺在岩床上。若是它如原本想像的被取出直立起來，這個未完成的方尖碑

將有 42 公尺高，1200 公噸重，傲視其他的方尖碑。現存最大的方尖碑是羅馬的拉特蘭方尖碑（Lateran Obelisk），高度 32 公尺，重量 462 公噸。

宇宙與暗物質

根據科學家所言，例如恆星、氣體、銀河與塵粒等等可見物質，只構成了浩瀚宇宙的極小部分。他們提出「暗物質」（dark matter）一詞代表一大團無法透過天文望遠鏡看到的東西。它不會發出任何可察覺的光，只能從它的重力作用對可見物質的影響來推論其存在。

英靈神殿

英靈神殿（Valhalla 是由古北歐語 valr〔陣亡戰士〕與 holl〔宮殿〕組合而來，在北歐神話中是位於阿斯嘉特（Asgard）的一座龐大宮殿，戰鬥中英勇陣亡的戰士住在此地獲得永生，和索爾（Thor）以及其他男女眾神盡情吃喝。英靈神殿的主宮裡座落著索爾的畢爾斯基爾尼爾宮（Bilskirnir），它包含 540 個房間。在英靈神殿的所有宮殿裡，主神奧丁（Odin）說他認為自己兒子索爾的宮殿最雄

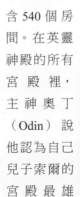

偉。奧丁統治英靈神殿，他的女武神們瓦爾基麗（Valkyrie）負責挑選戰士，她們端麥芽酒與蜂蜜酒給陣亡勇士，用的是戰士自己殺死的敵人頭骨。有些稱之為「狂戰士」（beserkers）的狂暴勇士，他們似乎在戰鬥前服用迷幻蘑菇以達到亢奮狀態。

維納斯——夜空之星

維納斯（Venus，金星）不是恆星，而是一顆行星，也是夜空中除了月亮之外最亮的物體。它的一天比一年還長，因為它的自轉（243 天）比繞著太陽的公轉（224.7 天）花費更長時間。人們會想到最靠近太陽的水星應該是最熱的行星，赤道溫度是 700 克耳文（攝氏 427 度）。即使在極地，溫度也有 380 克耳文（攝氏 107 度）。然而，到了夜晚，溫度降到只有 100 克耳文（攝氏負 173 度）。它的白天極熱而夜晚極冷，因為它沒大氣層可以吸收太陽熱。

不過，金星擁有全部行星中最濃的大氣層，大氣壓力是地球海平面的 93 倍。金星的大氣成分幾乎都是二氧化碳，這種「溫室氣體」吸收太陽熱非常有效率。因此金星上的平均溫度是 735 克耳文（攝氏 462 度），此外，金星各地溫度都一樣，而且不分白天夜晚。它的高濃度大氣層吸收了太陽熱，氣候將此溫度散佈到整個星球。

玻璃化堡壘

歐洲各處都可發現這種粗石圍牆的堡壘，通常是具有防禦作用的丘陵堡壘，它們的石牆都經過火烤。這種堡壘一般位於丘陵上有利防守的位置。圍牆尺寸不一，有些高達 3.6 公尺，而且寬闊得看起來像是路堤。防禦薄弱的地方會建兩道或三道牆來加強，偶爾會有廣闊

多道的壁壘，採用未經鑿削與玻璃化的大石塊堆砌而成，遠遠包圍著玻璃化的中心地帶。這些結構都沒用灰泥或水泥黏合，石牆似乎在建造時將石塊熔接組合。這種施以高熱的熔接並不是各個堡壘都做得一樣完美。有些地方看到石塊只有部分被燒熔石灰化。其他地方的毗鄰邊緣則有熔接起來，所以它們牢固地黏合在一起。通常每個石塊表面覆蓋像琺瑯一樣光滑的外層，使它們結合成一致外觀。有時整段石牆看起來就像完整的一大塊玻璃。我們並不清楚石牆為何要施以玻璃化，因為加熱實際上會削弱結構。玻璃化是一個化學過程，矽酸鹽基的石塊會變成像玻璃般的流動固體。石灰化是脫去水分，碳酸鹽石塊裡產生還原或氧化作用。這不像戰鬥造成的損害，因為石牆需要小心維持火源才能確保持續熱度發生玻璃化。蘇格蘭已發現

50 個例子，而其他已知大約 100 個例子分佈在愛爾蘭、德國、葡萄牙、匈牙利與法國。威爾斯有數百處丘陵堡壘，但沒有這種例子，英國也沒有。這種火烤堡壘的年代是從新石器時代到羅馬時期。這種加熱極端到整個結構都被鍛燒或玻璃化。花崗岩、玄武岩、片麻岩或其他矽酸鹽石塊在大約攝氏 658 度開始結晶，接觸攝氏 1050 到 1235 度就會溶解與玻璃化。例如石灰石與白雲石的碳酸鹽石塊接觸攝氏 800 度就會石灰化。這麼做的動機仍是個謎。

白色金字塔

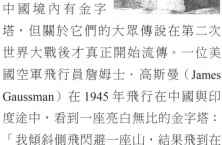

科學家相信中國境內有金字塔，但關於它們的大眾傳說在第二次世界大戰後才真正開始流傳。一位美國空軍飛行員詹姆士·高斯曼（James Gaussman）在 1945 年飛行在中國與印度途中，看到一座亮白無比的金字塔：「我傾斜側飛閃避一座山，結果飛到一處平坦山谷上。正下方是一座龐大的白色金字塔。它看來就像神話裡的東西，被亮白光暈包圍著。這可能是金屬

風之塔

在衛城（Acropolis）與帕德嫩神廟俯視下的雅典羅馬廣場上，矗立著八角形大理石的安德羅尼卡鐘塔（Horologion of Andronicos）。它是馬其頓天文學家安德羅尼卡在西元前 50 年左右建造而成，被人稱做風之塔，使用的彭特利庫斯山（Pentelicus）大理石也被用來做成額爾金大理石（Elgin Marbles），古希臘最偉大的一組大理石雕。

鐘塔高 12 公尺，大理石看來就像光滑的鏡子。塔頂原本設有海神崔萊頓造型的銅製風標。對古人來說，風有神性力量，錐形屋簷下的八個飾面各自雕刻著一位掌管該方位的風神塑像。鐘塔這詞也表示安德羅尼卡整合在塔樓的功能：當做日晷，內部還有複雜的水力時鐘，水力來自上方的衛城。

風向	風神	雕像特徵
北	玻瑞阿斯	穿著厚重披風的男子，吹著扭轉的海螺
東北	開甲斯	手持著圓盾的男子，傾倒盾裡小圓物體
東	歐洛斯	手持斗篷的年輕男子，裡面裝滿果實穀物
東南	阿皮利厄忒斯	緊裹披風的老人，抵擋著惡劣天氣
南	諾托斯	傾倒陶甕的男子，倒出了一片水花
西南	利瓦斯	推著船尾的男孩，允諾一帆風順
西	澤菲羅斯	拿著一斗蓬花朵的年輕男子
西北	史凱隆	手拿青銅罐的鬍鬚男子，裡面裝滿火燙木炭與灰燼

或某種石頭，它的每一面都是純白。引人注意的是頂石，一件巨大如寶石的東西可能是水晶。」傳說在中國陝西的「禁地」有一座世上「最大」的金字塔。據估計它有 300 公尺高，用泥土夯實而成，被認為底下埋藏了巨大陵墓。（吉薩大金字塔是 137 公尺高。）中國政府原本否認有金字塔的存在，但是漢武帝陵墓的茂陵自 1978 年對外開放，它展現的做工就如同「白色金字塔」的描述。中國金字塔是早期皇帝與親屬的古老墳塚。大約 38 處這樣的墳塚分佈在陝西咸陽市西北方 26 至 40 公里的地帶。最著名的是秦始皇陵墓，它在兵馬俑遺址的西側遠方。中國在漢朝、唐朝、宋朝與西夏時期也有建造金字塔。它們都是平頂，因此外形比較像墨西哥的特奧蒂瓦坎金字塔，而不像埃及金字塔。漢武帝的茂陵距離咸陽市大約 40 公里。這處陵墓被稱為「皇帝金字塔」，因為它是西漢皇帝們建造的陵墓中最大的一個，也是陪葬品最豐富的一個陵墓。它耗時 53 年建造，皇帝每年收入的三分之一花費在此。它的高度大約有 47 公尺，底層每邊長度實測有 213 公尺。茂陵周邊目前仍有超過 20 個陵墓陪伴漢武帝。它們埋葬著妻妾、功臣與名門貴族。有四條通道可以進入墓室，每條通道的寬度足以讓六匹馬大馬車通行。刀劍和弓弩隱藏在墓室四個入口後面，防止小偷盜匪闖入。墓穴裡放了六匹馬大馬車，老虎、豹與其他動物的塑像；金、銀和其他珍貴物品；絲綢、布料與穀物；還有日常必須品。皇帝遺體的嘴裡放了一塊翡翠，身軀被金線縫合的翡翠服飾包裹住。西漢滅亡後，赤眉軍（他們把眉毛染紅做為識別）拿走陵墓裡的金、銀和許多其他寶物。

▍地球為何完美？

　　地心引力抓住薄薄一層氮氣與氧氣包圍這行星，從地表向上延伸大約 80 公里。如果地球比較小，這層大氣在化學上無法形成，就像水星一樣。如果地球比較大，大氣將包含過多氫氣，像木星一樣。只有我們的大氣擁有讓我們維持生命的正確氣體比例。我們行星的溫度範圍大約在攝氏負 34 度至 49 度。地球同時也保持了與太陽的理想距離，如果距離更近或更遠，我們將經歷更為極端的溫度而無法存活。地球環繞太陽的速度差不多是每小時 108,000 公里。因為地球繞自己的地軸自轉，所有地表每天

都被加熱與冷卻。月亮的大小和距離都很恰當，它的引力製造出潮汐與洋流。如此一來海水既不會停滯，也不會失控淹沒陸地。

植物、動物與人類的構成大部分是水（人類身體的三分之二是水）。水的存在讓我們生活環境的溫度有波動變化，同時又能維持體溫在穩定的攝氏37度。它的溶解特性意味著數以千計的化學藥物、礦物質與營養成分可被送過全身進入最小血管。因為它的化學中性，水能讓食物、藥物與礦物被身體吸收利用。水有獨特的表面張力，所以它在植物裡可以對抗地心引力逆勢往上，將維持生命的養分送到大樹頂端。水也會從上而下結冰並且浮在表面，使得魚在下面能夠度過冬天。地球上大約百分之九十七的水在海洋中。鹽分在水從海洋蒸發到大氣時被移除，降雨將水分配到世界各地，確保生命存活下去。這個系統的盡善盡美常被拿來辯證上帝的存在，為祂的「智能設計」地球生命提供了明證。

▎大辛巴威遺址

大 辛 巴 威 遺 址（Great Zimbabwe Ruins）是一處龐大的世界遺產，它的特色是用百萬顆石塊建造的塔樓與建築，這些石塊不用灰泥就能完美保持堆疊平衡。一般相信大辛巴威社會在十一世紀開始逐漸產生影響力，他們與葡萄牙人

交易黃金與象牙，還從事阿拉伯瓷器、布料與玻璃的貿易。大辛巴威人民興旺之後建立起一個王國，龐大石頭建築最終遍佈在500平方公里的面積。

到了十五世紀，大辛巴威因為人口過剩、疾病與政治衝突而沒落。錯綜複雜得令人吃驚的遺跡是由大塊矩形花崗石構成。這些建築是西元1250年到1450年間由非洲原住民建造的。衛城（Great Enclosure）的城牆有11公尺高，5.5公尺厚，延伸長達250公尺。衛城是南撒哈拉地區最大的單一古建築。兩道平行高牆形成一條58公尺長的狹窄通道，直接通往著名的「錐塔」（Conical Tower）。這處遺跡直到1867年才重新被發現，那是在「白人至上」的殖民時代，這國家還稱為羅德西亞（Rhodesia）的時候，許多人認為大辛巴威不可能是非洲黑人所建，應該出自腓尼基人或阿拉伯人之手。直到1929年才明確證實這優秀的石造建築正是非洲黑人所建。

外星飛船？

美國在十九世紀末時，據報在廣大區域上空出現鬼魅飛船，它們實在不能用原型機加以解釋。目擊事件始於1896年十一月的加沙州加緬度上空，數百人目睹一個巨大鮮豔的橢圓物體，兩端尖細，帶有探照燈與螺旋槳。三天後的晚上，它被看見出現在130公里以外，靠近舊金山的奧克蘭。四天後，不同形式的一艘飛船被看見出現在華盛頓州的塔科馬，那是1125公里以外的地方。再八天後，一艘飛船降落在舊金山北方。1897年4月1日的晚上，數千人看到長約9公尺的飛船出現在密蘇里州堪薩斯城上空，第二天早上它被看到出現在東北方260公里外內布拉斯加州的奧馬哈。接下來的晚上在堪薩斯州的托彼卡被目擊，然後又出現在奧馬哈。4月7日，它來到愛荷華州的蘇城，4月10日在芝加哥又被數千人目睹。飛船接下來被看到出現的地方包括愛荷華州、密蘇里州、堪薩斯州、肯塔基州、德州、田納西州、紐約州與西維吉尼亞州。目前已知飛船第一次成功飛行是在1901年繞行艾菲爾鐵塔，同年齊柏林伯爵他的首艘飛船，它可以達到穩定時速29公里。美國目擊事件的飛船速

度快多了，甚至是外星人出現。1897年4月16日，《薩吉諾快遞先鋒報》（*Saginaw Courier and Herald*）表示一艘飛船降落在密西根州的霍華德城。一

名赤裸的外星人現身，他嘗試用音符來溝通。1897年4月20日，《休士頓日報》（*Houston Daily Post*）說一名小矮人從飛船爬下繩索去割斷纏住樹枝的繩子。

阿雷里昂

根據神話，一次只會有一對阿雷里昂（Alerion）存在這世上。阿雷里昂是像鷹的鳥，被認為是「鳥之王者」。「牠比鷹還大，擁有剃刀般銳利的羽翼和火的顏色。母鳥活到六十歲時生下兩顆蛋，耗費六十天孵化。當雛鳥孵化出來，父母在其他鳥類伴隨下飛向大海投水溺死。其他的鳥回到鳥巢照顧雛鳥，直到牠們能夠飛行。」（皮耶·迪博韋《動物寓言》）。阿雷里昂在紋章學中與鷹同義。

外星人綁架事件

許多人相信他們自己，或他們認識的人，曾被幽浮上的外星人綁架。近代第一筆記錄是 1957 年的安東尼奧·維拉斯·鮑亞士（Antonio Villas Boas），他聲稱在阿根廷農場工作的夜晚被綁架。1961 年則有著名的巴尼與貝蒂·希爾夫婦（Barney and Betty Hill）綁架事件，事情發生在他們從加拿大度假後開車返回新罕布夏州的路上。他們朝森林上方移動的光點開過去並停下車輛。巴尼用雙筒望眼鏡看到一艘大型太空船並朝它走去，然後看到十多個外星瞪著他。他驚恐萬分，衝回車上開了就走。夫妻倆變得昏昏欲睡還到一種「嗶嗶聲」。到家之後，他們發現兩人手錶都停了，後來發覺回家路程比預期還多花兩小時。貝蒂·希爾開始鮮明夢到先前接受外星人的醫學檢驗。1964 年，她前去拜訪波士頓精神科醫師班傑明·西蒙（Benjamin Simon），醫生用回溯催眠讓她回到「被綁架」的那晚。貝蒂相信她從肚臍被插入一個探針，如同另一個「被架者」貝蒂·安卓森（Betty Andreasson）的遭遇一樣。另一位綁架者凱西·戴維斯（Kathie Davis）相信她被帶上一架幽浮許多次，進行了人工受孕，並生下九名「混血兒」。

▌天使

「天使」（angel）一字源自希臘文 angelos，也許是譯自希伯來文 mal'akh，意思是信使。我們傾向將天使聯想成具有人類形體、長翅膀的神祇，把訊息送往天堂或帶回人間。

最早的有翼神祇：

加泰土丘（Catal Huyuk）位於土耳其的安那托利亞，這處仍在挖掘的古蹟是人類最早的城鎮，裡面有一個稱做「禿鷲神壇」的房間。它的歷史可以回溯到西元前 6500 年，禿鷲畫像似乎代表一個有形的神，他負責取走死者的頭顱（或許是靈魂）。居民可能有實行「天葬」（屍體留給鳥啄食）。某些證據讓人想到這文化隨著時間發展，鳥的形象逐漸演變成一位「禿鷲女神」。加泰土丘的一面壁畫似乎畫著一位披著禿鷲外皮的人。1950 年代，考古學家在庫德斯坦（Kurdistan）挖掘一處洞穴遺蹟。經由碳測年法顯示，它是西元前 8870 年左右的札維凱米（Zawi Chemi）村民用來舉行葬禮的地點。他們發現幾個山羊頭骨放在大型猛禽的翅膀骨骸旁邊，包括胡兀鷲、高山兀鷲、白尾海鵰與大鴉。據推測某些大型鳥類的翅膀被用在儀式服裝上，配戴它是為了個人裝飾或禮儀目的。科學家報告說：「札維凱米人必定賦予了這些大型猛禽特殊力量，我們先前描述遺

跡裡的動物骨骸一定有其特殊的儀式用途。當然，這些骨骸代表許多人通力合作獵捕到這麼多的鳥類與山羊……這些翅膀被保存下來以便摘取羽毛，或者被製成羽毛扇，或者被當做儀式服裝的一部分。加泰土丘神壇裡的一幅壁畫…就描繪出這樣的儀式場景；也就是，一個人類的身形穿著禿鷲外皮。」

在現今人們記憶裡，庫德斯坦是三個本土天使教派的發源地，最著名的是伊拉克庫德斯坦人的亞茲迪教（Yezidis）。他們的信仰體系圍繞著至高無上的「孔雀天使」（Melek Taus）。孔雀天使經常被描繪成稱之為山賈各（sanjaq）的怪鳥圖像，雖然已知最古老的山賈各顯然根本不是孔雀，但有圓嘟嘟的身體和鉤狀鳥喙。山賈各神像也許是猛禽的代表，類似受到薩滿教札維凱米人那樣的崇敬。「薩滿教這種信仰體系在中亞的突厥民族很普遍。人不分男女皆能成為薩滿祭司，他們在古老突厥聚落裡被稱為『坎』（Kam）。坎穿著精心製作的服飾以彰顯他們的超自然能力。他們在儀式中伴隨著鼓聲，相信在自己守護神的協助下能夠飛翔。在這飛行途中他們到達不同層次的天堂與地獄。回到人世後，他們利用旅程中學到的知識幫助他們的信徒。」

蘇美人的銜接：

推至大約西元前 3000 年，我們首次在石刻與雕像上看到有翅膀的人圖案。翅膀也許意味著能夠前往一般凡人無法到達之處的能力。它也包含在人類世界與某個或某些「更高」國度間的「斡旋」能力。底格里斯河與幼發拉底河之間的區域是文明的搖籃，也就是現在的伊拉克。蘇美人相信有很多精靈與神祇存在，其中包括「神的信使」，他擔任神與人之間的信差。蘇美人和今天許多人一樣，相信每個人都有一個「鬼神」或「守護神」伴隨一生。挖掘出土的蘇美人房舍可以發現其中有獻祭守護天使的神壇。蘇美人在中東的霸權於西元前 2000 年左右告終，蘇美文明敗下陣來，隨之加入了亞述文化和巴比倫文化。有翅膀的人繼續出現在浮雕與雕像上。這些閃族部落將天使概念轉變成有等級之分，分別負責他們眾多的神祇。這觀念也被瑣羅亞斯德教（Zoroastrianism）、一神論的猶太教與基督教採納。

埃及神祇：

大部分埃及神祇可以追溯至西元前 2500 年，而且與蘇美有跨文化的聯結。許多埃及神祇有動物的外形，它被視為神祇的靈魂。例如，荷魯斯（Horus，天空之神）被描繪成像個隼，托特（月亮之神，也是寫作、學習與科學的守護神）被描繪成具有朱鷺頭的人。所有埃

及女神之后的伊西斯（Isis）通常被描繪成一位有翅膀的女人。在《亡靈書》（*Book of the Dead*）中大約有 500 個神祇，後來幾世紀又添加了 1250 個神明與女神。其中有些比較像天使而非神祇，例如哈曼尼特（Hunmannit），這些神明被描述是太陽的光，負責服侍太陽，並且接收與傳送訊息給太陽。他們間接負責照顧人類，所以也是一種「守護天使」（類似後來宗教裡的熾天使）。我們無法得知有翅膀的人這圖案到底是從蘇美傳到埃及，還是從埃及傳到蘇美，或者它自有其源頭，可能在現今土耳其的東歐地區。

印歐人的遷徙：

西元前四世紀末發生了一次民族遷徙，這些人在種族劃分上被稱為「印歐人」（Indo-European），他們從東歐遷往西歐、中亞、北印度和北非。因此古希臘文與古梵文間有許多相似點。密特拉斯（Mithras）是出現在希臘與中亞的神祇，與其對應的密特拉（Mitra）則在古印度經典、可追溯至西元前 3000 年左右的口傳《梨俱吠陀》（Rig-Veda）中被提及 200 次。密特拉斯是「帶來光線」的神祇，對他的崇拜興盛於西元前 1500 年到大約西元 300 年之間，範圍擴及印度和大不列顛，核心地帶則是後來被稱為波斯的區域。密特拉教是瑣羅亞斯德（Zoroaster）在世時波斯最盛行的信仰，瑣羅亞斯德教裡的密特拉斯是天

堂與塵世間的中介天使，後來成為世界被創造後的審判官與保護者。密特拉斯被視為遙遠的太陽神被崇拜，也被當做關愛與支持個人的守護天使。密特拉斯的雕像經常描繪出他與獻祭的公牛在打鬥，背後的斗蓬翻騰似乎讓人聯想到翅膀。《梨俱吠陀》中的密特拉通常更像是個天使而非神祇。

瑣羅亞斯德教的守護天使：

瑣羅亞斯德活在大約西元前 650 年的波斯。他收到天使的啟示後傳播一神論的神旨，接著成為波斯帝國的宗教，後來影響了伊斯蘭教、猶太教與基督教思想。瑣羅亞斯德教發展出六大天使的觀念：不滅、善靈、真理、權威、完美與虔敬等六大天使。其他至少 40 個次級天使被稱為「應受崇拜者」。有些次級天使是男性，有些是女性，他們都有自己個別的屬性。到下一個等級，第三級天使是「守護天使」，他們被分派給一個人做為終身的嚮導、良心、保護者與合作伙伴。所有不同階級的天使是要彰顯唯一的「光明之神」。也有一個「黑暗之神」以及相對應的惡魔與惡靈。光明與黑暗的持續交戰中，人們相信光明的力量終將獲得勝利。

猶太教的天使與魔王：

早期中東閃族人相信的是自然精靈。這種精靈論的信仰將智慧歸因於無生命的物體與自然現象，後來影響了瑣

羅亞斯德教。其中有翅膀的風精靈與火精靈尤其重要，似乎是我們現今所知的智天使（cherubim）與熾天使（seraphim）的基礎。大約西元前 1300 年，大約是摩西的時候，多神論逐漸發展成一神論（從許多神祇演變成唯一的神），但保留了早期例如有翅膀的神這樣的信念。在基督之前的數百年，受到瑣羅亞斯德教傳播的影響，愈來愈多天使扮演著上帝信使出現在猶太經典中。大約西元前 450 年，猶太人從巴比倫之囚歸來後，天使成為猶太一神論宗教中不可或缺的部分。兩位大天使出現在《舊約聖經》正典中：米伽勒，天國大軍的領導戰士，加百列（Gabriel），天國的信使。次經中提到另外兩位：拉斐爾（Raphael，神的治癒者），還有烏列爾（神的火焰），他看守著世界與最底層地獄。邪惡力量的首領叫撒旦（Satan，敵對者），或者彼列（Belial，墮落、黑暗、破壞的精靈），或者莫斯提馬（Mastema，敵意與對立）等等。撒旦在猶太教與後來的基督教中發展成為魔王，也許是受到瑣羅亞斯德教的影響。在《約伯記》中，猶太教的撒旦是上帝審判法庭上起訴人類的原告。然而，後來基督教的描寫有所改變，將撒旦提升為基督與人類的首要敵人。撒旦之外的惡魔也出現在猶太《舊約聖經》（也就

是《摩西五經》，基督教《舊約聖經》最早的五本書，被稱為《妥拉》）。其中包括莉莉絲（Lilith，夜之魔女），阿撒賽勒（Azazel，曠野惡魔），利維坦與喇合（Rahab，混亂之魔）等等。

希臘—羅馬的影響：

希臘文「daemon」這字指的是守護神或鼓舞人的精靈。他們的一些神祇能夠飛行，例如赫密士（墨丘利）腳上有翅膀，被認為是「眾神的信使」。英文詮釋學（Hermeneutics）這字就是由他名字而來，傳統意思是「詮釋神聖經文的訊息」。我們在希臘神話中讀到伊卡洛斯與代達羅斯飛到太靠近太陽。希臘藝術中的太陽神赫利俄斯經常被描繪成帶有一圈光暈，也就是一個漸層的圓圈或圓盤環繞在他頭上，試圖透過光的象徵義意表現崇高純淨。羅馬時代的皇帝有時也被描繪成帶有光暈。然而，因為它的「異教」起源，這種習俗在早期基督教藝術裡是避免使用的。不過在整個中世紀時代，天使經常被描繪帶有光暈，就是有金色圓圈環繞他們頭頂。

基督教的發展：

在《新約聖經》中，由聖徒約翰寫的書卷《啟示錄》裡，據說神的真理透過一隻老鷹揭示給拔摩島的約翰（John

of Patmos）。在《福音書》裡，天使加百列告知馬利亞她將懷孕的消息。一位天使告知撒迦利亞（Zachariah）說他儘管年歲已長，但會得到一個兒子，就是施洗者約翰（John the Baptist）。在《馬太福音》裡，一位天使在基督空蕩的墓穴前說話，接著基督復活了，天使們移回墓穴石門。已知最早的基督教天使圖案是在羅馬的百吉拉地下墓穴（Catacomb of Priscilla），年代可回溯到西元第三世紀中葉，但圖案裡沒有翅膀。已知最早有翅膀的天使圖像是在稱為王子的大理石棺（Prince's Sarcophagus）上面，它於 1930 年代在伊斯坦堡附近被發現，屬於狄奧多西一世（Theodosius I，西元 379 至 395 年）時期。亞歷山大城的克萊曼特，基督教早期教父之一，曾說天使的職責是移動星辰和控制土、氣、火、水四元素。基督教裡的「墮落」天使傳統指的是「惡魔」，同時在歐洲中世紀與宗教改革時期發展出不同等級的惡魔，例如讓人聯想到的七宗罪：撒旦（憤怒）、路西法（Lucifer，傲慢）、瑪門（Mammon，貪婪）、別西卜（Beelzebub，暴食）、利維坦（嫉妒）、阿斯莫德（Asmodeus，色慾）和貝爾芬格（Belphegor，懶惰）。1259 年，聖多瑪斯‧阿奎那（St Thomas Aquinas）在巴黎大學講授一系列關於天使課程，闡述的觀點接著影響

了基督教思想好幾個世紀。我們在《新約聖經》發現天使分組成七個等級：天使、大天使（archangels）、權天使（principalit）、能天使（powers）、力天使（virtues）、主天使（dominions）和座天使（thrones）。除此之外，再加上《舊約聖經》裡的智天使與熾天使，他們與另外七個等級構成後來基督教神秘主義提到的九品天使（nine choirs of angels）。

伊斯蘭天使：

　　穆罕默德於大約西元 630 年建立的宗教在中東與中亞迅速傳播開來。大天使加百列傳達給穆罕默德的準則隨後成為伊斯蘭信仰的基礎。天使能以不同形式呈現。穆罕默德談到天使加百列的龐大，說他展翼可以橫跨地平線的東西兩端。在伊斯蘭傳統中，天使也經常以人形出現。伊斯蘭的惡魔等級由曬依陀乃（Iblis，惡魔）為首，他也被稱為撒但（Shaytan）。《可蘭經》也時常提到次級的善良天使，還有惡意魔鬼與「神怪」。例如伊斯蘭教五個重要信條之

一是審判日的觀念，每個人死後會被蒙卡爾（Munkar）與那基爾（Nakir）兩位天使訊問他的信仰。其他熟知的例子還有啟示天使吉布利爾（Jibril，加百列），自然天使米卡爾（Mikal，米伽勒），他帶給人類食物與知識，死亡天使亞茲拉爾（Izrail），還有亞斯拉菲爾（Israfil），這位天使在最後審判日會吹起號角。伊斯蘭學者說阿拉有 3000 個尊名，其中 1000 個只有天使知道。300 個在《新約聖經》中發現，300 個在大衛的《詩篇》中，300 個在《妥拉》中。99 個在《可蘭經》裡。剩下的第三千個名稱被阿拉隱藏起來，一般稱為「阿拉最尊貴之名」。

當代對天使的信仰：

　　1986 年，教宗若望·保祿二世在他名為「天使參與了救恩史」（Angels Participate in the History Of Salvation）的教誨中強調了天使的角色。他提到現代社會應該要了解天使的重要性。2002 年的一項研究以 350 人的訪談為基礎，他們都表示曾體驗到天使，其中大部分發生在英國，研究描述這些體驗的幾種型式：看見，有時是多個目擊者在場；聽見，比如傳達一則警告；被觸碰、推擠、舉起的感覺，通常是避開危險處境；以及嗅到愉悅的芳香味，通常是在某人過世的前後。在視覺

體驗中，人們描述的天使以不同外形現身，有些是「傳統的」（人類的面容並帶有翅膀）、以格外美麗或耀眼的人類身形出現，或者是像光的化身般出現。2008 年，加拿大一項對 1000 人的查訪發現 67% 的人相信有天使。2007 年八月，一項皮尤（Paw）民意調查顯示 68% 的美國人相信「天使與惡魔在這世界活動」。同樣在美國，《時代雜誌》在 2008 年發表一項對 1700 名受訪者的民調發現，55% 的美國人，其中五分之一說自己沒有宗教信仰，都相信他們在生命中受到守護天使的保佑。根據 2009 年的四項不同民調顯示，相信天使的美國人（55%）還比相信全球暖化的人（36%）更多。根據蓋洛普年輕人調查（Gallup Youth Survey）在 1996 年所做的一項「青少年對超自然的信仰」民調顯示，508 名青少年（13 至 17 歲）中有 76% 相信天使，比例遠高於那些相信占星術、第六感、鬼魂、巫術、千里眼、大腳怪或吸血鬼的人。1978 年，64% 的美國年輕人相信天使；1984 年，69% 的青少年相信天使；到了 1994 年，這數字上升到 76%，然而相信其他無法解釋的東西，例如尼斯湖水怪或第六感，這種比例的人已經減少。1992 年，502 名受訪少女中有 80% 相信天使，同時 81% 的青少天主教徒和 82% 固定做禮拜的教徒相信天使。

蒙斯天使

來自威爾斯可爾里昂（Caerleon）的亞瑟·瓊斯馬欽（Arthur Jones－Machen，1863 至 1947 年，筆名亞瑟·馬欽）被亞瑟·柯南·道爾爵士捧為「天才」，約翰·貝傑曼（John Betjeman）說馬欽的作品改變了他一生。馬欽在 1894 年翻譯了 12 冊共 5000 頁的《傑克莫·卡薩諾瓦回憶錄》（Memoirs of Jacques Casanova），這部翻譯被再版了十七次。奧斯卡·王爾德（Oscar Wilde）鼓勵他改寫小說，而他第一本主要作品《大潘神》（The Great God Pan）詆毀維多利亞時代社會。這本書由約翰·連恩（John Lane）在 Bodley Head 公司名下出版，時間也是 1894 年。奧斯卡·王爾德恭賀他獲得「重大成功」，這本轟動一時的哥德式小說攙雜了情色、超自然與恐怖元素，很快就再版。他的第二部小說是他的經典作品，場景設定在可爾里昂和倫敦，描寫一個男孩透過文學與幻覺尋找美麗，最後以吸毒成癮的悲劇告終。《夢想山丘》（The Hill of Dreams）在 1922 年被美國唯美主義者卡爾·范·維希滕（Carl Van Vechten）譽為「世上最美麗的書籍」，並在 1935 年被法國評論家米德連恩·卡薩米亞（Madeleine Cazamian）稱為「所有英國文學中最頹廢的書籍」。它被認為是「足以和愛倫·坡（Allan Poe）與德·昆西（De Quincey）的作品並駕齊驅」。他對尋找聖杯也提出學術論點，認為那是基於對居爾特教會失傳的聖餐儀式的記憶。他的影響層面十分廣大。《旁觀者》（Spectator）雜誌的一篇文章（1988 年 10 月 29 日）追溯他的觀念傳承蹤跡，從阿萊斯特·克勞利、「金色黎明」（Golden Dawn）運動到羅恩·賀伯特的山達基教，到嬉皮運動以及人們重拾對萊伊線與魔石的興趣，再到切里·里查茲（Ceri Richards）與格雷厄姆·蘇瑟蘭（Graham Sutherland）的新浪漫主義藝術。許多作家，包括近期恐怖流派的史蒂芬·金（Stephen King）與克里夫·巴克（Clive Barker），都承認他們受惠於馬欽，他也得到主流文學人物的敬重與推崇，這些人包括 T.S. 艾略特（T.S. Eliot）、D.D. 勞倫斯（D.H. Lawrence）、亨利·米勒（Henry Miller）、豪爾赫·路易斯·波赫士（Jorge Luis Borges）、G.H. 威爾斯（H.G Wells）、奧斯卡·王爾德、W.B. 葉慈（W.B. Yeats）、西格里夫·薩松（Siegfried Sassoon）、喬治·摩爾（George Moore）與約翰·貝傑曼。這位被遺忘的天才在他事業中的一段有趣插曲，是他為了提高士氣並散播自己對超自然的信仰，於是在 1914 年八月的《倫敦晚報》（London Evening News）上發表「蒙斯的天使」這一則故事。英國士兵在第一次世界大戰從蒙斯（Mons）撤退時，在空中看到神秘的

人影。馬欽提到那是聖喬治帶領著亨利五世的弓箭手從阿金庫爾（Agincourt）趕來助陣。他的弓箭手被大眾轉述與現代神話「置換」成一位或一群天使。

蜜蜂是鳥

　　大約有兩千年的時間，蜜蜂被認為是最小的鳥，誕生於公牛或牛犢的腐屍，並且是由「蜂王」而非蜂后帶領蜂群。老普林尼寫道：「在所有昆蟲中，唯獨蜜蜂是為人類而生。牠們採集蜂蜜，製造蜂蠟，建築蜂巢，辛苦工作，並且具有體制與領導者。牠們冬天隱居，因為忍受不了寒冷。牠們從各種植物收集不同材料來建造蜂巢。牠們從蜂巢附近的花朵採集蜂蜜，當附近花朵採集完後就派偵察兵到更遠的草原；假如偵察兵無法在入夜前回去，牠們會紮營躺下，保護翅膀不要沾上露水。牠們會在蜂巢大門前佈哨，之後入睡直到拂曉再逐一被喚醒，如果天氣良好就一起飛出去。牠們能預測風雨，所以知道何時不該出去。幼蜂出去收集東西，老蜂在巢內工作。蜂蜜來自空中；從高處落下時聚積了塵土，沾黏了泥土的濕氣；蜜蜂採集後帶進蜂巢發酵就變得純淨。煙霧被用來驅趕蜜蜂，如此便可收集牠們的蜂蜜，然而太多煙霧會殺

死牠們。蜜蜂從幾個可能的候選者中挑選最佳者成為蜂王，殺死其他候選者以避免分裂；蜂王是其他蜜蜂的兩倍大，色彩豔麗，額頭上有一個白點。普通蜜蜂服並保護蜂王，因為牠們不能沒有牠。蜜蜂喜歡青銅的鏗鏘聲，那會招喚牠們聚集起來。死蜂能夠復活，只要用泥巴和公牛屍體覆蓋它們。」五世紀時，聖奧古丁寫說蜜蜂沒有性別，因此也沒有「蜂王」，牠們生自於腐肉（來自腐肉裡的蠕蟲）。七世紀時，塞維亞的依西多祿記載著：「蜜蜂的生成是從牛犢的腐肉蛻變而來……蜜蜂（apes）的名稱由來是因為牠們用腳（pes）把自己捆綁起來，或者生來沒有腳（a-pes），只是後來長出腳與翅膀。牠們居住在固定地方，勤奮生產蜂蜜，利用高度技巧建造牠們窩巢，從不同花朵採集蜂蜜，編織整窩蜂蠟養育子孫，有蜂王還有執行戰鬥的軍隊，會逃避煙霧，會被噪音惹惱。目擊者說牠們誕生於公牛腐屍，因為牠們經由敲打被屠宰牛犢的肌肉而被創造出來；這麼做會形成蠕蟲，後來變成蜜蜂。應該說蜜蜂來自於公牛，如同黃蜂來自於馬，雄蜂來自於騾子，螞蜂來自於驢子。希臘人把蜂巢最裡面較大的蜜蜂稱為牛虻（oestri），有人說這些是王者，因為牠們會紮營（castra）。」

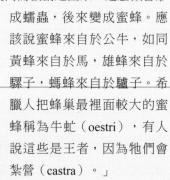

量子蜜蜂的世界

最近的研究假設蜜蜂能「看見」量子物理世界裡的夸克粒子轉進轉出的存在，以及在軌道上的電子，因為牠們活在六維空間裡。數學家芭芭拉‧席普曼（Barbara Shipman）假設說，蜜蜂不僅能直接察覺次原子的量子世界能量，牠們也利用六維空間彼此傳達訊息。席普曼是紐約州羅徹斯特大學的數學家，但她父親是美國農業部的一位蜜蜂研究員。蜜蜂的一個行為困擾科學家超過七十年，就是牠們返巢時表現出的神秘飛舞。這個飛舞傳達訊息給其他蜜蜂何處可以發現新的食物來源。看到偵察蜂的飛舞，其他稱之為「補充兵」的蜜蜂就會有個明確概念知道哪個方向與多遠距離可以發現新食物。席普曼在數學理論上的工作導致她研究一個叫「流形」（manifold）的領域，用特定複雜的數學方程式描述的幾合形狀。
流形的組態有無限種變化。牠們能描述多維形狀。席普曼從事的是稱為「旗流形」（flag manifold）的六維結構，她突然了解到這非常類似蜜蜂「擺盪飛舞」的形態。因為旗流形是六維物體，從我們的三維世界無從察覺。我們只能將它「投影」在一個二維空間上加以視覺化，看它大概像什麼模樣。例如，一般球體投影在二維平面上是個圓圈。若把六維空間的旗流形投影在二維平面上，它會完全符合蜜蜂飛舞的圖案。然而，二維的蜂舞圖案不足以解釋蜜蜂如何詮釋這圖案去定位出遠方食物來源。一種解釋是說蜜蜂實際上能感知到完整六維空間。然而若要做到如此，蜜蜂的眼睛或感官需要能直接看見次原子活動。當人類科學家嘗試偵測一個夸克粒子時，要在高能量加速器裡用另一個粒子去撞擊它，流形幾何因此喪失。如果蜜蜂利用夸克粒子當做牠們飛舞的腳本，牠們必然能夠在自然狀態下觀察到夸克粒子。科學家推測蜜蜂理解牠們的飛行方向，與候鳥遵循遷徙路線是使用相同的方法。

▌蒼蠅王別西卜

他的名字別西卜（Beelzebub）字面意思是「蒼蠅王」，屬於閃族的神祇，受到以革倫城（Ekron，耶路撒冷以西40公里處）的非利士人（Philistines）崇拜。他後來在《聖經》裡被認定是「地獄七魔王」（Seven Princes of Hell）之一。先知以利亞（Elijah）以耶和華之名宣告以色列王亞哈謝（Ahaziah）死罪，因為國王派使者向別西卜探詢他跌倒的傷勢是否

能痊癒。法利賽人（Pharisees）指責耶穌是藉魔王「別西卜」的力量驅散惡魔。在《所羅門遺訓》（Testament of Solomon）裡，原本是主要天使或智天使的別西卜是與維納斯聯想在一起，昏星（evening star）維納斯等同於撒旦或路西法。到了中世紀，他成為路西法的副官。有時他被視為三個最重要的墮落使之一，另兩個是路西法和利維坦，並將他和傲慢與貪食聯結在一起。女巫審判中經常指控別西卜被當做祈禱的對象，例如1634

年倫敦恐怖的「著魔」案和塞勒姆審巫案（Salem Witch Trials）。路西法字面意思是「黎明使者」，原本指稱耶穌和維納斯，但聖耶柔米（St Jerome）與其他人開始認定路西法是墮落天使撒旦，因為他的傲慢被逐出天堂。於是路西法隨著時間轉移既被當做耶穌又被視為撒旦。撒旦在美國是指對手或敵人的意思。

▌療癒的雪白鳥

在西元二世紀的希臘文《博物學者》（*Physiologus*，闡述寓意的動物傳說合集）與十二世紀的《亞伯丁動物寓言》中，卡拉迪俄斯（caladrius）是一隻住在國王宮殿的雪白鳥。卡拉迪俄斯如果凝視一位病人的臉，他就會活下來，如果轉移目光，那麼這個人會死。如果希望治癒這位病人，卡拉迪俄斯就會盯著他看，汲取病痛飛走，然後驅散病痛治癒自己和病人。這鳥成了基督的象徵，純粹白色有任何罪惡的暗黑污痕。早期基督教教誨講的是基督從不信他的猶太人前轉身朝向異邦人，取走並肩負他們的罪孽赴難。基督對梗頑不化者總是轉身棄之不顧。然而，他會接納懺悔者，回身朝向他們，讓他們恢復健全。也許白鴿、白鷺或白鸛是這角色的由來，因為鴿子會

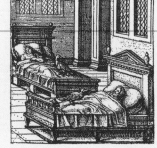

停留在國王的家園，而鸛鳥會在他們屋頂築巢。「這鳥被稱為卡拉迪俄斯，就如《博物學者》告訴我們的，牠全身雪白，沒有黑色部分。牠的雙眼流露著汲取治療的能力。在王室居所可以發現它們。人如果生病了，他可以從卡拉迪俄斯得知自己能活或會死。因此，如果一個人的疾病是致命的，卡拉迪俄斯一看到病人就會掉頭，所有人就知道他將會死。如果一個人的疾病可以治癒，這鳥會盯著他的臉，取走全部疾病帶在自身上；牠飛上天空，朝太陽去，把疾病焚毀消散，病人就被治癒。卡拉迪俄斯代表我們救世主。我們的主純潔淨白沒有一絲污痕，『他沒有犯過罪，口中也沒有出過謊言』。更甚者，主居高臨下，將眼神從猶太人身上移開，因為他們不信主，他轉向我們異邦人，取走我們的軟弱，帶走我們的罪孽；他被釘上木十字架升上高天，『他擄掠了仇敵，將各樣的恩賜賞給人』。基督每天就像卡拉迪俄斯一樣看顧我們的病痛，當我們懺悔時檢驗我們的心靈，並治癒那些他願施予恩典的悔悟之人。但他明白哪些人的心裡毫無悔意，並且轉過身去。他拋棄這些人；但對那些悔悟之人則回過頭來，令他們重獲健全。但你會說，因為卡拉迪俄斯根據法則是不潔的，它不應該被比作基督。然而約翰談到上帝說：『摩西在曠野怎樣舉

蛇、人子也必照樣被舉起來』；而且根據法則，『惟有蛇比田野一切的活物更狡猾』。」（《亞伯丁動物寓言》，大約 1200 年）。普魯塔克和埃里亞努斯都說卡拉迪俄斯治療黃疸病，十二世紀的菲利浦・迪陶恩寫說牠腿骨的骨髓能治眼盲。大部分的中世紀描述把卡拉迪俄斯當做一種海鳥。

坎珀

這條雌龍，或者母蛇，受到泰坦神克羅諾斯的命令去看守赫卡同克瑞斯（三個掌管暴風的巨人）和賽克洛斯（三個獨眼巨人），他們被克羅諾斯關在地獄深淵塔耳塔羅斯。坎珀是個可怕的半女人生物，腰部以上是滿頭毒蛇的女人。腰部以下是佈滿鱗片的龍身，牠的腳是一千條毒蛇。她的腰部冒出 50 個令人生畏的野獸頭，其中包括獅子與野豬。肩膀上有著黑暗的翅膀，頭上舉著狂暴的蠍子尾巴。宙斯歷經十年與泰坦族的戰爭，他得知唯有將巨人從塔耳塔羅斯拯救出來，否則無法獲勝，所以他殺死坎珀並釋放巨人來幫助他。

高加索鷹

泰坦神普羅米修斯是堤豐與厄客德娜之子，他被宙斯用鏈條鎖在高加索山頂，懲罰他從神界偷走火給凡人。宙斯進一步的懲罰是派一隻高加索鷹每天食他的肝，只讓他的肝經過一夜重新生長，到了隔天再被啄食。（有些出處說那隻鷹是赫菲斯托斯 Hephaestos 用青

坎珀之死

希臘詩人諾努斯（Nonnus）十五世紀的作品《狄尼西卡》（Dionysiaca）是講述戴歐尼修斯一生的敘事詩，裡面說到：「統治天國的宙斯用一記霹靂摧毀了驕傲的坎珀，儘管她全身有許多蜷曲的形體。她的腳是一千條爬行的毒蛇，大口吐出毒液，搧起厄倪俄（戰爭女神）的火焰，盤繞成醜陋的一團。圍繞脖子的是冒出五十個不同的野獸頭：有些是狂吼的獅子頭，像是問謎語的史芬克斯那般無情臉孔；其他是從獠牙間噴濺泡沫的野豬頭；她的面容就像斯庫拉那樣是一團成群結隊的狗頭。她的雙重身形在中間部位是個女人，頭髮是口吐毒液的成簇毒蛇。從胸到腰的巨大形體全都覆蓋了殘酷海妖奇形怪狀的鱗片。大開的手爪像是一把彎曲的鐮刀。一條蠍子尾巴從背後舉過恐怖肩膀，高高懸在咽喉上，一根冰冷鋒利的刺盤繞擺動著。這是形體多樣的坎珀，她蠕動起身飛曳過大地、空中與深海，拍打一對暗黑翅膀，掀起狂風戾氣，正是塔耳塔羅斯的黑翼女神：從她眼瞼冒出的閃爍火焰向遠方噴出火花。然而天國的宙斯……殺了那大怪物，戰勝克羅諾斯殘忍的厄倪俄。」

銅製作的機器。）然而，普羅米修斯已向阿爾戈斯女祭司和女英雄伊俄預示，他將被她們的子孫之一從這酷刑中解救出來，那人是海克力士，世上最偉大的英雄。數年後，海克力士前來拯救普羅米修斯，用一排弓箭射下高加索鷹。他接著扯斷綁住泰坦神的鎖鏈。老鷹、泰坦神和弓箭都位於繁星間，分別是天鷹座（Aquila）、武仙座（Kneeler）和射手座（Sagittarius）。

用肉桂築巢的鳥

辛那莫勒根（Cinnamalogus）是一種阿拉伯地區的鳥，牠們用肉桂樹枝築巢，這種植物是人們珍視的香料。想採肉桂的人無法爬樹拿到鳥巢，因為巢築得太高，樹枝也太容易折斷，所以他們丟鉛球或射鉛箭把鳥巢打下來。從辛那莫勒根鳥巢取得的肉桂被視為最有價

值。西元前五世紀的希羅多德寫道：「更精彩的是他們如何收集到肉桂。他們無法辨別這些樹長在哪裡，哪些地區產這些樹—只有一些人根據可能性說它產自酒神（Bacchus）成長的國度。他們說大鳥取來樹枝，那是我們希臘人從腓尼基人學來的字眼叫它肉桂，並且帶往高處去築牠們的巢。鳥巢是用一種泥巴固定在薄岩面上，人們無法攀爬上去。於是阿拉伯人為了取得肉桂，用了以下的妙招。他們從家鄉死掉的牛、驢和野獸身上堆下大片沉重的肉塊，帶到那些地區並放在鳥巢附近，然後退到遠方，老鳥就飛撲而下，攫取肉塊帶回巢裡；鳥巢支撐不住肉塊的重量，於是斷裂墜落到地上。阿拉伯人隨即回來收集肉桂，從阿拉伯運再送到其他國家。」

公雞是天文學家

公雞被認為擁有與生俱來的智能可以辨別時間，所以知道何時該啼叫。有些故事敘述獅子有多麼害怕一隻白公雞。西元一世紀的老普林尼寫道：「公雞生性就是要報曉黎明；牠們的吟唱叫

希臘醫學知識

神話中，普羅米修斯的肝每天被老鷹啄食，只在夜間「重新生長」，也許指出古希臘人知道肝臟若像外科手術般移除或受損是有再生能力。肝臟的希臘文hepar衍生自動詞hepaomai，意思是好轉或修補。hepar可粗略譯為「可修補的」。

醒人們。牠們是熟練的天文學家；每三個小時報時一次，隨著日落而息，並且在清晨四點用牠們的歌聲叫醒我們。牠們彼此決鬥來確定誰做主宰者，勝者趾高氣昂，敗者被迫服從；戰敗的公雞不再啼叫。有些公雞被培育用來打鬥。公雞自視甚高，連高貴的獅子都怕牠們。公雞的行為可以用來占卜和判讀預兆。」

烏鴉是指導者

烏雅是一夫一妻制，壽命長，也許還是鳥類家族最聰明的成員。古人的記錄說牠們會盡責餵養雛鳥，並且護衛幼鳥飛行。烏鴉的啼叫預告即將下雨，牠們被認為能夠揭發伏擊並預知未來。烏鴉帶領著成群鸛鳥橫渡大洋到亞洲。老普林尼提到這些鳥的聰明習性：「假如一顆果核對鴉來說太硬了啄不開，牠會帶往高空將牠落在地上或屋頂上，直到碎開為止。牠們的呱呱叫聲被認為讓人觸霉頭，尤其在牠們的繁殖季節。不像他鳥類，烏鴉會持續餵養牠們的幼鳥直到會飛為止。」七世紀時，塞維亞的依西多祿寫道：「烏鴉是一種古老的鳥。占卜者說牠在給予指示時會愈加焦躁，牠會揭發陰謀，預告下雨，還有預知未來。但若相信是上帝把祂的計畫告訴了烏鴉，這可是很惡毒

的事。」十三世紀的巴托洛梅烏斯·安格利庫斯（Bartholomaeus Anglicus）告訴我們：「烏鴉是一種長壽鳥，而且預言者說牠會留意暗中監視與伺機埋伏的情事，並且指點出來，同時警告即將發生何事。但不該相信這是上帝向牠透露自己的計畫。據說烏鴉統治並領導鸛鳥，如同牠們的成員般引領方向，還會飛在附近保護牠們，抵禦討厭鸛鳥的其他鳥禽。牠會代替牠們跟其他鳥類戰鬥，承擔牠們的危險。關於此事的明顯證據是：鸛鳥離開一個地區時，烏鴉就不在牠們自己常出現的地方。還有就是牠們會帶著傷痛再次出現，發出人們熟知的憤慨叫聲，加上其他跡像顯示牠們才剛大打一架。也有人說，烏鴉的溫柔相當奇妙。因為上年紀的雙親羽翼稀疏不足蔽體時，年輕烏鴉會用自己羽毛覆蓋掩藏牠們，並且收集食物餵養牠們。」

布穀鳥的飛行與時鐘

塞維亞的依西多祿告訴我們：「布穀鳥總在固定時間出現，乘在鳶的肩上，因為牠們的飛行短而虛弱；用這種方式在長途飛行中就不會變累。牠們的唾液生出蟬（蚱蜢）。」1949年的電影《黑獄亡魂》（The Third Man）裡，奧森·威爾斯（Orson Welles）脫稿演出格雷厄姆·格林（Graham Greene）這角色的劇本說：「在義大利，歷經

▌神話中的飛行怪獸

德拉科（**Draco**），
一種神話中的龍

雞蛇

鳳凰

獅鷲

奇石林（Chees 馬可西亞斯（Marchosias），傳說中有獅鷲翅膀與蛇尾巴的母狼。

30 年波吉亞家族（Borgias）的統治，他們背負衝突、恐懼、謀殺與流血的惡名，但他們造就出米開朗基羅、李奧納多‧達文西和文藝復興。在瑞士，他們有手足之情，500 年的民主與和平——他們造就出什麼？布穀鐘。」因為那裡的傳統文物是有自動機械鳥的時鐘，最早製作這種時鐘的是希臘數學家，亞歷山大城的克特西比烏斯（Ctesibius of Alexandria，大約西元前 285 至前 222 年），他用水產生哨音，還有一個會動的貓頭鷹模型。在 797 年或 801 年，巴格達的哈里發，哈倫‧拉希德（Harun al-Rashid）送給查理曼大帝一頭亞洲象和一個機械鐘，鐘裡會出現機械鳥報時。我們今天知道奧地利和德國才是布穀鐘的先驅，而不是某人曾經認為的瑞士。

▍惡魔，魔鬼和鎮尼

　　惡魔被認為是帶有惡意的超自然精靈。然而原初的希臘字「代蒙」（daimon）只代表精靈或神性的力量，沒有後來基督宗教附加的負面或「不潔淨」意含。一般認為有些惡魔是「墮落天使」，其他來自地獄本身。佛洛伊德相信惡魔概念源自我們與最近亡者的關係：「惡魔經常被視為最近亡者的靈魂，沒有別的比這更能顯示哀痛影響了相信惡魔的由來。」在巴比倫和迦勒底

（Chaldea），有七個稱為「暴風惡魔」的邪惡神祇，被描繪成長了翅膀的公牛。在希伯來神話中，「毀滅者」或「毀滅天使」是個害人惡魔，若要避開他的降臨，就要在門楣和門柱灑上獻祭的鮮血。然而，「毀滅天使」是神的信使，他帶來惡疾與瘟疫。其他希伯來惡魔與天國無關，他們來自地獄，帶來腦部疾病、夢魘、癲癇、全身僵硬與頭痛。眼盲惡魔莎布里里（Shabriri，耀眼的怒視）夜裡待在沒上蓋的水上，誰喝這水就會眼盲。這些惡魔征服或「抓住」犧牲者時會進入體內造成疾病。要治癒這種疾病，需透過特定咒文與驅魔儀式將惡魔趕出來。在現今的基督教，惡魔通常被認是背叛上帝而失去地位的天使。然而，基督教或猶太教裡某些思想流派告誡人說，惡魔或者惡靈是墮落天使與人類女性發生性關係的結果。前伊斯蘭時期神話並沒區別神與惡魔。「鎮尼」是等級較低的神祇，具有許多人的屬性：他們會吃、會喝，有時與人類生子。鎮尼會嗅、會嚐東西，喜歡殘羹炙。他們進食用左手。他們出沒在廢棄與荒蕪的地方，尤其是野獸聚集的荒野。墓地或髒地方也是經常逗留之處。出現在人面前時，鎮尼有時偽裝成野獸，有時假扮成人類。一

般而言，鎮尼愛好和平，對人友善，但也有邪惡鎮尼企圖傷害人類。到伊斯蘭時期，鎮尼並不像基督教描述惡魔般全都是邪惡的，但被視為與人類共存的生物。邪惡的鎮尼被稱為撒但，曬依陀乃是他們的首領。曬依陀乃是第一個違背阿拉的鎮尼。鎮尼是用火造出來，而天使是用光造出來，人類是用黏土捏塑出來。根據《可蘭經》，曬依陀乃原本是阿拉的僕人，但是當阿拉用黏土創造出亞當，曬依陀乃變得妒忌又傲慢，並且違抗阿拉。亞當是第一個人類，而且人類是阿拉最偉大的創造。曬依陀乃無法忍受，拒絕承認一個用「塵土」造出的生物。所以阿拉宣判曬依陀乃死後永遠受到地獄之火的懲罰。

▋鴿子──顏色與意義

所有鳩鴿鳥以往都被稱做鴿子。一般認為「紅色」鴿統治所有其他鴿子，並且引領大家進入鴿舍。紅色被視為主宰的顏色，因為基督用他鮮血救贖了人類。有斑點的鴿子表現出12位先知的差異性。金色鴿子像徵三位拒絕敬拜金像的男孩。「天空顏色」（藍）鴿

子代表先知以利沙（Elisha），他被帶往天國。黑鴿是晦澀的啟示，「灰燼顏色」（灰）鴿子讓人想到基督徒約拿（Jonah），他講道時穿著剛毛襯衣，把自己身上覆滿灰燼。銀色鴿子像徵司提反（Stephen），他是第一位殉道者。白色鴿子代表施洗者約翰與洗禮儀式。鴿子和基督與聖靈聯想在一起，因為上帝派祂的靈以鴿子外形召集人類來祂的教會。如同鴿子有許多顏色，透過宗教律則與聖潔先知有各種不同講述方法。然而這些上帝的信使被放在鴿舍養育，用來當做有錢人的桌上餐。在七世紀時，塞維亞的依西多祿說到：「鴿子是馴養的鳥類，與人住在一起；牠們脖子會改變不同顏色，生活得沒有煩惱，牠們經常待在窩裡親嘴求歡。環頸斑鳩是貞潔的鳥，牠如果失去配偶便會獨自生活，絕不另外找伴。」中世紀的動物寓言集告訴我們，牠們的叫聲是憂傷的，牠們會成群飛舞，不斷親吻，每次養育兩隻幼鳥。牠們坐在小灘淺水漥，這就可以看到老鷹的倒影而逃脫。受到龍的威脅時，牠們會飛到傳說中的佩里德西翁樹（peridexion tree）以求平安。

▋龍──大象殺手

西元一世紀的老普林尼說印度有產最大的象，也產最大的龍，牠們永遠在對戰中。這龍大到可以輕易把象纏住。龍在附近樹上觀

察大象覓食走的路線，然後猛然撲向牠們。大象受攻擊時無法自行解開大蛇的纏繞，於是找樹或石頭磨擦自己，以便殺死龍。為防這招，龍把自己纏繞在象腳上，然後攻擊鼻孔和其他脆弱部位，尤其是眼睛。這是為什麼大象常被發現瞎了眼睛，在飢餓與痛苦下消耗到瘦骨如柴。他提到的龍沒有毒液。普林尼說象的血液十分冰冷，為了接受夏日高溫烘烤才被龍找到。龍也會盤臥在河畔，當象來喝水時便把自己纏緊在象鼻上，牙齒緊咬象耳背面，這是象鼻唯一無法防禦的地方：「據說這龍大到可以吞食整隻象的血液；結果象被吸乾，倒地枯竭，同時龍喝足恍神，在大象身下被壓碎，所以共赴黃泉。」普林尼說到朱砂或稱「龍血」有多麼珍貴，它是垂死大象壓扁的龍排所出的濃稠物質，裡面混合了兩者的血液。他說那是在繪畫時唯一能代表血的顏色。塞維亞的依西多祿寫道：「龍是最大的蛇，實際上也是世上最大的動物。牠的拉丁文名字叫德拉科，源自希臘文的德拉肯（drakon）。牠從洞穴出來時會擾動空氣。牠有冠毛，小嘴窄喉嚨。牠力量最大的是尾巴而非牙齒；牠帶來的傷害是拍擊造成，並非啃咬。牠沒有毒液，也不需要這武器，因為牠用纏繞來殺生。甚至大象都會遭到攻擊；牠躲在大象的路線上，用尾巴纏住牠們的腳，然後讓牠們窒息而死。龍生活在印度和衣索比亞的酷熱下…德拉科地斯（Dracontites）是切開龍腦取出的一塊石頭，若不從活體強取就不會是寶石的品質；波斯教士趁牠們睡覺時從牠們身上切下來。勇者為了探勘龍的洞穴，他們灑藥粉讓龍入睡，然後趁牠沉睡時切下腦袋，取出寶石。」

法國教士雨果·迪·弗里耶多（Hugo de Folieto，大約1110至1172年）說龍具有毒性，牠會飛，還會攻擊海上船隻：「《聖經》告訴我們說最大的蛇是龍，牠有毒的氣息和尾巴的甩擊會帶來死亡。這生物以兇惡的力量挺向天際，如同牠在飛翔一般，空氣都被擾動。牠埋伏等待大象，那最貞潔的動物，然後用尾巴纏住牠的腳，使力讓牠窒息無法呼吸，但大象倒下身亡時也將牠壓死。但吸染牠血液的泥土卻可取得一種珍貴的顏料。牠們對戰的原因如下。龍的毒液滾燙沸騰，但象的血液極為冰冷。因此想用象的血液冷卻自己的高溫。猶太人說上帝創造了稱做利維坦的大龍，它住在海裡；民間傳說當海水退潮時，就要回來了。有些人說它是上帝創造的第一條魚，它仍然活著。而這野獸，有時叫做龍，有時稱做利維坦，在《聖經》裡被當做一

種象徵。龍作為最大的蛇，牠是撒旦，所有邪惡之王。如同牠有毒的氣息和尾巴的甩擊會帶來死亡，撒旦用思想、言語和行為摧毀人的靈魂。他用驕傲的氣息扼殺人的思想；他用怨恨毒染人的話語；他用邪惡行為壓制人的表現，就像龍甩動著尾巴。龍身旁的空氣翻騰不已，人類心靈上的平靜正因如此經常被打擾。牠埋伏等待貞潔的動物；因此他殘害了基督貞潔的守護者，處女產子的貞潔；但牠被戰勝了，在牠倒下死去時被壓碎了。至於取自地上的珍貴顏，那是基督教會用祂珍貴的鮮血所做的裝飾。龍是純潔動物的敵人；如同撒旦是處女之子的敵人。」

美狄亞的龍

這條有一對翅膀、身軀蜿蜒的龍誕生自泰坦神的血，拖著女巫美狄亞（Medea）的飛天戰車。美狄亞的祖父太陽神赫利俄斯，送給她這些龍。她殺了國王克瑞翁、他的女兒克麗烏瑟（Kreousa）、她自己與伊阿宋（Jason）生的兒子之後，召喚牠們幫她逃離科林斯城（Korinthos）。

奧維德（Ovid）在他的《變形記》

（*Metamorphoses*）裡稱牠們是泰坦龍，並描述「如果她（美狄亞）沒駕著有翅膀的龍（在殺了國王珀利阿斯〔Pelias〕之後從色薩利〔Thessalia〕）呼嘯而去，她當然一定得付出代價。在皮立翁山的綠蔭上空……她逃逸而去，飛過俄待律斯山（Othrys）……（直到）最後，乘著她毒蛇（龍）的雙翼來到科林斯城，派瑞尼（Pirene）的城鎮……但她女巫的毒液殺死了伊阿宋的新妻葛洛克（Glauke），兩邊海上都看到皇宮陷於火海，她惡毒的劍沾滿她兒子的血；

這樣贏得一個母親邪惡的復仇之後，她逃離伊阿宋的國土。這群泰坦龍載著她往雅典遠去。」

鷹和重生

鷹總是跟復活與重生的信仰連結在一起。在巴比倫，國王伊蘭納（Erana）乘著老鷹翅膀被帶往天國。許多古老文化裡，統治者的葬禮上會釋放老鷹。鷹的翱翔飛行伴隨著遺體被焚化，象徵靈魂啟程去跟眾神同住在天堂。在敘利亞的帕邁拉（Palmyra），鷹和太陽神是聯想在一起的，而且像鳳凰一樣可以變年輕。因為鷹殺死了蛇與龍，鳥中之王象徵著光明戰勝黑暗。在基督教的圖像誌裡，鷹象徵著第一個人

▌與傳説相關的鳥

喜鵲

駝鳥

鴞

鷓鴣

渡鴉

孔雀

類亞當，中世紀動物寓言集如此表示。亞當原本住在天堂附近，但發現禁果之後失去了他的榮耀。相似地，老鷹中斷了他優雅的飛行，猛然撲向獵物以滿足牠的肉慾所需。鷹還象徵傳福音的約翰，先知以利亞的升天，以及耶穌基督的升天。正是因為他高飛的能力而象徵了基督的升天，而且老鷹經常被雕刻在洗禮盤中。

▌魔法飛毯

在《一千零一夜》（*One Thousand and One Nights*）裡，坦吉的魔法飛毯這故事也被稱做《哈珊王子的飛毯》，

吸引了西方世界的注意。其他幾個文化的傳統文學裡也有提到魔法飛毯。在希伯來的傳統裡，所羅門的飛毯是用綠絲綢與金色縫線製作成，長寬各 96.5 公里：「當所羅門坐上飛毯時便乘風而行，在空中航行速度之快，在大馬士革吃了早餐，晚餐已到米底亞。」風聽從所羅門的指揮，以確保飛毯會到達目的地。因為所羅門對自己諸多成就感到驕傲，風就搖動飛毯，4,000 人因此摔落身亡。他的飛毯有一群鳥飛在上方遮太陽。理察·伯頓爵士在他翻譯的《一千零一夜》裡註解補充說：「飛毯的巨大原型是所羅門王的飛毯，《可蘭經》從《塔木德經》引用這則寓言，而

宙斯之鷹

在一些記述中，這隻巨大金色老鷹是代表大地之母的始祖女神蓋亞創造的。這是泰坦之戰開始之際，宙斯尚未出現。宙斯認為這鷹是勝利的預兆，於是在他軍旗上用一隻金色老鷹當作象徵。傅均夏（Fulgentius）的《神話學》中，我們讀到：「很高興有這個預兆，尤其勝利接踵而來，於是他用金色老鷹當作軍旗，並讓旗幟具有他守護的神力，因此在羅馬人中，也有人帶著這種旗幟。」在另外的記述中，這鷹原本是普瑞菲斯（Periphas），

後來成為雅典國王的一位阿波羅祭司。然而宙斯變得妒忌起來，因為國王普瑞菲斯受到和自己一樣高的崇敬，所以希望摧毀他。宙斯在盛怒下正要用一記霹靂殺死普瑞菲斯，但阿波羅出面替他以前的祭司求情。宙斯息怒了，並將普瑞菲斯與他的妻子費妮（Phene）各自變成一隻老鷹和禿鷹。天上的禿鷹變成了眾所皆知的天琴座，托勒密記註的48個星座之一。（有些出處說皇后費妮變成一隻鴉。）普瑞菲斯代表的可能是天鷹座（老鷹），而非啄食普羅米修斯肝臟的高加索鷹。宙斯之鷹有那特權可以靠近宙斯的寶座，並且是他神聖王位的保護者，而他妻子則是吉兆的象徵。這鷹後來被宙斯派去載著伽倪墨得斯（Ganymede）飛去天國成為眾神的斟酒人。

不是從『印度小說』而來。它的材質是綠色森德爾綢（中世紀的一種輕薄絲綢，用來製作教會祭衣等高級衣物，還有旗幟），有金銀刺繡和奇石飾鈕，它的長度與寬度大到國王所有的隨從都可站在上面，王座左邊是人類，右邊是鎮尼；當一切就序，風在國王命令下升起飛毯，飄浮到任何想去的地方，一群鳥飛在頭上，為主人遮住太陽。中世紀時，這傳說改頭換面成另一個形式。理查公爵稱號『無畏的理查』，有天晚上跟他的朝臣走在穆利諾（Moulineaux）的森林裡，就在塞納河畔他的一座城堡附近，聽到龐大喧鬧聲向他傳來，於是派一位先生去了解發生何事，這人回報說有一群人跟著一位領袖或國王。理查帶著五百名他最勇敢的諾曼人前去，看到農民們再熟悉不過的情景，他們每週都會免費看個兩三回。那情景是在一支軍隊前，兩個人在地上攤開一塊布，這使得所有諾曼人都跑了，只留下公爵獨自一人。他看陌生人在布上圍成一個圓圈，問他們是何方神聖時，被告知說是法國國王查理五世和他僕人的幽靈，被判處要整夜對抗邪惡該死的人，以彌補他們的罪孽。理查想加入他們行列，收到的嚴厲指示是不要離開布，就跟著他們被送到西奈山，在那裡放他們下去而沒離開布，他看到自己的祈禱文放在那邊的聖凱薩琳修道院教堂裡，他們戰鬥了一陣子，然後回來與他會合。為了證明這個故事是真的，他從帶回一位騎士

放在修道院裡半枚結婚戒指，那騎士的妻子六年後終結了騎士生命，打算找第二任丈夫。」

復仇女神

希臘人將這些擬人化的復仇女性稱做厄里倪厄斯（Erinyes）或歐墨尼德斯（Eumenides），羅馬人稱她們是復仇女神。她們也被稱為賽米奈（Semnai，可敬者）、波堤涅（Potniae，可怕者）、馬尼埃（Maniae，瘋狂者）和普那西帝克（Praxidikae，復仇者）。她們外形嚇人，有幾分像死亡女魔克蕾絲，穿著黑衣，伸出長爪，一頭紅髮盡是毒蛇。通常她們擁有一對蝙蝠或鳥的翅膀，有時是狗的身軀。她們被描寫成帶著鞭子與火炬追逐受害者。有時她們也被描繪像是蒼蠅騷擾著受害者要他們痛悔不已。她們誕生自烏拉諾斯被兒子克洛諾斯割下生殖器後滴下的鮮血。其他傳說視她們為大地之母與黑暗之神的女兒，或者是克洛諾斯與歐律墨（Eurynome）的女兒，或者是克洛諾斯與暗夜之神的女

三頭巨人

三頭巨人格律翁擁有一群俊美的公牛，它們皮毛是日落陽光的豔紅色。海克力士被派去帶走這些牛當作「十二試煉」之一，他乘坐太陽神赫利俄斯借給他的金色小船航向西邊島嶼。他在這兒殺死了牧牛人尤里宋（Eurytion），守衛的雙頭犬歐瑟洛斯（Orthros），最後用一發毒箭射死格律翁。

兒。她們的數量不明，但維吉爾說有三位：提西福涅（Tisiphone，復仇）、墨蓋拉（Megaira，妒忌）與阿勒克托（Aleto，無止盡）。復仇女神最初任務是看守地獄塔耳塔羅斯的入口，確保入地獄者抵償了他們的罪孽。沒有彌補罪孽者就不准進入而成為遊魂。復仇女神的功能似乎日益增長，於是她們折磨那些犯了罪的人。她們會毫無止盡騷擾傷害受害者，但不殺他們，通常迫使他們去自殺。她們勢力也擴展到地府，會用鞭子無情抽打冒犯者。

▎戈爾貢──有翅膀的惡魔

戈爾貢是三個有翅膀的強大惡魔，分別叫美杜莎（Medusa）、斯忒諾（Stheno）和歐律阿勒（Euryale）。她們在古希臘花瓶圖飾與雕像上被描繪成有翅膀的圓臉女人，頭髮是一綹綹毒蛇，直瞪雙眼，大開嘴巴，露出野豬的獠牙，吐出舌頭，怒張鼻口，有時還有一臉粗糙短髭。普林尼認為她們是野蠻民族，動作迅速而全身覆滿毛髮的女人。狄奧多羅斯描述她們是住在利比亞西部的一族女人，後來被海克力士消滅了。戈爾貢有時被形容成具有金色翅膀、尖銳爪子與野豬獠牙，但大多是說她有毒牙與蛇鱗皮。在馬賽克藝術上，美杜莎的臉圍繞著盤旋的蛇，額頭長出一對小翅膀。美杜莎在姊妹中唯獨是個凡人，原本是個美少女，但頭髮被雅典娜變成蛇，因為美杜莎在雅典娜的其中一座神殿裡被波塞頓強暴。美杜莎的頭變得如此醜陋，任何人一見到就變成石頭。因為美杜莎是血肉之軀，國王波呂得克忒斯（Polydectes）命令英雄柏修斯去取她首級。柏修斯在神的幫助下得到一面反射盾牌，一把彎曲光亮的利劍，以及有翅膀的靴子，可以不用看她而完成任務。當他砍下美杜莎的頭時，兩個生物從傷口蹦了出來─都是波塞頓的孩子，長翅膀的英雄佩加索斯和巨人克律薩俄耳（Chrysaor）。柏修斯把美杜莎的頭裝在袋子裡拿走，她兩位憤怒

的姊妹緊跟在後。根據某些描述，柏修斯或雅典娜用美杜莎的頭把阿特拉斯凝成石頭，變成矗立在天地間的阿特拉斯山。柏修斯用它對抗國王波呂得克忒斯，因為國王派他去殺美杜莎是希望他被殺死，以便追求他的母親戴安娜。柏修斯回到國王波呂得克忒斯的宮殿，國王與戴安娜坐在王位上。國王問柏修斯是否取到美杜莎首級。柏修斯回答「在這裡」並且高高

舉起，整個宮殿的人都變成石頭了。詩人赫西俄德似乎把戈爾貢想像成生自暗礁的海中惡魔，令古代水手沉船致死的暗礁被擬人化了。

獅身鷹

獅鷲（gryphon）有鷹的頭、翅膀與前爪，獅子的身體，背後覆蓋羽毛。有時還有蛇的尾巴，身材大到可以遮住太陽。牠們棲息在山上，用金子做鷹巢（eyrie）。塞西亞的獨眼民族阿里馬斯皮人常常試圖偷走獅鷲的金子，所以牠們小心看守著鷹巢。有些神話裡，獅鷲會在巢裡產一顆瑪瑙蛋，這就使得鳥巢價值加倍。獅鷲知道哪裡有埋藏寶藏，會嚴加看守以防盜匪。牠們會吞食死人和馬。獅鷲的神話起源於近東或中東，在古老的巴比倫、亞述與波斯

建築裡的戈爾貢

因為她們著名的兩眼直瞪，戈爾貢肖像被雕在物品和建築上當作防護。希臘最早雕有戈爾貢石像的三角楣飾是在克基拉島（Corfu），年代可追溯至大約西元前600年。據說最古老的神諭者們都由神廟的蛇群和一個戈爾貢肖像保護著。「女魔臉形飾」（Gorgoneion）成為希臘建築上的主要標誌，被放置在門、牆、地板、硬幣、盾牌、護胸和墓碑上用來避凶。它可以是一個石雕頭，刻畫上戈爾貢的臉，經常附加張牙舞爪的蛇，以及從齒間吐出的舌頭。

雕刻中都有描繪這驚人的野獸。大約西元前3000年，獅鷲在埃及成為法老王的伙伴，後來在米諾阿（Minoa）成為聖的保護者。印度被認為是牠的出生地，那裡的人用牠巨爪當杯子可是遠近馳名，因為據說牠們能測出毒藥。在希臘，牠們是眾神的寵物。獅鷲被獻給阿波羅，因為牠塑造出如太陽般的黃金，在象形文字裡代表熱與夏季。牠也被獻給雅典娜，因為牠有發現寶藏的智慧，被獻給涅墨西斯，因為牠懲罰任何偷寶藏的人。約翰·曼德維爾爵士（Sir John Mandeville）在他十四世紀的《旅行記》

（Travels）裡告訴我們：「在那國家（巴查里亞〔Bacharia〕）有許多獅鷲，比其他任何國家都還多。有些人說牠們上半身是老鷹，下半身是獅子；他們當然沒說假話，牠們就是那副模樣。但獅鷲的身軀更大，比八頭獅子還要壯，也比一百隻老鷹還更大更壯。獅鷲可以叼著一大匹馬飛回巢裡，如果找得到施力點，也可以把田裡兩頭套在一起的公牛叼走。因為牠腳上的爪子又長又大，就像大公牛、或者比尤格（bugle）、或者凱恩（kine）的角，所以人們把牠當做杯子來飲水。人們用牠的肋骨和翅膀骨架做弓，十分堅固，用來射箭。」比尤格是牛輕野牛，或者可能是水牛。稱做號角（bugle）的樂器原初是用它的角做成。凱恩是牛或小公牛的古名稱。在英國紋章學裡，「公獅鷲」沒有翅膀，身上覆蓋著一簇簇可怕尖刺。令人不解的是，「獅鷲」的描繪就有雄性的性器官。

▍鷹馬

希柏格里芬（Hippogriffin）有獅鷲的翅膀、頭、全身羽毛和前爪，下半身是馬而非獅子。阿里奧斯托（Ariosto）在1532年的詩作《瘋狂的奧蘭多》裡，牠是巫師亞特蘭特（Atlantes）難以駕馭的馬。希柏格里芬的概念來自維吉爾的隱喻「獅鷲與馬雜交」，意思是去做不可能的事。

▍犬鷹

路波格里芬（Lupogriffin）是將獅子的部位取代為犬。早期關於波斯鳥西默格（Simurgh）的描述說牠是半犬半鳥。

西默格代表了天與地合而為一。牠棲息在生命之樹裡，活在長滿神聖植物霍瑪（Haoma）的土地上，這植物種子可以治療所有罪惡。西默格與蛇為敵，據說活了一千七百年，然後就像鳳凰一樣自己投入火焰裡。

宙斯的獵犬

在希臘羅馬神話裡，哈耳庇厄（Harpy）是風精靈，被描繪成擁有兩或三個翅膀的女人，下半身是鳥，爪子又長又尖。在荷馬的《奧德賽》裡，她們是運送人們的風，但後來變成具有臉孔，飢餓得面色蒼白，而牠們飛行的速度比所有的風與鳥還要快。哈耳庇厄被宙斯派往世間奪走人和物品，所以神秘失蹤都會歸咎於她們。人們認為牠們偷走小孩，同時也帶走懦弱與受傷的人。以這形式來說，牠們是宙斯下達懲罰的代理人，一路上將受害者劫持拷打後送往塔耳塔羅斯，地獄底下的苦牢。牠們邪惡、殘酷又狂暴，只聽從宙斯的命令。在雕塑上，哈耳庇厄被描繪成死亡惡魔，取走死者靈魂，但牠們出現在墳墓的人形又可能讓牠們看來像是鬼魂。在中世紀，哈耳庇厄通常被稱為「處女鷹」（virgin eagle），成為紋章學裡常見的圖案。

泛著光暈的鳥

赫西尼亞（Hercinia）是住在德國海西森林（Hercynian forest）的一種鳥，牠對旅者而言有像燈塔的作用，因為牠的羽毛泛著亮光，在黑夜裡都可照亮路徑。老普林尼和塞維亞的依西多祿都有記載牠。有些繪圖顯示赫西尼亞覆蓋在金或銀的薄片下，用來象徵牠明亮的光暈。

海西森林是片廣大的古老森林，從萊茵河向東延伸跨過德國南部。黑森林是這片森林的西端。

最聰明的鳥

塞維亞的依西多祿告訴我們：「蒼鷺（ardea）被這麼稱呼是因為牠奮力（ardua）飛到比其他鳥還高。牠怕閃電，所以飛到雲層上方躲避打雷；當牠高飛時代表將有暴風雨。」蒼鷺被認為比其他鳥還聰明，因為牠不會到處找棲息地，只生活在食物附近，在濕地的高樹上築巢。牠受到讚賞，

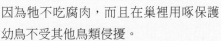

因為牠不吃腐肉，而且在巢裡用啄保護幼鳥不受其他鳥類侵擾。

161

有愛心的鳥

「這鳥喊著 hoopoe 時，可以看到牠的雙親已經年邁，兩眼模糊，牠撫弄牠們斑駁的羽毛，舔著牠們兩眼保持溫潤，讓雙親恢復原氣。牠似乎在說：『正因為你們辛苦養育我，我也如此對待你們。』……這不具理智的生物，提供（如同我們已經說明）牠雙親生活所需，從這方式讓天生擁有理智的人類學到對父母親的責任。」（《亞伯丁動物寓言》）。然而，希臘人認為牠們棲息在人類排泄物或墳墓裡，吃糞便維生。戴勝據說會從悲傷中取出歡悅，還有牠的血液若是抹到睡著的人，這人會夢到自己被惡魔悶死。

科拉松孟奈母豬

這個神話中的怪獸，一頭有翅膀的巨大母豬，嚇壞了希臘古城科拉松孟奈（Klazomenai）的人民，那是斯麥那（Smyrna）西邊的一座島。埃里亞努斯在西元二世紀寫道：「我聽說在科拉松孟奈有一頭長翅膀的母豬，牠踐踏科拉松孟奈的國土。阿特蒙（Artemon）在他的《科拉松孟奈編年史》（Annals of Klazomenai）如此記載。所以那裡有個地方稱做『翅膀母豬的居所』，非常有名。但如果有人認為這是神話，就隨他所願。」

埃及的聖鳥

希臘歷史學家希羅多德記載說，有翅膀的蛇每年春天從阿拉伯飛往埃及，但它們在一處山谷碰上朱鷺而全數被殲滅。因此埃及人崇敬朱鷺。普林尼寫道：「朱鷺是來自埃及的鳥。牠用

哈耳庇厄的懲罰

哈耳庇厄被宙斯派去弄瞎國王菲紐斯（Phineas），色雷斯的腓尼基國王，懲罰他洩露眾神的秘密。只要有食物端到他面前，哈耳庇厄就立刻撲過來奪走食物，並弄髒任何留下的殘屑。伊阿宋和阿爾戈英雄航行到這裡時，國王答應告訴他們該走什麼航線，以擺脫這怪物做為回報。哈耳庇厄被兩位有翅膀的英雄追趕，他們是北風的兒子，一路追到斯特洛法得斯島（Strophades Islands）。彩虹女神伊里斯（Iris）這時出現，命令阿爾戈英雄回頭，不准傷害風精靈。這兩座小島，意思是「回頭之島」，於是成為哈耳庇厄的駐紮地，後來特洛伊人還被她們趕離島上。

彎曲的鳥喙清洗自己……這動作有助於牠的健康，因為厚重的排泄物可以被清除掉……埃及人民祈求朱鷺的保護，抵禦蛇的到來……朱鷺生於培琉喜阿姆（Pelesium）時原本是黑色，但在其他地方都是白色的。」塞維亞的依西多祿記載說：「朱鷺是尼羅河的鳥。牠吃蛇蛋，用鳥喙往肛門沖水來清理自己。」埃里亞努斯敘述說：「黑色朱鷺不讓有翅膀的蛇從阿拉伯跨進埃及，牠上前戰鬥以防護這片牠愛的土地。」

喜鵲蛋的移動

老普林尼寫道：「如果喜鵲看到有人盯著鳥巢，牠們會把蛋移到其他方。因為這些鳥的爪子不適合抓蛋，牠們用一種聰明方法：在兩顆蛋上放一根樹枝，用胃裡的黏液將它黏住，然後將脖子伸進樹枝下，保持兩顆蛋的平衡，把蛋扛走……有一種喜鵲會學講話；牠們變得喜歡說一些單字，而且不只是重複這些單字，而是能夠思考它們。牠們要學一個單字就得經常聽到它被說出，如果一個單字太難學，牠們就會死掉。當牠們忘了一個單字怎麼說，聽到單字被說出來就會雀躍不已。」

夜鶯競賽至死

夜鶯整晚坐在鳥巢用歌唱紓解煩悶，黎明到來就唱得幾乎快死了般激動無比。老普林尼記載：「當春天第一片嫩葉發牙時，夜鶯連續十五天整天整夜唱歌。這鳥有音樂上的非凡知識，她使用了人類科學發展出長笛樂器的所有技巧。每隻鳥懂得幾首歌，和其他鳥的歌有所不同。牠們之間有一種強烈的角逐競賽；輸的一方通常會死，牠為自己的歌聲吐出最後一口氣。年輕夜鶯由長者教導音樂；牠們學到音節去練習，並且在指導者的批評下改進歌唱。」

飛蛇

這些有羽翼的蛇守護著阿拉伯的乳香，有時候被稱為「兩對翅膀的蛇」。希羅多德記載說：「阿拉伯是有人居住最南端的國度；這也是唯一生產乳香、沒藥、桂皮、肉桂和乳香樹脂的國度。這些東西除了沒藥之外，對阿拉伯人來說都很難取得。他們焚燒腓尼基人帶去希臘的安息香樹來收集乳香；他們燒這植物可以得到乳香；這帶有香味的樹是由顏色多變的小飛蛇看守著，每棵樹都圍繞了許多；牠們是會攻擊埃及的蛇。只有安息香樹燒出的煙霧可以驅趕牠們離開樹……所以如果毒蛇與飛蛇也是以蛇的自然方式誕生，人類就無法生存；但牠們交配的情形是這樣，母蛇在受精時趁公蛇射精就立刻抓住牠頸部，

緊緊不放直到整隻吞下。公蛇就這樣死了，但母蛇接下來就要受到公蛇回報的懲罰：幼蛇為父親復仇，牠們還在子宮裡時啃咬母親，吃掉它的內臟而出生。其他不傷人類的蛇是產卵並孵出一大窩幼蛇。阿拉伯飛蛇實際上數似乎不多；但那是因為（儘管所有國家都有毒蛇）這些蛇都在阿拉伯，其他地方並沒發現。」埃里亞努斯提到：「麥加斯梯尼（Megasthenes）說在印度有……有翅膀的蛇，牠們不只白天活動，晚上也出現，而且牠們排放的尿液只要滴到身體就會立刻造成化膿的傷口。」

孤兒鳥

　　根據皮耶・迪博韋在十三世紀的《動物誌》（Bestiaire）記述，這種鳥生活在印度達里努埃斯海（la mer darenoise）上。牠有冠毛，脖子與胸膛像孔雀，鳥喙像鷹，腳像天鵝，身體像鶴。牠的翅膀有紅、白、黑三色。它把蛋下在水面。母鳥藉此辨別那顆蛋可以孵出最好的幼鳥：好的蛋會在母親身下漂浮一陣，壞的蛋會沉到水底陷進淤沙裡。

「丟石者」鴕鳥

　　古人相信牠能消化任何東西，甚至包括鐵，而且牠只在見到昴宿星團（the Pleiades）升起時生蛋。老普林尼寫道：

「鴕鳥可在衣索比亞和非洲發現，牠是最大的鳥禽，比一個騎上馬的騎士還要高、跑得更快。牠不會飛，翅膀只用來輔助跑步。牠的腳被用來當武器，類似雄鹿的蹄有兩趾。當牠躲避追趕者時，會用腳撿起石頭往後丟向敵人。牠有卓越的能力消化吞下的任何東西。牠的愚蠢展現在牠把頭藏在灌木叢裡以為別人看不見自己，然而牠龐大的身軀並沒有藏起來。」

喪葬鳥

　　《動物誌》將這類鳥區分成：住在廢墟牆頭討厭亮光的夜鴞（noctua）；夜鷺（nictocorax）；一般鵰鴞（bubo），會弄髒自己鳥巢的髒鳥。在《聖經・利末記》中，希伯來律法明言有幾種鴞是屬於那種「你應該嫌惡不吃的鳥，因為它們很討厭」。基督徒將鴞視為猶太人的代表，因為他們拒絕基督時棄明投暗。牠的長鉤鳥喙在宗教圖示上被特別強調，更進一步將牠與猶太人連結在一起。老普林尼寫道：「鷹鴞被認為是非常壞的徵兆，因為牠是喪葬鳥。牠住在荒野以及可怕、空蕩和難以到達的地方。牠的叫聲是尖鳴。如果看到牠出現在城市，或者在白天出現，這是可怕的凶兆，已知幾個案例是鷹鴞棲息

在個人房舍沒帶來致命後果……鴞決不會直直飛往牠想去的地方，總是走迂迴前進的路線……夜……鴞跟其他鳥類打鬥時很狡猾；當牠被團團圍住寡不敵眾時，牠就躺下來用腳打鬥，把自己縮成一團保護鳥喙與爪子。與牠結盟的隼鷹會跑來加入戰局幫助牠們。尼基狄烏斯（Nigidius）說夜鴞在冬天會冬眠 60 天。」塞維亞的依西多祿記載：「另有一種蒼鴞（strix）其名稱來自牠刺耳（strident）的叫聲。牠也被希臘人稱為護士（word amma），因為牠愛（amando）嬰兒，據說還會提供乳汁給新生兒。」

放屁的同性戀鳥

老普林尼告訴我們：「鷓鴣用刺與細枝保護牠們鳥巢，所以沒有獸類侵擾。蛋生下來後，鷓鴣將它們移往他處，所以下蛋的地方不會被知道，而且還用柔軟塵土覆蓋。母鳥甚至不讓公鳥知道蛋在何處，因為公鳥會啄破蛋，這樣母鳥又可以和他交配。公鳥互相決鬥渴望追求母鳥；據說鬥輸者必須屈服於贏者的淫威。母鳥站在公鳥前就可以受孕，如果這時他們張開鳥喙伸出舌頭就會感到性刺激。甚至從公鷓鴣吹來的風掃過頭頂，或者傳來公鳥啼叫的聲音，都足以讓母鳥受孕。如果追求者靠近鳥巢，母鳥會跑開假裝受傷而誘惑對方離開。如果母鳥不需保護蛋，她不會跑開，但會躺在凹槽，抓個泥塊在爪子上保護自己。」

塞維亞的依西多祿解釋：「鷓鴣（perdix）的名字來自於放屁（perdesthai）。牠是不純潔的鳥，因為公鳥充滿慾望下會與公鳥做愛。牠是虛假的鳥，會偷走其他鳥的蛋，但是對牠一點好處也沒有，因為幼鳥聽到真正母親的聲音會飛走，拋下孵化自己的那隻鳥回到母親身邊。」

魔鬼的噪音

關於孔雀，老普林尼的《自然史》再一次提供了典型的有趣描述：「孔雀意識到自己的美麗並且為此感到驕傲。獲得稱讚時，牠展開羽毛面向陽光，所以牠們閃耀得更燦爛，牠翹起尾巴將影子投射在身上，因為那裡的顏色在黑暗中更顯明亮。牠很高興別人看著尾巴上的羽毛眼，為此將它們拉成一簇。當孔雀羽毛在秋季換毛時脫落，牠會很難為情並把自己藏起來，直到長出新毛。孔雀有 25 年壽命，但從三歲開始顏色逐漸褪去。有些人說這鳥的惡毒不亞於牠的華麗。演說家荷坦西流士（Hotensius）是第一個把孔雀殺來當食物的人；後來魯可（Lurco）把孔雀養肥賣做食材賺了大筆財富。」

聖奧古斯丁驚嘆孔雀肉的「防腐功效」，因為牠烹煮過後，超過一年的時間不會腐壞。塞維亞的依西多祿

也談論到這件事：「孔雀（pavo）的名字來自於牠的嗓音。牠的肉質堅硬，幾乎不會腐壞，也很難烹煮。」巴托洛梅烏斯·安格利庫斯

（Bartholomaeus Anglicus），一位十三世紀的英國修道士，寫了一本百科全書叫做《論事物本質》（*De proprictatibus rerum*），裡面寫道：「孔雀有個晃動不已而且惡形惡狀的頭，彷彿是個蛇頭，再加上冠毛。牠的步伐輕簡，小脖子是紅色的，藍色胸膛，尾巴充滿顯眼的羽毛眼，非常美麗，牠有雙污濁的腳…牠驚歎自己羽毛的美麗，高舉起來就像頭上的一個圓圈，然後牠看到自己雙腳污濁，似乎感到羞愧而突然放下羽毛，尾巴全部朝下，好像不再留意自己羽毛的美麗。如同人們會批評說，牠有著魔鬼的嗓音，蛇的頭，小偷般的步伐。就因為牠有個可怕的嗓音。」

衣索比亞佩加索斯

這個有翅膀與角的馬是衣索比亞（撒哈拉以南非洲）的本土種族。佩加索斯本身據說是出生於衣索比亞附近，紅海上的島嶼厄里提亞（Erytheia）。老普林尼提到：「衣索比亞產……許多怪物……（包括）有翅膀長角的馬，叫做佩加索斯。」

慈悲的鵜鶘

老普林尼認為：「鵜鶘在他們喉嚨有第二個胃，這貪得無厭的生物把食物放在裡面，增加食物存量；之後才從這個胃拿出食物，轉到真正的胃。」塞維亞的依西多祿說到：「鵜鶘是埃及鳥，生活在尼羅河的荒涼地。據說牠殺了自己孩子並為牠們哀悼了三天，然後牠啄傷自己流出鮮血，讓牠孩子復活。牠有個希臘名（onocrotalos）得自牠的長喙；鵜鶘有兩種，水棲的和獨居的。」

威廉·里·克拉克（Guillaume le Clerc）在十三世紀的《動物寓言》裡寫道：「鵜鶘是奇妙的鳥，居住在尼羅河四周地區。歷史記載告訴我們有兩種鵜鶘，有一種居住在河裡只吃魚，另一種居住在沙漠只吃昆蟲與蠕蟲。關於鵜鶘有件驚人的事，就是沒有任何母愛像鵜鶘那樣愛自己的幼鳥。當幼鳥出生後，公鳥奉獻所有關注餵養牠們。但幼鳥毫不領情，當長大茁壯自立更生時，牠們啄食父親的臉頰，牠在盛怒之下殺了牠們全部。父親在第三天時到牠們旁邊，深感遺憾與悲痛。牠用鳥喙刺穿自己腹部，直到血流出來。牠用鮮

血將生命帶回幼鳥身上。」巴托洛梅烏斯・安格利庫斯認為是母鳥而非公鳥讓幼鳥復活，而描繪這事件的圖案「慈悲的鵜鶘」可以在許多手稿、雕塑和例如教堂免戒室的雕刻上發現。甚至還有一間筆者認識的老酒吧叫做「慈悲的鵜鶘」，位於格拉摩根郡（Glamorgan）埃維尼村（Ewenni）附近的歐格摩河（Ogmore）旁。

有翅膀的鹿

佩利冬（Peryton）是很少記載的傳說生物，結合了雄鹿與鳥，來自消失的國度亞特蘭提斯，在羅馬殞落也扮演了一角。牠擁有公鹿的頭、頸、前腿和鹿角，還有大鳥的全身羽毛、翅膀和鳥尾。牠長了很大的前齒，貪食人肉。據

說俄里瑞的女先知預言了羅馬最終將被佩利冬毀滅。然而，西元642年，女先知的預言集在亞歷山大圖書館遭歐瑪爾（Omar）焚毀。

十六世紀時，來自費茲（Fez）的猶太教祭司，可能是雅克布・本・海姆（Jakob Ben Chaim），留下一本著作中引用了希臘來源：「佩利冬原本居住在亞特蘭提斯，牠們是半鹿半鳥。有鹿的頭和腿，至於身體，完全是鳥類，有翅膀和全身羽毛……牠最奇怪的特徵就是，當陽光照到牠時，投射出來的不是牠自己身體的影子，而是一個人的影子。因為如此，有些人猜想佩利冬是旅人的精靈，他們遠離家園，遠離照應自己的神而客死異鄉……令人意外地在吃乾土……成群飛行，還被看見飛到海克力士之柱上方的眩目高度……牠們（佩

有翅膀的馬

在希臘神話中，佩加索斯是波塞頓與戈爾貢美杜莎的孩子，波塞頓在雅典娜神廟裡強暴了美杜莎。當美杜莎的頭被希臘英雄柏修斯砍下時，佩加索斯從她受孕的身體裡，或從她滴到地上的鮮血中飛出來。雅典娜抓住並馴服佩加索斯，然後將他呈獻給赫利孔山（Mt. Helicon）上的謬思，他在這兒用蹄踏在地上，湧泉隨即冒出，後來成為謬思神聖的希波克里（Hippocrene）靈感泉。當佩加索斯飲用泉水時，科林西亞（Corinthia）國王貝勒羅豐趁機用金色馬勒套住他，成為雅典娜送給他的禮物。得到佩加索斯的幫助，貝勒豐才得以摧毀三頭怪物喀邁拉。然而不幸的是，驕傲的貝勒豐想騎著佩加索斯飛去奧林帕斯山加入眾神。宙斯生氣了，派出一隻昆蟲叮咬佩加索斯，造成他把貝勒豐甩下馬背。貝勒豐並沒跌死，但結果腿瘸眼瞎。佩加索斯後來被安置在奧林匹亞的馬廄，他受到信任帶著宙斯的閃電與霹靂。這飛馬也被置於群星中成為星座，升起時代表著春天暖和的氣候和季節性的暴風雨即將到來。（佩加索斯字面意思是「湧出」）佩加索斯的故事在希臘藝術與文學中成為受歡迎的主題，佩加索斯的展翅高飛被詮釋成靈魂不朽的象徵。

利冬）是人類的血肉敵人；當牠們殺人之後，影子就變成自己的身體，並贏回牠們眾神的寵愛……那些跟隨大西庇阿（Scipio，西元前237至前183年）渡海攻取迦太基的人差一點失敗，因為旅程中有一群佩利冬從天而降衝向船隊，殺死許多人…牠雖然我們武器無法有效對抗牠，這動物若在此狀況下就無法再殺任何一個人…牠沉浸在遇難者的血液裡，然後揮動強有力的翅膀向上逃竄…在拉溫納（Ravenna），牠們最後被看到的地方，提到它們全身羽毛根據描述是淡藍色，令我十分驚訝的是所有已知牠們的羽毛是深綠色。」祭司著作後所知是在德勒斯登的大學圖書館，目前不知是否已被納粹燒掉，或者在轟炸德勒斯時被破壞。

▌火鳥鳳凰

鳳凰的傳說有兩種版本。第一種版本，牠是一隻印度鳥，當牠飛到一棵乳香樹把自己翅膀塗滿香料時已經活了500年。早期起源是說赫里奧波里斯的一名祭司用細枝覆蓋在祭壇上，鳳凰來到這城市，看到祭壇，在那裡點了把火將自己燒死。隔天在灰燼裡發現一隻芳香的小蠕蟲。到了第二天，蠕蟲轉變成一隻小鳥，第三天又變成一隻鳳凰。這鳥隨後返回它的起源地印度。另外版本說鳳凰是紫色或紅色的阿拉伯鳥。世上只會有一隻鳳凰活著。當牠老了，就用本頭與香料築成柴堆並爬進去。牠面向太陽點起火，鳳凰拍動翅膀搧火直到自己燒死。一隻新鳳凰便從老鳥的灰燼中誕生。有些傳說綜合了兩個故事。青金岩寶石（Lapis Exilis）是導造成鳳凰重生的驚人寶石，沃爾夫拉姆·馮·埃申巴赫（Wolfram von Eschenbach）視它為聖杯。

十五世紀的西羅多德寫道：「他們也有另一種神聖的鳥叫鳳凰，我自己從沒見過，只看過圖片。實際上牠在埃及都非常稀少，每五百年老鳥死的時候才來這裡（根據赫里奧波里斯的人們敘述）。假如就像圖片所示，牠的身材與外表如下：全身羽毛有部分是紅色，部分是金色，外表與身材幾乎和老鷹相同。他們說了一個關於此鳥的故事，我覺得不太可信：牠費盡千辛萬苦從阿拉伯來，帶著裹滿沒藥的前代鳥到太陽神廟，將屍體埋在那裡。他們說牠為了帶屍體，先去找來所能攜帶最多的沒藥做成圓球，再把中間挖空，把屍體放在裡面，然後用新鮮沒藥把開口封住，這球便跟最初的重量一樣；於是牠帶往埃及，如我所說裹滿沒藥，掩埋在太陽神廟裡。這就是他們說這鳥做的事情。」

老普林尼相信：「世上只有一隻鳳凰，身材跟老鷹一樣。牠的頸部是金色，身體是紫色，藍色尾巴帶有漸層色的羽毛。頭上有冠毛。沒有人見過鳳凰進食。牠在阿拉伯被奉獻給太陽神。牠

活了 540 年；老的時候便用野生肉桂與乳香築巢，在巢裡堆滿香料，躺在裡面直到死亡。從死去的鳳凰骨骸裡會長出一種蛆，然後長成像雞大小的鳥。這鳥會為前身骨骸舉行葬禮，然後把整個鳥巢帶往旁遮該亞（Panchaia）附近的太陽城，放在一座祭壇上。」

世界各地都有火鳥的古老傳說，在腓尼基、希臘、阿拉伯、俄羅斯、中國、埃及和其他地區。鳳凰讓人聯想到復活、不死和戰勝逆境，以及從灰燼中升起，所以成為早期基督教墓碑愛用的符號。羅馬人把鳳凰放在錢幣和獎章上，象徵他們渴望羅馬永世長存。埃及把鳳凰看做是一種像鸛的鳥，稱為貝努鳥（bennu），墓葬文書《亡靈書》認定牠是在赫里奧波里斯倍受崇敬的象徵之一，關聯著升起的太陽和拉（Ra）這位太陽神。從這樣的描述來看，有些人相信鳳凰實際上是紅鶴。非洲鹽盤地上的紅鶴巢熱到無法孵育鳥蛋，於是牠們築起土堆去支撐鳥巢，稍微冷卻鳥蛋，

鳥巢周圍的空氣對流讓人想起火焰的擾動。筆者曾看過海市蜃樓，炎熱搖曳的空氣看來就像火焰迷霧。紅鶴是紅鶴科（Phoenicopteridae）的一員，意思是「有鳳凰翅膀」，壽命最長的超過 75 歲。

羽蛇神

魁札爾科亞特爾（Quetzalcoatl，有羽毛的蛇或全身覆羽毛的蛇）是羽蛇神的納瓦特爾語（Nahuatl）名稱，牠是中美洲的奧爾梅克、米斯特克（Mixtec）、托爾克特（Toltec）和阿茲特克文明從特奧蒂瓦坎與瑪雅民族採納而來的神。有些托爾克特統治者也被賦予這名稱。牠受到崇拜將近兩千年，直到西班牙人征服阿茲特克帝國。這蛇代表大地與植物，但在特奧蒂瓦坎（西元前 150 年左右）獲得魁札爾鳥珍貴的羽毛，從這城市的壁畫裡便可得知。最精巧的圖像是在建於西元前 200 年左右的

鳳凰展翅

奧維德在他一世紀時的《變形記》第十五冊中寫道：「……那裡有一種鳥會自我復活，從自己再生。亞述人稱牠鳳凰。牠不吃種子或藥草，而是以滴落的乳香和豆　樹汁為生。當牠活了五個世紀後，就會在搖曳的棕櫚樹頂只憑喙與爪為自己築巢。牠用肉桂樹皮、平滑的薰衣草穗、肉桂碎片和黃沒藥填滿巢後，就坐到上面，在香氣中結束生命。據他們說，年輕鳳凰會從前代身體重生，接著再活相同年歲。當長大氣力足，  能夠負荷重物時，牠把沉重的鳥巢搬離樹頂，小心扛著牠的搖籃，那是前代的墳墓，來到許珀里翁（Hyperion，赫里奧波里斯的埃及稱呼），太陽神的城市，穿過清新的空氣，將它放在神聖的許珀里翁太陽神廟大門前。」

魁札爾科亞特爾神廟裡，呈現一條有著魁札爾綠色長羽毛的響尾蛇。魁札爾科亞特爾和其他神祇結合在一起，並獲得一些他們的特質。結果魁札爾科亞特爾轉變成創造神之一。阿茲特克皇帝蒙特蘇瑪二世（Moctezuma II）起初相信征服者埃爾南·科爾特斯（Hernan Cortes）在 1519 年登陸代表魁札爾科亞特回來了。蒙特蘇瑪特別贈送雕繪了魁札爾科亞特爾的寶物給科爾特斯。許多摩門教徒相信，魁札爾科亞特爾是耶穌復活後短暫探訪摩門教徒（或一群美國原住民）時在美洲大陸的稱號，如同《摩門經》裡的記載。

能抓起大象的鳥

鵬鳥（roc，波斯語稱 rokh）是傳說中巨大無比的鳥，通常是白色，廣為人知的是牠能抓起並吃掉大象。在《馬可波羅遊記》和《一千零一夜》中的《辛巴達航海記》對它都有廣泛描述。根據馬可波羅所言，鵬鳥翼展 15 公尺，羽毛長 7.3 公尺，牠的羽毛像棕櫚樹葉一樣大。鵬鳥可以將大象抓在爪子裡，並且飛到高空把這不幸的生物摔到下方

岩石上致死。根據阿拉伯傳說，鵬鳥從不在世間著地，只待在世界中心的夸夫山（Mountain Qaf）上。這鳥的發源地被認為在馬達加斯加，這裡有巨大的羅非亞椰子樹葉，外形很像羽莖，似乎以「大鵬羽毛」之名被帶給了可汗。實際上，馬達加斯加是隆鳥（Aepyornis）或「象鳥」（elephant bird）這種大鳥的發源地。雖然不會飛，這鳥直到十六世紀才滅絕。

印尼的翼龍

羅潘（Ropen）是一種驚人的生物，也是未確認生物（未被發現的生物，如同大腳怪或尼斯湖水怪），來自巴布亞紐幾內亞附近的溫博依島（Umboi）與馬努斯島（Manus）。據說牠有兩個像蝙蝠似的皮革翅膀，長尾巴的末端有凸緣，長滿牙齒的鳥喙與剃刀般銳利的爪子。根據喬納森·惠特康比（Jonathan Whitcomb）的著作《尋找羅潘》（Searching for Ropens）所述，牠是「飛在南太平洋上的沒羽毛生物，尾巴比翼展長了 25%。」羅潘據信是夜行動物，而且顯現生物發光，原住民稱牠「indava」。牠吃魚維生，儘管曾有報告說它挖開墳墓大啖腐屍。飛行員杜安·哈金森（Duane Hodgkinson）在 1944 年時被派駐在巴布亞紐幾內亞。他有一次墜機在樹叢裡，一個像鳥的巨大生物從地面升起，盤旋飛走。哈金森估計翼展

大約 6 公尺，說牠是暗灰色，脖子像蛇一樣，還有奇特的頭冠。1987 年，英國傳教士泰森・修斯（Tyson Hughes）開始執行十八個月的合約，協助印尼斯蘭島（Ceram）的摩鹿加人（Moluccans）發展高效率耕作。他聽到的故事是關於一個叫做歐讓巴提（Orang-bati，有翅膀的人）的可怕生物，有著像蝙蝠一樣的龐大皮革翅膀，住在凱拉圖山（Mount Kairatu）的山洞裡，那是位於島中央的一座死火山。1994 年曾有人目擊到羅潘，牠的翼展 6 公尺，嘴巴像鱷魚。有許多關於這野獸的報告，通常對牠的稱呼不同，都是被偏遠的部落看見。也許那只是誤認了一隻軍艦鳥或飛行中的果蝠，但有些西方研究者相信牠是倖存的長尾翼龍，以未知的原因繼續存活在俾斯麥群島（Bismarck Archipelago）洞穴裡。

熾天使和其他天使

第一階級天使：

天使有許多不同等級，在羅馬的克萊曼特（Clement of Rome）、聖安波羅修（St Ambrose）、聖耶柔米、聖額我略（St Gregory）、聖依西多祿（St Isidore）和聖多瑪斯・阿奎那等人的著作裡提供了不同說明。而一般接受的天使等級，熾天使、智天使與座天使，都是屬於最高等級或「第一階級」。

熾天使—燃燒者

熾天使在《以賽亞書》中被提到，他是上帝神殿的管理者，不斷讚訟著：「聖哉，聖哉，聖哉，萬軍耶和華。全地都充滿祂的榮耀。」熾天使有六隻翅膀；兩隻覆蓋臉，兩隻覆蓋腳，兩隻用於飛行。熾天使被稱為 Seraphiel 可以說是擁有鷹的頭。他們發出的光芒是任何人，甚至其他天使都無法直視的。四位熾天使圍繞著上帝的寶座，他們用對上帝的愛與熱誠永遠燃燒著自己。

智天使

智天使有四張臉孔：分別是牛、獅、鷹和人。牛的臉孔被認為是「真正的臉孔」，因為在《以西結書》中，牛的臉孔被稱為基路伯（cherub，智天使的音譯）的臉孔。智天使有四隻交織的翅膀，上面充滿眼睛，他們的腳是牛蹄。他們是被遴選出來的生物，要防衛並看守上帝的寶座和伊甸園裡通往生命之樹的道路。因為某種原因，我們現在錯把

「布帝」（putti），一個用在象徵藝術裡的長翅膀孩童，當成了智天使。

座天使

使徒保羅提到說，他們是上帝正義與權威的活標誌，其中的標誌之一是寶座。但以理（Daniel）的說法是，他們看來就像綠寶石的輪中套輪，輪框圍滿數百個眼睛。在《以西結書》裡，他們與智天使聯結在一起：「那些行走，這些也行走；那些站住，這些也站住；那些從地上升，輪也在旁邊上升；因為活物（智天使）的靈在輪中。」

第二階級天使：

這個階級的天使是做為天國的管理者。

主天使

他們制定更下層天使的職責，這些統治者天使鮮少在人類面前現身。他們也是管轄國家的天使。主天使應該看來像個脫俗的漂亮人類，有一對長羽毛的翅膀，很像一般描繪的天使，但若要跟其他天使區別，只需揮動權杖頂端或劍柄上的光亮寶球。

力天使

他們位處比座天使更遠的地方，監督著天體運行，以保證宇宙維持秩序。他們在宗教繪畫裡常被表現是天上的唱詩班。

能天使

他們的責任是監管人類間的權力分配，名字因此而來，他們跟各公國協調權力與權威。他們是良心的背負者和歷史的保管者。他們也是戰士天使，被創造來完全效忠上帝。有些人認為權力從未失去恩寵，但另外的理論說撒旦在墮落前掌管權力。

第三階級天使：

這些天使擔任天國的信使與戰士。

權天使

這些天使似乎是在統治者間協調權力與權威。權天使被描繪成頭戴皇冠和手持權杖。他們執行主天使交付的命令，並且為有形世界帶來祝福。他們的任務是監督人的團體。他們是人間的指導者與保護者。就像生存在一個思想萌芽的世界，他們喚起生命去創造藝術與從事科學探索。

大天使

《新約聖經》只提到米伽勒（天使長）和加百列。拉斐爾（Raphael）在某些出處是以烏列爾（Uriel，神之光）之名被提及。也許有七位大天使，分別代表《啟示錄》和《以諾書》所述站在上帝寶座前神的七靈。他們也被認為是國家與國民的守護者，關心圍繞他們的問題與事務，包括政治、軍事、經濟與貿

易。

天使

他們是最低階的，也是最容易識別的天使。他們與生命事務的關聯最密切。天使是天國派遣到人間的信差。

西默格—波斯的犬鳥

這個神話中仁慈的飛行生物也叫做安格哈（Angha），是牠的波斯名稱。牠被描述成有鳥的翅膀，身材大到足以抓起大象和鯨魚。牠看來有一點像有著狗頭的孔雀配上獅子的腳爪，但有時候又有張人的臉孔。西默格是母的，生性仁慈。牠的羽毛是古銅色，原本被描述是一隻「犬鳥」，但圖畫顯示或是人頭或是狗頭。波斯傳說認為牠壽命長到看

過三次世界毀滅，也從長久學習中獲得所有年代的知識。在一個故事中，西默格活了一千七百年，然後像鳳一樣投入火焰中。牠淨化了大地與水，並使得土壤肥沃。這生物做為天與地的協調者與信使，代表著天地合一，很像一個天使。牠棲息在海世界中央的生命之樹上。當西默格飛起時，生命之樹的葉子顫動，使得世上所有植物的種子撒落。這些種子漂浮到世界各地，生根長成如今各式各樣的植物，可以治療人類所有的疾病。

飛龍

飛龍（Wyvern 或 Wivern）是傳說中一種有翅膀的爬蟲類，牠有龍的頭，蛇或蜥蜴的後半身，有兩條腿或沒有腿，以及一根有鉤的尾巴。飛龍經常出現在中世紀紋章學裡，名稱衍生自中世紀英文 wyvere，這又源自古法語 wivre，意思是「毒蛇」。但丁《神曲·地獄篇》第十七節提到飛龍是地獄來的生物。飛通常被當做吉祥物，特別是在威爾斯與威塞克斯，但也擴及到更遠的赫里福郡和伍斯特郡（Worcestershire），威河（Wye）與塞文河（Severn）分別流過郡府赫里福德（Hereford）與伍斯特（Worcester）。有些神秘動物學者將飛龍詮譯成倖存的翼龍，那些在六千五百萬年前滅絕的生物。牠們在非洲剛果之類的偏遠地區被目擊者描述成像翼龍一樣的生物。

第五章

神秘莫測的大海

阿爾戈號與金羊毛

希臘神話裡，伊阿宋與阿爾戈英雄乘坐一艘叫阿爾戈號（Argo）的船去尋找金羊毛，一隻漂亮飛羊的毛。這艘船由巨人阿耳戈斯在雅典娜女神的協助下打造而成，女神希拉保護著它的船員。它完成航海之後被獻祭

給位在科林斯（Corinth）的海神波塞頓，然後成為星空上的南船座（Argo Navis）。阿爾戈英雄似乎代表希臘船員中最早發現黑海不是開放海域的一批人。這趟航行的路線可以追溯到利姆諾斯島（Lemnos）、薩摩色雷斯島（Samothrace）、通過達達尼爾海峽到黑海沿岸的基齊庫斯（Kyzikos）與科爾基斯（Colchis），然後沿著多瑙河、波河（Po）和隆河（Rhone），穿過地中海到利比亞和克里特島等等。一艘阿爾戈號的「複製船」，有 50 個槳的大帆船，載著來自 27 個歐盟會員國的組員，在 2008 年從科林斯運河出發。他們計畫從洛克歐斯（Iolkos，在佛洛斯 Volos 附近）揚帆划槳航向現今喬治亞境內的古老黑海王國科爾基斯。然而土耳其政府不保證他們能安全通過，所以阿爾戈號航行的 2200 公里是從佛洛斯到威尼斯。

亞特蘭提斯與雷姆利亞大陸

在最近一次的冰河時期，海水蒸發後變成雪與水蒸氣沉積在陸地上結成冰，沒有回到海裡。使得海平面高度比今天大約低了 100 公尺。而大部分冰河在 10,000 年前左右融化，剩下的冰河繼續融化造成持續至今的海平面上升——全球暖化已不是新鮮事了。這樣的海平面上升或許促成了消失陸地亞特蘭提斯的傳奇故事，以及遍布世界的相似傳說。許多創世神話都牽涉到一場大洪水，事實詳情因為變數太多而難以釐清，但我們也許正經歷著海水加速上升。海平面在過去一世紀平均上升了 10 至 25 公分，而這速率還在增加。因為海洋的反應會改變得非常慢，即使全球氣候立刻穩定下來，海平面仍會繼續上升。南極洲的冰減少有可能是未來幾十年造成海平面上升最大的原因。如果所有的冰融化了，雖然科學家認

為極不可能在 2100 年前發生，那麼預估海平面會升高 61 公尺，對照格陵蘭所有的冰河融化會升高 7 公尺。傳說中的亞特蘭提斯陸地似乎是海水上升並淹沒富饒低地前的民間記憶，也可能是天災使得部分陸地消失。被認為是「亞特蘭提斯」的眾多地點包括了巴哈馬的比米尼（Bimini）外海一塊區域、威爾斯的西岸外（如同民間歌唱著阿伯多維 Aberdyfi 的海裡仍傳來沉沒王國的門鈴聲）、愛爾蘭沿海、伯羅奔尼撒半島、奈及利亞、黑爾戈蘭島（Heligoland）、黑海、突尼西亞、愛琴海、聖托里尼島（Santorini）、美國、西班牙、德國和馬德拉島（Madeira）。其中有些地方的低水位線附近發現了樹化石，比如說在威爾斯。一個事實簡單描繪了全球暖化，那就是十七世紀時有一輛驛馬車載人從倫敦到安格爾西島（Anglesey）的霍利希德（Holyhead）去搭船前往愛爾蘭。這馬車過去利用退潮時離開威爾斯本土駛

往安格爾西島。三百年後的今天，退潮時仍有至少三公尺的路線被水淹沒。

長久以來的假設是說，有一個「消失」的民族在亞特蘭提斯興旺時或更早以前就存在著。有些人相信他們居住在雷姆利亞大陸（Lemuria）。這地方被認為是南太平洋上的大片陸地，處於北美洲到亞洲與澳洲中間。雷姆利亞大陸有時被稱為姆（Mu）大陸，或稱為始姐大陸（Motherland）。據傳雷姆利亞人有高度的進化與心靈發展，倖存者還生活在北加州沙斯塔山（Mt Shasta）的地道裡。然而科學家說依據當代地表板塊論的理解，雷姆利亞大陸是過度渲染的描述。

巴勒姆號和女巫

英國的皇家海軍巴勒姆號（HMS Barham）戰艦有一段有趣的歷史。它在 1916 年的日德蘭海戰被擊中五次，1939 年在北海被德國 U 型潛艇擊傷。1940 年載運自由法國部隊企圖登陸塞內加爾時，又被法國戰艦黎賽留號（Richelieu）的砲彈與法國潛艇貝茲勒號（Beziers）的魚雷重創。1941 年，它在克里特島外海熬過炸彈攻擊。這戰艦隨後在 1941 年 11 月 25 日被魚雷擊中，損失 861 名官兵，英國海軍部為免打擊士氣而沒公佈這厄運。德國並不知道他們的 U-331 潛艇已經擊沉巴勒姆號，所以海軍部保守秘密誤導

他們。海倫·鄧肯（Helen Duncan）是那時最有名的女巫之一，她住在樸茨茅斯（Portsmouth）。軍艦沉沒一、兩天後的降神會上，她看到一名戴著巴勒姆號帽帶的水手告訴她「我的船沉了」。海軍部告知聚會相關人士要求他們保守沉船秘密。海軍部暗中監視海倫·鄧肯，並在事件兩年後的 1944 年一月將她逮補。1944 年三月的十天審判中，檢方無法證明她叛國，所以引用 1735 年《巫術法》將她定罪。她是英國最後一位因巫術而坐牢的人，在霍洛韋監獄（Holloway Prison）被關了九個月。有六個孩子、已做祖母的海倫·鄧肯在 1956 年一次警方突襲降靈會時再次被捕，不久之後就去世。她的孫子試圖為她女巫身分爭取死後平反。

▋百慕達三角（魔鬼三角）

在百慕達（Bermuda）、波多黎各的聖胡安（San Juan）與邁阿密之間的 130 萬平方公里的海域會遇上「颶風走廊」。百萬磅重的財寶躺在這片海域底下的西班牙與葡萄牙沉船裡。「百慕達三角」這名詞源自 1964 年一篇報導 19 號機隊的雜誌文章。這區域的洋流受到從佛羅里達洲底端向東北流動的墨西哥灣流強烈影響。不熟悉這區域的水手很容易被三角州快速的洋流推離航道偏北或東北。導航錯誤加上突如其來的怪異風暴，使得這裡成為航行的危險區域。大量溫暖海水從佛羅里達海峽注入灣流。因為蒸發作用，它們的鹽分很高，而這比重較大的海水動態是往下沉，而比重小的海水就往上升，在海裡形成漩渦與湍流。陡峭的大陸棚（受海水所掩蓋的大陸部分）也造就了奇特的航海環境。另一個問題也許是地震可以震裂海底巨大甲烷氣囊，它造成的海象環境會讓一艘船迅速沉沒。如同 1963 年的海上硫磺女王號（Marine Sulphur Queen），載有 39 名船員的 11,000 噸油輪，它在佛羅里達的基韋斯特（Key West）外海 320 公里處消失得無影無蹤。

▋基督教的海怪

主教魚（bishop-fish）是一種歐洲的海怪。牠有一張天主教修道士修剪整齊的臉孔和巨大的魚身。牠的存在可追溯至十三世紀的記錄，當時在波羅的海被捕獲，被帶給波蘭國王，國王希望留下飼養。展示給一些主教看時，牠做出手勢希望被釋放。他們答應了，這時牠手劃十字後消失在海裡。另

外有一隻於 1531 年在德國附近海域被捕獲。牠拒絕進食，三天後死去。

海洋怪聲

這是指一個超低頻的水中聲音，美國國家海洋暨大氣總署（USNOAA）在 1997 年間偵測到好幾次。聲音來源仍舊未明，但它一再被太平洋自動水聽器陣列偵測到，這設備原本設計用來偵測俄國潛艇。根據 USNOAA 描述，它「快速提升頻率超過一分鐘，範圍足以讓多個偵測器聽到，那是超過 5000 公里的距離」。雖然它具有海中生物特有的多種頻率，但依《新科學人》雜誌記載，它的能量遠比地球上已知任何生物所能發出的聲音還要強大。記錄上量到最大的大王魷魚包括觸角長約 18 公尺，但沒人知道這生物到底可以長多大。但這些頭足綱生物沒有充氣囊，所以它不可能發出這種聲響。這些監聽站位於水面下數百碼，聲波在這深度會進入稱為「深水聲道」的一層海水中。這裡的溫度與壓力使得聲音傳播不會被海面或海底分散掉。大部分偵測到的聲音明顯發自鯨魚、船舶或海底地震，但有些非常低頻的聲響讓科學家們摸不著頭緒。

切西

切西（Chessie）自十九世紀以來就被目擊出現在美國東北岸的乞沙比克灣（Chesapeake Bay）水域。牠被形容是長長的、深色像蛇的生物。1982 年，羅伯特‧弗魯（Robert Frew）在肯特島（Kent Island）俯視海灣的一棟房子裡拍攝到牠。牠大約 9 至 10 公尺長，深褐色，背部隆起。拍到切西的照片與底片經由史密森尼學會（Smithsonian）的研究員檢視後，他們斷定拍到的是活體，但認不出是什麼動物。從五月到九月更常發生切西的目擊事件，而牠的出現是隨著藍鰭鮪魚群的出現，讓人聯想到魚群是牠的食物來源。1980 年，四艘船隻獲准搭載 25 人去觀察疑似是切西的生物。1800 年代就有非常類似切西的生物被描述生活在新英格蘭地區海岸邊，尤其在格洛斯特（Gloucester）港口。兩種生物的描述實在相似，有些人猜測新英格蘭的生物在 1900 年左右南遷到乞沙比克灣。

大王酸漿魷

比巨烏賊（giant squid）還要大的可能只有大王酸漿魷（Colossal squid，學名 *Mesonychoteuthis hamiltoni*）。大王酸漿魷又叫做南極大王魷或巨槍魷魚，也是這物屬下唯一的成員。目前估計牠最長的尺寸可達 12 至 14 公尺，這是根據較小未成年的樣本來推算。牠的眼睛跟海灘球一樣大。不像巨烏賊的觸手是附有成排鋸齒的吸盤，大王魷的吸盤頂端具有勾爪。牠的身軀比巨烏賊來得短而寬，因此也比較重。大王魷擁有比巨烏賊更長的外膜，不過觸手就比較短。這魷魚基本上居住在南極海周圍，據信牠在深海利用生物發光來獵食像巴塔哥尼亞齒魚（Patagonian toothfish）之類的大型魚類和其他魷魚。成年大王魷棲息在至少 2200 公尺深的海裡。大王魷是雄抹香鯨的主要捕食對象，從這些抹香鯨胃裡發現的魷魚嘴喙裡有 14% 是來自大王魷，也顯示這些生物提供了鯨魚 77% 的消耗量。許多抹香鯨的背上有抓痕，據信是大王魷造成的。這物種最早被發現是在 1925 年從一條抹香鯨的胃裡找到兩條形狀奇特的觸手。2007 年，至今最大的樣本被一艘紐西蘭漁船捕獲，經測量有 10 公尺長。牠重達

495 公斤，被帶到海面時正在吃一條巴塔哥尼亞齒魚，而這魚已被長線釣中。沒多少人知道魷魚有三個心臟（而鯨魚有三個胃）。

海底惡魔戴維・瓊斯

最早明確的引用來自托比亞斯・斯摩萊特（Tobias Smollet）在 1751 年的小說《派瑞格林・皮克冒險記》（*The Adventures of Peregrine Pickle*）：「我敢發誓，傑克，隨你怎麼說；但若不是戴維・瓊斯（Davy Jones'）他本人，我就下地獄。我認得他瞪大的眼睛，三排牙齒，還有尾巴，還有鼻孔冒出的藍煙。就是這個戴維・瓊斯，根據水手的神話，他是統治深海所有惡靈的魔鬼，經常被看到以不同外形逗留在索具間，代表即將來臨的是暴風雨、船難、和其他航海人會面臨的厄運，警告那些獻身給死亡與悲嘆的苦命人。」

戴維・瓊斯是個住在海底的惡靈或海中惡魔。把人送去戴維・瓊斯的箱子就是說要派他們去深海裡。「箱子」是海底，是沉船與骨骸最後安息地。這個威爾斯名字如何變成一個海中惡魔的代名詞，字典中沒有清楚解釋，但筆者相信它原本指的是在印度洋一個叫大衛・瓊斯（David Jones）的海盜盜。他先是威廉・卡布船長（Captain

William Cobb）的手下，後來又成為威廉・艾爾斯船長（Captain William Ayres）的手下，瓊斯掌管一艘人員不多、才剛擄獲而且裝滿贓物的船。他在羅布克號（Roebuck）上追隨艾爾斯。1636 年在葛摩群島（Comoros Islands）外海，約翰・布勞德船長（Captain John Proud）指揮東印度公司的天鵝號（Swan）追拿艾爾斯的船。瓊斯知道他裝載沉重的船逃不過追捕，於是鑿穿贓船連同所有罪證沉到海底。「老載維」（Old Davy）是那惡魔在十八世紀時的另一個名字。

其他出處告訴我們說大衛・瓊斯在倫敦經營一家酒館。他指揮自己的強徵隊去灌醉沒警覺的顧客，把他們藏在店後面的酒桶裡，直到他們被帶上船離岸。從這些年代傳下來的片語有：「我會在戴維・瓊斯看到你（恐嚇要殺掉某人）」；「他被戴維控制了（他嚇壞了，或快死了）」；還有「他有戴維」或者「他有瓊斯」（他很害怕）。

▌海豚是鱷魚殺手

一世紀時，老普林尼在《自然史》中說到：「海豚從河口進入尼羅河，但被聲稱尼羅河是牠們領域的鱷魚趕走，

鱷魚比海豚強壯多了，所以海豚得用策略而非蠻力。為了擊敗鱷魚，海豚潛到牠們下方用自己背上尖銳的鰭割開牠們柔軟的腹部……海豚是海洋與陸地所有動物中最敏捷者，因為牠們的嘴巴在臉下方，因此必須翻過身來才能抓魚。牠們用背部呼吸。每當追趕魚到深海裡，然後屏氣太久時，牠們衝出海面的力道足以飛在空中，有時可以飛過船帆。海豚通常成對結伴而游。牠們的聲音很像人的嗚咽聲。因為牠們的嘴喙朝上，所以會回應『Simonis』（翹鼻子）這名字，牠們偏愛這名字。海豚喜歡音樂，會陶醉在和諧吟唱或水壓風琴的聲音中。海豚對人友善；牠們會圍繞船隻嬉戲並與它競速。」塞維亞的依西多祿在七世紀時也提到牠殺死鱷魚：「海豚的名字由來是因為牠們會跟隨人類的聲音，或因為牠們會加入歌唱。牠們在強浪中嬉戲代表暴風雨即至。尼羅河的海豚擁有鋸齒狀的背脊；牠們用它割開鱷魚柔軟的腹部而殺死牠們。」牠們拉丁文名字 delphini 源自希臘文 delphus，子宮的意思，是指海豚以哺乳動物的方式產育下一代。

▌魔鬼海

從東京向南延伸到關島，數百艘船艦與飛機，包括俄國 13 艘潛艇，都在這裡毫無預警消失。這區域的兩邊都有極深的海溝，各有 8 公里和 13 公里

深，這海域據稱有「三邊形」的海浪。它被日本政府標註為「危險區域」，日本為它取名為「魔鬼海」。

不救溺水者的本分

十九世紀末，波希米亞漁夫拒絕從水裡拯救一名溺水者，因為厄運會跟著來。華特·司各特爵士（Sir Walter Scott）在他的小說《海盜》（Thr Priate）中講述小販布萊斯為何拒絕拯救船難溺水的水手，並告誡他的行為。「你瘋了嗎？」小販回答，「你在澤特蘭住這麼久，竟還冒險拯救溺水的人？千萬不要，如果你把他救活，他肯定會帶給你致命傷害。」同樣的迷信也存在聖基爾達（St Kilda）島民、多瑙河船夫和一些英國與法國水手之間。這觀念似乎是說一個人之所以會溺水，是神的旨意要他淹死。因此拯救者如果成功將他救回，日後一定會在同地點被當替死鬼給淹死。

鰻魚和死而復生

鰻魚據稱有許多不可思議的長處。如果牠離水而死，將牠屍體浸泡在濃醋與禿鷹血裡，整個放到糞堆下面，這混

惡魔海豚

殺人鯨會被如此稱呼是西班牙水手看到牠們獵殺灰鯨。殺人鯨也經常攻擊海灘上的海豹，將牠們拖進海裡大塊朵頤。殺人鯨（Orcinus orca，虎鯨）實際上是一種海豚，先前被分類

為Delphinus orca。Orca這字來自拉丁文Orcus或地獄（Underworld），所以這哺乳動物在古代字面意思是惡魔海豚。這動物的法文名字orque gladiateu和荷蘭文名字swaardvis都是指像劍一樣的巨大背鰭，公殺人鯨的背鰭超過2公尺長。這也許就是希羅多德、普林尼和其他作者描述尼羅河鱷魚如何被殺時所指的背鰭。殺人鯨在非洲所有海岸外都可發現，公殺人鯨可長到7.6公尺長。牠們在古代也許數量更多，因為當時地中海有更多食物。現在殺人鯨在地中海只被視為「外來」品種，但在直布羅陀海峽則有固定的鯨群。老普林尼提到一條殺人鯨「從沉船飽食一餐後」擱淺在羅馬海港奧斯蒂亞（Ostia），被皇帝克勞狄（Claudius，西元41年至54年在位）和他的警衛殺死。1985年的夏天和秋天，一條殺人鯨在將近兩個月期間不斷被目擊出現在利古里亞海（Ligurian Sea）。兩天後在聖雷莫（San Remo）南方32公里傳出看到兩條殺人鯨。其中體形較大者一個很高的背鰭。1985年十月，另一次目擊的殺人鯨是在義大利海岸城市費納萊利古雷（Finale Ligure）南方。牠在啃食一條6公尺長、剛被殺掉的柯維喙鯨（Cuvier's beaked whale）浮屍。

合物會讓任何死去的東西復甦，獲得如同以往的生命。另外傳說只要吃下鰻魚溫暖心藏的人就會被預言精靈附身，能夠預測未來發生的事。埃及人崇拜鰻魚，他們只有祭司有權利吃鰻魚。「神奇鰻魚」是十八世紀時用麵粉與羊肉汁做成的。

十二世紀英國歷史學家馬姆斯伯里的威廉（William of Malmesbury）記載了一個鰻魚的神秘故事，位於蘇格蘭莫里（Moray）地區的埃爾金（Elgin），一位主教拒絕將他的教堂交給幾個假道學的修士，於是把他的教士團全部變成鰻魚，結果最後都被煮成湯了。

十九世紀的威爾斯學者約翰‧萊斯（John Rhys）在他 1900 年的著作《居爾特民俗學》（Celtic Folklore）裡觀察到，「來自上格拉斯弗林（Glasfryn Uchaf）的威廉艾里斯夫人（Mrs. Williams-Ellis）告訴我，不久前的一天，她在蘭加比（Llangybi）遇見一位本地出生但從孩童時期就沒回來過的人，他的一生幾乎都在南威爾斯工作，回來探訪一位上年紀的親戚。他腦海裡充滿對這地方的回憶，他說自己記得非常清楚的一件事，就是某天村裡有個惡作劇的人從泉水裡拿走一條非常大的鰻魚。他說許多老人覺得泉水的許多功效可能都隨著那條鰻魚被帶走了。看他們走進泉水時鰻魚盤繞腳間是個好徵

兆，於是他拿一條去弄明白。我能想到類似的情形，就是我看過一條魚活在貝里斯湧泉（Ffynnon Beris）裡，那兒距離蘭貝里斯（Llanberis）教區不遠。牠被居民謹慎看護著，當牠一次或兩次被淘氣的陌生人撈起來時，那人還被迫將牠再放回去。我無法得知這神聖魚的歷史，但我發現牠被視為非常古老的存在。人們補充說，位於安格爾西島上的蘭德溫（Llandwyn），一處叫情人湧泉（Ffynnon Fair）的地方，以前也住著一條倍受崇敬的魚，這魚的動作可以為那些來探訪聖道溫（St. Dwynwen）聖壇、害相思病的善男信女們指引命運。」

倒霉的香蕉

香蕉雖然是世界上最受歡迎的水果，但它有好幾個世紀在海上被妖魔化。人們廣泛認為船上有香蕉是災難的前兆。1700 年代初期，西班牙的南大西洋與加勒比海貿易王國正達高峰，人們觀察到消失在海上的船隻幾乎都載了香蕉。後來，航行最快的大帆船被用來載運香蕉，從熱帶地區沿東海岸到美國港口，趁香蕉還沒腐爛前趕快卸貨。香蕉貨船速度快到水手在船上都釣不到魚，這也許要為「倒霉」的迷信再加上一筆。另一個理論是說奴隸船上載運的香蕉發酵放

出甲烷，隨後沉陷在下層甲板。牢籠裡的奴隸只能屈服於這有毒空氣，任何要爬下去幫助他們的人也會死。同時，船員在香蕉裝載上船後突然被蜘蛛咬死，他們也會認為是個惡兆，或許導致貨物被扔進海裡。有些船長極端到禁止香蕉麵包和使用香蕉船牌防曬油，或者任何以香蕉命名的東西出現在他們的船上。

19 號機隊與百慕達三角

19 號機隊是五架美國海軍復仇者魚雷轟炸機的編號，在 1945 年 12 月 5 日消失。它們從佛羅里達洲羅德岱堡（Fort Lauderdale）起飛執行水面導航訓練飛行，機上所有 9 名飛行員都失蹤，後來一架前往搜尋的水上飛機猜測是在空中爆炸，全部的 12 名機組員也跟著失蹤。海軍調查人員無法確定 19 機隊失蹤原因，但說飛行員可能變得分不清方向，油料用盡後迫降在洶湧海面上。1986 年，在佛羅里達洲外海發現了一架復仇者的殘骸，當時正在尋找升空不久便爆炸墜海的太空梭挑戰者號殘骸。戰機殘骸在 1990 年從海床上被抬起，但無法確實辨認。

記錄顯示 1942 年到 1946 年的訓練飛行，造成羅德岱堡美國海軍航空基地（包括 19 機隊）總共 94 名飛行員喪生。1992 年，另一組探險隊鎖定海床上分散的碎片，但辨識不出東西。接下來的十年，搜尋者擴大範圍向東延伸到大西洋海域。包括水上飛機在內的殘骸或遺體都沒發現。消失的 19 號機隊成了百慕達三角的當代傳奇故事。

飛翔荷蘭人

超過三百年時間，這是最有名的海上鬼故事。科尼利厄‧范德戴肯（Cornelius Vanderdecken）船長從巴達維亞（Batavia，現今的印尼雅加達）返航時，打賭他能在暴風雨中毫髮無傷繞過好望角。船長逆風奮鬥七星期仍舊沒有進展。他向上帝發誓說若想帶他走向審判日，就讓他繞過好望角。他的命運從那刻就被注定。受詛咒的船今後將來回航行在它無止盡的旅程上，由一群幽靈般的船員駕駛，他們操作船具時哭喊著求救。流傳迷信是說任何水手看到這艘幽靈船就會在當天死亡。真實的飛翔荷蘭人似乎在 1660 年就已啟航。

第二個傳說是十七世紀後半的伯納‧福克（Bernard Fokke）船長，他發誓自己的船在海上速度最快。他把桅杆用鐵包住，好讓它們能支撐比當時其他

被目擊的飛翔荷蘭人

　　1881年7月11日，在鐵甲蒸氣動力巡防艦皇家海軍善變號（HMS Inconstant）上，值班海軍少尉在航海日誌記錄下南大西洋的一次目擊：「早上四點，『飛翔荷蘭人』橫越我們船首。它發出怪異的磷光就像整艘泛紅的幽靈船，光團中是200碼外雙桅橫帆船的桅杆、船柱和船帆，引人注目的鮮明輪廓朝左舷船首駛來，值班軍官也看到它，後甲板的見習軍官也不例外，他立刻衝到前面船樓，但到達時無論附近或遠望地平線，都沒任何實體船隻的遺跡或殘影，這晚夜色清晰且海面平靜。」寫下的人後來成為喬治五世國王。它在那晚也被軍艦碧璽號（Tourmaline）與克利奧佩脫拉號（Cleopatra）看到。僅二十世紀就有十多次目擊。第二次世界大戰尾聲，德國U型潛艇艦隊指揮官鄧尼茲上將（Admiral Doenitz）抱怨說，迷信使他的潛艦官兵遭遇荷蘭人後感到驚恐：「他們說回基地時寧願面對聯軍的深水炸彈，也不要經歷第二次碰上幽靈船的恐懼。」美國海軍船艦也有相同問題。1942年，美國驅逐艦肯尼遜號（USS Kennison）兩次近距離發現幽靈船，雖然雷達都沒發現，害怕的全體船員可都看得一清二楚。英國海軍在二次大戰時的代表性目擊是在南非開普敦附近。皇家海軍歡樂號（HMS Jubilee）必須迅速變換航道以免撞上幽靈船，船長報告說飛翔荷蘭人最後被看到時「滿帆遠離，儘管當時完全沒風！」

船隻更多的帆，然後在神奇的90天內從鹿特丹航行到東印度群島。為了打破紀錄，他出賣靈魂給魔鬼，就在福克死時，他的屍體和船都消失不見。他永遠航行在這條航線上，船員只有水手長、廚師和領航員，注定永遠駛向狂風而且永無進展。

▎巨烏賊

　　大王烏賊（Architeuthis dux）又被稱為大西洋巨烏賊，有待商榷的是巨烏賊或大王魷哪個才是最大的無脊椎動物，因為巨烏賊有較長的觸手，但大王魷有較大的外膜（軀幹）。巨烏賊樣本有測量到18公尺長，900公斤重。

大西洋巨烏賊（或者也許是大王魷）的眼睛比其他動物都來得大。1878年在加拿大發現被沖上岸的樣本，眼睛直徑估計有51公分。過去100年發現的巨烏賊不到50隻，據信牠們是獨居生活。巨烏賊唯一敵人是抹香鯨（也許是睡鯊）。這些鯨魚潛到深海去尋找巨烏賊。鯨魚死亡後被沖上海灘，牠們身上可以發現巨大吸盤的痕跡，顯然是巨烏賊自我防衛時造成的。科學家甚至無法確定大王魷屬（Architeuthis）是否有八種生物，或者只有一種。曾有聲稱長達20公尺樣本的報導，但科學記錄上並沒有這麼大尺寸的生物。2004年，日本國立科學博物館（National Science Museum）的研究員第一次在自然棲息

地拍下活生生的巨烏賊照片。跟所有烏賊一樣，牠們有一個外膜，八隻觸手和兩根較長觸鬚。觸手和觸鬚佔牠身長的大部分比例，所以巨烏賊比牠主要掠食者抹香鯨要輕盈許多。牠們眼睛在近乎全暗的深海裡更能感測到光（包括生物發光）。牠們用兩根觸鬚捕捉食物，觸鬚末端的成排鋸齒吸盤可以抓住獵物。然後牠把獵物送進強而有力的嘴喙，用齒舌（具有像銼刀般小牙齒的舌頭）撕碎後進入食道。據信牠們是獨行的獵人，曾被漁網捕捉到的都是單獨的巨烏賊。大王魷和巨烏賊是我們星球上最大的生物之一，但我們對牠了解不多。

▌大洪水

　　2008 年，丹麥在格陵蘭的諾格瑞普（NorthGRIP）進行冰核鑽探計畫，要精準確定最後一次冰河時期結束的時間。廣泛科學研究顯示最後一次冰河時期是在 11,711 年前結束。冰核研究員約根‧佩德‧史蒂芬森（Jorgen Peder Steffensen）來自哥本哈根大學尼爾斯‧波耳研究所（Niels Bohr Institute）的冰核與氣候中心，他說：「我們從冰核檢測到非常詳盡的新資料，顯示從冰河期變遷到我們現在溫暖的間冰期，氣候改變是非常突然的，就像按下一個按鈕就發生了。」許多文化都提到大洪水

的神話，以示上帝或眾神降禍摧毀文明的懲誡。至今最有名的故事包括《聖經》與《可蘭經》裡的諾亞方舟，印度《往世書》（Puranas）裡摩奴（Manu）在洪水中拯救人類，《吉爾伽美什史詩》（Epic of Gilgamesh）裡的烏特納庇什提姆（Utnapishtim）以及希臘神話裡的杜卡利翁（Deucalion）。類似故事在創世神話裡描繪的是太初之水，就是洪水能夠淨化人性以便重生進入「真正」信仰。歷史學家安德里恩納‧麥耶（Adrienne Mayor）猜測，大洪水故事的靈感起源是古代人在內陸甚至山腰看到貝殼和魚的化石。希臘人、埃及人、羅馬人和中國人都記載著上述地點發現的這些遺跡，希臘人猜測地球曾被水淹沒好多次，他們說山頂發現海貝和魚的化石就是證據。有些地質學家相信，古早以前相當驚人的河流氾濫或許影響了世界各地的神話。西元前 1600 年左右的米諾斯火山爆發（也稱錫拉島爆發或聖托里尼爆發）也許引發一場海嘯，衝擊克里特島、南愛琴海、甚至埃及等地的文明，然而雅典、底比斯和其他希臘本土城市顯然沒受影響。這可能在地中海地區啟發了消失的陸地亞特蘭提斯傳奇故事。大約西元前3000 年，一顆隕石或彗星落入馬達加斯加東側印度洋，在海底撞出巨大的伯克爾坑（Burckle Crater），直徑約有 30 公里，這撞擊引

發的海嘯淹沒了沿岸地區。還有可能是海平面突然上升，這是大約八千四百年前最後一次冰河時期結束後，阿閣塞滋（Agassiz）冰蝕湖迅速排水造成的。這座湖位在北美洲中央，冰河在冰河期尾聲時灌注到此，容納的水量比現今世上所有湖泊總蓄水量還多。

萊恩－皮特曼理論（Ryan-Pitman Theory）主張，一場災難性的氾濫在西元前 5600 年從地中海經由博斯普魯斯海峽往黑海漫延而去。在此之前，冰河融化的水已將黑海與裏海變成巨大淡水湖，並往愛琴海排放湖水。隨著冰河後退，有些注入黑海的河流水量減少並改道流往北海（因此造成那邊的陸地減少）。湖平面降低的另一個原因是氣候變暖造成蒸發，同時改變全球水文導致海平面上升。上升的地中海終於溢過伊斯坦堡海峽一處岩石地，淹沒 155,000 平方公里土地。黑海的海岸線向北與向西明顯擴張。這時我們見證到施行農耕的居爾特人從緊臨黑海的安那托利亞地區往外遷徙，將他們的文明、建築技術和農業傳播到整個歐洲和北非。根據萊恩和皮特曼的觀點，「每天倒灌 42 立

方公里的水量，相當於尼加拉瀑布流量的兩百倍……博斯普魯斯海峽的洪水呼嘯奔騰持續至少三百天。」一個由羅伯·巴拉德（Robert Ballard）領導的海底考古團隊似乎認出了古老海岸線、淡水蝸牛殼、被淹沒的河谷、用工具處理過的木材，以及現今土耳其黑海海岸外 100 公尺水下的人造建物，碳測年法顯示這些人工製品與蝸牛殼的年代大約在西元前 5600 年。這可能就是諾亞方舟故事以及其他許多歐州、近東與北非洪水傳說的由來。

▎黑線鱈和漁夫聖彼得

黑線鱈（Haddock）是北大西洋東西兩側都可發現的一種魚。牠最大特徵是側線下有一大塊如拇指印般的黑斑，就在身體兩側緊接著頭的後方。這黑斑曾有不同描述，例如「撒旦（或魔鬼）的指印」或者「聖彼得之印（或指印）」。以前黑線鱈在加拿大有個法文稱號叫「poisson de St Pierre（聖彼得的魚）」。這斑點被認為是聖彼得從革尼撒勒湖（Lake of Genneserat）要抓一條牠的祖先時留下的指印。黑線鱈從沒生活在那些水域，所以這被視為一個奇蹟。黑線鱈適合食用，燻烤尤佳，牠以往被稱做「finnan haddie（燻黑線鱈）」。

神話中的海洋生物

野豬鯨，依照奧斯勞．馬格努斯在《北方諸海》中的敘述所描繪

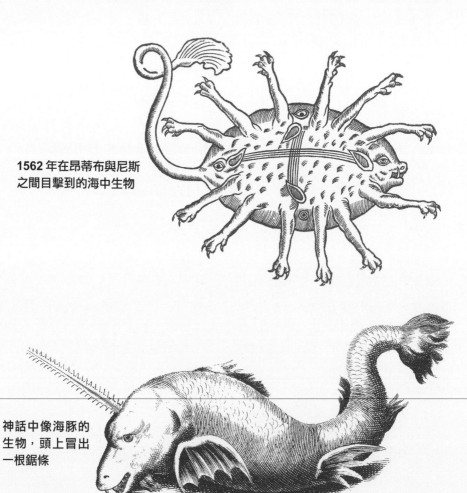

1562 年在昂蒂布與尼斯之間目擊到的海中生物

神話中像海豚的生物，頭上冒出一根鋸條

美人魚和雄人魚

一群海怪

海巫

冬至風靜期

希臘神話中，翠鳥（halcyon）築巢在海面上，並且能撫平波瀾讓它孵化雛鳥。牠通常讓人聯想到翠鳥（kingfisher）。慣用語「halcyon days（翠鳥的日子）」是指氣候平穩的一段期間，通常是 12 月 21 日冬至這天的前後。《亞伯丁動物寓言》告訴我們：「翠鳥是一種海鳥，牠在仲冬之際到岸邊產卵，把蛋藏進沙裡。牠選擇孵育幼鳥的時候，正是大海最為狂暴，浪花打在岸邊更為兇猛的時候；結果這鳥被賦予的恩典照耀更廣，帶來意想不到的壯嚴平靜。因為大海正是洶湧時，翠鳥一旦產卵，它就突然變得和緩，所有風暴平靜下來，風力由強轉弱，於是風平浪也靜，直到翠鳥孵化牠的蛋。這蛋需要七天孵化，最終翠鳥孵出雛鳥，牠的孵化告一段落。翠鳥還要再七天餵養牠的雛鳥，直到牠們長成幼鳥。這麼短的餵養期不必感到驚訝，因為孵化只需這麼少天數就完成。這小鳥被上帝賦予如此的恩典，水手們深知這十四天將會是好天氣，並稱之為翠鳥的日子，這段時間不會有暴風來襲。」

毀滅船艦的海倫

希臘悲劇詩人埃斯庫羅斯（Aeschylus）在他的作品《阿伽門農》（Agamemnon）裡，把海倫稱作是一個

「毀滅船艦者」：「毀滅船艦者，毀滅眾人者，毀滅城邦者。」。另一方面，伊莉莎白年代劇作家克里斯多福·馬婁（Christopher Marlowe，1564-1593）在他的《浮士德博士悲劇》（Dr Faustus）裡對她則有不太一樣的描述：

難道這就是導致上千隻船艦開航，
並且焚毀特洛伊萬丈塔樓的那張臉孔？

甜美的海倫，用一個吻讓我變不朽。（親吻海倫）

她的唇吸走我靈魂；看它還在那兒飄蕩！

來吧，海倫，來吧，將我的靈魂交還給我。

我要常駐於此，這唇就是天堂，
海倫以外之物都是毫無價值。

我將成為帕里斯王子，為了對你的愛，

不是特洛伊，而是威騰貝格才應被洗劫；

我將和懦弱的墨涅拉俄斯決鬥，
在盔頂羽飾上佩戴你的徽章；

是的，我會刺傷阿基里斯腳跟，
然後回到海倫那兒博取一個吻。

喔，你的容貌比繁星點綴的夜空還要美……

馬頭魚尾怪

馬頭魚尾怪（Hippokampoi）被描繪成組合生物，有馬的頭與前身和魚的蜿蜒尾巴。希臘文 hippos 是指馬的意思，kampos 是海中怪物。古代人認為牠是我們稱為「海馬」的生物長大後的樣子，也是海仙女涅瑞伊得斯的座騎，而海神波塞頓駕馭的戰車則由牠們兩或四隻來拖曳。古代藝術殿堂裡有一群組合的海中怪物，包括獅頭魚尾怪（Leokampos）、牛頭魚尾怪（Taurokampos）、豹頭魚尾怪（Pardalokampos）和羊頭魚尾怪（Aigikampos）。西元二世紀的希臘地理學家保薩尼亞斯（Pausanias）描述波塞頓在科林斯的神廟時說：「其他做為貢品的雕像有葛拉嫩（Galene）、塔拉薩以及從胸膛之後像鯨魚的馬（即馬頭魚尾怪）。」羅馬詩人斯塔提烏斯（Statius）寫道：「他（波塞頓）在平靜的波浪上升起，用三叉戟驅策他的（馬頭魚尾怪）馬群：牠們口灑白沫向前快速猛奔，游過之處只見模糊腳印與長長尾跡。」

九頭水蛇海德拉

海德拉是堤豐與厄客德娜的女兒，生活在阿爾戈斯附近的勒拿湖，海克力士的十二試煉之一就是要殺死牠。然而，他每砍掉一個頭就會再冒兩個頭出來。在伊奧勞斯（Iolaos）協助下，海克力士用火紅的烙鐵壓在砍斷的殘頸上，燒灼傷口以防止牠再生。然而第九個頭是不死的，所以他將牠壓在巨石下。戰勝這怪獸後，他用牠的膽汁染毒自己的箭，被這些箭射中的傷口將無藥可救。在對戰時，他也壓死一隻跑到腳跟下面來幫海德拉的巨蟹。海德拉和巨蟹後來被希拉置於繁星之間，成為長蛇座與巨蟹座。

克拉肯

克拉肯（Kraken）這個神話中的海怪讓北歐水手懼怕了好幾世紀。牠順著海浪漂浮。路過船隻以為那是一座小島，但牠會用觸手把船拖進水底吃掉船員。牠似乎是根據巨烏賊或大王魷的目擊而來。依據傳說，這有許多觸手的巨大生物可以觸及航行船隻的主桅杆頂。克拉肯會用觸手裹住船身弄翻它。船員不是溺死就是被這怪物吃掉。希臘的斯庫拉傳說，奧德修斯（Odysseus）在他旅程中必須航行經過的一個六頭海怪，就是這種傳說的一個例子。1555 年，瑞典傳教士奧斯勞·

馬格努斯（Olaus Magnus，1490-1557）提到一個海中生物「又尖又長的觸手揮舞著，就像一棵樹的樹根朝上：牠們有十到十二腕尺長，非常黑，還有巨大眼睛……」。Kraken 這字眼最早出現在

卡爾·林奈（Carolus Linnaeus）的《自然系統》（*Systema Naturae*）中，關於這怪物的故事似乎可追溯到十二世紀的挪威。1752 年，卑爾根的主教寫作《挪威自然史》（*The Natural History of Norway*）時，他描述克拉肯「無庸置疑是世上最大的海怪……牠似乎是觸手的生物，且據說牠即便抓住最大的戰艦，也能把它拉到海底。」1930 年代，至少有三個案例報告說巨烏賊攻擊船隻。牠們的天敵是鯨魚，也許牠們把船身誤認為接近中的鯨魚。

▌擲瓶啟用新船

最早提及這種啟用新船的習俗，可在一塊西元前 2100 年的亞述人石刻板上發現，內容講述大洪水時建造了一艘方舟，啟用時殺牛做獻祭。斐濟群島和薩摩亞人是將人獻祭給鯊魚，鯊魚對他們而言是神祇，當新船啟用時，要用犧牲者的鮮血洗滌他們的新獨木舟。維京人的傳說是在新船下水時，將年輕人放在龍骨下壓死做獻祭。大約十四世紀時，開始有用銀質高腳杯向新船祝酒的習俗。高腳杯會丟進海裡，避免再次拿來祝酒，否則會帶來壞運。為了避免浪費，1690 年就用一瓶酒來代替。通常由王子或皇室男性成員把酒瓶往船首擲

如何永生不死

試著在下個輪迴變成一隻海葵。鮮豔的顏色和菊花似的形狀讓海葵成為海中之花。撇開美麗不說，海葵是捕食性動物，牠利用帶尖刺的觸手捕捉獵物。海葵和珊瑚同被歸類在珊瑚綱。牠們會生成珊瑚蟲，和水母同屬刺胞動物門。海葵有6500種。牠有趣的是非常長壽，可以活到60至80歲，甚至更久。就像其他刺胞動物，牠們不會變老，意味著牠們可能永遠活下去。然而，捕食性動物還沒活到老就會碰上麻煩。蜉蝣只活幾小時，狐尾松可活幾千年。整個人類史上的人類最長壽命維持在100至120歲：經由認證最長壽的世界紀錄由法國女士珍妮·卡爾門（Jeanne Calment）保持，她活了122年又164天。但有些魚、爬蟲類和海葵表現出「微不足道的老化」：這表示牠們能夠不斷自我修復而不會經常死去，除非有東西殺死牠們。

碎，但從 1811 年起，這榮譽交給了傑出女性。甲板上滿載乘客，造價 3 億 3 千萬英鎊的遠洋郵輪，由康沃爾公爵夫人卡蜜拉（Camilla, Duchess of Cornwall）命名，卻在命名典禮的三週後便受到高傳染性腸胃炎襲擊。砸向維多莉亞皇后號（Queen Victoria）船身的香檳酒瓶並沒打破，在它第二次航行時，90,000 噸的郵輪爆發諾羅病毒傳染，這種「冬季傳染病」會導致嘔吐與腹瀉。維多莉亞皇后號上的 3000 名乘客中有七十八位旅客與船員染病而得待在船艙裡治療。冠達郵輪公司（Cunard）先前所有以「皇后」命名的郵輪──瑪莉皇后號（Queen Mary）、伊莉莎白皇后號（Queen Elizabeth）、伊莉莎白皇后二號（Queen Elizabeth 2）和瑪莉皇后二號（Queen Mary 2）──都由英國女王命名。維多莉亞皇后號返港後停泊在曙光號（Aurora）附近，那是半島東方郵輪公司（P&Q）由安妮公主（Princess Anne）在 2000 年命名的郵輪，命名典禮時的酒瓶也沒打破。曙光號在首航時就故障。三年後，它的乘客感染病毒，2005 年時引擎失去動力。

▌巴哈馬的海怪拉斯卡

　　拉斯卡（Lusca）有不同的描述，例如半是鯊、半是章魚，或半是龍、半是章魚，潛伏在巴哈馬最大島安德羅斯（Andros）周圍的藍洞或陸地洞穴的深水裡。就像美人魚和其他傳說生物一樣，牠們吃浮游生物或潮汐帶來的其他微小生物。當地傳說認為陸地藍洞的潮汐無疑是「拉斯卡的呼吸」。當牠吸氣時，有些洞穴強烈傾瀉的水流會造出漩渦，當牠吐氣時，冰冷清澈的水會像沸騰般湧向表面。據說任何人只要走到離牠藏身處太近的地方，與牠遭遇的下場幾乎都是死亡。這不只是說那些膽敢潛進藍洞迷宮般深處的人，也包括離海岸線太近的人，因為拉斯卡據傳會用牠的觸手把受害者從陸上拖到海底墳墓。目擊者甚至說看到漁船被突然猛拉到藍洞水底下，他們只能驚恐地眼睜睜看著無法消化的漁船殘骸事後慢慢浮上水面，漁夫則不見蹤影。

▌瑪麗‧賽勒斯特號

　　1872 年 11 月 7 日，瑪麗‧賽勒斯特號（Mary Celeste）船長班傑明‧史朋‧布里格斯（Benjamin Spoone Briggs）偕同妻子和兩歲大的女兒，還有兩名美國人、三名荷蘭人、一名德國人與一名丹麥人的組員從紐約出發航向熱那亞。瑪麗‧賽勒斯特號雙桅橫帆船載運 1700 桶釀酒用的酒精要

前往歐洲。12月5日，發現它在亞速群島外怪異航行的是蒙主寵恩號（Dei Gratia）。船長大衛・莫爾豪斯（David Morehouse）是布里格斯的朋友，他派人登上瑪麗・賽勒斯特號。救生艇已不在，但貨物、食糧和飲水則都還在。船上沒有打鬥痕跡，但除了船長日誌以外的文件都沒找到。日誌上最後記錄是11月25日在亞速群島（Azores）外。有一個理論是說船員吃了麥角菌污染的麵包，吃下這類真菌的結果會產生幻覺，於是他們跳下海去。

最有可能的解釋由查理・艾登・費（Charles Edey Fay）提出，他認為布里格斯船長想趁風平浪靜時讓貨艙通風。九桶酒精顯示有滲漏，船員可能害怕爆炸。他們也許搭上了救生艇，但用吊索（那是一條粗纜繩）與船保持連接。那時的記錄顯示最後登記日誌的當晚，在平靜風浪之後有一場強烈暴風雨。吊索被發現磨損並吊掛在船側，所以它可能在斷裂後讓船長及船員在黑夜裡漂走了。這是一艘倒霉的船，1860年在新斯科細亞省（Nova Scotia）啟用時叫亞馬遜號（Amazon）。它全長只有31公尺，排水量280噸，接下來的十多年捲入許多海上意外，而且轉手好幾位船主。最後它出現在紐約舊船拍賣上以3000美元被買走。經過翻修後，它在美國註冊並改名瑪麗・賽勒斯特號。一直存在的迷信認為船隻改名是不吉利的事。

美人魚

美人魚從頭到腰是女人的身體，下半身是魚。她們愛慕虛榮，常被描繪成拿個鏡子和梳子，代表了驕傲與奢華。

美人魚和海牛

最早有記載的美人魚之一是敘利亞的阿塔伽提斯（Atargatis）女神，她和阿斯塔蒂（Astarte）與阿芙蘿黛蒂有幾分牽連，或許也和雙魚座（Pisces）有關。這女神有時被描繪成下半身是魚，把她跟月亮與潮汐的週期循環聯繫在一起。她手中拿著麥稈環，關係著農作物豐收。1608年，亨利・哈德遜（Henry Hudson）記錄他的兩名手下湯馬斯・希爾斯（Thomas Hilles）和羅伯特・雷納（Robert Rayner）曾見到一條美人魚：「這天早上，我們隊員之一見到船外有一條美人魚，於是叫醒一些隊員去看，接著又有一條出現，那時她靠近船邊，認真看著這些人。一會兒之後海浪襲來將她打翻。根據他們敘述所見，她從腰部以上的背部和胸部像女人，但身材和我們一樣壯碩。她的皮膚很白，黑色長髮披在身後。她往下游時，他們看到她的尾巴，像是一條海豚的尾巴，而且

有像鯖魚的斑紋。」對於這次目擊和一般美人魚傳說的可能解釋之一，就是水手看到的是稱做海牛的水中哺乳動物。美人魚據說會誘惑水手走向死亡。這名聲或許根據的是海牛喜歡待在紅樹林沼澤的淺水區，所以船隻很容易在牠們附近擱淺。法國探險家亞歷山卓·伊斯奎莫林（Alexandre Exquemelin）描述海牛說：「我們這兒開始的路線通往一個叫龍口（Boca del Dragon）的地方，在那裡可以取得肉食，尤其是西班牙稱做manentines，荷蘭人稱做為 sea-cows 的一種動物，因為這野獸的頭、鼻子和牙齒非常像牛……牠們靠近脖子的地方有兩片側翼，下方有兩個乳腺或乳房，很像女人的胸部。」根據特里斯坦·瓊斯（Tristan Jones）在他的《驚奇之旅》（*The Incredible Voyage*）中所言，海牛給幼子哺乳並且「在夜裡發出像女人的鳴聲」，這是美人魚傳說的由來。

凱麗媽媽的小雞

　　暴風海燕（storm petrel）能夠輕盈地在海面上跑動。這鳥的名字來自於「Petrello」（義大利文 little Peter，「小彼得」的意思──聖彼得曾在水上行走）。水手看見牠們在

船附近時，就知道暴風已在舉目可見的遠方海面上。暴風海燕被法國人稱為「les oiseaux de Notre Dame」，即聖母鳥的意思。在拉丁文裡，這些「Aves Sanctae Mariae」（鳥兒聖馬利亞）被視為「Mater Cara」（親愛的母親），但英國人誤譯為凱麗媽媽（Mother Carey）。至於小雞（chickens）的來源則超出筆者在詞源上的研究。另一個版本的傳說指出，凱麗媽媽是一位女士，照料溺死水手的安息地「水手的樂園」（Fiddler's Green）。她讓自己的顧客不時以暴風海燕的身形探訪上面的世界，所以真正的水手絕不會傷害暴風海燕。

海事巧合

　　湯瑪斯·潘恩（Thomas Paine，1737 至 1809 年）原名湯瑪斯·潘（Thomas Pain），有時被視為「美國革命締造者」。潘家製造緊身褡的事業獲利微薄，為了提供他上預科學校，母親必須向她未婚的姊妹借錢。也許受到當時出版不久的《魯賓遜漂流記》與《格列佛遊記》啟發，湯姆·潘在 1756 年離家出走。來到倫敦後，他嘗試幾份需要熟手的工作但都失敗。然而，《每日廣告報》（*Daily Advertiser*）上的一則公告吸引他眼光：「出航對抗法國，戰慄號（Terrible）私掠船，船長威廉·戴斯（William Death）。各位尊貴的水手，以及身強體壯在陸上討

生活的男士們，只要你們願意試試運氣，同時為國王與國家服務，歡迎登上本船效力。」戰慄號已在泰晤士河畔的行刑碼頭完成整備。潘成功來到行刑碼頭，正等待簽約受聘上戰慄號，他聽到有人喊自己名字。他父親約瑟夫追蹤到他在這裡，說服湯瑪斯重新考慮一份公海上的工作，這無疑拯救了他的性命，也改變了世界發展。才進入英吉利海峽不久，戰慄號就被法國私掠船攻擊。180 名船員中只有 16 人生還，戴斯（Death）船長這下還真的死了。然而，湯瑪斯拒絕跟父親回去，並且在 1757 年回到碼頭成為普魯士王號（King of Prussia）的船員。這艘私掠船在八個月內搶劫八艘外國船隻，潘回到倫敦成了有錢人，從這幾次劫掠賺得 30 英鎊報價。他現在能影響一位紳士的生活——而他未來的生命影響了世界歷史。潘將名字改為湯瑪斯‧潘恩，成為一名激進的革命人士、知識分子和作家。

回到擁有 200 名船員、26 門大砲的戰慄號命運上，它在 1757 年俘虜了法國船隻亞歷山大大帝號（Alexandre le Grande）。威廉‧戴斯船長的兄弟約翰與另外 16 人在行動中被殺，還有其他多人重傷。然而幾天後，擁有 360 名船員、36 門大砲的法國戰艦復仇號（Vengeance）追上戰慄號和它的戰利品，它們因為交戰的損傷而減緩了航向普利茅斯（Plymouth）的速度。復仇號首先奪回俘虜船並重新操縱它。接著兩艘法國船一起攻擊戰慄號，在第一波舷砲齊射下打掉它的主桅杆。它實際上動彈不得，並且遭受可怕猛攻，然而戴斯船長絕不會搖旗投降。復仇號船長與他的大副陣亡了。在戰慄號上，戴斯船長陣亡，此外還有他的副官與船醫也死了，分別取名魔鬼（Devil）和鬼魂（Ghost）。戰慄號最後被登船，法國人發現只剩 36 人活著。其中 26 人不是斷手就是斷腿，其他 10 個人傷勢極重。只有 16 人最後存活下來。有一首當時的海上歌謠，據說是生還者寫的：

可怕砲彈到來，乘著命運之翼，
勇敢船長殞落，不久同伴隨行；
軍官一一倒下，屠殺就在眼前，
鮮血浸染海水，湛紅前是翠綠：
海神緩緩升起，取下頸上花環，
吹響悲鳴海螺，加冕船長戴斯。
戰慄強艦陷落，英勇無所畏懼；
倖存十六生命，故事得以傳送；
法國嚐到勝利，代價如此高昂，
英勇法蘭西人，與英國人同死。
自從古老時代，伊莉莎白女王，
未見此等好漢，這位船長戴斯。

尼祿與船隻設計

羅馬皇帝尼祿（Nero）多年來被說盡壞話，蘇埃托尼烏斯（Suetonius）的《羅馬十二帝王傳》（*The Twelve Caesars*）中這段節錄為他增添些許趣味：「這計畫（趁他母親阿格里庇娜 [Agrippina] 就寢時弄垮臥室屋頂砸到她身上）不幸傳開了，所以尼祿被迫得想其他辦法。這次他發明了一艘船，若船自己沒沉，船艙屋頂就會掉下來壓死她。然後他再次假裝向她獻上殷勤，寫了一封充滿感情的信邀她前往巴亞（Baiae），與他一同參加密涅瓦的祭典。當他到達時，告訴他的海官說要把載她來的大帆船『意外』撞壞，然後經過刻意拖延用餐，當她要求坐船回去包利（Bauli）時，他會提供自己的新發明來代替她的船。她當然接受，他興高采烈陪她上船，吻了她胸膛道別。那晚接下來的時間對他而言焦慮萬分；他完全無法闔眼，除非確定自己計畫成功與否。很不幸，諸事不順，第二天早上消息傳來，她已經游泳平安登岸。」塔西佗（Tacitus）對這件事有更詳細描述。尼祿接著雇用殺手成功將她刺死。

諾亞方舟

這故事的原始版本似乎來自美索不達米亞，四位神祇在那裡降下了一場大洪水。另一位叫埃亞（Ea）的神告訴一名叫做烏特納庇什提姆的凡人，要他依據精確尺寸建造一艘船，上面裝載金、銀、野生動物和他的家人。一場七天七夜的可怕風暴淹沒了所有陸地，這船後來泊在一座山上。烏特納庇什提姆放出一隻鴿子，接著一隻燕子，再來一隻渡鴉。鴿子與燕子回來了，但渡鴉沒有，於是烏特納庇什提姆推論洪水已經消退，他獻祭諸神讓他得救。許多情節跟諾亞的故事相似，諾亞也獻祭感謝上帝。在希伯來文裡，「ark」的意思是盒子，不是一艘船。《創世紀》裡，上帝後悔創造了罪惡的人類，除了 600 歲的諾亞與他家人。上帝於是決定在人間降下一場大洪水。為了拯救自己和動物，諾亞被告知要建造一個巨大盒子以免他們被淹死。《創世紀》第六章第十九至二十一節寫著：「凡有血肉的活物，每樣兩個，一公一母，你要帶進方舟，好在你那裡保全生命。飛鳥各從其類，牲畜各從其類，地上的昆蟲各從其類，每樣兩個，要到你那裡，好保全生命。你要拿各樣食物積蓄起來，好作你和他們的食物。」然而在第七章第二至

四節，我們讀到：「凡潔淨的畜類，你要帶七公七母。不潔淨的畜類，你要帶一公一母。空中的飛鳥，也要帶七公七母，可以留種，活在全地上，因為再過七天，我要降雨在地上四十晝夜，把我所造的各種活物，都從地上除滅。」於是諾亞打算帶兩隻「不潔淨的」豬或蝦或鼠，以及七對「潔淨的」山羊或雞或牛。

據估計，方舟的總容積有 4 萬立方公尺，排水量只比鐵達尼號 22,000 噸的一半少一點，甲板總面積是 9300 平方公尺。問題是它能否裝載所有物種（包括當時還沒絕滅的）各兩個（甚至更多）樣本，還要加上食物與淡水，這在拘泥字義者與反對者之間引起許多爭論，甚至是激辯。聖經學者原本估計諾亞需要捕捉大約 16,000 對動物。現在其他人士宣稱物種數量可能高達五百萬，其中包括跳蚤和蚊子這類昆蟲。主要問題是鋪天蓋地的大洪水會把海水和湖、河、溪的淡水混合在一起，也就殺死了大多數魚類，所以他還得在方舟上加裝各種水族箱。每個水族箱都需要植物、軟體動物和其他魚類來餵養魚，再加上鯨魚需要的浮游生物。有一個計算顯示方舟有 137 公尺長，23 公尺寬，14 公尺深，船體重量大約 2430 噸，承載 1600 噸貨物，包括人、動物和他們的食物。一頭牛約半噸重，所以七對潔淨的牛有七噸重。大象更重，河馬也是。植物得帶上船，以便洪水退後重新種回地上，提供草食動物的食物。也需要其他物種來餵食肉食動物。

另一個問題是淡水─大象每天需要 900 公升，海水太鹹不能飲用。我們從《創世紀》第七章發現，所有動物在方舟上生活了六個月，直到洪水退去（水去哪裡了？）。想必諾亞的三個兒子全部時間都在給動物餵食供水，更別說還要清理牠們的排泄物。如果地球被洪水淹沒六個月，那麼同樣一種沖積泥漿應該會沉澱在每個國家，但它似乎已經神奇地消失了。方舟的「停泊處」據稱是土耳其的亞拉臘山（Mt Ararat）。想必貓熊在那之後翻山越嶺到中國找竹子吃，而無尾熊搭著樹幹跨海到澳洲尋找尤加利葉。科摩多龍隨它們想去哪裡。上帝真的有祂不可思議的運作方式。

▌最長的硬骨魚

皇帶魚（oarfish）是世上最長的硬骨魚。牠的身形像蛇，長約 6 至 12 公尺的身軀有著漂亮的紅色魚鰭、馬一樣的臉孔和藍色魚鰓。許多目擊海蛇時看到的其實是牠。

皇帶魚重量上看 181 公斤，棲息在大約 213 公尺深的海裡，只有生病或受傷時浮出水面。牠看來像個史前時代的鰻魚，腰圍有 1.2 公尺。

《古舟子詠》

柯勒律治（Coleridge）於 1798 年寫的《古舟子詠》（*The Rime of the Ancient Mariner*）讓人想到一艘船的船員，他們因為有人殺死一隻信天翁而受到詛咒相繼死亡。1719 年，私掠船船員賽門・哈特利（Simon Hatley）在喬治・謝爾弗克（George Shelvocke）船長航行繞過合恩角（Cape Horn）時射死一隻黑信天翁，柯勒律治的故事就是根據那件事。當優速號（Speedwell）在合恩角附近受困於暴風雨時，哈特利射死一隻黑信天翁，因為怕牠是個壞兆頭，並且希望這鳥死後能夠一帆風順。哈特利在派塔（Paita）附近的秘魯外海被逮，受輕傷的他被銬上鏈條送往利馬，在那兒待了超過一年。回到英國後，謝爾弗克船長公佈一份報告《經由南極海的環球航行》，提到哈特利所做的事：「我

們都在觀察，自從來到利馬海峽往南航行，沒看到任何一種魚，也沒任何一隻海鳥，只有一隻孤零零的黑信天翁，牠伴隨我們幾天……直到哈特利（我的副船長）在他憂鬱情緒下，看這隻鳥總在我們附近盤旋，想到牠的顏色也許是個壞兆頭……他經過幾次無效的嘗試後，終究射死那隻信天翁，確信我們此後能夠順風而行。」哈特利殺鳥之後的經歷讓這事成為迷信，認為殺信天翁會帶來惡運。

失落靈魂的地牢

在巴哈馬東方，強大的洋流漩渦造成馬尾藻（sargassum）大量聚集在海面。哥倫布提到通過這水域有多難航行，水草把他的船弄得多髒。位於百慕達東北方，這海域的深度有 1600 至 6400 公尺。這「海」是一大池非常溫暖的海水，相當緩慢地順時鐘旋轉。將北赤道暖流和墨西哥灣流的溫暖海水推著轉，這裡很少下雨，氣候就像海水一樣平靜。這裡環境非常潮濕，而且很炎熱。它讓人聯想到海洋中的一片沙漠。缺少降雨使得海水很鹹。這裡有成千上萬堆的馬尾藻，大多往海域中央匯集，因為洋流與風勢都很弱，航行船隻可能會被困在這裡很長一段時間。靜止的船隻會耗盡飲用水。記載顯示西班牙人曾將戰馬丟到船外，以節省珍貴的補給品。因此這區域也成為人們所知的「馬

緯無風帶」（Horse Latitudes）。這些馬匹和船隻、水手的靈魂被認為出沒在這片區域。它的其他名稱有「赤道無風帶」（The Doldrums）、「莓果海」（The Sea of Berries）和「失落靈魂的地牢」（The Dungeon of the Lost Souls）。1492 年，哥倫布被「海草」糾纏，他記錄自己經歷到海面奇怪的光線效果（因為它的鹹度），以及指南針劇烈晃動。他的水手們懇求回航。這現象是地磁變化。

沉船兇手

鋸鰩（Sawfish）過去被視為有龐大翅膀的海怪。牠鋸船時會伸起翅膀，這樣就能迅速逃走。鋸鰩飛行 50 或 65 公里後筋疲力盡，於是潛回海裡大口吃魚。當牠伸起翅膀時會阻擋船隻前進需要的風勢。塞維亞的依西多祿寫道：「鋸鰩（serra）得其名是因為牠背上有鋸齒般的冠毛，游到船底下用這冠毛切開船身。」博韋的樊尚說到：「鋸鰩偷偷游在船底下切斷龍骨，結果海水湧入，用狡猾的手段淹死船員並吞食他們。」瀕臨絕種的鋸鰩（或叫木匠鯊）在現今被識別出屬於一種魟魚，有一根帶齒的長吻突。有幾種大型鋸鰩身長可達 7 公尺。牠們是鋸鰩科（Pristidae）的一員。

斯庫拉和卡律布狄斯

斯庫拉居住在礁岩，而卡律布狄斯在漩渦，因此諺語「處於斯庫拉與卡律布狄斯之間」，意思是左右為難。希臘神話裡，美麗少女斯庫拉被妒忌的女神變成怪物。卡律布狄斯是希拉與波塞頓的女兒，原本是個海洋仙女，她淹沒陸地來幫父親擴大海洋王國，直到被宙斯變成怪物。卡律布狄斯一日三次吞食大量海水，飽嗝之後全吐出來，摧毀在附近航行的船隻。牠呈現為一個巨大漩渦，居住在狹窄水道的其中一邊。

海峽另一邊住著另一個海怪斯庫拉，牠有六臂六頭，每個頭有四隻眼，下半身是六隻醜陋的狗，嘴裡有三排尖銳的利牙。脖子完全伸展開後，斯庫拉有 4.5 公尺高；每個脖子有 1.5 公尺長。躲在峭壁下的山洞裡，斯庫拉會從洞裡竄出，抓住海豚或任何膽敢靠近的人類或動物。

兩邊勢力在海峽中線有段重疊，水手若要剛好避開卡律布狄斯，就會距離斯庫拉太近，反之亦然。英雄奧德修斯選擇犧牲幾個船員去面對斯庫拉，而不要損失整條船去面對卡律布狄斯。傳說中，卡律布狄斯的位置是在西西里島海岸外的墨西拿海峽（Strait of Messina），正對著一塊被稱為斯庫拉的危險礁岩。那裡的漩渦是

水流交匯形成的，但鮮少危害航行。

乳白色海

1995 年 1 月 25 日，一艘商船的船長記錄說他的船駛入一片「乳白色海」，六個小時後從這片海的另一端離開，報告的方位完全符合衛星觀察到的樣貌範圍。同樣事件又在 1 月 26 日與 27 日夜晚被衛星偵測到。觀察資料顯示這區域在非洲之角的外海延伸超過 160 公里，涵蓋面積達 15,000 平方公里，大約等於夏威夷群島的面積。

在朱爾・凡爾納（Jules Verne）的小說《海底兩萬里》（Twenty Thousand Leagues Under the Sea）中，鸚鵡螺號潛艇也花了若干時間通過一片乳白色海：「在晚上七點，半潛的鸚鵡螺號駛入一片乳白海域。乍看之下海洋就像變成牛乳……『這叫乳白色海，』我解釋說。『安汶島（Amboyna）海岸常會見到寬廣的白色小浪，在這海域裡…令你驚訝的白色是水中出現大量微生物造成的，那是一種會發光的蠕蟲，凝膠狀沒有顏色，一根頭髮粗，長度不超過千分之七吋……你不必嘗試計算這些微生物的數量。你數也數不完，因為，如果我沒弄錯，船會浮在這乳白色海上超過四十哩。」不可置信的是故事裡看到乳白色海也是在 1 月 27 日。在小說裡，這些微生物被說成不可能計算牠們的數量，但科學家保守估計出現的發光細菌有 40

兆百京（billion trillion）個。這巨大數字若轉換成沙粒可以覆蓋整個地球厚達 10 公分。乳白色海的稀有現象已被海員注意了好幾世紀，但科學家們仍舊無法解釋成因。這些情況發生時，通常舉目所及的海平面會發出一種持續不變的乳白光線。雖然光源未經徹底研究，最可信的解釋是說那是細菌開花造成的。造成紅潮的旋鞭毛藻（Dinoflagellate）在船隻通過時讓水面發出閃光照亮尾跡，牠們需要物理刺激才會產生短暫明亮的發光。這種呈現是間歇性的，並不符合乳白色海的情況。另一方面，細菌在適當條件下會持續發光。乳白色海的光線有時被描述成白色，但其實是藍色。牠只在人類夜間視覺下被看成白色，因為我們眼睛的視桿細胞不會分辨顏色。

海蛇

1848 年 8 月 6 日，皇家海軍巡防艦代達羅斯號（HMS Daedalus）在好望角附近巡航時，值班軍官發現海裡有個東西。他提示船長與甲板上幾個船員注意一條大海蛇，他們估計身長有 18 公尺），身體直徑有 38 公分，頭部露出水面 1.2 公尺。牠迅速游過水中時既不是上下晃動也不是左右擺動。那生物是深褐色，咽喉以下逐漸變成黃白色。牠的背上有看似海草的背鰭。代達羅斯號觀察牠大約 20 分鐘。1903 年，特雷斯科號（Tresco）輪船航行在哈特拉斯角

（Cape Hatteras）以南 145 公里的海上，二副約瑟夫・奧斯坦・格瑞（Joseph Ostens Grey）注意到他起先以為是廢棄沉船的東西在水中。進一步檢視後，「愈加確定，而且從未如此不安，我們赫然了解這不是廢棄物，牠不是人造的東西……。」格瑞如此記載。他描述一個頭從水裡伸出強而有力的長脖子。牠看來「像龍一樣」，身長大約 30 公尺，身體最粗的直徑有 2.4 公尺。牠的頭有 1.5 公尺長，直徑 46 公分粗。他們擔心這生物若想攀爬上來，這艘沒載貨的船可能被弄翻。「我現在注意到有東西從可怕的下顎滴下來，」格瑞繼續描述。「仔細觀察，我看出那是唾液，混濁的褐色，從嘴角滴了下來。」這生物最後掉頭離開，危機解除。多年之後，科學家嘲笑以他之名發表在《廣大世界雜誌》（The Wide World Magazine）上的故事。接著，特雷斯科號在 1903 年 5 月 30 日星期天的航海日誌被拿出來檢視。上面記載：「早上 10 點，一群鯊魚游過，後面跟著一條巨大海怪。」

加拿大溫哥華附近的太平洋沿岸曾有許多報告，描述了幾種不同外形的生物，其中包括像蛇一樣的海中大蛇。再往南走，更多報告集中在舊金山附近。1983 年 11 月 1 日，一組築路工人在金門大橋以北靠近史汀生海灘（Stinson Beach）的 1 號公路上工作。他們突然注意到一個生物，潛在水下往陸地靠近。他們估計這生物有 30 公尺長，直徑 1.5 公尺粗。牠看起來有三個駝峰。他們用雙筒望遠鏡看牠正捲曲起來，甩著頭到處拍打身體。兩年後，在舊金山灣，雙胞胎羅伯特與威廉・克拉克坐在海邊的一輛車子裡。他們看到兩隻海豹飛快橫越海灣。然後他們注意到「一大條黑色像蛇的動物」在追海豹。他們看到的生物捲曲身體上下扭動前進。這動物顯然也有半透明扇狀小鰭，像穩定翼般發揮功用。許多經驗老到的海員報告看到「海蛇」，包括 1848 年的代達羅斯號船長彼得・瓦海（Peter M'Quhae），1877 年的皇家遊艇奧斯朋號（Osborne）海因斯（Hynes）中尉，1878 年的美國海岸測量局船艦漂浮號（Drift）船長普拉特（Platt），1875 年的寶蓮號（Pauline）輪船船長喬治・德雷瓦（George Drevar）等等。

海洋迷信與諺語

前面已經提過關於擲瓶啟用新船的迷信。歷史記載中曾有一些類似的傳統習俗在船舶首航時為它增添新意。花環和葉冠是儀式中不可或缺的部分，祭司被召來為新船抹油淨化，以守護神之

名為它祈福與祝經。有些船甚至接受洗禮。如果啟用儀式中出了任何差錯——

例如瓶子沒打破，托架移開時有人受傷，或者船該自下水滑道滑下去時卻沒動—通常被認為是不好的徵兆。有些例子中，只要任何參加儀式者在啟用時沒舉杯慶祝，都被認是個壞兆頭。其他行業都沒像航海業有這麼多迷信。例如，絕不要在四月第一個星期一啟航，因為這是該隱殺死亞伯的日子，也不要在八月第二個星期一，因為這是索多瑪與蛾摩拉城被摧毀的日子，或者是 12 月 31 日，因為這是猶大上吊的目子。星期五是最差的日子，因為基督在星期五被釘上十字架。星期日是最佳的日子，因為基督復活在星期日，這也衍生出諺語：「週日出航，絕不出錯。」

千萬不要對別人說、或讓別人對你說祝好運時沒得到回應，這是在玩命。破解這凶兆的唯一方法是要見血，比如說揍一個人的鼻子。牧師對船是不吉利的，因為他們穿黑衣還會主持葬禮

海洋改變與生物集群滅絕

許多生物在一系列六次集群滅絕的進程中消失，據估計有99.9%曾經存在地球上的生物已經滅絕。

1. 奧陶紀—志留紀滅絕（The Ordovician - Silurian Extinction），大約4億3千9百萬年前。

冰河融化而且海平面上升，海洋生物中25%的科和60%的屬滅絕。

2. 泥盆紀後期滅絕（The Late Devonian Extinction）大約3億6千4百萬年前。

溫帶海洋物種受到影響最大，所以一般相信全球寒化導致泥盆紀滅絕。巴西北方在這期間有冰河堆積。除了海平面普遍降低，隕石撞擊也可能造成滅絕。海洋生物22%的科和57%的屬滅絕。

3. 二疊紀—三疊紀滅絕（The Permian - Triassic Extinction）大約2億5千1百萬年前。

有些科學家相信一顆彗星或小行星的撞導致這次滅絕。另一些人認為是火山爆發，西伯利亞城市圖拉（Tura）位於中央的西利亞暗色岩（Siberian Traps），冒出了熔岩覆蓋大片陸地，造成海洋缺氧而導致這次滅絕。還有另外的科學家懷疑彗星或小行星的撞導觸發了火山活動。這是地球上最大規模的一次滅絕，所有生物95%的種，包括海洋生物53%的科和84%的屬，以及陸地生物大約70%的種，例如植物、昆蟲和脊椎動物，全數滅絕。

4. 三疊紀—侏羅紀滅絕（The Triassic - Jurassic Extinction）大約2億5百萬年前。

這次也許是中大西洋岩漿區域（Central Atlantic Magmatic Province）噴發的大量熔岩造成的，同時也造成原始大陸分裂而產生大西洋。火山活動導致全球極度暖化。噴發出來的岩塊如今可在美國東部、巴西東部、非洲北部和西班牙等地發現。海洋生物22%的科和52%的屬，以及未知比例的脊椎動物在這次災難中消失。

5. 白堊紀—第三紀滅絕（The Cretaceous - Tertiary Extinction）大約6千5百萬年前。

這次被認為就算不是主因也讓情況加劇的是一個巨大小行星的撞擊，造成的希克蘇魯伯隕石坑（Chicxulub crater）現在藏在猶加敦半島和墨西哥灣底下。有些科學家相信這次滅絕的主因是緩慢的氣候變化，或者來自印度中西部德干暗色岩（Deccan Traps）的大量玄武熔岩噴發。在這次滅絕中，海洋生物16%的科和47%的屬，以及18%的陸地脊椎動物的科，包括全部的恐龍，全數滅絕。

6. 十八世紀以後。

比起正常情況滅絕速率的每年大約10至25種，現在動物走向滅絕的速度快了100至1000倍（也許甚至是1000到10,000倍）。有些研究人員聲稱，我們正處在一次大滅絕事件當中，甚至比恐龍消失的白堊紀—第三紀滅絕還要嚴重。這次不是隕石或火山爆發，是生物多樣性驚人的減少造成這次大滅絕，原因在於人類行為。

首先，棲息地的破壞以及人為造成的氣候變化要負責任。人為的氣候變化來自於排放大量溫室氣體（基本上是二氧化碳、甲烷和氧化亞氮）滯留在大氣中。這些氣體就像溫室一樣留住太陽熱量。其他例如破壞棲息地的行為，再結合氣候變化只會讓情況更糟。日漸升高的溫度迫使物種移往牠們偏好、通常也比較涼爽的氣候區域。如果那些棲息地已遭破壞，那麼物種們將逃不過氣候變化的效應而走向滅絕。摧毀雨林去種棕櫚榨油、畜牛、種植大豆、建造房屋等等類似行為，就在加速棲息地破壞和物種滅絕。人類的人口過剩導致過度收穫（打獵、捕魚和收割）。污染正導致全世界物種減少，還有被人類引進棲息地的入侵或外來物種經過掠食、競爭和疾病感染，取代了本地物種。2008年，加勒比僧海豹正式宣告滅絕。2006年，西非黑犀牛因為牛角都被拿去做中國催情藥而被捕殺殆盡。2008年，巴拿馬國家象徵的巴拿馬金蛙完全消失。所有大陸都被這持續中的生物浩劫衝擊。現在國際間的當務之急是要完成一份地球上所有物種的清單，並且努力拯救它們免於滅絕。根據國際自然保護聯盟瀕危物種紅色名錄（IUCN Red List）標準評估的40,177種生物，784種已知滅絕，16,119種現在被列為受威脅。更多物種（數以千計）需要列入評估，以便知道它們的狀況。這工作若是完成，已滅絕和受威脅的物種很可能比現在估計的還要多很多。

一**黑**色通常是死亡的顏色，也暗示海洋的深處，所以黑色旅行袋會招惡運。花在船上不吉利，它們可以做成葬禮花環。在海上聽到教堂鐘聲代表船上有人會死。如果一名水手的頭附近出現聖艾摩爾之火（St Elmo's fire），表示他會在一天內死亡。如果死亡水手的衣服在同一個航程中被另一名水手穿上，惡運會降臨整艘船。紅頭髮和扁平足的人會帶來霉運，唯一破解方法是趁他跟你說話前先跟他說話。

對許多水手而言，帶來好運的象徵是身上有刺青、穿金耳環、剛啟程就丟一雙舊鞋到船外、船上有嬰兒出生，以及觸碰水手的領子。被認為不吉利的是用結尾字母是「a」的字為船命名、更改船名、坐一艘綠色船航行、看到老鼠下船、有人死在船上、在船上吹口哨、

穿越有船隻沉沒的區域，或者在海上遺失水桶。乘客裡有女人和神職人員會帶來霉運，如果水手前往港口的路上遇見鬥雞眼的人，他最好不要上船。打噴嚏是很糟的霉運，破解方法是問候一聲。

船上的鐘自己響起代表船員之中有人會死。桅杆上的馬蹄鐵可以使暴風雨轉向，沒有船首像的船不會沉。一艘船在逃避人時航行比較快，載了屍體航行比較慢。屍體意味著暴風雨可能在醞釀，或者可能會鬧鬼。觸碰亡者財物可能造成他的靈魂回來報復，或者會跟亡者一樣的命運死去。謠傳淹死的水手會給以前同船水手帶來麻煩。許多迷信聚焦在狂暴的天氣。吹口哨有召喚暴風雨的威力。為了有助避開暴風雨的各種危險，水手們發展出一些迷信。刀劍交錯成十字互相敲擊可以抵抗暴雨，也可以握住一把黑柄小刀和一本《約翰福音》，或者是敲鑼打鼓。將石塊拋過左肩，朝空中灑一些沙子，將水旋轉倒進一個孔洞，拿一塊濕布用力甩打石塊，這些都有助於避開狂風與壞天氣。

一圈光暈圍繞月亮被認為是雨將來臨的徵兆，而暴風雨中看到月亮升起代表天將放晴。弦月的尖角朝下代表雨就快來，相反方向代表前方是好天氣。如果用左腳先踏上船，疾病會跟著來，

船離港後絕不要回頭看，這會帶來厄運。一枚銀幣放到桅杆頂可以保證航行順利，長程航行也可灑酒在甲板上。新生兒頭上取下的胎膜可以防溺水，並給持有者帶來好運，黑貓會把水手從海上帶回家。丟石塊越過即將出海的船代表它不會返航，航程中丟石塊到海裡會導致大浪和暴風雨，因為這是對海無禮的象徵。看到狗在釣具附近是凶兆。在海上看到燕子和海豚在船附近都是好兆頭，但看到杓鷸和鸕鷀就相反了。鯊魚跟在船後面代表必然有人會死，因為鯊魚被認為能感覺到死亡將近的人身在何處。殺死海鷗是不吉利的，牠們就像信天翁，身上帶有命喪海中的水手靈魂。穿過梯子橫檔遞交旗子會走霉運，在後甲板修補旗子也一樣。在海上剪頭髮或修指甲也沒好事。如果玻璃杯的邊緣發出聲響，趕快止住它，否則就有船難發生。元旦當天殺死的鷦身上取得的羽毛，可以保護水手不會遭受船難。以及絕不要在海上說「淹」這個字。

海巫

相信海巫（Sea Witch）的存在是長久以來船員經歷的一部分。女人被認為能興風作浪，這能力在以往讓她們被

送上木樁接受火刑。海巫被召喚來控制天氣以保航行安全。根據傳說，女巫能控制風。一種方法是在一條繩子上打三個結，有時是在手帕上打結。當三個結用正確的魔法方式紮好後，風就被束縛在上面。女巫將這些魔法繩結送給或售予水手，幫助他們享有安全的航程。解開一個繩結會帶來緩和的西南風；解開兩個，就是強勁北風；三個全解開，就有暴風雨。昔德蘭群島（Shetland Islands）和斯堪的那維亞半島的民間傳說裡，有些漁夫據說就用這種方法控制風。打繩結來控制風的信念可追溯至古希臘傳說，奧德修斯在旅程中從風神埃奧洛斯（Aeolus）那裡得到一袋風來幫助他。據說法蘭西斯·德瑞克爵士出賣靈魂給惡魔，以換取成為一個熟練的海員和海軍上將。惡魔據稱送給德瑞克一名海巫，她在 1588 年興起一場暴風雨來幫他抵抗西班牙無敵艦隊。戰鬥發生在俯瞰德文波特（Devonport）的魔鬼角（Devil's Point）附近，海巫被認為依舊在這裡出沒。

羅馬帝國紫色的秘密

紫色具有特殊含意，它代表羅馬帝國的權力。克利奧佩脫拉（埃及豔后）也將她的船帆染成紫色。帝國紫色的染料來自貝類骨螺（Murex），「骨螺是一種海蝸牛，這麼稱呼是因為牠的尖刺和粗糙表面；牠有另一個名稱叫 conchylium（紫色），因為當你用鐵刃將牠剖開，會流出紫色的汁液，紫色染料就是用牠做成；因此紫色有另一個名稱，ostrum，因為染料是從這貝殼（希臘文是 ostreon）裡面的液體做出來的。」（《亞伯丁動物寓言》）。

但是染色方法在古埃及和羅馬被保密。最近，一位業餘化學家發現古羅馬人如何將皇帝的外袍染色，他利用當地超市買到的鳥蛤身上的一種細菌。退休工程師約翰·艾德蒙斯（John Edmonds）買來鳥蛤，倒掉醋後把幾個鳥蛤跟紫色染料放進果醬瓶裡。鳥蛤被認為帶有一種細菌，在還原染色中具有決定性。瓶中加入木屑確保混合物不會變酸，然後溫度保持攝氏 50 度放置大約十天。泡在染料裡的羊毛起初變成綠色，但最終接觸光線後變成紫色。這失傳的染色方法暗示著，今天需要成噸的化學品去還原丹尼布藍色牛仔褲的染色法造成大量硫化廢料。雷丁大學（University of Reading）的科學家在努力了解細菌如何還原靛藍染料，以便開發出乾淨的生物技術，在將來能夠取代靛藍還原的化學程序。

愚人船

愚人船（Ship of Fools）是一個諷喻，在西方文學、音樂與藝術中引起廣泛共鳴。它描繪一艘船上居住著紛擾、不務正業的人，他們對航向不以為意或一無所知。在十五和十六世紀，「愚人船」文化思想也被惡搞成「救命方舟」（指天主教會）。它始於保守派神學家塞巴斯蒂安·布蘭特（Sebastian Brant，1458-1521）在1495年的諷刺詩作。在114部簡潔諷刺作品中，木刻版畫的描繪還包括了藝術家阿爾布雷克特·杜勒（Albrecht Durer）第一次接受委託的作品。大部分作品在批判教會，標題改用拉丁文的雙關語「navis」，意思是指一艘船或者教堂的中殿。宮廷傻子們被允許說他們想說的話，布蘭特用傻子語氣寫作，發洩他對教會的批評。在哥倫布發現新大陸才兩年後發表的作品，是第一次在文學中引用到在「西洋」（West Ocean，指大西洋）遠方的陸地：

> 到那陸地是由葡萄牙人發現
> 黃金島嶼是被西班牙碰見
> 全身赤裸的褐色土著為伴
> 我們從不知世界如此浩瀚。

作品相當成功，翻譯成拉丁文叫做愚人船（Stultifera Navis），並在1509年譯成英文。乘坐傻子的船開航前往納拉剛尼亞（Narragonia）的「傻子天堂」。布蘭特把許多人視為傻子，包括腐敗的法官、醉漢與沒受訓練的醫生。關於這艘船最著名的畫作是耶羅尼米斯·波希（Hieronymus Bosch）在1500年左右的作品，他想像全人類坐上一艘小船航行在時間海洋中，那是人性的表徵。船上的每個表徵都是傻子。布蘭特說這就是我們生活的方式。我們將自己的時間花費在吃、喝、調情、欺騙、玩弄愚蠢把戲和追求得不到的東西。我們的船在此同時漂流得漫無目的，我們從未到達自己的目。這概念被多次用在文學裡，值得一提的是道格拉斯·亞當（Douglas Adams）的小說《銀河便車指南》（*Hitch-Hiker's Guide to the Galaxy*）。高加夫林加（Golgafrincham）是個半沙漠的紅色星球，這裡有產一種特別激發靈感的苔蘚。這裡居民決定該是把完全無用的三分之一人口趕走的時候了，所以捏造故事說他們星球即將被大災難（在變種星際山羊的威脅下）摧毀。無用的三分之一人口（包括房地產經濟人、政治家、法官、律師、吸毒者等等）被送上方舟二號，那是三艘巨大方舟太空船之一，然後被告知說其他人會坐另外兩艘隨即跟上。當然，另外三分之二人口並沒有跟著走，並且「過著富足快樂的日子，

直到有天突然被骯髒電話感染的致命疾病一舉消滅。」

女人、鳥和魚的組合

早期出處描述的賽蓮（Siren）是腰部以上為女性，下半身是鳥。後來的文獻說賽蓮的腰部以下是像美人魚的魚身，通常還有翅膀。有些例子描繪的是同時擁有鳥腳和魚尾。牠們用美妙歌聲迷惑人。史詩《奧德賽》中的奧德修斯將自己綁在桅杆上，他的水手們用石蠟封住耳朵，這樣他就能聽到牠們的美妙歌聲而不會陷入咒語當中。受到歌聲吸引的水手有時會睡著，於是賽蓮便攻擊他們、撕開人肉。牠們在暴風雨中歌唱，但在晴朗天氣下哭泣。賽蓮在紋章學裡是有兩條尾巴的美人魚。西西里島的阿瑪瑞（Amari）家族徽章上有一個白色賽蓮。塞維亞的依西多祿說到：「賽蓮有翅膀和爪子，因為愛會飛走並製造傷口；牠們待在水裡，因為波浪生出維納斯。人們猜想有三個賽蓮，一半女人一半鳥，擁有翅膀和爪子。其中之一彈魯特琴，另一個吹橫笛，而第三個唱歌。她們引誘水手導致海難。這不是

真的。她們實際上是娼妓，誘使旅人們花

光盤纏。」塞維亞的依西多祿也提到賽蓮毒蛇，毒性強到被牠咬中還沒感到痛就已經死亡。

威廉·里·克拉克在十三世紀的《動物寓言》中記載：「賽蓮是造形奇特的怪物，因為牠腰部以上是世上最美麗的東西，由女人外形構成。其他身軀像一條魚或一隻鳥。牠的歌聲如此甜美，在海上航行的人只要一聽到歌聲就忍不住朝牠而去。音樂聽得出神，他們在船上睡著，還來不及發出一聲喊叫就被賽蓮殺死。」

灑落鹽巴或胡椒

直到今天，把鹽巴或胡椒灑出來仍被視為不吉利的象徵，原因是這些調味料在以前貴得嚇人，尤其在伊莉莎白一世統治期間。特別是胡椒，它必須經過長距離航運才能出現在歐洲的餐桌上，所以價格高昂。

神秘的「群震」

2008 年，這些群震在奧勒岡州外海被正在監聽水底麥克風（水聽器）的科學家偵測到。奧勒岡州立大學的哈特

菲爾德海洋科學中心在四月前十天記錄到 600 多次地震。這個群震的獨特性是它發生在胡安·德富卡板塊（Juan de Fuca plate）的中央，距板塊結構的邊緣很遠。根據海洋地質學家羅伯特·吉雅克（Robert Dziak）所言：「我們無法確定它代表什麼……它看起來像火山爆發的前兆，但那地區沒有火山。」地殼由漂浮在熔岩（岩漿）上的板塊組成，這些板塊緊密相連上下磨擦。如果岩漿穿出地殼噴發出來，它就形成火山。這有可能發生在板塊中央。當板塊彼此猛烈碰撞，它們會沿著板塊邊緣產生地震。這次群震至少有三次地震達到 5.0 或更高規模，而且也沒表現出主震之後跟隨著一系列餘震的典型模式。

刺穿船隻者

塞維亞的依西多祿在七世紀寫道：「劍魚有個尖銳的嘴喙，牠用來刺穿船隻使它沉沒。」這種捕食性魚類的名稱來自牠的尖銳嘴喙像一把劍的平扁劍身，同時牠強而有力的流線造形可以輕易穿過海水。和大眾看法相反的是，這「劍」不是用來刺，而是拿來砍獵物，使獵物受傷後容易被抓住。然而，劍魚主要依賴牠的速度，時速可達 80 公里，還有憑藉水中的靈活度來抓取臘物。

索爾·海爾達驗證傳説

1947 年，著名挪威人類學家索爾·海爾達（Thor Heyerdahl）用巴爾沙木做成的木筏康提基號（Kon-Tiki）航行，從秘魯到玻里尼西亞歷經 6920 公里的航程，嘗試證明玻里尼西亞人原本來自南美洲。1970 年，他用莎草紙造的拉二號（Ra II）從非洲航向西印度群島，要證明埃及人可能在南美洲建造了金字塔。1977 年，他又駕著底格里斯號（Tigris）蘆葦船，從伊拉克穿過波斯灣到巴基斯坦再到紅海，要證明美索不達米亞文明曾利用海上路線與印度河文明進行貿易。

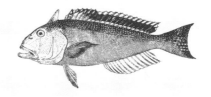

軟棘魚神秘事件

1860 年代，新英格蘭外海發現一種有價值的新食用魚大量群聚。軟棘魚（tilefish）是鱈魚科的一員，可以生長到 23 公斤重，棲息在 90 至 180 公尺深的海中，距離海岸 130 公里，偏好攝氏 10 度的溫暖海水。1882 年，船隻報告看見上百萬隻死亡的軟棘魚漂浮在海面。後來發現北極海流逐漸增強往南流動，轉移了比較溫暖的墨西哥灣流。超過 30 年的時間，沒有任何一隻軟棘魚被捕到

或被看到，牠們直到 1915 年才回來，但數量沒有以前多。

電鰩——帶電的鰩魚

塞維亞的依西多祿記載：「電鰩（torpedo）之所以如此命名是因為觸碰牠會變得麻木（torpescere）。任何人觸碰這種魚，甚至是用一根長竿去碰，都會變得麻痺或癱瘓。牠的威力之強，甚至來自牠身上氣息都會影響四肢。」

海中的獨角獸——獨角鯨

這不可思議的鯨魚有一根長長的螺旋獠牙（實際上是上顎長出的門牙），在氣候變化下正面臨危險。牠的棲息範圍非常狹窄，飲食的特殊性也讓牠成為最無法適應快速暖化的北極哺乳動物。獨角鯨族群集中在巴芬島（Baffin Island）、加拿大和格陵蘭之間相對狹小的區域。數量不超過 80,000 條，獨角鯨

固守在已建立的遷徙模式裡，分佈範圍比其他兩種北極鯨魚——弓頭鯨與白鯨——要小了許多。隆冬海冰分佈的任何改變都有可能不利鯨魚，因為牠們主要在寒冷黑暗的冬季進食，潛到深度超過 1500 公尺的海下尋找最喜愛的格陵蘭大比目魚，次要選擇還是鱈魚和烏賊。

海冰減少也讓獨角鯨更容易受到殺人鯨的攻擊，近年來殺人鯨趁著海冰後退更往北挺進（殺人鯨會避開已冰凍或快結冰的水域以防巨大背鰭撞擊浮冰），但遭北極熊攻擊的機會減少，北極熊會群聚在鯨魚呼吸的海冰孔洞旁獵食獨角鯨。因紐特人（Inuit）目前仍會獵捕數量可觀的獨角鯨，他們報告這些鯨魚的分佈與環境有了改變。在十二到十九世紀最近一次明顯寒化的期間（小冰期），獨角鯨活動範圍應該更往南延伸，最後一次在英國水域看到牠們是 1588 年。不久之後，私掠船長馬丁·弗羅比舍（Martin Frobisher）將一支獨角獻給女王伊莉莎白一世，女王給它的估價是十倍重量的金子。

烏蘇斯——船的發明者

根據希臘人翻譯腓尼基人桑楚尼亞松（Sanchuniathon）的書寫內容，烏蘇斯砍掉傾倒樹木的分枝，坐在剩下的圓木邊緣划過水面，於是就發明了船。「風神柯利比亞（Colpia）和他妻子巴胡（Bahu，夜神）生下阿翁

（Aon）與普洛托勾努斯（Protogonus），凡人如此命名；其中阿翁發現樹的果實可以延長生命。他們的下一代稱為健諾斯（Genos）與金尼亞（Genea），住在腓尼基，遇上乾旱時雙手伸向天空指著太陽；他們認為太陽是天上唯一的神，並且叫祂巴爾撒明（Baal-samin），腓尼基語是『天空之神』的意思，相當於希臘的宙斯。然後阿翁與普洛托勾努斯的兒子健諾斯生出凡人下一代，稱為弗斯（Phos，光）、皮耶（Pyr，火）和弗洛茲（Phlox，火焰），這些人發明用兩塊木頭互相磨擦的生火方式，並且教人使用它。他們生下的兒子身材異常壯碩，名字取自他們獲得擁有權的山嶽，那就是薩優斯（Casius）、里巴紐斯（Libanus）、阿提利巴紐斯（Antilibanus）和布拉提（Brathy）。他們下一代是梅姆拉莫斯（Memrumus）與希普撒拉紐斯（Hypsuranius），他們從自己母親取來此名，那時的女人會毫不害羞地屈服於偶然遇見的男人。希普撒拉紐斯住在泰爾（Tyre），發明了用蘆葦、燈芯草和紙莎草建造小屋的技巧，他跟兄弟烏蘇斯起爭執，烏蘇斯是第一個用自己殺死的野獸皮毛來做衣服的人。曾有一次，來了一場狂風暴雨，泰爾附近的樹木因為互相激烈磨擦而著火，整座森林都燒掉；烏蘇斯到那裡撿了棵樹，清理掉

樹枝，成為第一個乘船到海上冒險的人。他也立了兩根柱子奉為火和風，並向它們敬拜，還用獵來動物的血倒在上面。當兩個兄弟死後，那些還活著的人立起竿子紀念他們，並且繼續敬拜那兩根柱子，每年以他們名義舉行一場紀念。」事情就這麼而來。

女人上船帶來霉運

傳統認為女人在體格上和情緒上沒有男人能幹，所以在海上沒有生存空間。也能觀察到的是若有女人在船上，男人易於分心或有邪念而疏於職守（或者引起鬥毆）。除此之外，這還會觸怒大海毀滅這艘船。然而，若是女人在船上會觸怒大海，有個「裸體」女人在船上卻能使海浪平靜。這就是為什麼許多船隻會在船頭裝上女人雕像，這雕像幾乎都是露出胸部。據說女人坦露的胸部會讓狂暴的海洋「害羞」而保持平靜。

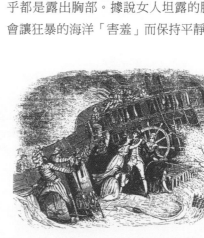

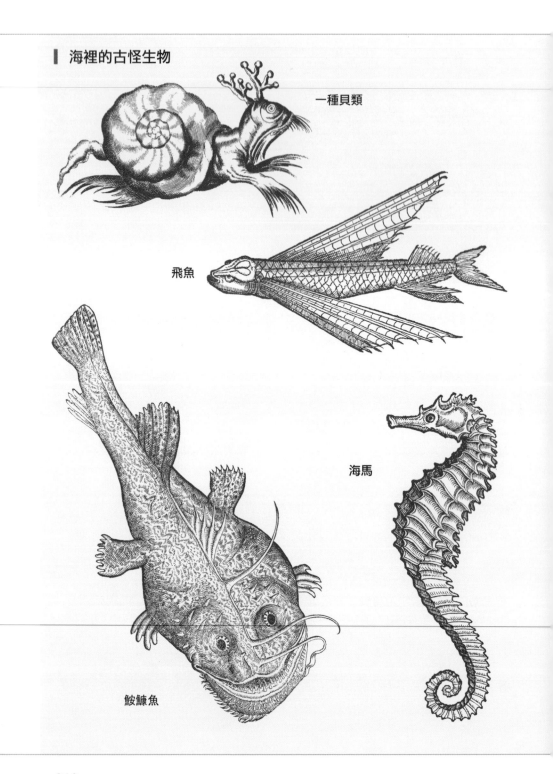

海裡的古怪生物

一種貝類

飛魚

海馬

鮟鱇魚

海象

海蛇

海龜

第六章

奇特人造物、建築、地圖與文件

驚人準確的世界地圖

阿爾伯提努斯·德維爾加（Albertinus de Virga）這位威尼斯製圖師繪製的地圖（1923 年遭竊遺失至今）標示出非洲的形狀準確得令人驚訝，那時歐洲探險家還沒完整揭露這塊大陸。大約 1415 年，葡萄牙人才剛展開「地理大發現」，佔領非洲北端的休達

（Ceuta），他們船員還沒人膽敢越過加那利群島。（即便現在，休達還是西班牙在摩洛哥境內的一塊領地）。地圖根據的資料來源仍舊未明，儘管有人想到它可能來自伊斯蘭商人提供的描述，或來自跟隨鄭和航行的中國製圖師。

古埃及與中美洲的飛行器

1898 年在埃及薩卡拉（Saqquara）一處墳墓裡發現一個看來像是現代飛行器，被認為是玩具的東西。它被註明製作年代大約是西元前 200 年，被扔進一個標註「木頭鳥模型」的盒子裡，儲存在開羅博物館地下室。它在二十世紀後期又被找出來，埃及政府認為它極為重要，成立一個由科學家組成的特別委員會去加以研究。當時在開羅博物館舉辦了一場展覽，做為主展品的小模型被標示著「飛機模型」。它的比例形式就像一架先進的「動力滑翔機」，那是幾乎可以靠自己待在空中的滑翔機。甚至一個非常小的引擎都能讓動力滑翔機在高酬載下以時速 55 哩（88 公里）的低速持續飛行。這卓越的能力歸因於形狀奇特的機翼，翼尖朝下彎曲（一個反二面角的形狀）能帶給飛機最大

升力。在中美洲和南美洲，前哥倫布時期用金子做的模型或玩具被大發現，大約有一千年歷史。它們不像任何已知的動物，例如鳥或魚，但看來比較像現代的飛機或太空船。尾巴前方的結構就像稍微往前彎曲的襟翼與升降舵組合。不

過，它們是連結在機身上而不是在機翼上。機翼從側面看是水平的，但是從前面看的話，它們稍微往下彎。機翼後方的升降舵被設置在稍微高一些的水平面上，尾端方正，呈現明確的幾何形狀。這尾巴也不尋常，魚或鳥的尾巴都沒有像這樣單片、筆直、垂直的邊緣，但這尾鰭形狀完全像現代飛機的尾翼。

古印度的太空船與原子彈

《摩訶婆羅多》（Mahabharata）和其他例如《薄伽梵往世書》（Bhagavata Purana）的吠陀史詩都有提到飛行機器維摩那（vimanas），它在《航空學》（Vaimanika Shastra）這份文件裡受到廣泛討論。在印度經典史詩《羅摩衍那》（Ramayana）的故事中詳細描述了搭乘維摩那前往月球的旅行，並且在那兒跟一艘「阿斯溫」（Asvin，亞特蘭提斯飛船）交戰。在古老文件中，有些維摩那是雙層甲板的圓形飛行器，有舷窗和圓頂，很像我們現在對於「飛碟」的構想。它們以「風的速度」飛行，發出一種「悅耳的聲音」。根據描述有四種不同的維摩那，有些是淺碟形，另外的像是長柱形。印度人認為他們自己建造了這些飛船，並且寫下了飛行手冊。《薩摩拉經》（Samara

Sutradhara）是一份講述維摩那空中漫遊的科學專論。總共 230 節的文字描述了建造、升空、巡航數千里、正常落地與迫降、甚至可能與飛鳥碰撞。1875年，在一處印度神廟裡發現了《航空學》，這份公元前四世紀的文件依據的是比它更古老的文獻。它說明維摩那的運作，包括操控、長途飛行的準備、防範暴風雨和閃電等資訊，以及如何從不受約束的能源（本身聽起來像是「反重力」）轉換到「太陽能」。這文件分八個章節，附上圖解，描述三種飛行器，還包括不會著火也不會損壞的裝置。它也提到這些載具的 31 項基本零件和建造使用的 16 種材料，這些材料能吸收光線與熱，所以適合用來製造維摩那。

根據史詩《摩訶婆羅多》的〈德羅納篇〉（Drona Parva）以及《羅摩衍那》，維摩那的形狀是球體，能夠乘著水銀產生的強風而行。它能依駕駛員的要求上下前後移動，有一點像獵鷹戰鬥機或幽浮。有一些甚至能潛入水中。《羅摩衍那》的一段文字寫道：「狀似太陽的普什巴卡（Pushpaka）戰車是我兄弟的，它由強大的羅波那（Ravana）帶來；這卓越的飛天戰車能隨心所欲到任何地方……戰車像空中的一朵明亮浮雲……而羅摩（Rama）國王得到它，這卓越戰車在他兄弟羅海拉（Raghira）的控制下升向高空。」在另一個出處

《薩瑪》（Samar）中，維摩那是「鐵皮機器，完美接合而且表面平滑，後面的水銀火藥射出一道轟隆火焰。」在薄婆菩提（Bhavabhuti）的八世紀耆那教戲劇《大雄傳》（Mahavira）裡，引用了古老文獻說：「飛天戰車普什巴卡運送許多人到首都阿約提亞（Ayodhya）。天上佈滿驚人的飛行機器，暗得像黑夜一樣，但從淡黃耀光中可以認出它們。」古老的印度詩集《吠陀》（Vedas）描述的維摩那有多種造型尺寸：「噴火維摩那」（ahnihotra-vimana）有兩個引擎，「大象維摩那」（caja-vimana）有更多引擎，其他的類型都用翠鳥、朱鷺和其他動物來命名。

水銀可能跟推進有關，或者更有可能與導引系統有關。《航空學》似乎描述了現今稱為水銀渦流引擎的構造，那可是美國航空暨太空總署製造的離子引擎先驅。更多關於水銀引擎的資料可以在《薩摩拉經》發現：「維摩那的機體必須造得堅固耐用，就像用輕量材料做的一隻大飛鳥。在圓形框架裡，將水銀引擎的太陽能水銀鍋爐放在機身中央。藉由水銀加熱後潛在的力量驅使渦流運動，坐在裡面的人能以最奇妙的方式長距離移動。內部結構必須建造出四個堅固的水銀容器。當這些容器被太陽能或其他能源加熱後，維摩那從水銀發出

雷鳴般的推力……維摩那的移動是垂直上升，垂直下降，傾斜前進或後退。在這機器的幫助下，人類能飛在空中，天上的東西能來到地面。」不幸地，維摩那最終被用來打仗，因為亞特蘭提斯人用他們相似的飛行器「瓦利希」（vailixi）企圖征服全世界。亞特蘭提斯的飛行器在印度文獻裡被稱為「阿斯溫」，比印度的飛行器在技術上還要先進。他們雪茄形狀的瓦利希能在水下、在空中或在外太空運作。《摩訶婆羅多》、《羅摩衍那》和其他文獻告訴我們，可怕的戰爭發生在亞特蘭提斯與羅摩之間，時間在一萬至一萬兩千年前。史詩說到戰爭帶來可怕的毀滅：「（武器是）一個炸彈／充滿全宇宙能量。／一縷熾熱濃煙與火焰／就像一千個太陽一樣明亮……／一個鐵霹靂，／巨大的死亡使者，／化為灰燼的／是維席尼（Vrishnis）全部的人／還有安哈卡斯（Andhakas）。／……死體被燒毀／完全無法辨識。／頭髮和指甲脫落；／陶器破裂沒有明確原因，／鳥兒都變白。／……幾個小時後／所有食物都被污染……／……逃離這火海／士兵跳進河裡／清洗自己和裝備……」這可能是一場核子戰爭嗎？

有一個論點就是，羅摩的王國在浩劫中絕滅，而亞特蘭提斯也沉沒，世

界倒退回「第二個石器時代」，只剩古老優越的文明繼續存在。可怕戰爭結束數千年後，亞歷山大大帝入侵印度，歷史學家記載他被「飛行火盾」攻擊，騎兵們驚恐無比。其他文明也記載了飛行機器。《哈克塔》（Hakatha，即《巴比倫法典》）陳述：「操作飛行機器的特權很重要。飛行知識是我們最古老的傳統之一。它是『上蒼』給予的禮物。我們得到它做為拯救生命的工具。」古迦勒底人文獻《西法拉》（Sifrala）包含超過 100 頁關於建造飛行器的技術細節，其中有些文字可轉譯成石墨棒、銅線圈、水晶指示器、振盪球體、安定角等等。

《摩訶婆羅多》描述阿修羅·瑪雅（Asura Maya）有一架維摩那，周長有十二腕尺，有四個堅固的輪子。敘述中的武器有「發出火焰的飛彈」和透過圓形「反射器」啟動的「因陀羅（Indra）的飛鏢」。當武器啟動時，它發出「一道光箭」，瞄準任何目標後可以「用它的威力將其消滅」。在一段摘錄中，英雄奎師那（Krishna）在空中追逐敵人薩瓦（Salva），薩瓦的維摩那要變隱形了。奎師那馬上發射一個特別武器：「我立刻拉弓上箭，這箭追蹤聲音殺敵。」同樣的故

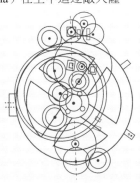

事記載著：「廓爾喀（Gurkha）駕駛他強大快速的維摩那，向維席尼與安哈卡斯的三座城市投下一個充滿全宇宙能量的炸彈。一縷熾熱濃煙與火焰冒起，就像一千個太陽一樣明亮。這未知的武器，一個鐵霹靂，是巨大的死亡使者，將維席尼和安哈卡斯全部的人化為灰燼。」那些死者被燒得屍體完全無法辨識，半殘生還者看到他們頭髮和指甲都脫落了。

世界最古老的科學儀器

安提基特拉機械（Antikythera Mechanism）是 1901 年在安提基特拉島（位於希臘與克里特島之間）與數百件有價值的人工製品一起被發現的。它來自西元前 150 至前 100 年的一艘希臘貨船上。大約 30 公分高，青銅製作，原本有木框，37 個手工切割的青銅齒輪中有 30 個還存在。它被用來預測太陽與月亮的位置。三維空間的表面圖像指出它不僅能預測行星運行，也能預測 18 年一週的沙羅週期（Saros cycle）、54 年一週的轉輪週期（Exeligmos）、19 年一週的默冬週期（Metonic cycle）和 76 年一週的卡里匹克週期（Callippic cycle）。類似複雜度的人工製品直到整整超過一千年後才出現。雖然只有鞋盒大小，這機械的價值遠超過僅存放在雅典的博物館裡，於是一臺 7.5 噸的 X 光斷層掃描機從英國送到那裡去檢測這

儀器。它能讓 932 個符號從隱藏的銘刻中顯現，與原先未遮掩的 180 個「近乎難辨」的符號形成對照。在西元前一世紀，西塞羅曾提到一個儀器「是我們的朋友波希多尼（Poseidonius）最近製造的，它可以忠實重現太陽、月亮和五顆行星的運行。」阿基米德據說也製造了一種小天象儀，兩個這樣的儀器在西元前 212 年敘拉古城淪陷時被拯救出來。安提基特拉的再製品讓人想到這樣的說法，現在看來是可以接受的。複雜而先進到令人驚奇的安提基特拉機械是現代科學儀器的始祖。

▌約櫃

約櫃（Ark of the Covenant）在希伯來文裡被稱為「Aron Habrit」，aron 意思是盒子、箱子或櫃子。除了刻有十誡的石板之外，人們認為裡面還放了亞倫杖（Aaron's Rod）和嗎哪（manna）。它代表上帝與猶太人的永恆契約，也包括任何相信猶太聖經的人，例如伊斯蘭教徒和基督教徒。在《摩西五經》裡，約櫃是根據上帝在西奈山（Mt Sinai）向摩西顯現後的指示製造出來的。上帝在兩位天使身後向摩西說話，這兩位天使也被雕刻在約櫃上。上帝交待了製造約櫃的細節，它必須完全鍍成金色。櫃子四個腳要裝上金環，用鍍金的合歡木或皂莢木槓穿過環來搬運它。這槓不能取出。約櫃上要放置金的櫃蓋，櫃蓋上

面裝飾金的天使，約櫃本身要藏在帳幕下面。摩西帶領以色列人離開埃及時，約櫃由祭司抬在人民與軍隊前方大約 3400 呎或 1000 公尺。當約櫃抬到約旦河畔時，河水分開讓以色列人通過。來到耶利哥（Jericho），隊伍跟著七位祭司抬著約櫃，吹響七支號角繞城七天，最後只在一聲呼喊下就讓城牆倒塌，進而佔領城市。回到耶路撒冷，所羅門聖殿建造了一間稱為至聖所（Holy of Holies）的特別內室來安放約櫃。西元前 586 年，巴比倫人包圍耶路撒冷並摧毀聖殿。約櫃也許已被破壞，或被尼布甲尼撒帶走。《馬加比二書》（*Second Book of the Maccabees*）和《啟示錄》都宣稱約櫃已不存在世上。

然而，許多傳聞都說它仍然存在。根據希伯來的傳說，建造聖殿的所羅門王將約櫃放在一個能夠降至地道的平台上，以防聖殿被佔領。當代在聖殿山附近的挖掘發現秘密地道的存在。但是挖

掘受到很大限制，因為伊斯蘭主要聖地阿克薩清真寺（Al-Aqsa Mosque）和圓頂清真寺（Dome of the Rock）就建在所羅門聖殿的原址。尼布甲尼撒佔領聖殿時沒提到約櫃，也許它已經被利未人（Levite）的祭司藏起來。衣索比亞的東正教會宣稱在阿克蘇姆（Axum）保有約櫃（或稱它「塔波特」tabot），顯然是放在聖瑪利教堂附近一個嚴密監控的小庫房裡。不過阿克蘇姆的塔波特複製品在衣索比亞每間教堂裡都有，每個都有它特定供奉的聖人。十三世紀文件《君王的榮耀》（*Kebra Nagast*）陳述說，約櫃被孟利尼克一世（Menelik I）在神的協助下帶往衣索比亞，他在耶路撒冷留下一個贗品。孟利尼克被認為是所羅門王與示巴女王的兒子。亞美尼亞人阿布‧薩利（Abu Salih）在十二世紀末期寫道：「阿比西尼亞人也持有約櫃…」並且描述它的樣子。每年舉行四次聖餐儀式來頌揚它：「讚頌偉大耶穌誕生的盛宴，讚頌榮耀洗禮的盛宴，讚頌聖潔復活的的盛宴，讚頌光輝十字的盛宴。」

南非與辛巴威的倫巴人自稱他們祖先將它帶往南方，稱它為「ngoma lungundu」（上帝的話語）。他們把它藏在心靈歸宿鄧根山

（Dumghe Mountains）的深洞裡。圖多爾‧帕菲特（Tudor Parfitt）在 2008 年的著作《失落的約櫃》中主張，倫巴人的恩哥瑪（ngoma）和約櫃相似，用竿子搬運，被尊為上帝的話語，不能觸碰地面，能當做武器將敵人一掃而空。他相信約櫃被帶到阿拉伯，也許是葉門的塞納（Sena），然後再被倫巴人的布巴（Buba）部落帶到非洲。布巴人有一個基因特徵是來自黎凡特（Levant）的閃族男性，所以他們被假設是以色列「消失的支派」之一。倫巴人說約櫃在某個時候自己損壞了，祭司用原初材料做了一個複製品。這複製品現在存放於哈拉雷（Harare）的人類科學博物館，碳測年法判定其年代是西元 1350 年，正是大辛巴威文明瓦解的時候。

有些猶太資料來源相信其實有兩個約櫃。原本摩西的單純木櫃是「打仗的約櫃」，後來的一個金色約櫃是由比撒列（Bezalel）製作並放在聖殿裡，如同《出埃及記》的描述。也有人說約櫃的「石刻板」在嘉哈利亞（Djaharya）一座崩壞的拉美西斯三世（Ramses III）神廟附近。傳說中，約櫃在十字軍東征後被聖殿騎士帶去朗格多克（Languedoc）。歷史作家格拉漢姆‧菲利普斯（Graham Phillips）相信它

被馬加比帶去西奈山附近的艾登山谷（Valley of Edon），然後被聖殿騎士拉爾夫·迪·修德利（Ralph de Sudeley）帶往英國，拿到他在瓦利克郡赫德維克（Herdewyke）的領地。有些人相信它被埋在愛爾蘭的塔拉山下，還有人相信它在日本四國的劍山洞穴裡。

阿茲特克曆法或太陽石

1760 年 12 月 17 日，一塊驚人的巨石被發現，它具有神話與天文的重要性。這完整一塊的玄武岩幾乎有 25 噸重，直徑將近 3.7 公尺，厚度有 90 公分。它被發現埋在墨西哥城的「索卡洛」（Zocalo，主廣場）下面，這座城市做為古阿茲特克首都時叫做特諾奇帝特蘭（Tenochtisan），這石塊在 1885 年以前都嵌在城都主教座堂（Metropolitan Cathedral）西塔的牆上。石塊後來轉交給國家考古與歷史博物館。它雕刻於 1479 年，阿茲特克第六任君主統治期間，並獻給阿茲特克最重要的神祇──太陽。石塊的複製品在墨西哥各地都可發現。阿茲特克人將這完整一塊玄武岩稱做夸西卡利（Cuauhxicalli，鷹碗），但普遍被稱為阿茲特克曆法或太陽石。阿茲特克曆法系統不僅是阿茲特克人採用，還包括前哥倫布時期的其他中墨西哥民族。因此它具有古代中美洲盛行的各個曆法基本結構。它們的構成有一個 365 天的週期稱為希烏波瓦利（xiuhpohualli，年的計數），還有一個 260 天的宗教週期稱為托納爾波瓦利（tonalpohualli，日的計數）。這兩個週期共同形成 52 年的「世紀」，有時稱做「曆法週期」（calendar round）。希烏波瓦利或年的計數被認為是太陽曆，因為它根據的是太陽。托納爾波瓦利或曆法週期則被視為神聖曆。

巴格達電池

巴格達電池有時也被稱為帕底亞電池，它是美索不達米亞一些人工製品的共同名稱，也許是帕底亞（Parthian）帝國或薩珊（Sassanid）王朝時期（西元前幾個世紀）製造的。一些古老瓶子裡有防水的銅柱，它們用瀝青黏在瓶口內。1936 年，在挖掘伊拉克巴格達附近一處兩千年歷史的村莊時發現這些東西，到了 1938 年，伊拉克國家博物館（National Museum of Iraq）的經理威廉·科尼格（Wilhelm Konig）博士在館內偶然看到它們，這些人工製品便引起廣泛注意。身為考古學家的科尼格仔細檢查一個看似古老的黏土瓶。它

巴比倫魔鬼陷阱

巴比倫魔鬼陷阱（Devil Trap）是刻著神秘文字與符咒的赤陶碗，是美索不達米亞某些地方的古希伯來人使用的東西。這文字刻在裡面的碗被埋在建物地基的四個角落。它們的魔力可以抵擋男女惡魔、疾病、詛咒和「邪眼」（evil eye）。這些巴比倫魔鬼陷阱的使用從西元前三世紀至前一世紀開始，一直到西元六世紀為止。因為是流傳下來的異教習俗，普遍禁止巫術的希伯來宗教嚴格來說不准使用這碗。也許為了規避宗教律法，魔鬼陷阱的刻文通常也包含了祈求上帝協助，或者引用希伯來聖經的經文。西元前三世紀的一個碗上面公告「休妻宣言」，要和魔鬼與所有夜裡的妖怪們分道揚鑣，並命令它們立刻離開社區。

是 15 公分高的亮黃色黏土花瓶，裡面有一個銅片捲成的銅柱，長 13 公分，寬 4 公分。銅柱邊緣用 60 比 40 的鉛錫合金（相當於現今的焊錫配方）封住。銅柱底端套上捲邊銅盤，再用瀝青封住。另一個瀝青隔離層封住頂端，同時將一個鐵棒固定在銅柱中央。鐵棒顯示已受到酸性藥劑侵蝕。1940 年，科尼格發表論文宣稱它是一個古老的直流電池，也許用來把金電鍍到銀上面。他的「電池」，以及其他在伊拉克出土的同樣東西，年代確定是西元前 248 年到西元 226 年帕底亞人佔領時期。然而，科尼格在博物館也發現從伊拉克南部蘇美人遺址挖掘出來的鍍銀銅花瓶，年代至少可追溯至西元前 2500 年。輕敲花瓶時，一片藍色銅鏽或薄膜從表面脫落，那是將銀電鍍到銅基材的特徵。於是出現的可能性是蘇美人身為已知最古老的文明之一，他們將「電池」和電鍍的知識傳給了帕底亞人。

1940 年，麻薩諸塞州的一位奇異公司工程師做了一個電池複製品，用硫酸銅溶液產生半伏特的電力。1970 年代，德國的埃及古物學者也做了一個電池複製品，填充的是鮮榨葡萄汁來當做電解液，因為他推斷帕底亞人和蘇美人可能是這樣做。這產生了幾乎 0.9 瓦的電力。他用這電力把金電鍍到小銀雕像上，這種電澱積的過程就稱為電鍍。因此電池

世上第一個用電力照明的房間

1878年，世上第一座水力發電站提供電力給克拉格塞德莊園（Cragside House），點燃畫廊的弧光燈，這裡是威廉·阿姆斯壯男爵（Sir William Armstrong）位於諾森伯的住所。弧光燈在1880年替換成約瑟夫·斯萬的白熾燈泡，斯萬視之為「首次正確安裝」的電燈。這時還沒有開關，若要關掉電燈，必須從幫助導電的水銀盤中抬起它們的銅製底座。這四顆燈泡仍在畫廊原來位置。

可能在當時已經被用了至少 1800 年，而且比亞歷山卓‧伏特（Alessandro Volta）在 1799 年發明的現代電池早了 4300 年。複製品能產生的電力從 0.8 伏特到近兩伏特。如果串接起來，一組電池理論上能產生更高的電壓。

巴顏喀喇山石碟

這些神秘石碟可能訴說了一萬兩千年前外星人迫降的故事。位於西藏邊界附近的巴顏喀喇山是中國最偏僻的地區之一，山岳高度達 2100 至 5000 公尺。1938 年，中國考古學家齊福泰在一些山區洞穴裡找到排列整齊的墳墓。他發現脆弱瘦小的骨骸，但有不成比例的大頭骨。洞穴牆上的石畫繪製了戴著圓盔的生物。石畫上還繪有星星、月亮和太陽，並用許多逗點將它們連結起來。中國考古學家們知道杜立巴族（Dropa）與康族（Kham）曾居住在荒漠地區。這些矮個子民族平均身高 127 公分。齊福泰和助理們設法從複雜的洞穴、地道與庫房裡找出 716 片石碟。「這些通道是完美的方形，牆面、天花板和地板全都光滑無比，這些通道和石室就像利用發出高熱的裝置在山裡輕易融化出來」，北京自然歷史博物館的周國興博士這麼說。石碟直徑 23 公分，厚度不到 2.5 公分，有些類似現代的黑膠唱片，上面有溝槽而且中央有個孔洞。直到 1962 年，中國社會科學院考古研究所的楚聞明教授才能解譯部分雕刻的內容。起初研究所不允許楚聞明發表他的成果，因為他的發現令人震驚。跟地質學家合作下，他證明石碟有高含量的鈷與金屬。物理學家發現 716 片石碟都有明顯的震動頻率，得出結論是它們曾暴露在高電壓下。科學家也發覺那些溝槽其實是古老文件的微縮影。

根據周國興博士的說法，「石碟的歷史有八千至一萬兩千年，這讓它們成為世上最古老的文件」。「716 片石碟當中，只有五片被完整解譯出來，另外四片有部分內容被解譯。」解譯內容說出了可怕的故事，那是兩方敵對陣營開戰後造成的大災難。大約一萬兩千年前，一群外星人墜落在太陽系的「第三個行星」（地球）上。他們的飛行器再也沒有足夠動力離開這星球。他們墜落在遙不可及的山區裡，那裡沒有工具和材料建造新的飛行器。一位生還者寫說一方陣營授權使用可怕的「終極武器」去結束衝突。「那就像自然元素被釋放出來一樣……陽光繞著圈轉。遭受那武器可怕熱量的灼燒，整個世界天旋地轉。人類和動物被熾熱光線燒死，景象不忍卒睹。倒下的屍體殘肢斷臂，看起來不再像個人類。我們從未見過如此嚇人的武器，也從未聽聞這般的武器。它就像天空在吶喊，放出閃電並降下死亡。許多靠近衝突中心的人被化為灰燼。」周國興博士指出這記載完全是在描述核戰浩劫。

巴顏喀喇山的地方傳說也提到從雲端來的黃色瘦小生物。傳說這外星生物醜得讓矮個子杜立巴族人避之唯恐不及，實際上還被他們以「快速的方式」殺死。杜立巴人相信他們祖先分兩次來自太空，最早一次是兩萬年以前。

《亡靈書》

《亡靈書》（*Book of the Dead*）的原始名稱是「Pert Em Hru」，意思是「明日之書」或「通往光明之書」，內容是幫助死者通往來世的咒語，而且有好幾個版本，包括來自赫里奧波里斯、底比斯和薩爾里斯（Salis）各地祭司的樣本。咒語通常被發現刻寫在紙莎草或皮卷軸上緊靠亡者。它們一般放在棺木裡的屍體旁，實際上跟木乃伊裹在一起，或者放在一個葬儀用的小神像裡面。許多咒語可能是在葬禮上由祭司朗頌出來。他們貼近亡者吟誦，意味亡者通往來世的路上若遇到危險就能派上用場。寫有《亡靈書》截取段落的紙莎草在許多墳墓裡被發現，出於此書的刻文也出現在墓碑、金字塔和石棺上。埃及有錢人從最早開始就被葬在大陵墓裡，陪葬品有裝飾品、武器、化妝品、衣物、食物和飲料。葬儀祈禱最早的證據是大約西元前 2665 至前 2155 年的「金字塔銘文」（Pyramid Texts）。內容有關於保護做成木乃伊的法老、皇室家族以及葬在附近墓地的朝臣，幫助他們前往來世。

這些在陵墓內室牆上發現的文字大約在西元前 2050 至前 1755 年發展成「棺上銘文」（Coffin Texts）。棺木在這時期變成木乃伊造形。《亡靈書》最早的樣本可推溯至第十八王朝（西元前 1570 至前 1300 年），它們吸納並擴充了金字塔銘文與棺上銘文裡的咒語和祈禱文。有時文字是用樸素的黑色墨水書寫，但通常咒語標題和重要文字用紅色書寫。插圖則是黑白交替或者全彩。咒語的數量和次序在第十八和第十九王朝版本的《亡靈書》裡大有不同，也許顯示出貴族在委任抄寫時的要求。直到大約西元前 320 年的托勒密王朝時代，紙莎草上的咒語數量與次序才標準化，並且標上序號。咒語總數超過 200 條，但沒有任何一份發現的紙莎草上有全部的咒語。

新王國時期（西元前 1554 至前 1075 年）一本標題為《來世之書》（*Book of What Is in the Netherworld*）的書籍描述來世是在一片漆黑的地下冥界。這地方分成 12 個地區，每個地區稱為一個「洞穴」，由一個國王統治著以「靈魂」組成的子民。例如，第六個地區是有運河的農業區，在俄西里斯（Osiris）統治之下。許多地區都和一條類似尼羅河的大河連結。順著這條大河，經過黑夜，太陽神坐著一艘船為冥

《亡靈書》的審判情節

古埃及人在通往來世中歷經的儀式在《亡靈書》第125章有提到。在圖畫中，俄西里斯身為王者，通常位居左邊，面對四位次要神祇，包括冥界女神阿米特（Ammut）。她有個鱷魚頭，軀幹和前肢是獅子，後半身是河馬。她會吞食掉被判定做了壞事的亡者身體。中央是一個大天秤，亡者的心放在一邊秤盤裡，代表真理的一根羽毛放在另一邊。神祇荷魯斯和阿努比斯（Anubis）檢查天秤的平衡，托特記錄結果。亡者的右邊，真理女神瑪阿特（Ma'at）和其他42位神祇在大廳四周出席審判。

亡者被要求為自己答辯，首先用讚歌與咒語交織的話語向俄西里斯致詞。然後亡者朗誦一般無罪答辯的宣告，內容就是否認各種惡行和違反宗教習俗：「我沒有迫害依賴者⋯⋯我沒有讓人受餓⋯⋯我沒有讓人哭泣⋯⋯我沒有縮減神廟供奉的食物⋯⋯我沒拿走留給神明的糕餅⋯⋯我是純淨無瑕的」諸如此類。這麼做是希望向俄西里斯保證他在世間過著合乎體統的生活（同時他當然已經學到用祈禱文來彰顯自己的價值），而且他的身體按照體統是純潔的。

接著他向42位神祇致詞，向每位神祇否認不同類型的過錯。這時再度需要死前重要的記憶本領了。他在此審判階段可以博取可信度，只要說出每個神祇原始秘密的名字和居所，他就能控制祂們。於是他必須從祭司那裡獲知具有強大魔法的知識，記住俄西里斯與其他42位神祇原始秘密的名字和居所。他能利用這知識影響祂們做出對自己有利的判決。最後亡者交出他的心，懇求它不要做出不利自己的證詞。亡者在此審判階段失去所有答辯的控制權。如果這顆心不確認此人清白，他會輸掉審判。但只要心確認了此人清白，荷魯斯便引領這人到俄西里斯面前，並在受祝福的王國裡為他指定適當位置。

界居民帶來光明和喜悅。

埃及人希望死後能夠在白天自由回到人間，或者被接納成為俄西里斯王國裡受到祝福的一員。《亡靈書》包含種種讚歌、魔法用語、連禱文、咒文、祈願文以及明確有力可背誦的話語，以便幫助亡者克服困難，在來世得到幸福。不同咒語有不同目的，例如21至23條咒語確保亡者得到幾個神明的幫助讓他「開口」，以便可以呼吸和進食。第25條咒語要恢復亡者的記憶，第42條讓身體每個部分受到神明的保護，第

43條保護身體免被斬首，第44條保護亡者免於死第二次，第130至131條使他在日出與日落時能使用船隻。第154條有一段亡者對俄西里斯的請求是這麼說：「我繼續生存，我繼續生存，活

著，活著，持續，持續。我醒來平靜無憂。我不要消逝在遠方……我的骨骸不要受苦，我的耳朵不要變聾，我的頭不要落地，我的舌不要被割，我的頭髮不要剪掉，我的眉毛不要脫落。我的遺體不要受損。它不要消磨殆盡，我不要消逝無蹤，從這土地永遠離去。」

《聖經》遺失的書卷

　　《以諾書》（*Book of Enoch*）受到猶太教與基督教同樣的尊崇，但因為描述墮落天使的本質與作為有爭議，早期神學家不是很贊同它。《以諾書》和其他例如《多俾亞傳》（*Book of Tobias*）與《以斯拉記》（*Book of Esdras*）等作品一度被接受成為《聖經》正典。其他與當時教義不符的作品則被銷毀而永遠失傳。《以諾書》曾被認為是早期教父們寫作的偽書（apocryphal writings）。從希臘文衍生而來的 apocryphal 這字代表「隱晦的」和「奧秘的」。這有恭維之意，用來形容宗教書籍時代表它的內容太過深奧而不適於普羅大眾。這觀念漸漸導致這些經書被認為只能讓「智者」閱讀，也就是控制信仰的人。於是「apocrypha」這字眼開始帶有負面意義。信徒覺得他們被拒絕在這些經書的教誨之外，只有權勢核心的少數人得以受教。甚至正統教士們都不允許閱讀隱晦之書，因為他們被認為無法獲得充分啟發。數個世紀以來，教會取締偽書

資料，將它視為異端，禁止任何人去閱讀。《以諾書》被後期教父視為異端而遭取締，因為內容觸怒了他們。於是這部作品遺失了一千年。然而，它最終重新出現。傳說有一份副本存在，這促使蘇格蘭探險家詹姆斯‧布魯斯（James Bruce）在 1773 年啟程前往衣索比亞去尋找。他在那裡發現衣索比亞教會將這部作品和《聖經》其他經書一起保存著。這部作品把天使世界描述得鉅細靡遺，說是在陰間的一個邪惡區域。這作品也交待了墮落天使的歷史，他們與人類的關係，以及神奇力量的基礎。書中說：「有天使甘願從天堂墮落，他們因此能與人間女子交往。因為人類孩子在這段時間不斷繁殖，他們生出美麗標緻的女兒們。天堂之子的天使們看到時迷戀上她們；因此他們對彼此說：『讓我們從人類之中選擇妻子，為我們生兒育女。』」

　　大部分學者確認《以諾書》的原始寫作可追溯至西元前二世紀，它持續流傳了 500 年。最早的衣索比亞版本顯然是從希臘抄本而來，希臘版本又是更早版本的副本。原始版本似乎是用一種閃米語族書寫，現在被認為是亞拉姆語（Aramaic）。雖然它一度被認為屬於後基督年代（與基督教用語和教誨的相似性令人注目），在庫姆蘭（Qumran）發現的死海古卷（Dead Sea Scrolls）中看到此書被列於其中，證明了此書在耶穌基督之前就已存在。

但是西元前二世紀的庫姆蘭版本所根據的原始版本是何時寫作就不得而知了。大部分教父都接受《以諾書》是可信的經典，尤其是關於墮落天使與他們預言審判的部分，他們包括里昂主教愛任紐（Irenaeus，115 至 185 年）、亞歷山大城的革利免（Clement of Alexandria，150 至 220 年）、特土良（Tertullian，160 至 230 年）、俄利根（Origen，186 至 255 年）和拉克坦提烏斯（Lactantius，260 至 330 年）。聖奧古丁（354 至 430 年）相信它是一位主教的真跡。耶穌基督本人使用的許多重要觀念，似乎直接關聯著《以諾書》中闡述的名詞與觀念，所以人們認為耶穌讀過這本書，並且詳加說明書中未來國度的描述，以及關於「邪惡者」必受審判的主題。同時，《新約聖經》中有超過一百個詞句都可在《以諾書》裡發現先例。

暗影之書

暗影之書（*Book of Shadows*）是關於巫術的一本書，內容包括信仰、儀式、藥草使用、治療藥劑、守則與倫理、魔法、咒語、舞蹈和預言未來的方法。它應該是巫師的工具書，而且不同的巫師團體有各自適用的內容。每個女巫或巫師通常都有屬於自己的一本。有些書曾被出版，最早之一是 1899 年查爾斯‧戈弗雷‧利蘭（Charles Godfrey Leland）的《雅拉迪亞：女巫的福音書》（*Ardia: or Gospel of the Witches*）。利蘭說女巫知識是一位依特拉斯坎（Etruscan）的巫師傳授給他的。1949 年，屬於一個世襲巫師團體的傑拉德‧加德納（Gerald Gardner）出版了《高級巫術手冊》（*High Magic's Aid*），包含取材自阿萊斯特‧克勞利的內容。亞歷山大‧山德斯（Alexander Sanders）將它改寫後建構成亞歷山大巫術流派。傳統上，一個巫師的暗影之書會在他死時燒掉。

胎膜

這是有時會覆蓋在初生兒頭上的一層膜。它曾被認為能夠防止在海上溺水，因此胎膜成了海員搜尋的目標。羅馬助產士將胎膜當作能帶來長壽與快樂的幸運符出售。它們也被用來占卜，直到 1870 年代的報紙廣告還有胎膜買家刊登徵求啟事。

釜鍋

釜鍋是最早的鐵製炊具，它極大的重要性是改變生鮮食材的品質，讓它們成為可食用並有助人類存活。正因如此，在所有的原始社會裡，它成為質變、成長與轉化的象徵。然而很重要的是，它也像徵子宮，並且成為女神或大地之母的符號。子宮與偉大女神的象徵

燃燒的荊棘

在《出埃及記》中，上帝從燃燒的荊棘中向摩西說話，告訴他「我下來是要救他們（以色列人）脫離埃及人的手。」科學家假設那荊棘樹叢可能生長在天然氣排放孔上，它被附近營火的火花引燃而持續猛烈燃燒。另外有人相信是當地火山運動造成的結果。挪威物理學家曾在馬利研究地表下有機物質的燃燒，並斷言這種情形在自然界的確會發生。園丁知道在特定條件下，堆肥會自然冒出火焰。

連結來自於萬物出生於此也回歸於此的概念。原始釜鍋符號是葫蘆、木船或大貝殼。最後，金屬釜鍋的象徵性變成連結到爐灶和住家，因為那是炊煮餐點的地方。後來的觀點將偉大女神與大地之母合併，釜鍋的形象將它們整合成單一神祇。對居爾特人來說，它是冥界的象徵。愛爾蘭神話中，達格達（Daghda）

的釜鍋可以為每個人提供足夠食物，威爾斯傳說中，受祝福的布蘭的釜鍋則是能夠給予重生。在希臘與羅馬神話中，釜鍋都被藏在山洞裡。希臘女巫美狄亞把人放在魔法釜鍋裡恢復他們的青春。衍生自這些起源，它變成了代表巫術的神秘符號。

▌居爾特十字架

歷史學家克里頓 E.M. 米勒（Crichton E. M. Miller）建立的理論說，居爾特十字架不僅是神聖符號，也是一個科學儀器，它不需要計時器就能導航，起源可追溯到石器時代。他相信這十字架被埃及人與腓尼基人用在建造複雜建築物和長距離航行上。所有建造工程都需要先勘測再動工，米勒細查了埃及複雜的古夫與吉薩金字塔，蘇格蘭埃夫伯里與卡拉尼什（Callanish）的巨石陣。卡拉尼什巨石陣有超過五千年歷史，而且以居爾特十字架造型排列。米勒相信在那還沒發明經緯儀的地方，建築師唯一能用的適當儀器是十字架加上錘線的衍生物。大金字塔是一項龐大的土木工程，所以米勒利用最簡單的材料和當時能夠接受的數學計算，拼裝出一台可執行所需任務的經緯儀。附加了一個比例尺和一條錘線，這儀器變成了居爾特十字，它能夠非常精確地完成校正任務，而且不只如此。他發現這難以置信的簡單儀器還有可能測量角度與傾

斜度，精確度可達驚人的 1 弧分（六十分之一度），端看使用儀器的尺寸而定。身為有執照的遊艇主人，米勒也發現古代海員能用十字架確定緯度和經度。他進行實驗證明古代人使用手持設備可以在地球任何地點找到自己位置，誤差 3 海里（5.5 公里）以內。這發現有助於證明前哥倫布時代的航海員，例如腓尼基人，已經和美洲人有固定的貿易接觸。米勒接著進一步發現，居爾特十字架原本可能成為幾何學、數學、古天文學、地圖繪製和計時等學科的發展基礎。它可以用來將詳細的天文知識結合在每月星辰位置、黃道與黃道帶的觀察上，這麼一來就可以找出任何天體在什麼時間通過地表上什麼地點。現今的本初子午線是在格林威治，但克里頓提出說，原始的本初子午

釜鍋與老婦

　　古老的威爾斯傳說裡，凱麗杜恩（Cerridwen）是一位老婦，代表著大地之母的黑暗面。她能預言，在冥界擁有一個知識與靈感的釜鍋。據說凱麗杜恩的釜鍋邊緣有一圈珍珠。它被放在冥界，根據塔利埃辛的詩作《冥界戰利品》（The Spoils of Annwn）的敘述，七位少女用呼出的氣息在它下面煽風點火。神諭般的話語據說會從釜鍋裡傳出。當然，這與德爾菲神廟的九位謬思有關聯。從火山口冒出的蒸氣據說帶來了預言能力。

　　凱麗杜恩做為凱特爾代表性女神，她有兩個截然不同的孩子。女兒凱瑞薇（Crearwy）美麗又開朗，但兒子莫爾夫蘭（Morfran，又叫做阿瓦格迪Afagddu）是陰鬱的，人醜心腸壞。威爾斯神話集《馬比諾吉昂》（Mabinogion）裡的一個故事說，凱麗杜恩用她的神奇釜鍋為莫爾夫蘭熬煮一帖藥方。藥方包括叫做列烏煙斗（Pipes of Lleu，黃花九輪草）的黃花、圭昂銀粉（Gwion's silver，藥草）、圭昂漿果（berries of Gwion，野漿果）、塔利埃辛水芹（Taliesin's cresses，馬鞭草）和檞寄生果實，再攪和著海水泡沫。她交待年輕人圭昂負責看守鍋，但三滴藥水意外落在他手指上，賜給他藥水包含的知識。憤怒的凱麗杜恩追逐著圭昂，兩人變形成按照季節轉換一輪的動物和植物，直到她變成母雞把裝做穀粒的圭昂吃掉。九個月後，她生下塔利埃辛，威爾斯最偉大的詩人。塔利埃辛出生後，原本打算殺掉嬰兒的凱麗杜恩改變主意。她把他丟進海裡，被一位居爾特王子埃爾芬（Elffin）救起。塔利埃辛成為埃爾芬宮廷上的吟遊詩人，當埃爾芬被居爾特國王邁爾貢‧圭內斯（Maelgwn Gwynedd）俘虜時，塔利埃辛挑戰邁爾貢的吟遊詩人比口才。他的雄辯最終讓埃爾芬獲釋。透過神秘的力量，他使得邁爾貢的吟遊詩人無法言語，進而從牢籠中救出埃爾芬。在亞瑟王故事裡，邁爾貢‧圭內斯成為亞瑟死後的一方霸主，塔利埃辛變成與梅林有關。

　　受祝福的布蘭在威爾斯傳說中，他的釜鍋是智慧與重生的容器，這位強大的威

爾斯國王從凱麗杜恩（偽裝成女巨人）那裡獲得一個魔法釜鍋。她先前被趕出愛爾蘭一座代表來世的湖。這釜鍋能將屍體放進鍋裡的陣亡戰士復甦。布蘭把釜鍋當做新婚禮物送給妹妹布朗雯（Branwen）和她丈夫，愛爾蘭國王馬梭魯（Matholwch），但是當戰爭爆發時，布蘭前去討回這有價值的釜鍋。他有一群忠誠的騎士伴隨，但只有七個人歸來（在亞瑟王傳說裡是歷經了劍蘭之戰）。布蘭自己則是被毒矛刺傷腳，亞瑟王傳說關於聖杯守護者費雪王（Fisher King）的故事也有相同情節。

根據《馬比諾吉昂》，愛爾蘭被消滅後，皇后布朗雯在厄拉河口（Aber Alaw）傷心而死。1800年，安格爾西島（Anglesey）厄拉河畔的朗德以桑（Llanddeusant）挖掘出布朗雯之墓（Bedd Branwen）的石堆，1960年代又發現幾個寶和火葬的跡象。這些石塊曾被搬運過，墓塚已被破壞。留下的遺跡只有幾塊緣石和中央矗立的小石塊，以及附近的一處石棺。有些威爾斯故事裡，布蘭娶了伊里德（Ilid，亞利馬太的約瑟Joseph of Arimathea）的女兒安娜。他的兒子被認為是卡拉塔克斯（Caractacus），這人和他兒子在羅馬流亡七年，後來成為基督徒並與聖保羅相遇。受祝福的布蘭在一世紀將基督教帶回到英國的川福拉（Trefran），位於拉尼利（Llanilid）附近，據說是亞利馬太的約瑟建立的教會。布蘭死後前往來世，亞瑟則是到阿瓦隆。有些理論說，凱麗杜恩知識與重生的釜鍋其實就是聖杯，是亞瑟花了一輩子在尋找的東西。

線是在埃及的吉薩，所有地區時間與距離都由此計算。他也相信馬雅人用來衡量天體運行的「力量權杖」是一個居爾特十字架。

基督聖血和刀子

1270 年，英國格洛斯克郡（Gloucestershire）的黑爾斯修道院（Hailes Abbey）被贈予了一瓶基督聖血，此後成為大受歡迎的朝聖地。它在喬叟（Chaucer）的《坎特伯里故事集》（*Canterbury Tales*）中被赦免者拿出來提過。

修道院在十六世紀被解散時，聖血被宣告是假的，那只是蜂蜜與番紅花的混合物。比利時布魯日（Bruges）的聖血教堂（Basilica of the Holy Blood）也聲稱擁有基督聖血，那是一個瓶子裡裝有沾染基督血液的布料。一般認為它在 1147 至 1149 年第二次十字軍東征期間被帶去比利時。

一把據稱是耶穌在最後晚餐用來切麵包的刀子同樣受到參拜。據說它曾被放在威尼斯聖馬可鐘樓的迴廊永久展示，但鐘樓和迴廊在 1902 年崩塌並且重建。這刀子就消失不見了。

基督的包皮

猶太男孩在猶太教規定下必須在出生第八天進行割禮。在基督教年曆上，基督割禮節的祝宴是在 1 月 1 日舉行。歐洲教會普遍認為聖包皮是可信的遺物。它應該是被保存在古老的甘松（薰衣草）香油裡，放在一個條紋大理石盒中。聖包皮第一次出現是在大約 800 年的中世紀歐洲，當時查理曼大帝把它當做禮物呈獻給教宗良三世（Pope Leo III）。查理曼說這是一位天使給他的。大約 1110 年，它出現在拜占庭皇帝阿歷克塞一世（Alexius I）的禮物中一併送給了英國國王亨利一世。它顯然進到雷丁修道院（Reading Abbey）的亨利陵墓裡。但法國的庫倫修道院（Abbey of Coulomb）和歐洲各地的四個大教堂都宣稱擁有它，這下可能就有七個聖包皮互不相讓。任何遺物的價值都比不上聖包皮，因為它是《聖經》唯一提到基督在世時從身上移除的部分，也是基督升天後依舊留在世間的東西。然而，十七世紀神學家利奧‧阿拉奇鳥斯（Leo Allatius）在《論我們真主耶穌基督的包皮》（*De Praeputio Domini Nostri Jesu Christi Diatriba*）中推斷，聖包皮跟耶穌同時升上天堂，而且成為土星的星環。在中世紀，聖包皮開始出現在 21 個想賺朝聖香火錢的不同教堂。它們被賦予神奇的力量，例如在分娩時可以保護婦女。羅馬拉特朗聖約翰教堂（San Giovanni in Laterano）的修道士要求教宗英諾森三世（Pope Innocent III，1160 至 1216 年，在位始於 1198 年）裁定他們包皮的真實性。沙魯（Charroux）的修道士宣稱他們的包皮是唯一真實的，並指出它明顯產生血滴。教宗克勉七世（Pope Clement VII，1523 至 34 年）宣告他們的真實性。羅馬天主教會後來擱置這爭議，直到 1900 年才宣佈所有包皮都是騙人的，並威脅任何人只要再書寫或談論聖包皮的議題就逐出教會。

「死亡鑽石」的詛咒

希望鑽石（Hope Diamond）據說是從緬甸或印度一座神廟的悉多（Sita）女神像前額（或眼睛）上偷來的。它一直背負著被詛咒的盛名，拿走它的祭司據傳遭受酷刑致死。大家知道的是法國珠寶商人尚‧巴蒂斯特‧塔維尼埃（Jean Baptiste Tavernier，1605-1686 年）在 1642 年造訪印度，並且買了一顆 112 克拉（23 公克）的藍鑽，據信來自印度戈爾康達（Golconda）的科魯爾（Kollur）礦山。當時只有蒙兀兒君王可以販賣鑽石，所以是否合法購買或經由走私就不得而知了。塔維尼埃在

1668 年回到法國，路易十四買下這顆大藍鑽和其他 44 顆大鑽石以及 1122 顆較小的鑽石。塔維尼埃是一名貴族，84 歲時死於俄國。根據傳說，塔維尼埃在前往俄國的旅途上被野狗撕成碎片。1673 年，路易十四決定重新切割鑽石提升光彩。再次切割後的鑽石是 67 克拉（13.4 公克）。它被正式命名為「王冠藍鑽」（Blue Diamond of the Crown），經常別在他掛的長緞帶上。路易十四也讓最愛的情婦蒙泰斯達夫人（Marquise de Montespan）配戴它，但不久之後她遭到公開貶謫而失寵。法國財務大臣尼古拉斯・富凱（Nicholas Fouquet）是御寶管理者，據信曾在一次慶典場合中配戴它，後來遭到貶黜，1680 年在國王命令下被關進牢裡並處

死。路易十四自己死於痛若的壞疽病，他的帝國也因此崩解。

1749 年，當時國王路易十五命令寶石匠為金羊毛勳章（Order of the Golden Fleece）製作裝飾，用上了藍鑽石和布列塔尼海濱（Côte de Bretagne，一大顆當時被認為是紅寶石的尖晶石）。完成後的裝飾極為華麗炫耀。它後來成為路易十六的妻子瑪麗・安東尼（Marie Antoinette）最喜歡的寶石，但她在法國大革命中被砍了頭。根據惡意的傳說，瑪麗・安東尼和路易十六是因為藍鑽的詛咒而被殺。宮廷成員朗巴爾王妃（Princess de Lamballe）曾短暫配戴過鑽石，她被法國暴民撕成碎片。法國大革命期間，國王夫妻在 1791 年欲逃離法國時將御寶全數卸下。寶石存放

南美洲水晶骷髏頭

骷髏頭最能代表死亡，墨西哥、中美洲與南美洲某些地方曾發現至少13個顯然起源古老的水晶骷髏頭。有些骷髏頭據信已有五千至一萬六千年歷史。有一個據說源自古老阿茲特克文化的這種骷髏頭，在1898年，由大英博物館從紐約的蒂芙尼公司以120英鎊買下。

安娜・米榭爾—亨奇斯的「惡運骷髏頭」（Skull of Doom）

所謂的「惡運骷髏頭」是用純石英水晶雕刻而成，重5.2公斤，據說是美洲失落文明的遺物。它是1924年由邁可・米榭爾—亨奇斯（Mike Mitchell-Hedges）與他女兒安娜在英屬宏都拉斯（現今的貝里斯）的馬雅古城盧巴坦（Lubaantun）發現。它的下顎可以分離，並且在數個月後被找到。米榭爾—亨奇斯估計需要花費150年持續做工，才能用沙把這麼大的水晶石塊磨成如此平滑的骷髏頭。它的形狀與真人頭骨非常相似，甚至還有可分離的下頜骨。大部分已知的水晶骷髏頭是比較非寫實的設計，通常不真實的相貌與牙齒只蝕刻在單一石塊上。然而，發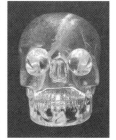現這骷髏頭的故事似乎完全是杜撰的。米榭爾—亨奇斯顯然是在1943年從倫敦蘇富比拍賣會上買下骷髏頭。大英博物館有文件證實它曾出價與米榭爾—亨奇斯競標這工藝品。惠普實驗室的研究員在1970年發現，這骷髏頭是逆著水晶天然軸線雕刻。

現代水晶雕刻家一定會考慮到水晶的軸線或分子對稱性，因為「逆紋」雕刻就算使用雷射或其他高科技切割方式都一定會導致碎裂。科學家找不到任何微小擦痕證實它被金屬器具雕刻過。它現在仍被居住在加拿大的家族成員持有。實驗室研究員據說曾評論說：「遺憾的是情況不該如此。」

英國與法國的水晶骷髏頭

有一對很相似的骷髏頭被稱為阿茲特克骷髏頭（Aztec Skulls）。兩者據稱皆是外籍僱員於1890年代在墨西哥買下，也許還是同時購得。它們的尺寸與造型實在相似，有人認為其中一個是另一個的仿製品。跟米樹爾─亨奇斯的骷髏頭比較，它們使用的水晶較不剔透，作工也沒那麼細緻。相貌淺薄的蝕刻看似尚未完工，頜骨也不可分離。英國的水晶骷髏頭陳列在倫敦人類博物館，巴黎的特洛卡德羅博物館（Trocadero Museum）收藏法國的水晶骷髏頭。研究人員用電子顯微鏡發現，這些骷髏頭的表面有整齊直線的刻痕，證明有使用現代砂輪機。真正古物會呈現手工拋光時微小不規則的擦痕。研究人員報告說這些骷髏頭實際上是過去150年內的製品。

馬雅水晶骷髏頭與紫水晶骷髏頭

這些骷髏頭是1900年代早期分別在瓜地馬拉和墨西哥發現，被一位馬雅祭司帶去美國。紫水晶骷髏頭是用紫色石英做成，馬雅骷髏頭是透明石英，除此之外兩者非常相似。如同米樹爾─亨奇斯的骷髏頭，它們都在惠普實驗室接受檢驗，兩者也被發現都是逆著石英軸線雕刻而成。

德州水晶骷髏頭

它是被稱為「麥克斯」（Max）的單件透明骷髏頭，重8.2公斤。這骷髏頭據傳聞是來自瓜地馬拉的一個馬雅墳墓，然後經由一位西藏法師交給德州休士頓的喬安‧帕克斯（Jo-Ann Parks）。帕克斯家族允許訪客參觀麥克斯，並在美國各地不同展覽中，陳列這顆骷髏頭。

「阿米」（Ami）─紫水晶骷髏頭

它的年代無法確定，不過是墨西哥總統迪亞斯（Diaz，1876至1910年在位）水晶骷髏頭收藏品之一。它也許是來自墨西哥瓦哈卡（Oaxaca）地區的馬雅製品。

「外星人」骷髏頭

「外星人」是二十世紀早期在中美洲發現的一個霧灰水晶骷髏頭。它得到這綽號是因為尖翹的頭蓋骨和誇張的暴牙使它看來像個外星生物。

粉晶骷髏頭

在已知的水晶骷髏頭中，唯一相似於米樹爾─亨奇斯的骷髏頭就是它，據稱是在宏都拉斯與瓜地馬拉交界附近發現的。它的顏色並不透澈，尺寸比米樹爾─亨奇斯的骷髏頭稍大，但表現出相仿的製作工藝，包括可分離的下頜骨。

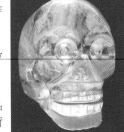

巴西水晶骷髏頭

這個6.25公斤真人尺寸的骷髏頭在2004年被一位巴西寶石商人捐贈給博物館的礦物部門。

「憐憫」（Compassion）─亞特蘭提斯水晶骷髏頭

一個新發現的水晶頭骨，在2009年9月9日舉行的水晶骷髏頭討論會上被一位馬雅巫師兼長老稱它為「亞特蘭提斯的」骷髏頭。

在皇室庫房沒有嚴加看管。雖然大部分御寶很快就被找回，但藍鑽就此消失。

荷蘭鑽石切割師威廉‧法爾斯（Wilhelm Fals）以某種方式得到它，重新切割後又被自己兒子亨德里克（Hendrik）搶走。威廉據說傷心得崩潰致死，亨德里克‧法爾斯在1830年自殺。他在自殺前顯然把鑽石拿去還債。他不敢告訴父親自己欠債，所以動手搶劫鑽石。從法爾斯手上拿到鑽石的人叫法蘭西斯‧波瑠（Francis Beaulieu），他從馬賽前往倫敦賣掉鑽石。他得到斑疹傷寒陷入重病，結果死在破舊的民宿裡。他在死前安排倫敦珠寶商人丹尼爾‧埃力亞森（Daniel Eliason）來買鑽石，當埃力亞森來付款時波瑠已經死了，所以這錢從沒交付。不管如何，埃力亞森還是取得鑽石。文件顯示一顆45克拉（9公克）藍色大鑽石在1812年由「鑽石商人」丹尼爾‧埃力亞森所擁有。鑽石由英國珠寶商人約翰‧弗蘭西龍（John Francillon）描繪在一份法律備忘錄中，署名記註1812年9月19日，倫敦。約翰‧弗蘭西龍在1824年自殺。證據顯示英王喬治四世從弗蘭西龍手中買下藍鑽，而喬治四世在1830年死後，鑽石被賣掉去抵償他龐大的債務。它被銀行家亨利‧菲利普‧霍普（Henry Philip Hope）買下。據說霍普為它付出18,000至20,000英鎊，雖然鑽石價值30,000英鎊，但是他只願意付這麼多錢。他的姪兒亨利‧湯瑪士‧霍普（Henry Thomas Hope）從大約1839年叔父死後擁有鑽石，隨後遭遇一長串的厄運，包括自己兒子身亡。亨利‧弗朗西斯‧霍普（Lord Henry Francis Hope）繼承鑽石，經歷醜聞、婚姻破碎和破產。他的妻子死於貧困。因為賭博和揮霍無度，弗朗西斯‧霍普在1898年請求法院批准出售霍普家的鑽石。（弗朗西斯只有使用他祖母地產的終身權益。）他的請求被拒絕。1899年，上訴案獲得聽證但請求再度被拒絕。兩次案件中，弗朗西斯‧霍普的兄弟姊妹都反對出售鑽石。1901年，送到上議院的上訴案終於同意弗朗西斯‧霍普出售鑽石。它就是現在所稱的希望鑽石，世上最漂亮也最大顆的藍鑽。它從原本67克拉（13.4公克）到只剩44克拉（8.8公克），但重新切割大幅提升了它的外觀。亨利‧弗朗西斯‧霍普的妻子，知名的女演員梅‧約赫（May Yohe），過去常穿戴這鑽石。他在1902年跟她離婚並賣掉鑽石。她死於貧困。

哈頓花園（Hatton Garden）一位叫阿道夫‧韋伊（Adolph Weil）的商人買下鑽石，並且幾乎立刻轉手給美國商人賽門‧法蘭科（Simon Frankel）。法蘭科從擁有的那刻開始遭遇財務困難，他在1907年不顧一切要擺脫這鑽石以挽救財務。它在1908年被法國商人雅克‧科洛特（Jacques Colot）持

有，幾乎立刻就賣給一位俄國親王伊凡·卡尼托夫斯基（Ivan Kanitovski），然後借給他的情婦，一位叫做麥德莫賽·勞倫斯·拉度（Mademoiselle Lorens Ladue）的漂亮女演員。她在女神遊樂廳（Folies Bergere）登台時穿戴它。當伊凡·卡尼托夫斯基親王用左輪手槍射殺她時，鑽石正配戴在她身上。兩天後，他被俄國革命分子活活打死。仍未收到全部貨款的雅克·科洛特發瘋了，這事件兩週後他就自殺身亡。卡尼托夫斯基死前將鑽石轉手給一位法國商人，這人摔下樓梯跌斷腿。鑽石被法國商人賣給叫做孟薩里帝斯（Montharides）的希臘珠寶掮客後被帶至雅典。這掮客不久後被土匪俘虜，連同他妻子與兩個小孩被丟下山崖而死。這故事的另一版本說他駕著馬車連同妻子與一個小孩跌落山崖致死。他才剛把鑽石以 400,000 美金賣給鄂圖曼帝國第三十四任蘇丹阿卜杜勒·哈米德二世（Abdul Hamid II，1842-1918），但不確定這位蘇丹是否真正擁有過這鑽石。蘇丹在 1909 年的軍事叛變中失去江山。鑽石曾交給一位叫做阿布·薩比爾（Abu Sabir）的僕人擦拭。阿布·薩比爾說他從未拿到鑽石，所以被鞭打、拷問並關進土牢好幾個月。鑽石被發現在獄卒手中。他被發現後遭到勒斃。鑽石接下來出現在蘇丹家中一位叫庫魯·貝（Kulub Bey）的太監手中，

他在伊斯坦堡街上被暴民吊死在燈柱上。蘇丹庫房的一位官員傑弗·哈加（Jehver Agha）企圖偷走鑽石而被吊死。此時，蘇丹最愛的姜女，一位漂亮的法國女孩拿到鑽石。她假冒土耳其名字莎瑪·蘇貝芭（Salma Zubayba），在革命分子衝進蘇丹皇宮時被殺，胸前還戴著鑽石。然後它落入土耳其或波斯鑽石商哈比·貝（Habib Bey）手中，他是伊斯坦堡的一位珠寶商人。他死在一艘法國輪船在摩鹿加群島發生的船難裡，看來鑽石的悲劇故事似乎告一段落。

然而，他把鑽石留在巴黎，結果落入寶石商皮耶·卡地亞（Pierre Cartier）之手。卡地亞拿到倫敦乾草市場（Haymarket）展示。1910 年 6 月 22 日，它在巴黎的哈比拍賣會上由巴伊與阿皮耶（Bailly & Appert）公司以 16,000 英鎊售出。一位法國商人又以 28,000 英鎊購得，再以 60,000 英鎊售予美國的愛德華·貝爾·麥克萊恩（Edward Beale McLean）。他把鑽石送給本名艾瓦林·沃許（Evalyn Walsh）的妻子，一位富有礦場主人的女兒。愛德華·貝爾·麥克萊恩有一個兒子文森·沃許，曾有一度被認為是世上最富有的孩子，因為他應該要繼承兩位祖父輩的財產，約翰·麥克萊恩（John McLean）是《華盛頓郵報》（Washington Post）和《辛辛那提問詢

報 》（*Cincinnati Inquirer*）的擁有者，而湯瑪士‧E‧沃許（Thomas E. Walsh）是科羅拉多州礦業大王。這孩子的全名是文森‧沃許‧麥克萊恩（Vincent Walsh McLean），從出生開始就受到特別的安全防護，因為他父母被警告說孩子會被綁架。他居住的房子與庭院被鐵欄杆包圍，隨時都在警衛防護之下。有一天，九歲男童溜出保全大門到街上，被一輛駛過的汽車撞死。他的雙親當時都不在屋內，而是在肯塔基州的賽狗場上。麥克萊恩家族在 1946 年再一次遭受折損，女兒在 25 歲時自殺身亡。艾瓦林‧麥克萊恩的先生離開她去找別的女人，後來開始酗酒並被宣告精神錯亂，監禁在精神病院直到 1941 年去世。艾瓦林被迫賣掉家族報業《華盛頓郵報》，而且在女兒去世不久就過世。艾瓦林在 1947 年過世後，希望鑽石輾轉成為史密森尼學會（Smithsonian Institution）的收藏品。詹姆士‧托德（James Todd）是寄送希望鑽石到史密森尼的郵差。他在一場卡車意外中被撞斷腿，一場車禍中頭部受傷，房子遭火災燒毀。雖然艾瓦林‧麥克萊恩曾希望鑽石能在孫子輩長大時交給他們，但是在她死後兩年的 1949 年被拿出來拍賣，以便擺平地產的債務。紐約珠寶商哈利‧溫斯頓（Harry Winston）從史

密森尼買下鑽石。溫斯頓不相信詛咒這回事，也沒受到影響。他把鑽石展示一段時間，然後在 1958 年將希望鑽石捐贈給史密森尼學會，成為新建立的寶石收藏中耀眼的焦點。

▌大衛像

早在米開朗基羅（Michelangelo）雕刻這座人像前，佛羅倫斯當局就計畫找人雕刻《舊約聖經》中 12 個英雄的龐大雕像，預備放在聖母百花大教堂（Cathedral of Santa Maria del Fiore）前面。其中兩座已分別由多納泰羅（Donatello）和助手阿戈斯蒂諾‧迪‧杜喬（Agostino di Duccio）完成。1464 年，戈斯蒂諾接受委託製作大衛雕像。一塊來自卡拉拉（Carrara）採石場的碩大大理石已準備好，但隨著戈斯蒂諾的雇主多納泰羅在 1466 年去世，另一位雕刻家安東尼奧‧羅塞利諾（Antonio Rossellino）被委任接手戈斯蒂諾留下的工作。然而，這合約很快就終止，巨大的大理石塊被棄置 25 年，躺在教堂工坊的庭院裡任憑風吹雨打。1501 年，教堂執事們吩咐要這叫做「巨人」的大理石塊「立起來」，好讓有經驗的雕刻大師能加以檢視並表達意見。李奧納多‧達文西和其他人被徵詢過，但 26 歲的米開朗基羅說服當局由他接下這極

233

為困難的委託。他工作三年後，一個由李奧納多、波提且利（Botticelli）等藝術家組成的員會在 1504 年決定適合陳列的位置。人們花了四天將雕像從米開朗基羅的工坊移到領主廣場（Piazza della Signoria）。米開朗基羅的大衛像跟一般做法不同，沒有雕出歌利亞（Goliath）被砍下的頭顱，而是表現一個神情緊繃準備戰鬥的勇士。他下垂的右手青筋浮現，扭轉的身軀傳達出動態的感覺，大衛像成為文藝復興時期最受讚賞的雕像，它代表人類年輕有力的美感象徵。它目前保存在佛羅倫斯學院美術館（Accadamia Gallery），領主廣場有一座複製品。這座比真人尺寸還大的雕像完全是個令人讚歎的藝術作品。

倫敦的維多利亞和艾伯特博物館（Victoria and Albert Museum）有一尊大衛像石膏複製品，附近陳列了一片分離的石膏無花果葉。它的製作是為了維多利亞女王來參訪時，可以用兩個刻意設計的掛鉤吊起來遮住雕像裸露的生殖器。選擇無花果葉是因為它出現在亞當與夏娃在伊甸園「墮落」的故事中，夏娃慫恿亞當吃了知善惡樹上的蘋果之後：「他們二人的眼睛就明亮了、纔知道自己是赤身露體、便拿無花果樹的葉子、為自己編作裙子。」（《創世紀》第三章第七節）。這讓人想到雕像應該要「穿」裙子，而不是一大片葉子。

1500 年以前的圖畫與雕刻幾乎沒在遮掩「私密處」，但隨著指責人類肉體罪惡的新教牧師路德（Luther）和加爾文（Calvin）等人崛起後，我們開始看到刻意置入的薄紗、陰影、樹枝和葉子。天主教會也試圖在虔誠度上超越新教競爭者，特利騰大公會議（Council of Trent）發佈公告，明確禁止在宗教藝術中描繪生殖器、屁股和乳房。1557 年，教宗保祿四世（Paul IV）發佈詔書限縮公開裸露的程度，無花果葉開始在各處放置。米開朗基羅巨幅壁畫〈最後的審判〉加上了交疊布綢和額外枝葉。梵諦岡巨大的墨丘利（Mercury）雕像則用一大片無花果葉黏在那惹事非的東西上面。

▌古埃及的電燈泡

來到埃及盧克索（Luxor）北方大約 64 公里的丹德拉（Dendera），在哈托神殿（Temple of Hathor）裡發現的石刻浮雕被認為描繪的是燈泡。一位挪威電器工程師注意到浮雕上的一個物體也許

是當燈泡使用，他的同事製作了一個可運作的模型。它看起來像個燈泡，兩根支臂撐住粗寬頂端的附近，像纜線的東西接在另一端，一條蛇從這裡伸向另一端的支臂。整體外觀就是個燈泡。也許古代人就已知道並使用電力，這理論在發現巴格達電池及早期印度文字記錄後獲得支持。人們嘗試證明建造金字塔的過程中有使用電燈，他們說數千個地下墓穴與金字塔坑道都沒發現任何一絲油漬痕跡。許多墓穴充滿彩色壁畫，爭論點在於像蠟燭或油燈的光源會留下碳痕跡。用鏡子反射光線不是可能的選項，因為當時拋光銅盤不能反射足夠光線。其他人爭辯說確實有油漬痕跡，例如在代赫舒爾（Dahschur）的紅金字塔裡面。紅金字塔的巨大墓室和大金字塔的通道看來是完全在日光下建造。墓室開工好幾年後才會安置屋頂最後石塊，在此之前，包括拋光、裝飾牆壁與頂樑的工作都可在自然光線下完成。

《翡翠綠碑文》

《翡翠綠碑文》（*Emerald Tablet*）又被稱為《翡翠綠石板》（*Emerald Table*）或《艾默拉德石板》（*Tabula Smaragdana*），它是《赫米斯文集》（*Hermetica*）重要的一部分，西方神秘學尊它為神秘典籍，是煉金術基礎文件。這塊石板據說是在一處墓穴裡被發現，還握在赫米斯‧崔斯莫吉斯堤斯

（Hermes Trismegistus）屍體手裡，他是整合希臘神祇赫密士和埃及神祇托特的人物。赫米斯在藝術作品中被描繪成手持一塊翡翠綠石板，上面刻有埃及全部哲思。據說發現它的是亞伯拉罕（Abraham）的妻子薩拉（Sarah），或者亞歷山大大帝，或者希臘哲學家泰阿那的阿波羅尼烏斯（Apollonius of Tyana）。石板刻的是腓尼基文，揭露出宇宙的神奇奧秘。經過幾手阿拉伯文翻譯後，拉丁文譯本在 1200 年出現。開頭的句子是「上如同下，下如同上，以此實現太一的奇跡。」於是「這是占星術與煉金術基礎：人類與塵世的小宇宙反映眾神與天堂的大宇宙。」然而，各種翻譯有所不同，其餘文字也難以理解。《赫米斯文集》大部分內容歷經數個世紀已佚失或被破壞，但據說整個巫術系統以密語方式刻在石板上。

鄧韋根的仙女旗

仙女旗（Fairy Flag）這面淡棕色絲綢的殘片由麥克勞德（McLeod）家

▌神秘的金字塔

一座神廟—中部美洲金字塔—位於墨西哥的喬魯拉

埃及金字塔

衣索比亞美羅埃金字塔群的其中一座

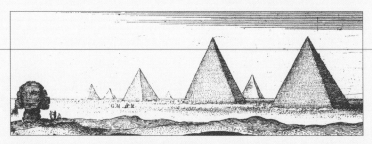

埃及金字塔

埃及吉薩的獅身人面與大金字塔

羅馬塞斯提伍斯金字塔

《赫米斯文集》

　　這四十二冊神聖的智慧文學作品相傳是由赫米斯‧崔斯莫吉斯堤斯（非常偉大的赫米斯）所寫，內容整合了希臘神祇赫密士和埃及神祇托特的智慧。它們發表於西元一至三世紀，一直影響著西方巫術與神秘學。

　　根據推測，它們原本是寫在紙莎草上，基督教神學家亞歷山大城的克萊曼特曾說，文集中的三十六冊包含全部的埃及哲學。其中四冊在談占星術，稱為僧侶體（Hieratic）的十冊講的是法律權威，十冊有關宗教儀式與奉行，兩冊談音樂，其餘十冊是關於寫作、宇宙學、地理學、數學和祭司的訓練。另外的六冊寫的是醫術與身體，討論疾病、醫療器具、眼睛和女人。《赫米斯文集》大部分書卷和其他許多著作一樣，在亞歷山大圖書館遭焚毀時一併遺失。倖存的書卷被秘密埋在沙漠裡。它們被傳遞了好幾個世代。最重要和最古老的是《秘文集》（*The Divine Pynander*）這版本，十七個章節包含通往神聖智慧之路以及赫米斯領悟的宇宙奧秘。

族擁有，存放在蘇格蘭斯凱島（Isle of Skye）的鄧韋根城堡（Dunvegan Castle）。據說它在一場災難中拯救了這個家族，有人相信它來自北歐，維京首領哈拉爾‧哈德拉達（Harold Hardrada）在 1066 年斯坦福橋戰役（Stamford Bridge）中身亡後被拿走。挪威國王最珍貴的財富是他的 Landoda（土地掠奪者），他曾說「有了這面旗

幟，我絕不會在戰鬥中敗下陣來。」然而麥克勞德家族的酋長宣稱，這面旗幟是仙女在 1920 年代交給他的家族，而且只能使用三次。第一次使用是在 1490 年，仙女旗在與麥克唐納（MacDonald）家族的險惡戰鬥中被拿出來，潮汐轉而對麥克勞德家族有利。1520 年，麥克勞德家族在瓦特尼詩（Waternish）面對麥克唐納家族人數絕對優勢下，他們打開旗幟並擊退敵人。

▌物神

　　物神（Fetish）是用一個物體代表神祇或聖靈，在人類與超自然間建立聯結。它們在歷史中很常見，被人們穿戴或持有以獲得保護、好運、愛情、健康、財富，也用來避邪或對敵人施咒。典型的物神從玩偶、雕像與石刻到動物的毛髮、腳爪或骨頭。「稻草玩偶」在英格蘭是從前基督時代流傳下來成為莊

稼習俗一部分的物神。據信穀物之神住在重要的農作物上，收割莊稼會使牠們無家可歸。歐洲各地都有關於收割最後一束小麥或穀物的習俗。用這一束麥桿製成中空造型，可以讓穀物之神在冬天有歸宿。將這「玩偶」在春天埋進第一道犁溝裡，以確保新的收穫。玩偶似乎是崇拜物的變體，各式各樣的靜物都被當做物神，例如諾福克郡燈籠、安格爾西島撥浪鼓、威爾斯長扇、斯塔福郡繩結和巴頓特福玩偶。

金枝和銀枝

金枝（Golden Bough）是希臘羅馬神話中的一棵神秘樹。特洛伊英雄伊尼亞斯請教庫邁的一位女先知，他被告知要折取特定一棵樹的樹枝奉獻給冥后普洛塞庇娜。接著伊尼亞斯被引領到冥界入口後走了下去。伊尼亞斯走向冥河，但船夫卡戎（Charon）不讓他渡河，因為他還沒死。伴隨他的女先知拿出金枝，讓伊尼亞斯得以進入冥界。在居爾特傳說中，布萊恩（Bran）在女仙知的指引下佩帶銀枝（Silver Branch），藉此得以獲准進入仙境。

金牛犢

在《舊約聖經》裡，亞倫在等待摩西從山上尋求上帝忠告回來時製作了金牛犢。以色列人在出埃及時對他們領袖缺陣多時感到焦慮。人們懇求亞倫為他們造一些神，能在前方帶領他們回到

以色列。摩西回去子民那裡前，上帝告知說他的子民已墮落。當摩西從山上帶了寫著上帝戒律的石板回來，他立刻看到金牛犢和他的子民在它四周跳舞。摩西一怒摔破石板，搗毀金牛犢並將它燒掉，磨成碎片後撒到水上，強迫以色列子孫喝下去。

黃金矩形

黃金矩形是以黃金律（Golden Mean）為根據的矩形，這數字以希臘字母 Φ（phi，對應英文字母 F）為代表，或以十進制表示為 1.6180339887499 等等。黃金矩形的長寬比例大約是 1 比 1.618，例如 13 公分長 8 公分寬。自然界中，涵蓋在黃金律下的數字在許多不

同事物上不斷出現。如果你從 0 和 1 開始列出一串數字，每個數字是前兩個數字的總和，得到的數列是：0, 1, 1, 2, 3, 5, 8, 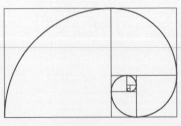 13, 21, 34, 55, 89, 144 直到無限。這串數字叫費氏數列（Fibonacci series），是以義大利數學家費波那契來命名，他在研究植物生長時，了解到依據上述數列是最完美的。一棵植物長出一朵花後，它得再長一朵，然後再兩朵，完全根據那模式繼續下去。這數列發生在自然界的另一個例子可以在鸚鵡螺貝殼構造上發現，每層螺旋的擴展都依照 Φ 比例。向日葵花蕊有 55 個順時針螺線和 34 或 89 個反時針螺線，再次完美依照費氏數列。在建築方面，歷史中廣泛採用了黃金律。最早為畢達哥拉斯（Pythagoras）所發現，希臘人於是按照黃金律建造神廟，例如雅典的帕德嫩神廟。黃金律被用在建築上是因為這比例很容易精確複製，不需高度專業的計算方法。羅馬帝國衰敗後，黃金律的知識隨之失傳，直到文藝復興時的義大利畫家重新發現這比例，利用它在繪畫中創造透視法，也用來繪製建築藍圖。

黃金律又被稱做黃金比例、黃金分割、完美分割、完美比率、黃金比率、黃金切割、黃金數字、中庸分割和菲迪亞斯（Phidias）平均數，它是一個數學上的無理常數，數值接近 1.6180339887，被馬里奧‧利維奧（Mario Livio）稱為「世上最驚人的數字」。將近二千四百年以來，它讓許多世上最偉大的數學家著迷不已，例如畢達哥拉斯、歐幾里德和克卜勒（Kepler）。不僅是數學家和建築師曾爭論它的重要性，生物學家、藝術家、音樂家和心理學家也投入研究黃金律。

戈耳狄俄斯之結

戈第烏姆（Gordium）位於土耳其的安卡拉西南方 80 公里處，是弗里幾亞（Phrygia）首都。它的堡壘控制了特洛伊和安提阿（Antioch）跨越薩卡里亞河（Sangarius River）的唯一貿易路線。若要前往亞細亞通商就得繳稅通過戈第烏姆城堡。

弗里幾亞沒有國王時，議會徵詢神諭，聽說下一個乘著牛車出現的人將成為國王。窮困的地主戈耳狄俄斯（Gordias）因此成為國王，他把牛和車獻祭給宙斯。戈耳狄俄斯用一個複雜繩結將牛車的軛繫在屋梁上。一個神諭預言，誰能解開這個結就會成為亞細亞的統治者。許多人嘗試後都沒成功，但在西元前 333 年，亞歷山大大帝面對這個挑戰。當他找不到解開結的繩頭時，就乾脆用劍把它劈成一半，達成想要的結果。如今把戈耳狄俄斯之結（Gordian

荷魯斯之眼

　　無所不見的荷魯斯之眼（The Eye of Horus）在埃及是常見的護身符，形狀是隼頭的太陽與天空之神荷魯斯極具特色的眼睛。荷魯斯讓人聯想到重生、健康與興旺。這眼睛在祕教與神祕學愛好者中變成意義深遠的符號。荷魯斯是俄西里斯和伊西斯的兒子，他與兇暴的叔叔賽特（Seth）戰鬥時失去一隻眼睛，這眼睛藉由托特的魔法得以恢復，荷魯斯將它送給在界冥界反覆重生的俄西里斯。做為護身符的荷魯斯之眼有三個版本：一個是左眼，一個是右眼，還有一個是雙眼。荷魯斯之眼用埃及典型的眼線裝飾，下面有隼鳥臉頰的標記。如同《亡靈書》的描述，荷魯斯之眼在古埃及被當做葬儀的護身符，保護亡者在冥界抵禦邪惡並協助重生，同時用來裝飾木乃伊、靈柩與墳墓。

knot）指難以解開的死結；立即迅速的解決方法稱為「亞歷山大的解答」（Alexandrian solution）。

▍《約翰福音》

　　《約翰福音》（Gospel of John）是驅魔者防禦魔鬼的法寶，使得纏身的惡靈發作。中世紀的魔鬼無法忍受它被大聲唸出來。《約翰福音》被使用在驅魔中，大概是因為人們相信上帝的理念體現在基督身上，讓魔鬼與惡靈憎恨不已。這福音書的開頭是：「太初有道，道與神同在，道就是神。這道太初與神同在。萬物是藉著他造的；凡被造的沒有一樣不是藉著他造的。生命在他裡頭；這生命就是人的光。光照在黑暗裡；黑暗卻不接受光。」

▍吉薩大金字塔是如何建造的？

　　吉薩的大金字塔據說是法老古夫的陵墓，這位法老只在西元前2589至前2566年間統治了二十三年。許多人質疑是否真有這位法老，而且推斷它建於更早的年代。埃及文明大約在西元前3100年才興起，而我們仍無法理解早期建造者如何興建這樣的建築。這座金字塔，包括它的通道和兩座連接的神廟、墓室、另外四座較小金字塔和六個船形坑，總體積達到二百七十萬立方公尺。在古夫統治期間建造這群建築物，需要工人每小時開採、修整與安放320立方公尺的石材，每天這樣不斷工作持續二十三年。這等於每兩分鐘就要開採、修整與安放一塊平均2540公斤的石塊。印第安納石灰岩協會（Indiana Limestone Institute）估計僅開採並運送足夠石塊來建造大金字塔就需花費八十一年，而且

還得用上炸藥、電動工具、吊車和柴油動力運輸工具。實際建造金字塔的任務複雜得難以置信，這都還沒列入計算。同樣令人驚訝的是5.3公頃岩石

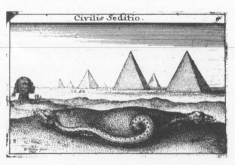

高原被整平到高度差只在一英吋內。埃及人鑿平岩床並填平凹洞，精確程度至今仍需雷射測量儀器才能達到。金字塔原本外表鋪設9公頃的拋光石灰岩都從32公里外的亞斯文運來。這些石材大部分被拿去興建清真寺，但有些被保留在金字塔頂端。它們每塊重達15.2公噸，而且必須安放得非常精確。連紙牌都無法插入縫細，因為它們偏離程度不到百分之一吋。一旦就位後，這些石塊就無法微調去湊合下一個石塊。沒有已知方法讓他們只用人力就能安放得如此精確。

格哩格哩

格哩格哩（gris-gris）形成於美國南方非裔美國人的奴隸文化，它被當做護身符以帶來好運或用來避邪。這些符咒袋通常裝有神秘粉末、藥草、香料、骨頭、石頭、羽毛和其他材料。格哩格哩在美國巫毒教巫術發源地的紐奧良變成傳統習俗，它用來招錢財、求姻緣、遏止流言、守護家庭和永保健康等等。

格哩格哩至今仍在祭壇儀式上製作，其中包含四要素是鹽巴（代表土）、焚香（氣）、水和燭焰（火）。裡面放置的材料數量都是1, 3, 5, 7, 9或13。石頭或彩色物的選擇會依據它們在神秘學或占星學上的含義。紐奧良的巫毒女王瑪莉·拉馮（Marie Laveau）說她的格哩格哩包含骨頭、彩石、墓地泥土、鹽和紅辣椒。她的眾多「符咒」（wangas）之一是能招來霉運，據說是用去世九年的亡者壽衣製成袋子，裡面裝著一隻乾燥的獨眼蟾蜍、一名自殺黑人的一根小指、一隻乾燥的蜥蜴、一片蝙蝠翅膀、一顆貓眼、一個貓頭鷹肝臟和一個公雞心臟。像這樣的格哩格哩若藏在受害者的提包裡或枕頭下，他或她就會死。紅法蘭絨袋裝著一塊磁石或磁鐵是賭徒最愛的格哩格哩，被認為保證帶來好運。在蓄奴的時代，那些虐待奴隸的主人常在自身附近發現格哩格哩，裡面裝的是黑胡椒、番紅花、鹽巴、火

藥和磨成粉末的狗糞。

狗毛不是指狗的毛？

英文諺語「給我咬我那隻狗的毛」（give me a hair of the dog that bit me）或者「狗毛」（the hair of a dog）其實是指給我一杯「酒」來舒緩宿醉的不適，即以毒攻毒之意。

在中世紀時，人們認為將狂犬病狗的狗毛燒過後，敷在傷口上，可以治療狂犬病或狗咬的感染。

「狗毛」被當成解酒的用法最早見於記載是在 1546 年的《所有英語裡有用的諺語》（*A dialogue containing the number in effect of all the proverbs in the English tongue*）中：「我祈求您讓我和我的伙伴能擁有、昨晚咬我們那隻狗的狗毛、我們都被咬得腦袋清醒、我們看到彼此飲下麥芽好酒。」宿醉是酒精正在消退的症狀。喝下少量酒精會讓身體暫時覺得比較舒服，但實際上會使宿醉惡化。

很少人知道喬治・拜倫勳爵（Lord George Byron）在生命中曾使用過「狗毛」。過去有許多女人將自己一綹頭髮附在情書裡送給「瘋狂、惡劣又危險的」詩人拜倫勳爵。為他出版作品的約翰・默里公司（John Murray）檔案庫裡就有超過 100 綹頭髮來自遭他誘惑的女人，其中包括卡蘿林・蘭姆女爵（Lady Caroline Lamb）。當拜倫勳爵斬斷兩

人關係時，她把長髮剪短，讓自己變成拜倫當時愛上的一個劍橋唱詩班男孩一樣。

為了回覆愛慕者的頭髮，拜倫經常從他心愛的紐芬蘭犬伯茲溫（Boatswain）身上剪下狗毛，假托是他自己頭髮。如果是用自己頭髮，他差不多要變成禿頭了，這樣必然會讓他的愛情生活遇上浩劫。

希羅引擎

亞歷山卓的希羅（Hero of Alexandria，10-70）是一位希臘演講者、數學家和工程師，居住在羅馬時期的埃及省。他被認為是古代最偉大的實驗家。他的許多設計已經遺失，但有些保存在阿拉伯文的手稿裡。許多看似他的演講手稿是從亞歷山大圖書館的原件抄寫而來，內容講述氣體力學、數學、物理學和機械學。他發表了一份關於汽轉球（aeolipile）或蒸氣動力引擎的說明。這裝置加熱後會旋轉，也是第一個有記載的反作用力蒸氣渦輪發動機或蒸氣引擎。汽轉球名稱衍生自希臘文的意

思是「埃奧洛斯的球」。埃奧洛斯是風神。水在一個簡單的鍋爐內加熱，這鍋爐也是一個旋轉容器的部分基座。鍋爐用兩根管子連接旋轉室，同時也當做旋轉的樞軸。在另一設計中，旋轉室被當做鍋爐，這樣安排大幅簡化了樞軸或軸承的配置，因為它們不需導引蒸氣。希羅也發明了一個「風車」，這是在地上利用風力的第一種方法，還有一個風力彈奏的管風琴。另一個驚人發明是世上第一台自動販賣機。錢幣投入機器上的槽縫，設定好數量的聖水就會分發給投幣者。錢幣投進去時會落在連接槓桿的秤盤上。槓桿打開活門讓一些水流出。秤盤在錢幣重量下持續傾斜到錢幣滑落，然後平衡力將槓桿拉回並關上活門。希羅為希臘劇場發明了許多機械裝置，以及一個藉由流體靜力學能量獨立運作的噴泉。他設計各種形式的注射器，他的力泵被用在火引擎上。希羅領先他人一千年，制訂了「光傳播最短距離原理」，並且寫下巴比倫人計算平方根的方法。希羅的公式用在以三角形邊長計算它的面積。

三位的 666 在《啟示錄》中是「獸名數目」（the number of the Beast），它被稱為「魔鬼的數字」。然而，埃及人認為 3、6 和 7 是最神聖的數字：3 代表三相女神（Triple Goddess），6 是指她與上帝合為一體，7 代表了七位哈索爾（Hathor，命運女神）、七個星體、七座城門的聖城、君主在位的七年等等。埃及人相信所有神祇的總數是 37，因為這數字有神秘的性質。它組合了神聖數字 3 與 7。37 乘以 3 的倍數（直到 27 為止）可以得到「三重數」：111, 222, 333, 444, 555, 666 等等。666 本身是 3 乘 6 乘 37。習俗上，咒符會畫在穀倉

▍魔咒

魔咒（Hex）這字被用來指稱女巫的魔咒跟歷史中的數字 6 有關。基督教會官方把數字 6 視為「罪惡的數字」。

或房屋上抵禦雷擊和確保富饒，並防止降咒造成動物或他人的侵佔等等。不同的咒符各有其義意，有些標誌與圖樣，例如萬字飾，可以追溯到青銅器時代。

聖徒遺物

聖徒遺物是基督教聖徒去世後遺留下來的有形物品，這些聖物與基督與聖徒們緊密相關。在西元 787 年的第二尼西亞會議（Second Council of Nicaea）中，教會領導人物耶柔米和奧古斯丁提倡敬拜聖徒遺物和聖像，而會議規定所有教堂都須備有這些東西，十字軍東征期間，大量遺物被帶回歐洲，存放在聖物箱（通常是依規定精心製作裝飾的容器），然後被抬出遊行並認為它有神奇力量。直到 1969 年以前，所有羅馬天主堂的祭壇石下都存放了殉道者遺物。

四世紀時，君士坦丁大帝的母親聖海倫納（St Helena）前往巴勒斯坦收集聖徒遺物，例如真十字架的殘片。耶穌走上本丟·彼拉多（Pontius Pilate）總督衙門受審的台階，所謂的聖階（Scala Sancta），據推測被聖海倫納帶回羅馬。她也帶回了聖釘（Holy Nails），現在至少有三十個在歐洲各地受到敬拜。它們被放在羅馬的聖十字聖殿、威尼斯、亞琛、西班牙的埃斯科里亞爾修道院、紐倫堡和布拉格。然而，教會當局仍無法確定基督被釘上十字架時用了三根或四根鐵釘。其他聖徒遺物包括倫巴底鐵冠（Iron Crown of Lombardy）和君士坦丁馬具（Bridle of Constantine），兩者據說都是用十字架上的釘子做成。德國的待里爾主教座堂和法國的阿讓特伊教堂都說他們保存了耶穌的聖衣（Holy Coat）或無縫聖袍（Seamless Robe），這束腰外衣是士兵釘完十字架後抽籤得到的。阿讓特伊教堂聲稱它是由查理曼大帝帶到這裡。希臘阿索斯山的聖保羅修道院存放的遺物來自東方三博士的禮物（Gifts of the Magi）。在克羅埃西亞，杜布羅夫尼克主教座堂保存的是襁褓包巾（Swaddling Clothes），這是嬰兒耶穌在神廟現身時裹在身上的包巾。許多教堂擁有荊棘冠（Crown of Thorn），那是耶穌釘上十字架時戴在頭上的。鞭刑圓柱（Column of the Flagellation）的殘片收藏在羅馬聖巴西德聖殿，那是耶穌受鞭刑時被綁在上面的圓柱。

十字架刑中用的聖紗布（Holy Sponge）收藏在羅馬的耶路撒冷聖十字聖殿，這座教堂還保有十字架銘刻（Titulus Crucis），它是掛在真十字架上的鑲板，還有兩頂荊棘冠、一根殘缺的釘子、伯利恆石室的一些殘片、一大片懺悔囚犯的十字架殘片、一個食指手骨，據說是聖多馬在基督升天時放在他傷口上的手指；還有來自真十字架的三

個小木片。更大的十字架殘片於 1629 年在教宗烏爾巴諾八世（Urban VIII）指示下被移往聖彼得大教堂，就放在一座巨大的聖海倫納雕像附近。聖十字聖殿還有個單獨的聖物箱裝著小殘片，分別來自：鞭刑柱（基督被綁在上面遭受鞭打），聖墓（耶穌的墓碑），以及耶穌的秣槽。所有遺物都曾存放在聖殿的聖海倫納小禮拜堂，那兒有一半是低於地平面。建造者從釘十字架所在地加爾瓦略山取來泥土撒在教堂地上，因此被取名為耶路撒冷的聖殿。中世紀朝聖指南提到小拜堂神聖無比，禁止婦女進入。命運之矛（Spear of Destiny），或稱聖矛（Holy Lance），或稱朗基努斯槍（Spear of Longinus），是拿來戳刺十字架上的耶穌腹側以確定他死亡了，它的殘片被存放在不同的聖地。

德里鐵柱

它位於印度德里的古達（Qutb）建築群中央，建造年代是西元四世紀，上面銘文寫說它是以印度教神祇毗濕奴（Vishnu）之名樹立的旗杆，以紀念笈多（Gupta）國王旃陀羅二世（Chandragupta II，375-413）。它由 98% 鍛鐵構成，樹立一千六百年來沒有生鏽或腐蝕。它的高度大約 7.3 公尺，重量接近 6.6 公噸，經由鍛造熔接製造而成。鐵柱在德里惡劣的天氣條件下卻毫無腐蝕，科學家直到 2002 年才解開這秘密。他們發現薄薄一層「鈍化層」，它是鐵、氧和氫的化合物，藉此保護鐵柱免於生鏽。保護薄層在鐵柱樹立後的三年內開始形成，從那時開始一直非常緩慢地增長。一千六百年後，薄層只增長到二十分之一公釐厚。保護薄層是因為鐵裡面有高含量的磷催化形成，1% 的含量相較現今典型的 0.05% 含量高了大約 20 倍。高磷含量是獨特煉鐵程序的成果，在混合木炭的這步驟減少了鐵礦砂變成鋼。現代的高爐煉鐵用石灰石代替木炭，因此產生熔渣和生鐵，隨後轉變成鋼。現代煉鐵過程中的大部分磷被熔渣帶走。鐵柱展現了卓越的冶金知識，如果發展一套預測保護層增長的模式，也可用來製造長時間鏽蝕反應的容器，

聖爵和聖杯

耶穌在最後的晚餐上用這容器裝酒給他的門徒。有些教堂聲稱擁有這容器，例如瓦倫西亞聖杯——存放在西班牙的瓦倫西亞主教座堂。近期的教宗若望‧保祿二世和本篤十六世（Benedict XVI）都曾崇拜它，但都沒宣稱它是真品。這酒杯引發了聖杯傳說，那是亞瑟王騎士尋找的東西，也是數百本書的主題。有些人認定聖杯是耶穌血統的標誌，而非實體的物品。

埃德薩的耶穌聖容聖像

根據基督教傳說，曼迪羅聖像（Mandylion）是第一手的聖像；這塊布巾上有耶穌的聖容。據說它是耶穌送給伊拉克的埃德薩國王阿布加爾五世（Abgar V），以治癒他的麻瘋病，同時附上一封信婉拒前往拜訪的邀約。數世紀以來，這聖像據稱遺失又重新出現了好幾次。現今有兩件聖像宣稱是曼迪羅。一件是熱那亞聖像，存放在義大利熱那亞的亞美尼亞聖巴薩羅繆教堂（Church of St Bartholomew of the Armenians）。另一件是聖西爾維斯特聖像，直到1870年前都保存在羅馬的頭顱聖髑聖西爾維斯特堂（Church of San Silvestre in Capite），現在則放在宗座宮（Vatican Palace）的瑪蒂爾達教堂（Matilda Chapel）裡。

導入核儲存的應用上。

貓的合唱團

貓琴（Katzenklavier）的字面意思是「貓鋼琴」，這是德國耶穌會學者兼博學之士阿塔那斯・珂雪（Athanasius Kircher，1602-1680年）設計的樂器。神經質的寵物愛好者請立刻跳到下一個條目。這發明包含一排關在籠子裡的貓，按音調排列好。牠們的「演唱」是用帶釘子的鍵盤猛刺牠們尾巴，使牠們發出哀嚎。筆者也曾為政治家與銀行家開發相似的玩意兒。珂雪被認為是「埃及古物學的創立者」，他發現微生物與虐疾的關聯，還發明擴音器、自動機械和磁鐵

時鐘。然而，珂雪可能只是改進了這可怕樂器。尚—巴帝斯特・魏克蘭（Jean-Baptiste Weckerlin，1821-1910-）在他作品《音樂》（*Musicana*）中寫道：「西班牙國王腓力二世（Felipe II）於1549年在布魯塞爾拜訪父親，神聖羅馬帝國皇帝查理五世（Charles V），在觀看一個非常獨特的遊行時見到彼此都很開心。隊伍前頭是一隻龐大公牛，兩隻牛角著了火，中間還有一個小魔鬼。公牛後面是個年輕男孩，躲在縫合的熊皮裡面，騎在一匹耳朵與尾巴都被剪掉的馬上。接下來是天使長聖米伽勒，衣著亮麗，手中拿著天秤。最古怪的是一輛戰車帶來所想像最獨特的音樂。它載著一隻彈奏風琴的熊；代替音管的是十六個

身體被固定住的貓頭；牠們的尾巴伸出夾住，被當做鋼琴的琴弦來彈奏，按下鍵盤上的一個琴鍵時，對應的尾巴會被用力拉扯，每次就會發出一聲可憐的喵嗚。歷史學家瓊・克里斯多弗・卡爾維特（Juan Cristobal Calvete）提到，那些貓按照次序可以發出一系列八度音。這差勁的樂隊把自己安插進一個劇場，那裡有猴子、狼、鹿和其他動物隨這地獄般的音樂起舞。」德國醫師約翰・克利斯提安・海爾（Johann Christian Reil，1759-1813）也有描述「貓鋼琴」，說它是一種治療方法，治療注意力無法集中的病人。海爾相信他們若被迫去看和聽這樂器，它必然會引起他們的注意力，病人就會被治癒。2010 年，聲音雕塑師亨利・達格（Henry Dagg）在克拉倫斯府（Clarence House）由查爾斯王子（Prince Charles）舉辦的花園派對上，用吱吱作響的玩具重現這樂器。〈彩虹之上〉（Over the Rainbow）的曲調被演奏出來，王子顯然被逗得開心。

幸運鳥屎

2004 年 3 月 8 日，澳洲懷疑論社群領導者亨利・愛德華（Harry Edwards）寫了一封信給新南威爾斯州聖詹姆士（St James）的當地報社。他的寵物鳥經常棲息在他肩上，然後在那兒留下一坨「東西」。他把這遭遇和隨後發生的事件關聯在一起，例如中樂透、收到意外錢財等等，並且結論說這鳥帶來好運。有一天這鳥在愛德華兒子的夾克上留下印子，他兒子接著撿到皮夾、手錶等等，這些東西也都物歸原主了。愛德華寫說他取了幾根鳥羽毛給一位「通靈者」，對方說這鳥是轉世的慈善家，愛德華「應該要販售產品來散播好運」。愛德華在信末提供販售他的「幸運鳥屎」。他收到兩筆訂單與 20 元來買他的幸運鳥屎。

《摩訶婆羅多》與太空飛行

《摩訶婆羅多》和《羅摩衍那》是印度的民族史詩。它們可能是所有語言中最長的詩作。《摩訶婆羅多》被認為是毗耶娑（Vyasa）所寫，年代大約是西元前 540 至前 300 年，內容講述婆羅多（Bharatas）部族的傳奇做事，他們是亞利安部落群的其中一支。即使完整英文譯本（由凱薩里・默亨・甘古利〔Kisari Mohan Ganguli〕翻譯）發行的時候，1886 至 1890 年間還沒任何飛行器升空過，第一台內燃機也才在幾個月前出現。然而，以下從《摩訶婆羅多》截取的敘述似乎暗示了太空船的飛行：「護世天王走了之後，殺敵英雄阿周那（Arjuna）就開始期盼，『吾王啊，因陀羅（Indra）的車子快來吧！』聰明的阿周那這樣想著，摩多梨（Matali）駕著光彩奪目的車子就來了，撥開雲朵，照亮蒼天，雷鳴般的巨響威震八方。車上

有許多刀劍，可怕的標槍，令人生畏的鐵杆，威力神奇的飛鏢，光亮無比的閃電，還有霹靂、帶飛輪的鎚子，以及能吹出狂風、發出雷鳴般巨響的風箱。車上還有許多口噴火焰的兇猛大蛇，以及

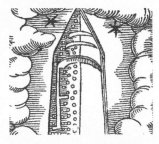

如雲朵般的成堆白石。一萬匹馬拉著金色神車，速度快如風。這速度快到眼睛幾乎無法看清它的行進，猶如高超的幻影。阿周那看見車上常勝旗的旗杆燦爛奪目，發出翡翠綠或青蓮一樣的深藍色，鑲有金色飾品，像竹竿一樣筆直。看見車上御者戴滿金飾，這普利塔（Pritha）之子，大臂者阿周那以為他是天神……帝釋天（Cakra）的御者摩多梨聽到阿周那的一番話，迅速登車控制馬匹……阿周那像太陽一樣光芒四射，登上神車。這位聰明的俱盧（Kuru）後裔滿懷喜悅，乘坐這輛耀如陽光、功績非凡的神車遨遊天際。已經遠離地上凡人的視線後，他看到數千輛奇特美麗的飛車。那裡沒有太陽或月亮或火光照明，但它用自己功德獲取的光明來照亮。這些明亮區域在地上看來像繁星——雖然它們很大，但由於距離太遠，結果顯得很小——般度（Pandu）之子阿周那看它們在自己位置上像盞盞油燈，用自身火焰燒燃，發出美麗光輝……

『普利塔之子啊，這些都是行善積德之人，在他們自己的位置上。主人啊，這些就是你在地上曾看到的星星！』」

馬雅古橋

馬雅遺跡亞斯奇蘭（Yaxchilan）座落在叢林裡的烏蘇馬辛塔河（Usmacinta）畔，距離墨西哥的波南帕克（Bonampak）約 13 公里。這裡已經被考古學家研究超過一世紀。1989 年，土木工程師詹姆士、歐肯（James O'Kon）注意到一個神秘的石墩，他認為是橋的一部分。為了證實自己的理論，他用電腦合併考古調查、空照圖和地圖，開發出遺址的三維模型，並確定這橋的確精確位置與尺寸。他發現馬雅人在七世紀時建造出古代跨距最長的橋。它有大約 183 公尺長，由麻繩懸吊結構和兩個橋墩、三段跨距構成。這橋連接墨西哥境內的亞斯奇蘭和它在貝登（Peten）境內的農業區，如今瓜地馬拉境內的

提卡爾（Tikal）。考古學家原本以為是瓦礫堆的橋墩高 3.6 公尺，直徑 10.6 公尺。空照圖已找出對岸橋墩的位置。

249

馬雅曆和世界末日

中部美洲馬雅文化在前哥倫布時期，使用一年 365 天的馬雅曆要比我們今天使用的格里曆更精確。至今仍不清楚他們如何了解「歲差」這類的複雜現象。他們設計出三種不同系統的曆法：卓爾金曆（tzolkin，宗教曆）、哈布曆（haab，農民曆）和長紀曆（long count）。卓爾金曆是 260 天週期的曆法（13 個月，每月 20 天），哈布曆是太陽週期的曆法。卓爾金曆與哈布曆的交錯組合形成大約五十二年（18,980 天）的週期，被稱為「曆法循環」（calendar round）。每一天都有特定的圖象和賦予的意義，五十二年週期結束時會舉辦復始儀式。100 個曆法循環的長紀週期歷時五千兩百年結束。這等於一個世代。根據馬雅人說法，人類處於第四太陽紀或世代。那將會在他們曆法啟始日的 5,200 年後結束。馬雅曆法（長紀週期）始於西元前 3113 年 8 月 10 日。因此馬雅曆法（長紀週期）應在 2012 年 12 月 21 日結束，許多人預言那天是世界末日（參見 108 頁）。馬雅宇宙論裡最長的週期是 26,000 年的大週期（grand cycle），它符合分點歲差（這段時間地球自轉軸剛好漂移一圈回到原來位置，參見下文）。還有 5,200 年才會完成大週期，因為五個長紀週期組成一個大週期，我們才在將近第四個的末期。長紀曆和卓爾金／哈布曆組合的週期長達 136,656,000 天（將近 374,152 年或 73 個馬雅世代）。

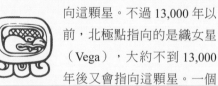

馬雅曆在 6,000 年裡只閏一天。他們預測日蝕與月蝕極為準確。他們認為的世界末日那天，轉換成我們的曆法是 2012 年 12 月 21 日。這天代表我們在地球歲差週期中會從雙魚座星座區移到寶瓶座世代。在寶瓶座世代，太陽在春分點是從天空中寶瓶座的方向升起。然而，因為歲差的緣故，太陽在每過 2,160 年後的春分點會從不同星座區升起。地球繞太陽公轉時，它的自轉軸會漂移。地球自轉軸不是完全垂直，而是有大約 23.5 度的傾斜。不過自轉軸不是這樣固定傾斜，它會緩慢從 24.5 度漂移到 22.1 度，每隔 41,000 年完成一週期。在這漂移當中，因為各種重力作用，自轉軸的旋進（用俗語說是搖擺）朝順時針方向畫出一個圈。地球的角度維持不變（或是在那 3 度的變化內），但指的方向改變了。例如，我們目前的北極星是勾陳一（α Ursae Minoris），因為北極點指向這顆星。不過 13,000 年以前，北極點指向的是織女星（Vega），大約不到 13,000 年後又會指向這顆星。一個完整的歲差週期大約是 25,776 年。

馬雅道路的祕密

馬雅文明以金字塔著稱，都是建

在他們的叢林帝國裡。金字塔塗了一層灰泥，所以平滑表面會在陽光和滿月照射下微微發亮（如同埃及金字塔）。儘管他們在天文、數學和建築上有先進知識，馬雅文明仍被視為「石器時代」或新石器文化，因為他們沒有使用鐵製工具。最近的鐵礦礦床距離他們有 2400 公里之遙，所以馬雅人用玉當工具（和武器），那比鐵還硬。羅馬人的數學系統相較馬雅人是比較粗糙，而且不像馬雅人有零的概念，但沒人認為羅馬帝國是新石器文化。

中部美洲的文明成果從沒有被以歐洲為中心的歷史系統充分理解（中國、印度和其他亞洲地區超過千年歷史的卓越發展也一樣）。「白路」（sacbe）是連結馬雅聖地與城市的平坦白色道路系統，它用石塊鋪建，再以水泥鋪平。道路寬度是 2.4 至 9 公尺。然而，馬雅人似乎不曾擁有配備輪子的載運工具，也不會在人口聚集地之間驅趕他們馴養的牲畜。早期西班牙征服者，例如迪亞哥・德・蘭達（Diego de Landa）主教，

他們的報導告訴我們一個精心建造的全天候道路系統連結了馬雅的城市。為什麼要建造這些道路，至今仍是一個謎。

五朔節花柱

五朔節花柱（Maypole）是前基督時期五朔節（Beltane）慶典的主要特徵，新異教徒至今仍會慶祝這節日，它在英國一些村莊也成為社會結構中無傷大雅的一部分。五朔節是在五月一日慶祝春季的豐腴，五朔節花柱因此得名。花柱通常是一根新砍的樺樹幹，不過也有用橡樹或榆樹製成。這些樹總會聯想到豐腴，而花柱是男性生殖器的象徵。樹在泛靈論和異教徒儀式上經常扮演主要角色，以祈求女人、乳牛和農作物的豐產。砍伐花柱時會伴隨舞蹈與歌唱，它被樹立在當地村莊的中央，剝除枝葉後在柱頂放上花冠裝飾。多條彩色長緞帶繫到花冠上，末端由年輕男女交錯拿著，圍著它跳舞時各以相反方向行進。緞帶交疊編織，直到柱子完全被包裹住。這些五月節舞蹈在歐洲各地與美國很常見。莫里斯舞（Morris dance）同樣也祈求收割季節風調雨順。在今天，大部分花柱會燒掉，然後在下次五朔節時重新砍伐與裝飾。以往村民會在公有綠地上固定保留一根花柱，每年重新裝飾它。

數字七

許多文化都有一個「幸運」數字。《新約聖經》的《啟示錄》經常提到數字七不可思議的神聖性。書中的使徒約翰寫信給亞細亞七個教會，願上帝及寶座前的七個靈賞賜恩典給他們。約翰描述在拔摩島見到的景象，他在七個金燈臺間看到一位像人子的身影站在那邊，右手拿著七顆星。七個燈臺被解釋為七個教會，七顆星是這些教會的天使。接下來的景象是天堂的寶座，坐在寶座的祂右手拿的書卷有七個印封著。然後有一隻羔羊有七個角和七隻眼，代表上帝派到世上的七個靈，羔羊接過書卷，一個接一個打開七封印。當第七封印被打開，出現七位天使拿著七支號角，他們一個接一個吹響號角。第七個號角吹響前爆出七聲響雷。後來出現一條龍有七個頭十隻角，七頂王冠戴在頭上。接著又有一隻獸從海中上來，也有七個頭十隻角，但有十頂王冠戴在角上。七位天使一個接一個把七個盛滿上帝憤怒的碗倒在地上。後來看見一位婦人騎著朱紅色的獸，獸有七個頭，是指那女人所坐的七座山，也是指七個王，其中五個已經傾倒，一個還在，另一個還沒來。最後的景象是聖城耶路撒冷，盛行的數字不是七而是十二，也許源自以色列十二支派。然而除此之外，整本書主要的數字是七。馮‧哈瑪‧普爾什代（Von Hammer Purgstall）觀察到書的開頭有兩個七：七個教會和七個靈。在書的正文中另外發現兩組七個七：第一組是七燈臺、七顆星、七封印、七個角、七隻眼、七號角和七聲雷；第二組是七天使、七個頭、七頂冠、七災難、七個碗、七座山和七個王。

奧爾梅克巨石頭像

隨著 1869 年發現一尊巨石頭像，一個未知的先進文明被揭露出來，年代比墨西哥馬雅文明和中美洲阿茲特克文明還要早。他們雕刻的人像看來與非洲黑人相當類似。考古學家將他們命名為奧爾梅克（Olmec），經過許多爭辯之後，有人認為他們代表了中部美洲最早的「種文明」（Mother Civilization），年代可追溯到西元前 1500 年左右。他們興盛於西元前 1500 至前 400 年，大約在今日墨西哥西南部的維拉克魯斯（Veracruz）和塔巴斯科（Tabasco）一帶。他們建造常設的城市神廟建築群，裡面發現用磁鐵礦、黑曜石與翡翠做成的奢華人工製品。

拉維塔（La Venta）的大金字塔是那年代中部美洲最大的建築，高 33.5 公

尺，矗立在平原上。那裡發現超過 1016 公噸的蛇紋石塊、馬賽克鋪面和沉積的翡翠與赤鐵礦結晶石。奧爾梅克的藝術品在現今被認為是傑作。到目前為止發現了十七尊巨大的玄武石頭像，雕刻出非洲人的五官。它們被認為是在描繪統治者，從單一石塊刻鑿出來，最大的有 3.6 公尺高。其他的雕像、祭壇、寶座、代表人物的翡翠面具與銘牌也被發掘出來。

奧爾梅克被認為是美洲開始書寫、製作銘刻、從事球類活動和放血的文明。有些人相信他們拿活人獻祭。不過，沒看到任何用人獻祭的圖像，而且別忘了，西方直到最近才把放血當做治病手段。他們也許曾發明羅盤、零的概念以及採用他們自己「長紀曆」的中部美洲或馬雅曆法。長紀曆需要用到零的概念。奧爾梅克也許還是西半球第一個發明書寫系統的文明。2002 年和 2006 年發現的雕刻文字，比大約西元前 500 年薩波特克文明的文字還要古老。

▎斐斯托斯圓盤

從 1900 年開始的考古挖掘，在克里特島上開鑿出米諾斯文明的斐斯托斯（Phaistos）雄偉宮殿，包括富麗堂皇的庭院、規模龐大的階梯與劇場。根據神話故事，斐斯托斯是拉達曼迪斯

納甘轉輪手槍與俄羅斯輪盤

　　許多人會納悶，為什麼俄國軍官會願意玩俄羅斯輪盤，就是把一顆子彈放進轉輪手槍的彈巢，轉動彈巢，把槍口對著他們腦袋扣下板機。

　　納甘 M1895 是 1895 至 1933 年間製造給俄國官員使用的標準槍枝，到第二次世界大戰期間仍在使用。因為具有氣密設計，諉傳它是唯一擁有滅音功能的轉輪手槍，蘇聯秘密警察也暗中善用了這項功能。七發裝的轉輪手槍必須從裝填口將子彈一次一顆重新裝進彈艙內，裡面擊發過的彈殼也得手動退出，使得重新裝填耗時又費工。

　　在俄羅斯輪盤的「競賽」中，兩名參賽者輪流轉動彈巢並擊發手槍，所以每次都有七分之一的機會把參賽者殺死。有時會有七名參賽者加入，不轉動彈巢，所以第一個人有七分之一的機會死亡，第二個人有六分之一的機會死亡，以此類推。如果前六個人都存活，顯然第七個人百分之百就會死。這勝算不佳。有時賭徒會向軍官同僚收取賭金來玩俄羅斯輪盤。拿一把納甘 M1895，裝一顆子彈到彈艙內再快速旋轉彈巢。子彈重量傾向停在彈巢下面，所以玩者有合理自信認為空彈艙會對準擊鎚。最近一項研究顯示，俄羅斯輪盤的受害者大約 80% 是白種人，他們都是男性，平均年齡 25 歲，而且飲酒比起其他舉槍自殺的案件扮演了更重要的角色。

（Radamanthis）國王的駐地，他是米諾斯國王的兄弟。這裡也是偉大的智者兼預言家埃庇米尼得斯（Epimenides）的出生地。第一座宮殿建於大約西元前 2000 年，但是在西元前 1700 年左右毀

於地震。以更奢華的形式重建之後，又於西元前 1400 年左右再次被摧毀。斐斯托斯圓盤是克里特島最重要的象形文字銘刻樣本。它是 1908 年在宮殿檔案室的庫存附近被發現。這圓盤就在一片年代是西元前 1850 至 1600 年、用「線形文字 A」刻寫的陶板旁。雖然考古學家在上面發現許多銘文，但都以線形文字 A 的符碼書寫，至今仍無法解譯。它是黏土製成的圓盤，然後將符碼壓印在上面。文本包含 61 個字，其中 16 個伴隨奇特的「砍痕」。45 個不同符號總共出現 241 次。這些符號描繪可辨認的物體，例如人物和身體部分、動物、武器和植物。因為圓盤上的文本太短，解譯線形文字 B 符碼時採用的統計法並不適用。然而，人們想到另一套古老的書寫系統，原始比布里克字母（Proto-Byblic script，以黎巴嫩的比布魯斯命名），可以提供解讀斐斯托斯圓盤的關鍵。16 個字上的神秘「砍痕」似乎是記錄物品數量的數字，類似於大部分線形文字 B 的文本。黏土上的印記是以可重覆使用的印章壓印上去，這使得它可能成

為活字印刷術的前驅。2008 年，傑羅姆・M・艾森柏格（Jerome M. Eisenberg）博士聲稱這圓盤是個贗品，但希臘當局可不允許把它從展示櫃中拿出來檢驗，因為它實在很脆弱。

▌ 賢者之石

賢者之石（Philosopher's stone）原本被認為是能將基本物質轉變成銀或金的化學品，通常將其作用稱之為力量投射。首先提到賢者之石的是煉金術士底

比斯的撒西摩斯（Zosimos the Theban，250-300），它被賦予巨大能力和神秘學意義。有些人認為它握有生命與健康的奧秘。十三世紀的煉金術士必須遵循嚴格的獻身儀式與淨化後，才被視為夠資格執行他們的工作。賢者之石變成是指生命演化的幕後動力，它是將人類心智與靈魂整合為一的普遍力量。它現在代表純淨思想與無私存在的純潔性與崇高性。

雷斯地圖與失落民族之謎

1929 年，歷史學家發現一張畫在羚羊皮上的地圖。它是土耳其著名海軍司令皮瑞・雷斯（Piri Reis）在 1513 年繪製的。他在土耳其海軍的崇高位階讓他有權進入君士坦丁堡帝國圖書館（Imperial Library of Constantinople），因而可以尋獲追溯至西元前四世紀或更早的失蹤地圖。

雷斯地圖標示出非洲西岸、南美洲東岸和南極洲北岸。它是現存最早標示美洲的地圖。我們不知道皮瑞・雷斯在南極地區被發現的 300 年前如何能繪出這樣一張精準的地圖，或者地圖為何能夠如實顯示幾乎埋藏在冰層下一英哩的南極北海岸線。許多人相信這位司令一定引用了更早文明的消息來源。皮瑞・雷斯承認自己的地圖是以更古老的繪圖為基礎。雷斯地圖標示出冰層覆蓋前的南極洲北端。我們如今知道，南極洲沒有冰層覆蓋的最後期間大約開始於西元前 13000 至 9000 年，結束於西元前 4000 年左右。中東地區發展出第一個文明約在西元前 6500 年，接下來千年內出現的是印度河谷與中國的文明。不知用何方法，當今看這地圖必須得用現代技術才能繪出。

1953 年，一位土耳其海軍官員把雷斯地圖寄給美國海軍水位局（US Navy Hydrographic Bureau）。水位局主任工程師要求古地圖權威阿靈頓・H・馬洛里（Arlington H. Mallery）協助鑑定地圖。馬洛里發現地圖使用射影法，他製作一個格網，將地圖轉移到一個球體上。地圖精準無誤，馬洛里說地圖要繪製到如此精確只能藉助空中測量。此外，應用球面三角函數決定經度的作法據推測也是到十八世紀中才為人們所知。它似乎是從一位知道地球是圓的製圖師那兒複製過來的，這製圖師還知道地球真實的周長，誤差在 80 公里以內。1960 年 7 月 6 日，美國空軍回覆基恩大學查爾斯・H・哈普古德（Charles H. Hapgood）教授關於請求鑑定古老雷斯地圖的信件寫道：

親愛的哈普古德教授：

您要求本單位鑑定 1513 年雷斯地圖某些不尋常的特徵已經完成檢視。您認為地圖底部描繪的是南極毛德皇后地（Queen Maud Land）、瑪塔公主海岸（Princess Martha Coast）與帕默半島（Palmer Peninsula），這主張是合理的。我們發現這是最合邏輯而且可能是最正確解讀這份地圖的方法。地圖底部

顯示的地理細節，非常符合 1949 年瑞典英國南極探險隊橫越冰帽所做的震測剖面結果。這指出海岸線被冰帽覆蓋以前就被繪入地圖。這地區的冰帽目前大約有一哩厚。我們無法理解地圖上的資料如何能與 1513 年時的地理知識協調一致。

哈洛德·Z·奧米爾中校
美國空軍指揮官

▌波特蘭海圖和奇異的準確性

中世紀時的航海圖被稱為波特蘭（Portolani）。它們是常見航線的精確海圖，標示了海岸線、港口、海峽、海灣等等。大部分波特蘭圖資集中在地中海與愛琴海，還有例如前面提到的雷斯地圖包含了其他已知航線。1339 年的《杜爾塞特航海圖》（*Dulcert Portolano*）完美標示出歐洲與北非的緯度，而且地中海與黑海的縱座標誤差幾乎只有半度。準確度更令人吃驚的是 1380 年的《齊諾地圖》（*Zeno Map*）。它標示出北方大塊區域，最遠延伸到格陵蘭。查爾斯·哈普古德教授在《古代航海王的地圖》（*Maps of the Ancient Sea Kings*）一書中說到，「一個人在十四世紀不可能發現這些地方的確切緯度，更別提經度的準確性……」。另

一個讓人吃驚的海圖是由土耳其的哈吉·阿哈邁德（Hadji Ahmed）在 1559 年繪製，他標示出一塊狹長土地，大約 1600 公里寬，連結了阿拉斯加與西伯利亞。這樣的天然橋樑在冰河時期結束之後就被海水覆蓋，所以他採用了古老的地圖。

數學家兼製圖師奧倫提烏斯·費納烏斯（Oronteus Finaeus）在 1532 年描繪出沒有冰帽的南極。也有地圖顯示格陵蘭是兩個分離的島，這被一支法國極地探險隊給證實，他們發現厚實的冰帽把原本兩個島連結起來。哈普古德教授也發現一份來自更早圖資的製圖文件，它在 1137 年被刻在中國的一根石柱上。它透露出跟其他西方航海圖一樣的高度準確性，同樣使用方格法和球面三角函數。

▌阿爾班山的矮人隧道

墨西哥西南部的薩波特克（Zapotec）文明大約從西元前 200 年開始興盛，直到西班牙征服者在 1519 年到達為止。在藝術以及建築、數學、曆法知識中，薩波特克人清楚展現出和南方較早的奧爾梅克文明與馬雅文明的密切關係，但歷史並未顯示他們是從那些地區遷徙過來。他們首都位於阿爾班山（Monte Albán），距離瓦哈卡 11 公

里，座落在一處人工夷平的山岬上。城市中心有一座 300 乘 200 公尺的寬闊廣場，四邊被階梯與庭院包圍。從 1931 年開始進行有系統的挖掘，很快就在城市幾個墓地裡發現金、翡翠、水晶、綠松石等寶物。然而，最引人矚目的發現是複雜的石頭內壁隧道系統，一般平均身材的成人或孩童都無法通行。其中第一條隧道在 1933 年進行探勘，它只有 50 公分高，64 公分寬。隧道狹小到探勘者只能躺在裡面設法前進。緩慢通行 60 公分後，他們遇到一具骨骸、一座香爐和一個骨灰罈。那裡也有翡翠、綠松石、石頭和一些珍珠的裝飾品。後面一點的隧道被堵住，探勘者得越過阻礙，從地面挖豎井再進到後段。在接下來的隧道裡蠕動前進，他們發現更小的通道，高度不超過 30 公分，從主隧道分枝出去。從其中一條分枝前進下去是一道微小階梯。距離主入口 100 公尺處，考古學家發現另一具骨骸，幾碼之後到達大廣場的平臺北端，這裡就是隧道盡頭。進一步的挖掘發現兩條類似隧道，都被泥土填滿。最後，往東的第七個墓地發現最多寶物，一個複雜的微型隧道網絡被發掘出來，全部都有石頭內壁，有些還不到一隻腳的高

度。人們將煙霧灌入隧道以追蹤它的路線和終點，它「顯示出幾個料想不到的出口」。挖掘者原本猜想這隧道是排水系統的想法被放棄了。他們也打消念頭認為它是緊急逃生路線，或者是正常身材人類使用的任何其他設施。隧道建造的目的仍是個謎。

聖袍

法國的沙特爾主教座堂（Chartres Cathedral）是建築史上最偉大的成果之一，幾乎完美保存了它的設計與細節。正門的聯拱雕刻依舊完整無缺，170 扇華麗的彩色玻璃窗仍是原初配件。它也許是唯一能保持興建時原本樣貌的大教堂。

這教堂長久以來都是朝聖中心，因為自西元 876 年起，一個早期教會以此為據點時就宣稱保有萬福童貞馬利亞的外袍。某些消息來源支持它是

加百列預報基督降生（聖母領報）時穿在馬利亞身上的外袍，另有人說它是馬利亞生下基督時穿的衣服。拜占庭女皇伊琳娜（Irene）在西元 876 年把聖袍（Sancta Camisia）給了法蘭克人的國王

禿頭查理（Charles the Bald）。

聖袍為沙特爾帶來許多朝聖者，包括英國國王亨利五世。大教堂在 1020 年第一次燒毀之後，重新建造了一座有大地窖的華麗羅馬式教堂，但 1194 年被閃電引燃大火後燒得只剩西側的塔樓、立面和地窖。神職人員以為聖袍已毀而傷心欲絕，但三天後它被發現在庫房裡毫無受損，主教宣佈這是童貞馬利亞親自顯靈，沙特爾應該要建另一座更雄偉的教堂。捐款來自法國各地，重建工程幾乎立刻就開始。到 1220 年時，建在舊地窖上的主結構已完成，西側塔樓與立面併入新建築裡。在國王路易九世出席落成典禮後，現今已成為世界遺產的一員。石地板上仍印有修道士用來踱步沉思的古老沙特爾迷宮，現在仍被基督教朝聖者用來循跡冥想。只有一條通道可穿過整個迷宮，長度是 294 公尺。

▍銀子彈

在民間傳說中，銀子彈是唯一能夠殺死狼人、女巫或某些怪獸的武器。有時銀子彈還得刻上基督宗教符號，例如十字架或字首縮寫「J.M.J」（耶穌、馬利亞和約瑟）。據說狼人會被銀子彈所傷可追溯至熱沃當野獸（Beast of Gévaudan）的傳說，那是一隻巨狼被獵人約翰·加斯丹（Jean Chastel）殺死的故事。1764 至 1767

年間，像狼一樣的吃人野獸橫行在法國南部馬爾熱里德（Margeride）山區綿延 80 公里的區域。對這生物一貫的描述是有著可怕牙齒、巨大尾巴和淡紅色皮毛，而且發出難以忍受的臭味。牠們用牙齒撕開受害者喉嚨。據估計牠們發動過 210 次攻擊，造成 113 人死亡、49 人受傷。死者中有 98 人被吃掉部分身體。野獸似乎比起家畜更偏愛攻擊人類；有許多次攻擊人時，牛群也在現場。1765 年，國王路易十五親自派出獵狼人，帶著八隻訓練有素的獵犬前去狩獵，但攻擊還是持續發生。國王接著派出他個人的狩獵官弗朗索瓦·安托萬（Francois Antoine），他殺死一隻長 1.7 公尺、高 79 公分、重 59 公斤的大灰狼。牠的確比一般的狼還大，但仍舊繼續傳來更多死亡報告。最終殺死這生物而終止攻擊的，要歸功於地方獵人約翰·加斯丹。當牠被剖開時，可怕的發現是這野獸胃裡還有人的殘肢。

2009 年，一部名為《真實狼人》（*The Real Wolfman*）的紀錄片在歷史頻道上播映。研究人員前往熱沃當調查現代的證據，會見約翰·加斯丹的嫡系後裔，檢視加斯丹的步槍並研究狼的行為。據稱使用的「銀子彈」與普通子彈

經過大量比對測試後，發現它們不可能準確有效地殺死任何東西。狼不可能是罪魁首，因為牠們天生就無法施加足夠

咬合力，如同原始檔案報告的去快速咬斷骨頭、斬首或扯斷四肢。他們也發現一份記錄，寫著一隻死掉的亞洲鬣狗被呈現給國王，與殺戮停止的時間相符。地方檔案對野獸的描述準確勾勒出一隻亞洲鬣狗——鬣狗是少數具有足夠咬合力能輕易咬斷人骨的動物。這項研究斷定「野獸」是一隻亞洲鬣狗，一種已絕滅的長毛鬣狗。約翰‧加斯丹是個被排擠在社群之外的苦澀邊緣人，他也許是照顧鬣狗的人。這就能解釋為何約翰‧加斯丹會被認為用銀子彈殺死了這動物，唯一可能是在很近距離射擊在致命部位。熱沃當的攻擊沒被當做獨立事件。一個世紀前，相似的殺戮發生在 1693 年的伯奈（Benais），當時超過 100 人受害，幾乎都是婦女與小孩，

據描述是一隻與熱沃當野獸完全相似的生物所造成。在熱沃當事件期間，另一隻野獸於 1767 年 8 月 4 日被目擊出現在薩爾拉（Sarlat），就在熱沃當外面的一個史前洞穴地區。然而，加勒比人使用銀子彈要比這個歐洲案例還要早。

筆者引用《海員彭羅斯的日誌》（*The Journal of Penrose, Seaman*）一段描述自我分裂的情節，這書是威廉‧威廉斯（William Williams）於 1760 年代在美國寫的作品。威廉斯敘述他的另我（alter-ego），劉易士‧彭羅斯（Lewellin Penrose），在尼加拉瓜沿岸雨林中有多麼害怕：「我現在的不安來自一個我通常只在月夜中聽到的聲響。這是一個空洞的三連音，就像這樣：呀哦嗚，呀哦嗚，也許重覆個三

創世的七塊泥板

　　巴比倫的創世史詩《埃努瑪‧埃利什》（*Enuma Elish*）是以楔形文字寫在七塊高大泥板上，每塊泥板刻有115至170行文字。泥板文字描述巴比倫人與亞述人對創世的觀點與信仰。這些泥板是1848至1876年間在美索不達米亞的尼尼微（Nineveh）發現，它們放置在亞述巴尼拔（Ashurbanipal，西元前668至前626年）的宮殿與圖書館遺址內。喬治‧史密斯（George Smith）在1876年以《迦勒底人的創世紀》（*The Chaldean Genesis*）為書名，首次出版這些文字。六塊泥板的文字內容記述巴比倫主神完成創世之業。第七塊泥板頌揚主神創世的偉大成果。因此可以推論出《聖經》裡七天創世的故事借用了巴比倫人的題材，巴比倫人又是從蘇美人借用而來。根據推測，它書寫的年代不晚於尼布甲尼撒一世（西元前1125至前1103年），但這故事毫無疑問是在更早時期創作的，大約是西元前5000年蘇美人的年代。

或四次。某個另外相似的聲音總會在遠方回應；它通常從我西邊的高地傳來，而且距離很遠。（這一定是吼猴。）令我驚恐的主要原因來自於此。當我待在普羅維登斯島（Providence Island，巴哈馬的拿索）時，我經常跟一位老黑人聊天，他是牙買加島土著，年輕時就認識許多海盜並，與他們航行，還知道他們的巢穴，但因為女王大赦令來到這裡（安妮女王在位期是 1702 至 1714 年，所以相關大赦令應追溯於此）。然後他從事導航工作，或趁海岸外有船難時出去撈一票。這白髮老傢伙雖然能讀能寫還精通《聖經》，曾去過英國、法國、西班牙，足跡遍佈西班牙大陸美洲海岸，但仍充滿迷信。這名字叫威廉·貝斯（William Bass）的老人，對我講的故事之一是有關一種夜行動物，牠像人一樣挺直走路，身材相仿，牠們一身漆黑，雙腳敏捷得驚人，牠們抓到任何動物就吸牠的血，直到獵物枯竭而死。他也說到從牠們的足跡來看，你會認為牠們的腳跟是在前面，牠們的叫聲就像前面所述。他還說到只有銀做的子彈能殺死這種生物，他的確相信那些離奇的看法。」

在加勒比巫毒傳說裡，吸血鬼只能用銀子彈才殺得死。彭羅斯的夜行動物也是只能用銀子彈殺死，威廉·威廉斯也許在那時代從牙買加得知這種傳說。1804 年，讓—雅克·德薩林（Jean-Jacques Dessalines）成為海地獨立後的第一位統治者，他相信自己只能被銀子彈殺死。某些不滿他的軍官用刀將他刺死。他的繼位者亨利·克里斯托夫（Henri Cristophe）在 1820 年用一顆銀子彈了結自己生命。因此「銀子彈」傳說似乎源自西印度群島的傳統。

星童

1930 年代，在墨西哥契瓦瓦（Chihuahua）西南方大約 160 公里的一處坑隧道底，發現一具完整的人類骨骸，還有一具較小骨骸牽著大骨骸的手。1999 年二月下旬，洛伊德·菲（Lloyd Pye）第一次看到擁有者展示星童（Starchild）骨骸。它顯示出不可思議的異常，主要是骨骸的勻稱令人驚訝，遠超過一般人類。它的骨骼大部分與人類極為相似，卻有著漂亮的造型。顯著差異在於眼窩深度和眼睛旁邊太陽穴的形狀。擁有它的是一對美國夫妻，雷與梅蘭妮·楊（Ray and Melanie Young），他們相信這是外星生物的骨骸，而非基因突變的孩童。

奧維耶多裏面布

奧維耶多裏面布（Sudarium of Oviedo）這塊沾有血印的布巾被認定是《約翰福音》裡所描述，在基督墓裡蓋住他臉的那塊布巾。它的尺寸大約是 84 乘以 53 公分，保存在西班牙奧維

耶多聖薩爾瓦多教堂（Cathedral of San Salvador）的聖室堂（Camara Santa）裡。1999 年的一項研究在調查杜林裹屍布（Turin Shroud）與裹面布之間的關係。根據歷史、法醫病理學、血液化學與斑駁樣本測試，結論是這兩塊布巾是同一時期在不同但相近的地點覆蓋相同的一張臉。另一項測試指出，裹面布上的花粉微粒與裹屍布上的相符合，都來自巴勒斯坦同樣的時期。兩者血漬都是 AB 型血液，在中東是常見的，但在中世紀歐洲則是罕見的。裹面布每年三次公開展示：耶穌受難日、9 月 14 日的光榮十字聖架節和第八天的 9 月 21 日。這布

巾佈滿髒污與皺摺，暗斑對稱排列但看不出人像。兩件遺物最重要的關聯實證是布料相同一致，雖然織法有所差異。

▋特斯拉的戰爭終結武器

　　尼古拉‧特斯拉曾尋求一種技術方法來結束戰爭，提早想到透過科學應用可以把戰爭轉化成僅僅是武器展示。1931 年，他在記者會上宣佈自己

快要發現一種全新的能量來源「……第一次有這想法帶來巨大衝擊……這時我只能說它將來自一個全新且料想不到的來源。」1934 年 7 月 11 日，《紐約時報》頭條標題寫著「七十八歲的特斯拉發明新的死亡光束」。文章報導說它會「送出集中的微粒光束穿過空氣，這麼巨大的能量可以在 400 公里的距離外擊落一千架敵人機隊。」特斯拉說死亡光束向各國展示了一個「看不見的中國長城」，讓戰爭不可能發生。他聯絡銀行家 J.P. 摩根贊助製造一臺原型，但是沒能說服對方。隨著戰爭在 1937 年逼近，他精心製作關於自己「和平光束」（又稱「和平射線」或「遠距力量」）的技術文件，提供給美國、加拿大、英國、法國、蘇聯與南斯拉夫等同盟國。他的文件標題是「透過自然媒介投射集中不分散能量的新技術」，首次揭露的技術說明了在今天被稱為帶電粒子束武器，美國與蘇聯在冷戰時期都有發展這武器。他的系統需要國家沿海岸線建立一系列發電廠，用以掃描天空發現敵機。因為光束是以直線射出，它的有效距離只有大約 320 公里，這距離不受地球弧度阻礙。

　　特斯拉的發明在太平時期的應用包括省卻長距離電纜去傳送能量。宏觀粒子束投射器的基本構造是個大型范氏起電機（Van de Graaff generator）和一個特製的尾端開放真空管，這系統將帶電金屬微粒加速到 48 倍音速。粒子經由靜電

排斥被拋出管子。管子的設計是能將高電荷單排粒子投射到遠方而不分散。

凱旋四駒

凱旋四駒（Triumphal Quadriga）這四匹「青銅」駿馬雕像原本是一座駟馬雙輪戰車雕像的一部分，1254 年被放置到威尼斯聖馬可教堂（St Mark's Basilica）的立面上。有人認為這些出色的雕像是西元前四世紀希臘雕刻家留西波斯（Lysippos）的作品。雖然被稱為「青銅」馬，它們至少有 96% 的含銅量。選用高純度銅是為了得到更好的鎏金效果。這些馬和戰車在君士坦丁堡競技場（Hippodrome of Constantinople）陳列了數個世紀。它們也許就是八或九

世紀一段拜占庭文字提到的「競技場上立著四匹鍍金馬」，並且「來自狄奧多西二世（Theodosius II）統治的希俄斯島（Chios）」。有些記述說它們曾被拿去裝飾羅馬的圖拉真拱門（Arch of Trajan）。1204 年，君士坦丁堡之圍（Sack of Constantinople）中參與第四次十字軍東征的威尼斯軍隊把雕像劫走。必須要提的是這次「聖戰」實際上攻擊了東正教的拜占庭帝國首都。十字軍是要打擊伊斯蘭的異教徒並收復基督教聖地。第四次十字軍東征註定削弱基督教對東歐與近東的控制。威尼斯總督把雕像送去安置在教堂立面的大露臺上。1797 年，拿破崙移走雕像運到巴黎，將它們用在卡魯索凱旋門（Arc du Triomphe du Carrousel）的設計中，還配上新的駟馬戰車。他於 1815 年在滑鐵盧戰敗後，馬匹就歸還威尼斯。它們放在教堂前老位子一直到 1980 年代初期，因為日漸嚴重的空氣污染可能造成損害，迫使他們採用複製品替代。目前原始雕像就陳列在教堂內。

真十字架

許多木頭殘片都宣稱是耶穌被釘的那個十字架遺物。傳說是君士坦丁大帝的母親聖海倫納找到真十字架，她在四世紀時前往巴勒斯坦尋找基督遺物。當時該撒利亞的優西比烏（Eusebius of Caesarea）在自己著作《君士坦丁誌》

（*Life of Constantine*）中寫道海倫納的旅程。他沒提到發現真十字架，然而他說她發現聖墓的遺跡。傳說的真十字架殘片和半塊十字架銘刻板保存在羅馬的

耶路撒冷聖十字聖殿。真十字架的微小殘片也保存在歐洲其他數百個教堂的十字像苦像裡。

維洛尼卡聖帕

根據傳說，維洛尼卡聖帕（Veil of Veronica）是耶穌扛著十字架赴刑時被用來幫他擦拭汗水的布巾，據說印有他的面像。有些印有聖像的布巾聲稱是維洛尼卡聖帕，例如保存在羅馬聖彼得大教堂的布巾。這布巾沒多少當代檢測的記錄，也沒有細節照片。維也納的霍夫堡（Hofburg Palace）存有 1617 年製作的維洛尼卡聖像複製品。西班牙阿利坎特（Alicante）的聖像修道院（Monastery of the Holy Face）保存的聖像，是教宗尼古拉五世（Nicholas V）在 1453 年從拜占庭皇帝的親屬那兒得來的。它由梵諦岡樞機主教送給一位西班牙神父後，

在 1489 年被帶到阿利坎特。西班牙的哈恩主教座堂（Cathedral of Jaen）有一件被稱為聖像的複製品來自義大利西恩納（Siena），年代可追溯至十四紀。

伏尼契手稿

伏尼契手稿（Voynich manuscript）這本中世紀書籍是用完全未知的語言書寫。歷史作家羅伯特‧布朗堡（Robert Brumbaugh）號稱它是「世上最神秘的手稿」。書中包含的插畫顯示它有六個部分：草藥、天文、生物學、宇宙論、醫藥和配方。它也許是十五世紀末或十六世紀期間的中歐作品，由波蘭裔美國古董書商威爾弗雷德‧M‧伏尼契（Wilfrid M. Voynich）命名，他在 1912 年獲得此書。它被形容是魔法或科學書本，每頁都包含植物、象徵或科學的插

杜林裹屍布

「耶穌聖容」被認為印在他入殮時的裹屍布上，這塊殮布現在保存在杜林主教座堂（Turin Cathedral）。這是最著名的基督遺物，已經受到數百萬朝聖者參拜。這是塊4.25公尺乘以1.14公尺的亞麻殮布，真實性仍受到激烈爭辯，有人說它是有一千年歷史的贗品，有些人相信它是受難時期的東西。1898年5月28日晚上，一位叫做賽貢多‧皮亞（Secondo Pia）的業餘攝影師獲准拍攝殮布，在他攝影底板上令人印象深刻的負影像第一次被人們注意到。如果它是一件中世紀贗品，為何影像直到1898年才被發現就顯得奇怪。雙腕的傷痕似乎指出這身體曾受到折磨。如果釘穿手掌，受害者會因為胸部塌陷而太快窒息死亡。另外證據是身側有個朝上的鑿孔刺穿胸腔，也許印證了朗基努斯槍造成的傷口。前額與頭上的小刺痕顯示可能是荊棘冠造成。軀幹與腿部有長條傷痕，指出那是羅馬皮鞭造成的特殊傷痕。也看得出臉部遭到重擊產生的腫脹。兩手臂流下的血痕也符合釘在十字架上沾染的角度。沒有證據顯示腿有骨折，但腳上可以看到很大的穿刺傷。影像中的男人有留鬍鬚和八字鬍，中分的長髮及肩。

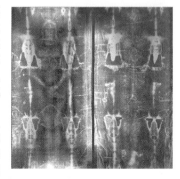

第二張臉被發現印在殮布對折的另一邊，與前面相符。這是一個粗略的影像，不是塗料造成的，所以殮布似乎纏繞過臉部兩次，而且身體與布料之間產生一種化學反應。相較被稱為埃德薩聖像的較小塊殮布從四世紀就有傳聞，杜林裹屍布第一個可信的記錄來自1357年的法國。這塊較小殮布由一位門徒呈現給（伊拉克埃德薩的）國王阿布加爾五世，後來保存在君士坦丁堡，直到這城市在第四次十字軍東征被劫掠為止。拜占庭皇帝擁有一塊殮布，有些歷史學家認為那是杜林裹屍布，但在1204年的君士坦丁堡之圍期間失蹤了。1307年，針對聖殿騎士團的宗教指控包括他們崇拜「偶像」，那是印在亞麻或棉布上有鬍子的紅色男人影像。2009年4月6日，《泰晤士報》報導說一位梵諦岡官方研究員已發現證據，證明騎士團在君士坦丁堡之圍過後就保有並崇拜裹屍布。根據騎士團的一位新成員描述，崇拜裹屍布似乎成為入團儀式的一部分。歷史記載指出，一塊印有受十字架刑鬍子男人影像的殮布，在1353至1357年期間被一位叫杰佛瑞‧德‧夏尼（Geoffroy de Charney）的法國十字軍戰士持有。他把殮布帶到法國利雷（Lirey）展示，那裡成為一處朝聖地。後來薩伏依王朝（House of Savoy）得到它，並在1578年送去杜林主教座堂。殮布的一塊樣本經由碳測年法判定年代是1260年至1390年之間，這引起的爭議是取樣似乎來自殮布經過修補而不具代表性的部分，因為1532年的火災損傷需要額外的碳年代測試。十四塊較大的三角補丁和八塊較小補丁在那一年由嘉勒修女會（Order of St Clare）的修女縫合上去，以修補在法國尚貝里（Chambery）禮拜堂遭火災損傷的部分。殮布上的縫痕也符合西元一世紀或更早的樣式。花粉微粒與刺印被證明是來自岩薔薇、駝蹄瓣和一種風滾草，這組合只在巴勒斯坦才見得到。2002年，教廷要求裹屍布回復原狀。殮布襯裡和30塊補丁被移除，使得原本看不到的布料背面得以被拍攝和掃描。2004年時在殮布背面發現如鬼影般的部分身影。2010年4月10日至5月23日，裹屍布在杜林公開陳列（歷史上的第十八次），超過2,100,000名參觀者去排隊看它。

圖，用不同濃淡的綠、棕、黃、藍、紅色水彩繪製樸素（但生動）的主題。它至今無法被解譯。基於字跡、繪圖、紙張、顏料等證據，伏尼契估計它的寫作年代是十三世紀末。手稿開本算小，寬18公分，高25公分，但書本很厚，足足有240頁的羊皮紙。它是用未知的文字書寫，世上沒有其他的實例。書中大量繪製無法辨識但似乎是草藥配方的植物彩圖，小裸女在複雜水管連接的浴缸裡嬉戲，呈現在顯微鏡下的天文物體或生物細胞做成的表格，古怪曆法圖表上的黃道十二宮各有一個小裸人躲在垃圾筒裡，諸如此類。從原本附在伏尼契手稿上的一張紙來看，它被認為是耶穌會第二十二任將軍的私人藏書。

它是用字母系統書寫，依據不同算法有19或28個字母，沒有一個與英文或歐洲字母系統有關聯。證據顯示它有兩套不同的「語言」，而且不只一位抄寫員執筆，也許說明了它的字符體系為何含混不清。確定的是它在1586年為波希米亞的魯道夫二世（Rudolph II）皇帝所擁有，現今存放在耶魯大學圖書館。隨附在手稿裡的一封信聲稱它的作者是英國人羅吉爾・培根（Roger Bacon），一位活躍在十三世紀的前哥白尼時期天文學家。就在伏尼契手稿出現的前兩年，英國偉大的占星家、魔法師、朝廷顧問和神祕學家約翰・迪伊（John Dee）才在布拉格講授培根的學說。1987年，萊奧・列維托夫（Leo Levitov）博士寫說手稿是大異端（Great Heresy）僅存的原始文件，他們源起義大利，興盛於法國朗格多克（Languedoc），直到1230年代被十字軍消滅。浴缸裡的女人被認為在參與卡特里教派稱為耐受（Endura）的自殺儀式，或者說「藉放血術（切開靜脈）以便在溫暖沐浴中死去」。植物插圖無法用植物學來辨識，但列維托夫說：「所謂的植物插圖都包含某種卡特里或伊西斯象徵。占星學的繪圖也同樣容易處理。無數的星代表伊西斯斗篷上的星。解譯伏尼契手稿之所以如此困難，是因為它完全沒被轉譯成密碼，只是用一種特別的文字寫作，它將多語言的口語轉變成書寫文字，讓那些不懂拉丁文卻能讀懂這種語言的人能理解內容。具體來說，中世紀法蘭德斯語就是一種高度多語言形式，包含很多古法文和古高地德文的外來字。」他的論點仍不被學院派接受。

巫瓶

2004年，第一次有超過200個粗陶「巫瓶」（Witch bottle）在英國格林威治被發現。它們內容物全都原封不動裝在裡面。年代追溯到十七世紀尾聲，它裝著用釘子刺穿的一小片心形皮革、更多鐵釘、八根黃銅針、一小撮肚臍絨毛、指甲屑和一品脫人尿。將人體的流液與組織放進瓶裡，不僅可以使魔咒轉向，也可以讓巫師遭受報應。肚臍絨毛

上有微量硫磺和硫，指甲屑來自一名成人，而尿液包含了尼古丁。其他符咒會放在房裡避邪，包括死貓和孩童的鞋子，這習俗一直維持到二十世初期。

《女巫之槌》

《女巫之槌》（Malleus Maleficarum）是一份在中世紀與文藝復興時代獵女巫的手冊，裡面有告發女巫的完整指導。它的作者是海因里希·克雷默（Heinrich Kramer）和雅各·斯普倫（Jakob Spreyer），兩人都是天主教審判長，此書於1487年在德國首次出版後就傳播至整個歐洲，將近兩百年期間都被用在女巫審判上。兩位作者在1484年獲得教宗英諾森八世（Innocent VIII）授權，起訴整個德國北部的女巫。教宗想把新教反抗勢力送上宗教法庭，同時穩固1258年將女巫視為異端者而起訴的案例。教宗認為民間法庭對女巫的處罰不夠嚴厲。兩位神父後來涉及偽造公證文件，並且用不當手段羅織女巫罪名，使他們屈打成招。

到了1485年，兩位神父起草一份關於巫術的完整手冊，之後逐步發展成《女巫之槌》。這書的準則是《出埃及記》裡的訓諭：「行邪術的女人不可容她存活」，新教與天主教的民間與教會審判很快就採納這論調並進行懲處。甚至不相信巫術存在也被當做異端，因為上帝承認巫術。雖然書中說男人與女人都可能成為巫師，但女人更容易受影響，「因為女人比男人更關注肉體的事。」女人是用男人的肋骨造出來的，所以她們「只是不完美的動物」而且「不老實」，男性是有特殊恩典的性別，基督由此臨現。神父警告要防範「女人懷恨在心」。

書的第一部分描述魔鬼與女巫如何聯手對人與動物犯下許多罪惡，包括用稱做夢淫妖（incubus）和魅魔（succubus）的夜魔去誘惑他們。他們灌輸憎恨，阻礙或破壞繁殖，使人變成野獸。第二部分描述女巫施展咒語和從事他們的惡行，並指出這些行動能如何防範或補救。女巫和魔鬼之間簽定的惡魔契約（Devil's Pact）被詳細描寫。女

巫拋棄了她自受洗以來歸屬的基督，將自己不朽靈魂簽給撒旦，也因此讓她打破戒律為所欲為。這行為褻瀆並背叛了上帝。女巫和她們惡行的證據來自兩位神父帶領調查中嚴刑逼供的自白，還有其他神職文書撰寫的巫術資料。這證據包含施咒實例、契約、獻祭孩童和與魔鬼交配。教宗英諾森八世在 1484 年詔書中，授權兩位神父針對男女和惡魔可能發生性關係進行審訊。第三部分是關於告發女巫的法律程序。這包括獲取證詞、納入證據、審訊與拷打的程序、判決指導方針等等章程。敵方證人被准許出庭作證，因為人人都怕女巫。如果被告經過一年或被監禁後仍不承認，那麼刑求便是可用的手段。刑求獲得的自白被視為有效。法官被允許向被告撒謊，向他們保證招供後會寬容對待，因為此等欺騙對社會國家的福祉有最大好處。大部分對審判的指導都建議死刑。排除異端者是教會強化控制的一種方法，沒收受害者財產也能為教會帶來財富。通常沒收的財產分成三份，分別交給審訊成員、教會官員和國庫。甚至死人也不平安。如果死者被懷疑是異端者，屍體會被挖出焚燒，他的財產會充公。記錄顯示許多婦女和孩童因為這種充公而變得身無分文。此外，教會和國家會嚴格看守犯人監禁、審判和行刑的花費。如果充公財產的價值不夠支付這些花費，受害者的繼承人必須支付差額。受害者家族通常也會遭到起訴。

▎黃道帶殺手密碼

黃道帶殺手（Zodiac Killer）於 1960 年代末期在美國加州北部活躍了十個月，殺了至少五個人，另有兩人受傷。他犯下的第一起謀殺是在貝尼西亞市（Benecia）邊界槍殺兩名年輕人。在瓦列霍（Vallejo）的第二起槍擊，他再次企圖殺死兩個人，但年輕男孩存活下來，雖然仍被射中頭部與頸部。四十分鐘後，警方接到一名男子的電話自稱是這起案件的兇手，同時還承認犯下前一起謀殺案。一個月後，三封信寄到加州的報社，信中包含殺手宣稱透露了他身分的一段密碼，內容經過破解後是：「我喜歡殺人，因為這非常有趣，比在森林裡打獵有趣多了，因為人類是所有動物中最危險的。殺戮賦予我巨大的快感，這比在一個姑娘身上洩慾更痛快、更徹底。最重要的是，當我死後，我將在天堂重生，而那些受害者將成為我的奴隸。我不會向你們透露我的姓名，否則你們將試圖妨礙甚至阻止我收集死後的奴隸。EBEORIETEMETHHPITI。」

最後十八個字母還沒被破解。黃道帶謀殺案至今仍未破案。

第七章

秘密寶藏的傳說

琥珀宮

琥珀宮被譽為「世界第八大奇蹟」，於 1701 年在普魯士開始建造，由德國巴洛克雕刻家安德烈亞斯·施呂特（Andreas Schluter）負責設計。普魯士國王腓特烈·威廉一世（Friedrich Wilhelm I）在 1716 年將琥珀宮送給沙皇彼得大帝（Peter the Great），好裝潢聖彼得堡附近的凱薩琳宮（Catherine Palace）。琥珀宮是一組裝飾宮廳的琥珀雕刻鑲板，上面裱有薄金片和鏡子。總面積 55 平方公尺、總重 6 噸的鑲板後來遭到納粹洗劫，被運往普魯士的柯尼斯堡（Konigsberg），隨後便從歷史上消失無蹤。

1943 至 1944 年的第二次世界大戰間，奧地利阿爾卑斯山脈西側、距離薩爾斯堡 100 公里的托普利茲湖（Lake Toplitz）岸，有一處納粹海軍的測試基地。這裡只能徒步經由山區森林約一哩長的危險小徑才能到達。人們認為德國在此存放了各地搜刮來的大量金銀寶物，包括被偷走的琥珀宮鑲板。

大戰後，前親衛隊成員雇用司機嘗試從湖底打撈幾個密封筒子，據說裡面裝著納粹在瑞士銀行的秘密帳戶詳細資料。數百萬的英鎊偽鈔也在伯恩哈德行動（Operation Bernhard）後被倒入湖裡，這試圖摧毀英國經濟的計畫結果並未付諸實行。美國紀錄片製作者利用迷你潛艇也在湖底發現一些偽鈔。但琥珀宮鑲板的命運仍舊是個謎。

比爾密碼

1820 年一月的時候，一位英俊、褐色皮膚、自稱湯瑪斯·傑佛遜·比爾（Thomas Jefferson Beale）的陌生人騎馬來到維吉尼亞州的林奇堡（Lynchburg），並且入住華盛頓飯店（Washington Hotel）。他在三月退房離開，但在兩年後又回來，在飯店待了整個冬天，並在 1822 年春天時離開。

他留下一個上鎖的鐵盒給飯店主人

羅伯特‧莫里斯（Robert Morriss）保管，裡面裝有「價值貴重的文件」，但他再也沒回來過。

1845 年，莫里斯認為比爾已經死了，於是撬開鐵盒。裡面有比爾用淺顯英文寫的筆記，還有充滿數字的三張單子。筆記裡說 1817 年四月的時候，比爾與其他 29 人進行一趟跨越美國的旅程，轉往北方尋找水牛之前來到新墨西哥州聖塔菲。然後，根據筆記敘述，他們發現了金子（和一些銀），接下來的十八個月他們都在淘礦。這群人同意將他們獲得的財富移往安全地方，在維吉尼亞州的一個秘密地點。比爾用一些金和銀買了寶石，然後在 1820 年來到林奇堡將寶物埋藏起來。這是他第一次遇到莫里斯的時候，後來他回去加入繼續在淘礦的同伙。筆記說萬一他突然死了，比爾選擇莫里斯幫忙看管金、銀與寶石下落的秘密，如果他的同伙都沒再出現就交給親屬。比爾說三張單子的密鑰會由第三方寄給莫里斯，但它從未出現。莫里斯花 20 年努力破解密碼，直到 1862 年八十四歲時，他向一位朋友吐露這秘密。

一本出版的小冊子寫出比爾的完整故事，包括比爾的密碼和莫里斯對此事的敘述。破解第二張單子上的 800 個數字有了突破，因為可以發現每個數字對應到《美國獨立宣言》上的一個字。解譯後的內容是：「我在貝德福郡（Bedford）距離布福德酒館約四哩處，地下六呎深的一個地洞或地窖裡，存放了第三張密碼列出人名的合伙人共同擁有的以下物品：第一批存放 1014 磅的金和 3812 磅的銀，時間是 1819 年十一月。第二批時間是 1821 年十二月，包括 1907 磅的金和 1288 磅的銀；還有在聖路易用銀換購以便運送的寶石，價值 13000 美元。上述物品被安全放在鐵罐裡，蓋上鐵蓋。地窖內牆有粗略砌石，容器一個疊著一個放在結實的石頭上。第一張單子描述地窖確切地點，所以發現它並不困難。」

看來其他密碼一定也是根據出版的文件或書籍去編碼。描述裡的寶藏在現今價值大有約五千萬美金；尋寶者可以在許多比爾相關網站上輕易找到第一和第三張密碼上的數字。

黑男爵的祖母綠十字架

禁酒主義者黑男爵羅伯茲（Black

Bart Roberts，1682-1722）是有史以來最偉大、最成功的海盜，劫掠超過 400 艘船，還使得跨大西洋的海運為之停擺。實際上他是所有海盜中唯一拿下對戰海軍戰艦的人。他最輝煌的事蹟之一是在巴西巴伊亞州（Bahia）外海，以單獨一艘船成功勇闖葡萄牙 42 艘強大珍寶船隊，劫掠財寶最多的那艘船，儘管他被兩名士兵緊緊追趕。傳說黑男爵將財寶藏在小開曼島（Little Cayman Island）上的洞穴裡。

他劫走至少 40,000 枚金幣，還包括為葡萄牙國王訂製的碩大祖母綠十字架。羅伯茲把它別在戰鬥時穿的鮮紅色綢緞衣服上。當他醉醺醺的船員在非洲外海遭皇家軍突襲時，羅伯茲就是戴著十字架被殺死。船員依他要求用鏈條纏住他後，連同貴重的十字架一起推入海底。

1722 年 3 月 28 日，史上規模最大的海盜審判隨即登場。91 名羅伯茲人馬被判有罪，74 人無罪開釋。史蓋倫船長（Captain Skyrme）和大部分羅伯茲的「上議院」成員被判為「罪大惡極」，庭長赫德曼上校宣

佈：「你們的判決是被帶回你來的地方，從那裡被帶去城堡外行刑的地方，在岸邊被絞死在脖子上，直到你身體都死了，死了，死了。願上帝憐憫你的靈魂。」、「你們在此之後將被取下，身體用鍊條綁住吊起。」

用鍊吊起的包括依斯瑞爾‧漢茲（Israel Hands），先前曾與黑鬍鬚（Blackbeard）共事，也是著名小說《金銀島》（*Treasure Island*）裡面的重要角色。赫德曼上校將 52 名羅伯茲的船員判處死刑，20 人關在海岸角（Cape Coast）豎井等同死刑，17 人送往倫敦馬夏爾西監獄（Marshalsea Prison）。這 17 人中有 13 人死在前往倫敦的途中。剩下的四人後來在新門監獄（Newgate Prison）獲得赦免。兩個「有罪」的判決被「緩執行」。

52 名在海岸角被絞死的海盜中，將近半數是威爾斯人或西國（West Country）人，其他大部分是契約奴工或窮困的白人殖民者。十五名海盜在送往海岸角城堡的途中傷重死亡，四人死在地牢裡。十人在漫遊者號海盜船上被殺，三人在

皇家財富號海盜船上被殺。因此羅伯茲的船員有 97 人死亡。海盜船上 70 名黑人重回奴隸身分。大眾幾乎不曾聽聞這史上最大規模的海盜審判，也不知道羅伯茲無所畏懼的豐功偉業。

葡萄牙國王碩大的祖母綠十字架，躺在加彭（Gabon）的洛佩斯角（Cape Lopez）海岸外約 1.6 公里的海床上，已經和羅伯茲的骨骸與鍊條糾纏了至今近 300 年。

▍巴札德的財寶

奧利維爾‧勒瓦瑟（Olivier le Vasseur）也被稱為勒布茲（la Buse，巴札德〔Buzzard〕，禿鷹之意）或勒布馳（la Bouche，大嘴之意）。他是個海盜船長，從 1716 年開始航行於巴哈馬新普羅維登斯島（New Providence）外海。他夥同班傑明‧霍尼戈爾德（Benjamin Hornigold）、山謬‧貝勒米（Samuel Bellamy）和保羅‧威廉斯（Paul Williams）三位海盜船長一起行動。

1719 年春天，勒布茲在非洲外海加入哈威爾‧戴維斯（Howell Davies）、湯瑪斯‧寇克林（Thomas Cocklyn）和愛德華‧英格蘭（Edward England）等船長麾下。接著從 1719 年之後，他跟隨約翰‧泰勒（John Taylor）航行在馬達加斯加一帶。他們在留尼旺島（Reunion Island）海岸外從海角處女號（Virgem do Cabo）掠得大批財寶。

在這艘果亞（Goa）主教的珍寶船上，他們找到「成河的鑽石，大量的金條，如瀑布瀉地的金幣，還有一箱箱奉獻教會的器皿」。其中包括鑲有鑽石的金色「果亞火石字架」（Fiery Cross of Goa），一個據說要三人才抬得動的華麗十字架。在勒瓦瑟十年的海盜生涯裡，掠得的戰利品價值據估約有現今 3 億英鎊。他最後被法國軍艦美杜莎號（La Meduse）捕獲，並被判決與執行死刑。

1730 年，在留尼旺島的行刑臺上，他朝人群丟出寫著密碼的羊皮紙，喊道「看誰能解開它找到我的財寶！」巴札德的密碼紙似乎在一次世界大戰結束後不久出現在塞席爾群島（Seychelles），位於留尼旺島北方 1100 哩（1770 公里）的地方。

1948 年，雷金納德‧克魯斯—威爾金斯（Reginald Cruise-Wilkins）買下

這張密碼,他相信密碼顯示勒布茲的寶藏埋在主島馬埃島(Mahe)的貝爾翁布雷灣(Bel Ombre Bay)。

他花盡餘生去尋找戰利品,找到一個他認為是十八世紀海盜的墓地和許多與勒布茲同時代的人工製品。塞席爾群島直到十八世紀中葉才有人居住。1977年臨終時,克魯斯—威爾金斯聲稱他距離找到戰利品只差幾步之遙。1988年,他兒子約翰重新開始尋寶,因為聽說對貝爾翁布雷灣的遙測發現了一個桌子大小的金屬物。克魯斯—威爾金斯發現三具骨骸,現在仍在尋寶,他相信現今價值應該超過 2 億美金。

骷髏戒指的密藏所

銀質的親衛隊榮譽戒指(或稱骷髏戒指)是納粹授予親衛隊成員以表彰其英勇行為的戒指。當受贈者死亡時,戒指必須歸還到韋沃爾斯貝格城堡(Wewelsburg Castle),這裡是親衛隊在北萊茵—西發利亞(North Rhine-Westphalia)的「精神歸宿」。當第二次世界大戰接近尾聲,親衛隊領導人海因里希·希姆萊(Heinrich Himmler)下令將 9280 枚繳回城堡的戒指藏到附近洞穴,並在入口放置炸藥永久封住洞穴,以防未來有尋寶者闖入。根據目前市場估算,這些戒指大約價值五千萬英鎊。

基德船長的秘密海島圖

所謂的「基德—帕瑪地圖」是1929 年由退休律師赫伯·帕瑪(Hubert Palmer)發現,當時他買了幾件據說屬於被處決的海盜船長基德(1645 至1701 年)的傢俱。一個沉重的橡木書桌上刻有「威廉·基德船長,冒險帆船號,1669 年」,帕瑪在隱密夾層裡發現一張手繪神秘島嶼地圖。

地圖上有 W.K. 縮寫與中國海(China Sea)字樣,並且註明日期是1699 年。許多人認為地圖上描繪的島嶼不在中國海,而是新斯科細亞省海岸邊的橡樹島,文字描述是刻意要誤導寶藏獵人。帕瑪和他兄弟蓋依(Guy)還發現屬於基德的兩個水手儲物箱與一個木盒,裡面還各有一張這座陌生島嶼的地圖,標示出不同程度的細節。

帕瑪死後,所有四張地圖都遺贈給管家伊莉莎白·迪克(Elizabeth

Dick）。她拿地圖到大英博館給地圖專家 R.A. 斯克爾頓（R.A. Skelton）鑑定真偽。斯克爾頓相信所有地圖源自十七世紀，並且在 1965 年向作家魯伯特‧弗諾斯（Rupert Furneaux）確認此事（如同弗諾斯在 1976 年著作《錢坑——樹島的秘密》中所述）。伊莉莎白‧迪克在 1950 年將四張褪色地圖賣給一位英國人，這人後來移居加拿大。

1698 年，已是冒險帆船號船長的基德襲擊亞美尼亞籍的奎達商人號（Quedagh Merchant），劫掠船上載運的金、銀、絲綢和商品。基德—帕瑪地圖上的島嶼狀似加德納斯島（Gardiners Island），就位於紐約州長島沙福郡（Suffolk County）海岸外。基德確實是在 1699 年 6 月將財寶藏在島上的櫻桃樹園裡，沒過多久他就因為海盜罪名被逮捕。這些貴重東西被紐約州州長貝勒蒙（Bellomont）找到歸還英國，並以此做為基德審判時的證據。發現的財寶包括金條、銀條、砂金（超過 1000 金衡盎司的金和超過 2000 金衡盎司的銀）、紅寶石、其他貴重寶石、絲綢和 57 袋糖。這些貨品在 1704 年十一月以總價 6437 英鎊賣出，所得被用於協助成立格林威治醫院。

這只是從奎達商人號掠得的一小部分，許多人堅信在這 13 平方公里的小島上可以找到更多財寶。然而，這島是私人地產。許多人相信基德失蹤的財寶是在橡樹島的錢坑，這裡已奪走好幾個寶藏獵人的性命。其他幾處被認為像基德地圖上的島嶼都有人去尋找他的財寶。這些包括康乃迪克州米爾福德的查爾斯島（Charles Island）、康乃迪克州的廷博群島（Thimble Islands）、加拿大芬迪灣大馬南島（Grand Manan Island）上的錢灣（Money Cove）、羅德島外的布洛克島（Block Island）、日本鹿兒島南方吐噶啦群島的寶島（Takarajima），還有越南最大島富國島（Phu Quoc）。

魯賓遜‧克魯索島的寶藏

胡安‧費爾南德斯群島（Juan Fernandez Islands）是智利外海的列島，也是蘇格蘭水手亞歷山大‧塞爾寇克（Alexander Selkirk）受困的地方。塞爾寇克來被丹尼爾‧笛福（Daniel Defoe）在他的小說《魯賓遜漂流記》中化為不朽的角色，那座島嶼也被改名為魯賓遜‧克魯索島，希望能吸引觀光

客。

2010 年，智利一家發展探測機器人的瓦格納科技公司（Wagner Technologies）宣佈，他們在塞爾寇克受困的那座島發現預估有 600 桶的金幣與印加寶石。公司律師費南多‧烏里韋—伊瑟維里亞（Fernando Uribe-Etxeverria）估計埋藏的寶藏價值 56 億英鎊，他說「史上最大的寶藏已被定位」。公司主張一半的寶藏屬於他們的，他們會捐贈給非營利組織，但智利政府裁定他們分不到任何一杯羹去做捐贈。智利報紙充斥著報導說，寶藏包括十只教宗戒指，還有西班牙從印加帝國洗劫來的原始金雕像。寶藏根據推測埋在島上 15 公尺深，寶藏獵人已將這個島嶼搜遍好幾世紀，為了尋找據稱西班牙水手璜‧艾斯特班（Juan Esteban）在 1715 年埋在這裡的戰利品。

這故事在 2005 年 10 月有了轉折，瓦格納科技公司在瓦爾帕萊索（Valparaiso）與政府官員開會後，放棄對寶藏所有的要求，原本預期他們會不斷爭取寶藏擁有權。根據烏里韋—伊瑟維里亞的說法，公司沒把握能挖掘寶藏，暗示著他們只想在這次發現中展示他們的機器人。

山下寶藏

山下寶藏這名稱是指日本將領、被稱為「馬來之虎」的山下奉文（Tomoyuki Yamashita，1885-1946）帶領軍隊搜刮來的金銀財寶。

這些來自亞洲各地的財寶在第二次世界大期間被用來挹注日本軍事支出。它必須經由海路從亞洲大陸運回日本。大部分從東南亞搜刮的財寶先運到新加坡的港口，然後轉運到菲律賓。日本人打算將財寶從菲律賓用船運回日本本島。

許多寶藏獵人相信山下寶藏仍隱藏在菲律賓某處。據說他在面臨美軍挺進而要撤退時，命令將財寶藏匿起來，他們拆解財寶裝上數輛卡車，在呂宋島上沿著撤退路線放到許多較小的藏匿點。大部分財寶據說集中在山區，山下在此對進犯的美軍做出最後抵抗，然後在 1945 年 9 月 2 日終於投降。被當成戰犯定罪之後，山下與他的幾名軍官於 1946 年 2 月 23 日在馬尼拉遭到處決。

蘇洛寶藏

1850 年代加州淘金潮時期，傑昆·穆列塔（Joaquin Murrieta，1829-1853）成為家喻戶曉的墨西哥羅賓漢，也是蘇洛（Zorro）這角色的靈感來源。他是稱為五傑昆（Five Joaquins）一幫人的首領，他們偷牛、搶劫和謀殺，1850 至 1853 年間在內華達山脈一帶橫行。他的同伴從北方金礦偷了財寶，但一批美國原住民攻擊他們並偷走金子。這些原住民將財寶藏在一處崖壁下的古老墳墓裡。

穆列塔也把他偷來的一些財寶埋在加州伯尼（Burney）與海切爾山口（Hatcher Pass）之間，靠近 299 號公路附近。另一個藏匿點據說藏了價值 200,000 美元的金砂，被認為是在蘇珊維爾（Susanville）與弗里登耶山口（Freedonyer Pass）之間的 36 號公路附近。

他的同夥之一是綽號「三指傑克」的曼努埃爾·加西亞（Manuel Garcia），他從一輛驛馬車上偷走一個保險箱，據稱裡面有 250 磅（113 公斤）的天然金塊，當時價值 140,000 美金。他和穆列塔沿著加州天堂市（Paradise）附近的羽毛河（Feather River）河岸埋藏財寶。他的金子從沒被發現。

穆列塔的擁護者說他不是土匪，卻是努力資助墨西哥復甦的愛國者，墨西哥在《瓜達盧佩—伊達爾戈條約》（Treaty of Guadalupe Hidalgo）所終止的美墨戰爭（1846 至 48 年）中敗給美國，並失去了上加利福尼亞與新墨西哥州。1853 年，加州議會通過法案，雇用 20 名加州騎警三個月，去追捕「五傑昆」（穆列塔、玻提列、卡里洛、歐科摩雷尼亞、巴倫蘇埃拉）和他們同夥。1853 年 7 月 25 日，三指傑克和另一名據說是穆列塔的墨西哥人，在帕切科山口（Pacheco Pass）與騎警對峙中被殺死。

JOAQUIN, THE MOUNTAIN ROBBER.

第八章
傳說與神話的真實面

喜馬拉雅雪人

在尼泊爾與西藏邊界，超過6100公尺的喜馬拉雅山上，許多雪巴人（Sherpas）相信有一種叫做耶提（Yeti）的生物存在。目擊者都說牠比人還高大，雙臂垂到膝蓋站立行走，有著紅黑色的毛髮。登山家艾瑞克·西普頓（Eric Shipton）在1951年拍到耶提在雪地上留下的足跡，他還在旁邊放了冰爪以證實牠們的尺寸。1972年的一個美國探險隊，以及1973年由杭特爵士（Lord Hunt）組織的探險隊拍下更多腳印照片，全都確認尺寸有36公分乘18公分，是腳指輪廓鮮明的大個頭生物留下的。石膏模顯示第二指比較長，比較像人而不像其他靈長類或熊。倫敦瑪麗王后學院（Queen Mary College）的生物學家 W. 柴納斯基（W. Tschernezky）博士排除牠是人類、大猩猩或葉猴的腳印，他說耶提腳印是由笨重的兩足靈長類造成，類似巨猿（Gigantopithecus）化石的那種生物。這生物的吼叫聲短促，不像在那海拔高度遇到的其他生物。雪巴人說有三種耶提。Dzu Teh（大個頭）約有2.1至2.4

公尺高，會攻擊並獵食牛，全身盡是蓬亂毛皮。這幾乎可以確定是西藏藍熊（Ursus arctos pruinosus），在西藏高原東側發現的棕熊亞種。牠也被稱為喜馬拉雅藍熊、喜馬拉雅雪熊、西藏棕熊或馬熊。牠的西藏名稱是 Dom gyamuk，是世上最罕見的熊類亞種之一。牠在1854年首次被鑑定分類，甚至可能滅絕了，因為非常少有目擊報告。藍熊在西方只能透過少量皮毛與骨頭樣本去了解。艾德蒙·希拉瑞（Edmund Hillary）爵士在1960年的探險要找耶提的證據，他帶回兩小塊被當地人認定為「耶提毛」的皮毛，後來經科學鑑定是藍熊皮毛的一部分。西藏語「耶提」指的是「岩石熊」的意思。第二種耶提被雪巴人稱為 Thelma 或 NichTeh（小個頭），是0.9至1.2公尺高的「小傢伙」，牠到處收集樹枝並且吃蛙類——這讓人想到長臂猿。雪巴人也許知道葉猴長什麼模樣，但長臂猿未曾出現在印度以北這麼遙遠的地方。第三種耶提是我們稱之為「討厭的雪人」（Abominable Snowman）的生物，身高1.5至1.8公尺，身材結實，有紅或黑色皮毛的 Mih Teh。牠們類似

猩猩，而且無所不吃。當冰雪退去時，這地區佈滿濃密森林，是犛牛、山羊、山貓和藏狼的棲息地。這些動物幾乎未曾被喜馬拉雅山探險隊看見過，所以那裡或許也還有少量巨猿殘存著。人們直到 2010 年才在不丹發現有老虎生存在海拔 4875 公尺的高處，遠比我們想像的還高。2010 年 8 月 18 日的《每日郵報》報導說，在印度—巴基斯坦邊界附近叢林裡發現的一些獸毛，據稱不是來自當地已知的野生動物，被猜想是來自耶提身上。這些獸毛長 4.3 公尺，是厚重捲曲的硬長毛。

巨大的爪哇猴蝠

人口約有一億三千六百萬的爪哇島是世上居住人口最多的島嶼，曾經繁茂的雨林在近年來大量減少。然而，現今殘留的雨林仍為數量驚人的野生動物提供了棲息地，包括超過 200 種鳥類和 500 種植物。住在雨林裡的原住民相信，有一種叫阿胡（Ahool）的大型有翼不明生物也住在這裡。

據說牠住在爪哇雨林的最深處，1925 年首次由博物學家厄尼斯特‧巴特爾（Ernest Bartels）提供了描述，當時他在考察薩拉火山（Salak）地區。巴特爾正在探勘山坡上的一處瀑布時，一個不明的巨大蝙蝠筆直飛過他頭頂上。兩年後，他在西爪哇吉丁高河（Tjidjenkol River）附近的茅草屋裡躺

在床上，突然聽到一個非常不同的聲音從屋子正上方傳來。那響亮的叫聲聽來像是「啊呼！」巴特爾立刻抓起火把跑出茅屋，跟著聲音消逝的方向而去。不到 20 秒鐘，他聽到最後一聲「啊呼！」從相當遠的河川下游傳來。他在多年後仍會想起那聲音令他呆若木雞，因為他聽到傳說中阿胡的叫聲。這生物因牠的叫聲而被命名，據島民說是像蝙蝠的生物，身材有一歲孩童那麼大，還有大幅度的翼展。據說牠全身是灰黑色短毛，有一對碩大的黑眼，伸直的前臂撐起類似皮革的翅膀，還有猴子般的

頭，像人類的平板臉孔。牠曾被看到蹲在雨林地上，這時翅膀收緊在身側，雙腳看來朝向後方。一般認為阿胡是夜行動物，白天躲藏在瀑布下方或後方的洞穴裡晚上飛翔掠過河面捕捉大魚。

牠是未知的巨型蝙蝠？

據說牠的翼展有 3 至 3.65 公尺。已知世上最大的蝙蝠是俾斯麥飛狐（Bismarck flying fox），翼展大約是 1.8 公尺。比起說牠是世上第一種會飛的靈長類而言，巨型蝙蝠當然是比較有可能的推測。最近在印尼雨林中的探勘就曾發現新物種，例如巨鼠、侏儒負鼠和微小沙袋鼠。

牠是翼龍？

　　有些人想到阿胡也許是倖存的飛行爬蟲類動物之一，牠們被認為在六千五百萬年前跟恐龍一起滅絕了。關於阿胡的描述符合我們目前對翼龍的認知，包括大型前臂撐起類似皮革的翅膀。大部分翼龍的翅膀似乎覆蓋著絨毛以防體熱流失。有一種推測是阿胡可能是非洲康加瑪托（參見 312 頁）的遠親。

牠是一種鴞？

　　島上存有兩種大型無耳鴞，點斑林鴞與爪哇林鴞。牠們身長 41 至 51 公分，翼展大概 1.2 公尺。儘管尺寸不符，但飛行動物被看到時通常會被高估其翼展。爪哇林鴞似乎是合理的候選者：牠有個顯眼的平板臉，環狀黑色羽毛和些微突出的鳥喙襯托出黑色大眼，從下方看牠像是灰棕色。牠的叫聲很有特色——間歇發出像「呼！」的單一聲響。就像多數大型鴞，牠在繁殖季節有高度領域性，會從上方或後方作勢攻擊來嚇退入侵者。牠就像其他的鴞，在飛行時幾乎寂靜無聲。爪哇林鴞非常稀少且難以捉摸，白天都躲藏起來。牠們只有在偏遠森林才能發現，而且無法承受人類闖入、濫伐與其他侵擾。

▌阿爾馬斯

　　在高加索山區、俄羅斯大平原、阿爾泰山區、蒙古戈壁沙漠和西伯利亞，許多傳說圍繞著一種類似耶提（喜馬拉雅雪人）或薩斯科奇人（大腳怪）的生物阿爾馬斯（Almas）。比起喜馬拉雅和北美的生物像猩猩，據稱牠比較像人類。牠最早的記載來自 1879 年尼古拉·普熱瓦利斯基（Nikolai

印尼的歐讓巴提

　　又像人又像蝙蝠的歐讓巴提（Orang-Bati）居住在斯蘭島（Seram）。根據民間傳說，人們經常看到牠在夜裡盤旋飛行，準備綁架孩童。牠們每天早上會回到一座死火山，在那裡把孩童吞食掉。牠被形容成像是人類，有紅皮膚、蝙蝠翅膀和長尾巴，翅膀和尾巴覆滿濃密黑毛。也有回報說歐讓巴提出現在該地區附近島嶼，但似乎只殺害斯蘭島上的人。這生物也被描述說像是覆蓋一層黑短毛的赤裸女人，翅膀上也有短毛。研究者想到歐讓巴提也許是巨型蝙蝠，就像阿胡一樣有個類似猴子長相的臉。島民相信歐讓巴提是食猿蝙蝠，就像食猿鵰一般是世上最大的飛鳥。因為斯蘭島上沒有猴子，人們認為歐讓巴提誤將孩童當食物獵捕，但其他島上有許多猴子，這也就解釋為何牠在其他地方不獵殺人類。

Przhevalski）的探險，那次探險也發現野生駱駝與蒙古馬。阿爾馬斯據說會吃土撥鼠之類的小動物，也吃植物，有些人相信牠們是最後倖存的尼安德塔人，那些根據推測已在 4 萬年前絕跡的史前人種。

安菲瑟與槍蛇

「安菲瑟」（Amphitere）這名稱是指歐洲紋章學裡一種有翅膀的蛇，通常還有羽毛。牠源自槍蛇（Jaculus），一種在阿拉伯南部看守乳香樹的有翼蛇。乳香這種極為珍貴的樹脂是神聖乳香樹（Boswellia sacra）的樹汁凝結而成，產自葉門與阿曼。乳香燃燒會產生芳香白煙，被認為可以引領祈禱者上天堂。希臘人和羅馬人用牠焚香獻祭神祇，埃及人用牠在皇室陵墓裡焚香。不僅香氣可以驅蟲，乳香還被拿來當利尿劑，可以清潔腎臟、抑止內外出血、有助排除脂肪以及治療健忘，目前葉門仍有採收。歷史學家希羅多德記載說採收這樹脂很危險，因為毒蛇就住在樹旁。他說「生產乳香的樹木由細小有翼蛇看守，牠們帶有斑點，每棵樹都有大量蛇圍繞。」他描述阿拉伯人解決這問題的方法，是燃燒安息香樹的樹脂，產生的煙霧可以驅趕蛇。

西元一世紀的盧坎在《法沙利亞》（The Pharsalia）寫道：「光禿樹

幹上的一條蛇，利比亞人稱之為槍蛇，盤旋起身猛然衝出，毒液噴向遠方。貫穿保羅腦袋，那蛇從傷口直接穿過；死亡……」。槍蛇名稱在拉丁文裡是「投擲」的意思，盧坎解釋說死亡是由槍蛇擊中受害者的傷口造成，而非牠的毒液。因此牠被稱為「標槍蛇」。同樣在一世紀，老普林尼在《自然史》註記：「乳香只產自阿拉伯……槍蛇從樹枝上衝出；不僅在我們腳邊時難以對付，牠飛過空中同樣可怕，就像從投石器被擲出一樣。」七世紀時，塞維亞的依西多祿在《語源學》（Etymologies）寫道：「槍蛇是一種飛蛇。他們從樹枝上躍起，衝向經過的動物，牠們因此得名投擲者（jaculi）。」

在馬達加斯加的傳說中提到一種稱為番得里費阿拉（fandrefiala）的毒蛇，牠會先從樹上垂下像嫩葉一樣的尾巴，然後刺傷從下面經過的動物和人。牠是島上最可怕的蛇，在科學上被稱為玻里涅夜蛇（Perinet night snake）。牠的三角頭型像箭頭，且顏色罕見。牠的前半身是淡黃色，後半身與尾巴是紅色，使得島民認為牠在樹上垂下的是尾巴，然後刺傷經過的人。牠做出致命攻擊前，會選擇推落一定數量的葉子（三或七葉）去警告受害者。一位島民解釋牠有多聰明：「如果你停在牠樹下，牠會推落三片葉子，一次一片掉到你頭上。牠這麼做是

葉門的變色龍

葉門的變色龍（Chameleon）又被稱為高冠變色龍（Chamaeleo calyptratus），生長在葉門與沙烏地阿拉伯山區。牠們是爬樹專家，棲息在樹上，腳特別適合抓住樹枝。牠們顏色以綠為基底，綴以黃色、棕色或藍色的線條或斑點。成年雄性高冠變色龍的長度可達61公分，這類生物在頭頂上都有稱為冠的肉瘤。牠們有條能夠纏繞的尾巴，就像第五隻手般協助攀爬。高冠變色龍是伏擊獵食者，能長時間保持不動，等待沒戒心的昆蟲經過身邊。牠讓人聯想到龍的頭冠、前肢和蛇一般的尾巴，再加上牠們的樹居習性，也許意味著這變色龍就是槍蛇神話的起源。

要測量彈道。然後牠從樹上落下，身體像矛一般飛過來殺死你。」然而，儘管這故事既生動又令人毛骨悚然，已知馬達加斯加島上所有的蛇都不會主動攻擊人。

▌蛭蛇——聾耳毒蛇與銜尾蛇

蛭蛇據說能用尾巴掩住耳朵，不去聽到弄蛇人的音樂，這故事也許是銜尾蛇的起源。人們認為牠看守著流出香脂的樹；要取得香脂就得先對牠吹奏或哼唱音樂讓牠睡著。人們也認為牠的腦袋裡藏有紅玉寶石，巫師得唸特定咒語才能取得寶石。

在基督教寓言裡，蛭蛇代表財富與塵世，牠張開一隻耳朵傾聽世俗慾望，但另一隻耳卻被罪惡阻塞。牠們在《詩篇》第58章被提到說：「……牠們好像塞耳的聾虺（deaf adder），不聽行法術的聲音，雖用極靈的咒語也是不聽。」普林尼在西元

一世紀寫道：「當蝰蛇擴張頸部，唯一能治療被牠叮咬的方法是截除傷肢。」大約在同一時代的盧坎在史詩中告訴我們：「首先，升起可怕的一團塵土，帶來死亡的蝰蛇張大頸部：以其他蛇未見的方式聚集血液，產生大量濃稠毒液。牠貪求溫暖地方，既不待在寒冷之處，也不出現在尼羅河彼端沙地；就像人類渴望豐收，牠獵取利比亞人的生命，既不羞愧也不節制，這是我們注定面對的有害之物……巨大瘡蛇伸展那滿佈鱗片的捲曲之身，倒霉受害者任憑毒液在血管裡……貪婪的普列斯特（蝰蛇）腫脹起來，牠沾滿口沫的雙顎……普列斯特的毒牙，如同先前在馬西戰場，盧基烏斯發動攻擊，用那牙刃燒灼他的臉，如火焰般的泛紅：皮膚腫了起來。他的五官變形，四肢腫脹，直到整個身子比正常人還大。看不見的是一個巨大毒瘤。當毒液流遍全身，體內產生一個可怕血塊……一條狂暴的瘡蛇咬著他不放。從四肢（如同番紅花沫撒在雕

像上的每個部分）滲出血滴。從毛細孔冒出暗褐毒液，他嘴裡盡是唾液與大量血塊，鼻孔擴張，淚中帶血。他的血管爆裂，每滴汗水皆是紅色；這都只是一個傷口造成。」

西元五世紀，希波的奧古斯丁（Augustine of Hippo）說蝰蛇會掩住自己耳朵，避免被弄蛇人引出洞，七世紀的塞維亞的依西多祿附和：「蝰蛇具毒性的叮咬會致命，牠因此得名，因為希臘文的毒這個字是 ios（ap）。當巫師用咒語招喚蝰蛇，而牠不想出洞時，就會將一邊耳朵壓在地上，另一邊用尾巴塞住，因此就聽不見咒語。蝰蛇有許多種，但並非每種造成的傷害都一樣。致渴蛇是一種蝰蛇，拉丁文名稱是 situla（渴），因為一個人被咬後會口渴致死。睡蛇（hypnalis）會在睡夢中殺死人，如同克利奧佩脫拉用睡蛇咬自己就一覺不醒得到解脫。瘡蛇（haemorrhois）被稱為蝰蛇是因為被牠咬後會冒汗如出血，希臘文的血這個字是 haima。普列斯特（prester）是一種蝰蛇，總是張開直冒蒸氣的大口，被咬的傷口會腫脹腐爛。」大約 1200 年時的《亞伯丁動物寓言》寫道：「艾默洛西斯（emorrosis）是一種蝰蛇，這麼說是因為牠會讓你流血致死。如果

你被牠咬就會愈加虛弱，因此血管擴張而生命隨著血液流失。希臘文裡「血」這個字……普列斯特是移動迅速的蝰蛇，牠的嘴巴一直張開而且冒出蒸氣…如果牠攻擊你，你會全身腫脹而死，因為浮腫的身體很快就會腐爛…有一種叫睡蛇（ypnalis）的蝰蛇，牠會讓你昏睡而死。克利奧佩脫拉就是拿這種蛇咬她自己，在沉睡中從死亡得到解脫。」

蝰蛇（asp）是 aspis（希臘文代表毒蛇）這字的英文化，從前是指任何一種在地中海與尼羅河地區發現的毒蛇。柏修斯殺了戈爾貢美杜莎後，飛越埃及將她的頭顱拿去奧林帕斯山。有一些她的血滴落地面，結果變成蝰蛇。根據普魯塔克的記載，克利奧佩脫拉會讓罪犯和動物嘗試不同致命毒物當做每日消遣。她斷定被蝰蛇咬是最不可怕的死法，因為毒液讓人昏睡，不會痛苦地抽搐。有些人認為這蝰蛇也許是 Naja haje（埃及眼鏡蛇），haje 在阿拉伯文代表蛇或毒蛇。一種風格化的埃及眼鏡蛇代表法老王的統治權，牠會出現在王冠上面。歐洲蝮蛇（Vipera aspis）是分佈在西南歐的一種毒蛇。牠的毒性比極北蝮（Viper

重現生機的動物

腔棘魚（Coelacanth）

腔棘魚是「老化石」魚類，出現的年代比恐龍還早。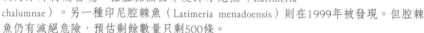
牠在地球上已經存在了四億一千萬年，但現在接近滅絕。

腔棘魚很長一段時間被認為已滅絕，直到1938年在非
洲海岸外再度發現一種腔棘魚西印度洋矛尾魚（Latimeria
chalumnae）。另一種印尼腔棘魚（Latimeria menadoensis）則在1999年被發現。但腔棘
魚仍有滅絕危險，預估剩餘數量只剩500條。

事實上，腔棘魚不是「活化石」，而是一種「拉撒路物種」（Lazarus taxon）
——就是被認為在自然界（或化石記錄）中已滅絕又重新出現的物種。

「活化石」是保留原始特性、未進化，從滅絕中存活的物種。有些活化石物種
是在活體被發現前從化石記錄裡辨識出來的，例如腔棘魚以及在中國偏遠山谷發現
的水杉樹（Metasequoia）。其他還包括幾種螯蝦、黃蜂和甲蟲。有些是單一而無相
關存活的物種，如在化石記錄中，龐大而分佈廣闊的銀杏門植物的唯一倖存者銀杏
（Gingko biloba）。

巨齒鯊（Megalodon）

相對近期發現的大王魷、腔棘魚和巨口鯊（參見下文），讓有些
人期待已滅絕的巨鯊也許仍存活在深海裡。幾年前的通俗報刊曾宣稱
捕捉到消失已久的巨齒鯊，一種源於一千六百萬至一百五十萬年前的
巨鯊，在當時是最頂端的獵食者。牠是目前所知曾經存在最大的肉食
性魚類，生物分類為牠提出一個新的屬。從化石得知巨齒鯊獵食大型
動物，其中包括早期的鯨魚。人們對牠的認知主要來自牙齒化石和變成化石的脊椎
骨。如同其他鯊魚，牠的骨架是由軟骨構成，而非骨骼，導致化石記錄極少，因為
軟骨不會變成化石。牠的牙齒在很多方面與大白鯊相似，但是大了許多，長度超過
18公分。從牙齒顯示這生物實際超過17公尺長。然而，報導中被捕獲的其實是一條
巨大的太平洋睡鯊。一些鯨魚的脊椎與骨頭被發現有清晰的大口咬痕，完全符合巨
齒鯊的齒痕。牠們牙齒是鋸齒狀，可以有效率地撕扯獵物的肉。巨齒鯊似乎將攻擊
瞄準在鯨魚的身體中央，一口就把肋骨和肺連帶胸鰭咬碎了。

巨口鯊（Megamouth shark）——新品種鯊魚

巨口鯊是深海鯊魚中極為罕見且不尋常的物種。
直到1976年才被美國海軍發現，曾被看到的為數不
多，此後只有44個被捉到或看到的已知樣本。牠的長
度可達5.5公尺，特徵是牠巨大的頭和橡膠似的嘴唇。
牠跟其他鯊魚實在不像，被獨自歸類在巨口鯊科（Megachasmidae），雖然牠也可能屬
於象鮫科（Cetorhinidae），這科目前也只有象鯊一個成員。就像
瀕臨絕種的鯨鯊與象鯊，牠是濾食性鯊魚，游動時張開大嘴，濾
食水中的浮游生物與水母。

其他近期發現

直到1870年代，象牙喙啄木鳥（Ivory-billed woodpecker）在
美國東南部的原始森林還分佈普遍。牠們被認為在1920年代滅
絕，但鳥類學家於2004年在阿肯色州看到一隻野生鳥。

馬達加斯加蛇鷹（Madagascan serpent eagle），曾有六十年未

見的一個物種，在1993年又被看到。現在外面至少有75對可育種的野鳥。這鳥盤據在馬達加斯加東北部和東部濃密潮濕的常綠森林裡。

　　寮國岩鼠（Laotian rock rat）被認定在一千一百萬年前已滅絕。牠所屬的科現在還只能透過化石記錄去了解。2005年，科學家在寮國一處市場發現有在販售一隻像松鼠的死亡囓齒動物，後來鑑定是寮國岩鼠。2006年，大衛・瑞德凡爾（David Redfiled），佛羅里達州立大學的學者，發表影片顯示他在寮國捉到的一隻樣本。

　　巴伐利亞松田鼠（Bavarian pine vole）從1962年以後就未曾見到樣本，牠被認為是滅絕了。然而，有個顯然屬於這種生物的族群於2000年在北蒂羅爾（Northern Tyrol）地區被發現，就橫跨在德國—奧地利邊界上。

　　瓦勒邁杉（*Wollemia nobilis*）是一種松柏植物，是瓦勒邁杉屬裡唯一的種，直到1994年才在澳洲雪梨西北方約100哩（160公里）的藍山峽谷裡發現。所謂的瓦勒邁松（Wollemi Pine）最古老的化石可追溯到二億年前。

　　水母柱樹（Jellyfish tree）的名字很妙，牠是水母柱屬（*Medusagynaceae*）裡唯一的物種，被認為已經滅絕，直到1970年代在塞席爾群島（Seychelles）的馬埃島（Mahe）發現少數樣本。這種瀕臨絕種的樹被認為源自岡瓦那古陸（Gondwana）。

　　豪勳爵島竹節蟲（Lord Howe Island stick insect）被認為在1930年滅絕，直到2001年才再度被發現。牠已經從最大棲息地豪勳爵島（Lord Howe Island）上滅絕，被稱為「世上最稀有的昆蟲」；現在不到30隻存活在波爾斯金字塔小島（Ball's Pyramid）上。

　　拉帕爾瑪巨蜥（La Palma giant lizard）是棲息在加那利群島中拉帕爾瑪島（La Palma）上的巨型壁蜥。牠被確認滅絕五百年後，在2007年又被發現。加那利群島的其他巨蜥，耶羅島巨蜥（El Hierro giant lizard）和拉戈梅拉島巨蜥（La Gomera giant lizard），也是分別直到1974年和1999年才再度被發現。特內里費島斑點蜥蜴（Tenerife speckled lizard）是1996年才第一次發現的新蜥蜴。

　　絨鼯鼠（Woolly flying squirrel）是牠的屬裡唯一的物種，關於牠的科學知識直到1994年仍僅限於十九世紀末收集來的11張皮。牠是已知最大的滑翔哺乳動物，目前仍存活在喀什米爾。

　　名稱奇特的吉氏長鼻袋鼠（Gilbert's potoroo）有時也被稱為鼠袋鼠（rat-kangaroo）。牠差不多跟兔子一樣大，在澳洲西部已瀕臨絕種。這些有袋動物目前存活的還不到40隻。牠是1840年由約翰・吉伯特（John Gilbert）發現，原本認為已滅絕一百二十年了，直到1994年又再度發現。牠們主要食物是塊菌。

　　里海馬（Caspian horse）是伊朗土生小馬，被認為是美索布達米亞馬的後裔。牠被認為在七世紀就已滅絕，但在1960年代又被發現。

　　南秧雞（Takahe）是紐西蘭一種不會飛的秧雞科鳥類。牠在1898年被看到最後四個樣本後就被認定已滅絕。牠於1948年在南島又被發現，但相關物種在北島已滅絕。

　　澳洲的夜鸚鵡（Night parrot）在1912到1979年間都沒有已知的目擊，導致人們推測牠已經滅絕。從1979年以來的目擊很稀少，現有的數量也不明。最後看到牠是2006年，

一個樣本被發現時已死亡，牠在昆士蘭撞到帶刺的鐵絲網。

古巴鉤嘴鳶（Cuban Kite）的目前數量估計只有50隻成鳥，是瀕臨絕種的鳥類。2001年時有明確的目擊，2009年有拍攝到一隻活鳥。

古巴溝齒鼩（Cuban solenodon）是一種小哺乳動物，在哺乳動物中很罕見的是牠的唾液有毒性。牠在1861年被發現，此後只有36隻被捕獲。1970年時被認定已滅絕，但1974和1975年有三隻樣本被捕獲。最後的目擊要回溯至2003年了。

其他還有數千個物種正瀕臨絕種，同時新物種仍在不斷被發現，例如2010年在印尼發現世上最大的鼠類。全球人口過剩的結果勢必導致物種滅絕。

berus）還強，但只有約4%未治療的咬傷造成死亡。

西元前五世紀的希臘歷史學家希羅多德在他的《歷史》一書第三冊中，包含了蝮蛇交配的一段描述：「人們發現當公蛇與母蛇會合，就在受精的那一刻，母蛇咬住公蛇頸部，一但咬緊就不鬆口，直到貫穿頸部。公蛇因此暴斃；但在此之後牠會透過小蛇向母蛇報復，小蛇尚未出生時會從子宮咬出一條通道，然後穿破母蛇腹部來到這世界。」

原牛——絕種巨牛的再造

捷克摩拉維亞（Moravian）的波恩斯坦（Pernstein）家族擁有的盾形紋章，造型是個白色盾牌畫著黑色原牛頭（沒有脖子正對前方）。根據家族傳說，波恩斯坦的創始者是個特別強壯、叫做維納瓦（Venava）的燒製木炭者。

他抓到一頭野原牛（Aurochs），帶去國王位於布爾諾（Brno）的宮廷上，用斧頭一揮砍下牠的頭。國王深感敬佩，賞賜給製木炭者大片土地，並允許他在家徽盾牌畫上原牛頭。家族在帕爾杜比采（Pardubice）的宅第有面牆壁浮雕訴說這事蹟。原牛或彎牛（Urus，Bos primigenius）是家牛馴化前的祖先，是目前已滅絕的大型野牛。牠們曾遍佈在歐洲、亞洲與北非，但最後一隻在1627年死於波蘭。牠們站立的肩部高度有2公尺，重量將近一噸。牠們難以圈養，被當做獵食對象因而滅絕。原牛出現在許多歐洲舊石器時代的石洞壁畫上，在近東被當做月牛（Lunar Bull）崇拜。

尤利烏斯·凱撒（Julius

286

Caesar）寫道：「……這些稱為蠻牛的動物。牠們身材比象小一點，外觀、顏色與身形跟牛一樣。牠們的力量與速度非常出色，不會傷害遇見的人或野生動物。這些日耳曼為追逐與獵殺牠們吃盡苦頭。年輕人要做這工作得鍛練自己，練習這類狩獵技巧，那些曾獵捕過許多頭牛的人會公開展示牛角當做證據，獲得極大讚揚。但即使捕獲非常幼年的蠻牛也不會拿來馴養跟人親近。牠們牛角的尺寸、形狀與外觀都和我們的牛不一樣。這些就是他們熱切追求的東西，他們會在角尖黏上銀飾，在最奢華的宴席上把它當做杯子。」牠們的神秘性使得歐洲許多國家與城市仍以牠們做為標誌，在日耳曼民間故事裡也有許多敘述。義大利科學家希望藉由基因分析與當代野牛選擇育種，再造這令人生畏的動物。最接近原牛的大型牛品種，例如高地牛（Highland cattle）、威爾斯野生巴雅諾爾牛（Vaynol cattle）和來自義大利的白馬雷瑪（white Maremma）品種，利用復育技術讓牠們交叉育種。科學家已從保存的骨骼創造出原牛的基因地圖，用來培育出與牠相似的動物。第一輪的交叉育種在近期已經完成，包括三種來自英國、西班牙與義大利的本土品種。上一次嘗試再造這動物是由希特勒直接下令。納粹指定兩位動物學家去再造原牛，做為第三帝國物種優化與優生學計畫的一部分。赫爾曼·戈林（Herman Goering）想在佔領的東歐土地上用原牛建構一處龐大狩獵保留區。

白頰黑雁——生於藤壺的鳥

約翰·曼德維爾爵士在十四世紀他的《旅行記》寫道：「我說了一件使他們大感吃驚的事。我告訴他們說，我們國家有些樹結的果子會變成飛鳥，牠們落在水裡會活下去，落在地上很快就死了，牠們很適合當做人類食物。因為牠們是如此令人驚奇，所以有些人不相信真有這回事。」

而另一派想法直到 1800 年左右都堅持，白頰黑雁（Barnacle Goose）來自於大量附著在帆船木殼外的藤壺。牠們引來水草，大幅降低船隻航行速度。「barnacle」這字在英國原本專指這種雁鳥，後來才用於稱呼甲殼動物。白頰黑雁在博物學裡總有一個傳說，就是牠們生於漂浮木。1187 年，編年史作者威爾斯的傑拉德（Gerald of Wales）寫道：「大自然以最違反自然的方式生育出白頰黑雁。牠們像沼澤野雁，但身材較小。牠們生於漂浮在海裡的杉木幹，起初像樹脂一樣。後來牠們用嘴喙把自

287

己吊掛在下面，就像附著在樹幹上的水草，然後用甲殼圍住自己，以便自由自在地長成。在堅硬羽毛包覆下歷經一段時間，牠們若沒落入水底，就會自由地飛向空中。牠們從樹汁與海水取得食物來成長，透過最神秘奇妙的方式獲得養分。我經常親眼看到，不下一千次，這些鳥類瘦小的身軀吊掛在海濱的一塊浮木下，用甲殼圍住自己，而且已經成形。牠們不像其他鳥類會交配生蛋，也從來不會孵蛋，而且似乎不曾在任何地方築過巢。」會有這看法也許是因為從來沒在夏天看過牠們——牠們其實是在遙遠的北極地區繁殖。人們猜想牠們是像藤壺一樣在水裡成長。因為如此，有些愛爾蘭神職人員認為白頰黑雁的肉可以在齋戒日食用，這做法遭到威爾斯的傑拉德指責：「……愛爾蘭有些地方的主教和神職人員在齋時毫無顧忌吃這些鳥肉……但這麼做使他們走向罪惡。如果一個人想吃亞當的腿，即便他生來並非肉身，這人絕對會被判吃肉而有罪。」1215 年，教宗英諾森三世禁止在大齋期的時候吃這些鳥肉，理由是雖然繁育方式反常，但牠們就像鴨子一樣生活與進食，所以本質應該和其他鳥類相同。

巴西利斯克——耶穌蜥蜴

　　巴西利斯克的傳說（參見 65 頁）可能源自印度，經由旅人和商人的轉述而來。牠的起源也許是蜂蛇，或更像是有冠頂的眼鏡蛇。實際上，西元一世紀的老普林尼描述牠只是有金色冠頂的一條蛇。然而到了中世紀，牠變成一條有公雞頭的蛇，有時候是人的頭，並且是罪惡的強烈象徵。現今已知有四種巴西利克斯物種，都是在中美洲與南美洲發現的驚人蜥蜴。公蜥蜴包含尾巴的身長可達 90 公分。公巴西利克斯有背鰭，棲息在靠水的樹木上。牠們非常警覺，受到驚嚇的巴西利克斯會從懸在水塘上的樹枝跳下，奔走尋找掩護。這種蜥蜴的後腳底下有特殊的鱗片，所以能在水面上直立奔跑一段距離，還用尾巴當船舵。水的表面張力最終無法支撐時，巴西利克斯就迅速游泳走避。因此牠們有個暱稱叫「耶穌蜥蜴」，因為牠們顯然可以「水上行走」。

鼬鼠——巴西利斯克殺手

　　中世紀動物誌將鼬鼠視為骯髒的動物，絕對不能食用。人們堅信牠是在嘴巴裡懷胎，從耳朵生出來。如果從右耳生出，幼鼠就是公的；如果從左耳生出，幼鼠就是母的。老普林尼說：「鼬鼠洞很容易找到，因為那四周很骯髒。如果一隻巴西利斯克進入鼬鼠洞，鼬鼠

的惡臭可以殺死巴西利斯克，儘管鼬鼠也會死……如果鼬鼠在捕獵老鼠時打鬥受傷，牠會用芸香草治療。」

蝙蝠是一隻鳥

西元一世紀的老普林尼寫道：「蝙蝠是唯一會背著幼子生活並且餵奶的飛行動物。牠在飛行時也會將孩子抱在懷裡。」塞維亞的依西多祿在他七世紀的《語源學》裡註記：「蝙蝠不像其他鳥類，牠是飛行的四足獸，類似一隻老鼠。牠名字（拉丁文 vesper 為黃昏之意）的由來是因為牠在黃昏時飛行。突如其來的動作會使牠到處亂飛，平時吊掛在纖細樹枝下，還會發出吱吱聲響。」中世紀作家記載蝙蝠會聚集起來，吊掛在高處像一串葡萄。他們認為一

隻蝙蝠如果掉下來，其他蝙蝠也會跟著一起落下。現在知道蝙蝠無法從地面起飛，牠們得爬到高處才能在起飛前伸開翅膀。

熊把幼獸舔出外形

十三世紀時，方濟會修道士巴特洛邁烏斯·安戈里克斯（Bartholomaeus Anglicus）寫的《物之屬性》（De Proprietatibus Rerum）提到：「伊本西那（Avicenna）說熊生出一塊不完整且奇形怪狀的肉團，然後母熊舔這肉團，把牠們的外形舔出來……因為幼獸只是一塊比老鼠大一點的肉團，既沒眼睛也沒耳朵，牠有爪子……所以母熊舔這肉團，把幼獸舔出外形。」他的資訊似乎來自無所不在的老普林尼，他在一世紀寫的《自然史》中記載：「熊在冬季開始時交配，然後公熊與母熊分別回到自己洞裡。幼獸在三十天後出生，一窩不超過五隻。新生幼獸是一塊不成形的白色肉團，沒有眼睛和獸毛，但是看得出有爪子。母熊逐漸把幼獸舔出正常的外形，然後緊抱在胸口並用身體蓋住以保持溫暖，就像鳥在孵蛋一樣。在冬季，公熊保持冬眠四十天，母熊則是四個月；牠們在這期間

不吃不喝，前十四天沉睡到任何傷害都無法將牠們喚醒。當牠們出洞時會吃藥草清腸胃，用樹幹磨牙齒，準備好進食。若要治療雙眼迷濛，會去找蜂窩並讓蜜蜂叮牠們的臉。熊的弱點是頭部；有人說熊的腦子含有毒藥，喝下去會使一個人發瘋。熊跟公牛打鬥時，會吊掛在牛的角和嘴巴下面，這就可以利用體重讓牛筋疲力盡……熊生下的幼子還未成形，牠用舔的方式讓牠們成形。在這方面牠們就像獅子與狐狸。熊呼出的氣息有危害；任何野生動物都不會碰熊吐氣在上面的東西，這些東西很快就會腐壞。」人們認為熊受傷了會去觸碰藥草或毛蕊花自我治療。據說最兇猛的熊住在努米底亞（Numidia）。

▌河狸痛苦的逃生機制

筆者居住在泰菲河谷（Teifi Valley），距離英格蘭與威爾斯最後發現河狸的河流只有幾百碼距離。十二世紀早期，威爾斯的傑拉德寫了《遊遍威爾斯》（*The Journey Through Wales*），他在書中告訴我們：「泰菲河有另一個獨特性，牠是全威爾斯，甚至包括英格蘭，唯一有河狸的一條河；他們說在蘇格蘭的一條河裡也有發現，但數量稀少。我認為有必要花些工夫插入一些關於這些動物天性的說明——牠們從樹林帶著

材料到水裡的方式，還有牠們利用什麼技巧集合材料，在河道中央建造牠們的住所；他們防範東方與西方獵人的方法；還有關於牠們像魚一樣的尾巴。河狸為了要在河道中央建造自己的城堡，牠們利用自己同類而非蠻力拖拉，藉由一種奇妙的搬運方式，把木材從林地運送到河裡。牠們有一些聽從本性，將其他同伴砍伐的圓木放在肚子上用腳抓緊，嘴裡橫向咬著樹枝，連同牠們的承載物，被其他河狸咬緊這木筏往後拖走。鼴鼠也用類似技巧將自己洞穴的塵土刮除乾淨。在河道深處水流平靜的角落，河狸用這種技巧建造牠們的棲息地，而且滴水不漏，不怕風暴；牠們也不怕任何的破壞，除了人類，甚至連一般人也不怕，除非帶了精良配備。牠們用其他木材與不同樹葉來跟柳樹枝交纏一起，堆到一般河面高度，然後在裡面做出層層相連的通道，牠們架起一種平臺或鷹架，從這裡可以觀察和監視上升的河水。經過一段時間後，牠們居所的外表就像一處柳樹叢林，原始而天然，但內部則是建構精巧。這動物能隨心所欲待在水裡或水下，就像青蛙或海豹，從海豹皮毛的平順與凌亂，就可看出海水的漲潮或退潮。因此這三種動物都活在水底或水上，有著短腿、寬身軀和粗短尾部，就像鼴鼠的身形。值得一提的是河狸有四顆大牙，兩顆在上，兩顆在下，

又寬又利，就像木匠的斧頭，牠們的確也當斧頭使用。牠們在居所附近河岸挖掘藏身處並排掉河水，聽到獵人用尖桿試圖刺中牠們的擊打聲時，就盡快趕去躲在城堡防禦下，首先從洞口衝出水外，刮起泥巴將洞穴弄得滿是泥濘後棄守，機靈地躲避配備齊全、正在對岸尋找牠們的獵人。當河狸發現自己無法擺脫跟在後面的獵狗追擊時，牠會為了自保而犧牲身體的一部分將其扔掉，根據天生直覺認為那是獵人尋找的部分，於是在獵人的眼前閹割自己，也因此獲得拋擲者（Castor）的名稱；如果獵狗正

好追擊的是先前已經自閹的河狸，牠會很聰明地跑到高點舉起腳，向獵人展示他要尋找的東西已經沒了。西塞羅是這樣提到牠們，『牠們為求自保犧牲那部分，那是最主要被尋找的東西。』……因此為了保護自己，免於被西方獵人取牠皮毛，東方拿牠身體器官當藥材，雖然無法全身而退，然而藉由奇妙的直覺與智慧，牠努力躲避獵人的追擊。河狸有寬闊的短尾巴，像手掌一樣厚，在游泳時當舵使用；雖然身體其他部分毛茸茸，尾巴就像海豹一樣平滑無毛；因為這個緣故，在河狸大量存在的德國和北極地區，許多人在齋戒期間會食用這動物像魚的尾巴，那味道和顏色都像魚。」

聖伯納德（St Bernard）與尤維納利斯（Juvenal）都說河狸有牠奇特的習性，西元前六世紀的《伊索寓言》（Aesop's Fables）裡可以讀到：「河狸是一種住在水塘裡的四腳動物，牠知道自己被追獵是要取牠睪丸治疾病。被追獵時，河狸會逃跑一段距離，若發現擺脫不掉，牠會咬下自己睪丸丟給獵人，因此逃過一死。」一世紀的老普林尼在《自然史》中說：「黑海地區的海狸知道自己被獵捕是為了取牠睪丸煉油，所以在獵人追擊的危險下會閹割自己。海狸有像魚一般的尾巴，像水獺一樣的身軀覆滿軟毛。牠們有強大的咬合力，能像鋼鐵般砍倒樹木，如果咬人的話，會直到骨頭碾碎才肯鬆口。」河狸寓言也用在宗教訓誡上。人如果要純淨生活，就得割掉身上的罪惡，用力投擲到魔鬼臉上。魔鬼看到人身上沒有屬於他的東西，於是就放過人。

六公尺蛇怪

貝瑟（Beithir）這個大蛇怪在蘇格蘭神話裡扮演重要角色，近期曾有幾次目擊發生。據說牠有 60 公分長的頭，身軀龐大，頭上有尖耳或角。牠的身體在移動時會像毛蟲般背部隆起，似乎費

勁地拖著腹部前進。據說牠的身長有 6 公尺。

大腳怪與薩斯科奇人

大腳怪又被稱為薩斯科奇人（Sasquatch），據描述是一種像猿類的野人，居住在美國太平洋西北地區和加拿大不列顛哥倫比亞省的森林裡。多年來有許多大腳怪的目擊報告與照片，但沒有明確證據顯示牠的存在。大部分這方面的專家認為大腳怪傳說是民間故事與惡作劇的組合，但有些作者與研究人員堅信這些故事可能是真的。有些推測認為大腳怪就像尼斯湖水怪一般，可能是古早年代倖存下來的生物——尤其可能是步氏巨猿——一種超大型猿類。大腳怪的報導最早始於 1924 年，然而關於相似生物的報告早在 1860 年代就已出現。

這是北美洲版的喜馬拉雅雪人。牠在加拿大通常被稱為薩斯科奇人。這字源自北美西北岸地區原住民部落對這生物的稱呼。薩斯科奇人應該至少有 2.05 公尺高，最高可達驚人的 3.5 公尺。牠

的腳印曾被量到是 40 至 50 公分長，18 公分寬。牠的手臂很長，臉孔像猿類，鼻子扁塌，毛短濃密，據說藏身在洞穴與山谷中。西部人第一次遭遇牠是在 1811 年，此後便有數百宗目擊報告，但牠的存在沒有科學證據。有些人猜測牠是殘存的直立人（Homo erectus）或「爪哇人」，從腳印深度推測體重是 136 至 454 公斤。（爪哇人是指 1891 年在印度東爪哇發現的化石，是第一個被發現的直立人樣本。）從步幅可確定這生物不是熊，因為足跡沒有爪子，而且據說曾追蹤到將近 3000 步的足跡，這看起來幾乎不可能是偽造的。

會吸奶和吞食小孩的蛇

老普林尼記載：「蚺是義大利的一種蛇，牠碩大到可以把小孩整個吞下。牠們主要食物是吸食乳牛的奶；牠們因此而得名。」就算真有這種蛇存在，牠在當今也不見蹤影。蚺蛇是蟒科（python）與蚺科（boa）底下無毒蛇的通名，總共有 70 種左右。牠們捕殺獵物的方式是將對方纏繞窒息（絞

飢餓的白蟒是義大利的古柯鹼衛兵

路透社在2010年8月12日報導說：「義大利警方昨晚突襲一群毒販時捕獲一隻罕見白化蟒蛇，毒販用蛇看守古柯鹼並拿來恐嚇欠錢的買主。警方衝進毒販公寓時遭到3公尺長的大蛇攻擊。『當我們進去時，發現那動物就在門後等著我們，就像一條看門狗，』盧卡·傑洛米諾中尉說。『我們在蛇下面意外發現200克高純度古柯鹼。』這蛇被餓了一星期，以便讓牠具有攻擊性，但牠被餵雞肉之後就平靜下來了。」

殺），然後整個吞下。雖然大條蚺蛇可以殺死一個平均身材的人類，但是很難吞下整個身體，一般認為不會對人類造成威脅。蚺是卵胎生，而蟒是卵生；蟒大部分侷限在舊大陸，而蚺則是分佈全球。地中海地區曾記載出現過長度至少 2.75 公尺的大蛇。現在最大的歐洲蛇是綠鞭蛇（green whip snake），長度達到 1.8 公尺，也許是蟒的殘存族群。在撒哈拉變成一處巨大沙漠前，蟒蛇和許多其他動物曾分佈直達非洲最北端。

吐出致命氣息的水牛

羅馬作家克勞迪厄斯‧埃里亞努斯（Claudius Aelianus）在西元二世紀的《論動物特性》（*On the Nature of Animals*）中說：「利比亞是多種野生動物的發源地，此外這國家似乎也孕育出稱為卡托布萊帕斯（Catoblepas、

Katobleps）的動物。牠外表看來跟公牛一樣大，但表情更猙獰，因為牠的眉毛粗濃而上揚，眼睛像牛一樣不大，但是更細而且充滿血絲。牠們不往前直視，而是瞪著地上：這就是為什麼牠們被稱為「往下一看」（從 kata 和 blepo 而來）。頭頂上像馬鬃的一撮鬃毛從前額垂下蓋住臉孔，使牠看來更顯可怕。牠吃有毒的地下莖。當牠像公牛一樣怒目而視時，會立刻抖動並豎起鬃毛，當鬃毛豎直並露出嘴唇時，會從喉嚨發出刺鼻難聞的氣息，所以頭上空氣都被燻染，任何動物靠近並吸入這氣體會感到極為痛苦，發不出聲音，最後一命嗚呼。這野獸知道自己的力量；其他動物也知道，所以盡可能逃離得愈遠愈好。」卡布萊帕斯的由來被認為是偶然遇見往下看的「公牛」，牠狀似有水牛的身軀和豬的頭。那些可能只是牛羚。

然而，很多資料都說牠是個小動物，或者背脊有鱗。大約 1245 年，巴特洛邁烏斯‧安戈里克斯寫的《物之屬性》說：「在西班牙和衣索比亞之間有一口井，許多人認為那是尼羅河源頭，旁邊有一頭叫做卡托布萊帕斯的野獸，牠的體格嬌小，身體每個部分都很細

緻，一顆大頭垂掛著永遠朝向地面，此外牠還很討厭人。任何人只要看到牠的眼睛，很快就會死，同樣有這種眼睛的是雞蛇。」他說的是一個小動物，如同李奧納多·達文西在《筆記》（The Notebooks）中的描述。「牠是在衣索比亞靠近尼格里卡波（Nigricapo）水源處被發現的。牠不是個太大的動物，身體各部分都很鬆垮，頭大到抬起來都很困難，於是牠學聰明一直垂向地面；此外牠對人有極大傷害，任何人只要盯著牠眼睛就會立刻死亡。」艾華·托澤爾（Edward Topsell）在他 1607 年的《四腳獸歷史》（The Historie of Foure-Footed Beastes）也提醒我們，在埃里亞努斯所描述像牛羚的動物面前：「普林尼稱這動物是卡托布萊帕斯，因為牠一直往下看，他說這動物全身各部位都很

小，除了那顆頭不但很重，而且跟身體不成比例，所以永遠抬不起來，但是任何活的生物只要看到牠眼神就會死。所以有個疑問產生，到底牠散發的毒性是來自牠的氣息，或者來自牠的眼睛。」

羅馬的老普林尼曾在衣索比亞與埃及之間旅行，他在一世紀的《自然史》中告訴我們：「在衣索比亞西部有一處湧泉叫尼格里斯（Nigris），大部分的人認為那是尼羅河源頭⋯⋯在那附近有個動物叫做卡托布萊帕斯，就身體其他部分而言是中等體型，四肢並不靈活，只是有顆非常重的頭，抬起來都有困難——牠總是垂向地面；此外牠對人類會致命，任何人看牠眼睛都會斷氣。」

因為背脊有鱗，身材嬌小，有個臉孔朝下的大頭，這動物可能就是穿山甲。牠在受到威脅時會捲成一個球，使

卡托布萊帕斯的滅絕

穿山甲在非洲各地都被獵取當做野食。穿山甲在中國也有大量需求，因為牠們的肉被當做佳餚，而許多中國人相信牠們鱗片可以提升血液循環，還可以幫正在哺育母乳的婦女產生乳汁。再加上砍伐森林使得棲息地消失，這些人類行為意味著所有種類的穿山甲正受到威脅。因為需求增加，穿山甲在中國、越南、寮國與柬埔寨已經滅絕。隨著商人愈來愈往南

移，這動物在亞洲最後棲息地的爪哇、蘇門達臘和馬來西亞半島，數量都在減少。牠們被走私運出非洲，那裡出現的中國人有增加趨勢。2007年，泰國海關從託運行李中救出超過100隻活穿山甲，正要被走私到中國。在廣州市一家餐廳的突襲中發現118隻穿山甲，60公斤的蛇和400公斤的蟾蜍。《衛報》在2007年11月10日提供這門生意的可怕描述：「一位廣東主廚在去年接受北京《科技日報》描述如何烹煮穿山甲：『我們讓牠在籠子裡保持活著，直到客人點餐。然後我們把牠敲昏，割開喉嚨放血。牠會慢慢死掉。然後我們用水滾煮去鱗，將肉切成小塊，做成幾種菜餚，包括燉肉和鮮湯。通常顧客用餐後會把血帶回家。」

得層層相疊的尖銳鱗片發揮盔甲的作用，牠的臉會藏到尾巴下躲避危險。牠的前爪長到不適合走路，所以這動物走路時將前掌捲握起來保護爪子，牠的頭垂向地面尋找昆蟲。穿山甲也能從肛門附近的腺體發出有毒酸臭味，就像臭鼬一樣。這臭味可能就是「卡托布萊帕斯」的味道。穿山甲的腿很短，身長視不同品種可達 30 至 100 公分。牠們的尖爪被用來挖掘蟻塚。

人頭馬和騎兵

塞維亞的依西多祿在他七世紀的《語源學》中記載：「人頭馬這驚人的動物有一部分是人，一部分是馬。有些人說這概念來自於色薩利人（Thessalian）的騎兵，因為騎在馬背上戰鬥時，馬跟人看來像是合為一體。」色薩利人是居爾特人祖先，他們是出色的騎士，早期希臘軍隊則以步兵為主。當西班牙騎士第一次出現在南美洲與中美洲時，有些印第安人相信馬和人是一個動物。

奇克查尼——巴拿馬的紅眼精靈

奇克查尼（chickcharney）這種傳說中的生物一般認為活在巴哈馬安羅斯島的森林裡。安羅斯島被西班牙人稱為「聖靈之島」，這裡聲稱有像尼斯湖水怪的怪物，還有叫做拉斯卡的海龍。

安羅斯島是巴哈馬群島中最大的島，長度有 167 公里，最寬處有 64 公里。島上許多溪、湖與陸岬都沒標示在地圖上，牠的海岸線直到 1963 年以後才被正確測定。島上為數不多的 8000 名人口分佈在鄉村與聚居地，主要都在東岸。西岸面對大片平整、被稱為「泥地」的淺灘，神秘的內境幾乎不為人知。一群古巴流亡者在 1962 年從西岸辛苦穿越內境到新溪（Fresh Creek），他們說看到至今未曾記載的「不明聚落的營

奇克查尼的傳說

就像愛爾蘭的拉布列康，
奇克查尼是我們的精靈。
他給男女帶來好運；
夜晚睡在木棉樹上。

有人說他救了奴隸，
有人說他只是過客，
或是說他住安羅斯島，
他就是如此隨興所欲！

奇克查尼像隻小鳥，
他有一雙汪汪大眼。
有時他會暗地使壞——
就看他是盯上了誰！

所以小心！留意背後！
千萬不要做錯事，
奇克查尼準備好了，
一定上前來找碴！

火」和「無數的鹿與成群紅鶴」。奇克查尼被認為是居住在森林裡像鳥的紅眼精靈，身披羽毛而且長相難看。牠們的巢位於最偏遠的森林中，築在最高的兩棵松樹間。牠們銳利的眼睛據說是紅色的。牠們有三根手指、三根腳趾與一條尾巴，能把自己懸掛在樹上。民間智者建議訪客要帶花朵或幾塊鮮豔布料去討好奇克查尼。至少有一位島民說他看過牠們：「牠的脖子有一圈黑環，看起來像鴿子。你可以在樹上看見牠們築的巢。我絕不會說違逆牠們的話。」傳說中，如果旅人遇見奇克查尼並善待牠，他的餘生會獲得好運當做回報。惡劣對待奇克查尼就會招來霉運，有時會讓人的頭硬是往後轉一圈。

關於頭轉一圈的故事讓人想到鴉，有人相信這傳說的起源，實際上是一隻大型三趾穴居鴉，牠們原本住在森林裡，但在十六世紀滅絕了。這種 60 公分高、不會飛的鴉叫做巴拿馬倉鴉（Tyto pollens），是普通較小隻倉鴉（Tyto alba）的遠親，人們從島上的化石記錄認出牠們。也許牠有強烈領域性，曾與人類共存。關於牠們長相的目擊者描述有不同版本，奇克查尼一般來說被認為是樹精靈，有一點像軍艦鳥，全身長著羽毛，還有嚇人的紅眼睛。牠們用三趾吊掛在楊柳樹枝下，站立時就不太容易辨識出來。

英國前首相內維爾・張伯倫（Neville Chamberlain）的失敗，歸咎於他在 1897 年到馬斯蒂克海角（Mastic Point）開墾劍麻農場時，砍倒了奇克查尼居住的樹林。1956 年的《讀者文摘》中有一篇旅遊見聞說：「牠是奇怪、半人半動物的生物，有著神奇力量可以傷害人……奇克查尼的高度到膝蓋，有大耳朵和鴉一樣的大眼睛。牠們像鳥，會在三棵高樹銜接的樹梢上築巢。牠們對侵擾自己家園的人會施咒一輩子。傳說前任英國首相內維爾・張伯倫遭遇的種種惡運就是奇克查尼幹的好事。故事是這樣的，張伯倫年輕時在這裡墾地種植劍麻，遇上一個奇克查尼的鳥巢。當他下令砍倒這飛行精靈的家時，當地工人全都驚慌逃走，於是張伯倫自己砍倒那些樹。島上長者認為張伯倫在慕尼黑的失策要歸咎於奇克查尼的詛咒，並說若非邱吉爾接任首相，英國絕不會在戰爭中獲勝。」

▌吸吮山羊者

卓柏卡布拉（Chupacabra）和美國、墨西哥與波多黎各（最早出現在此）等地的拉丁美洲裔社群最有淵源。牠據稱是個沉重的生物，體型如小熊般，背部從脖子到尾巴根有一排刺。這名稱的由來是因為牠被認為會攻擊動物並吸食牠們血液——尤其是山羊。傳說始於 1987 年左右，牠跟 1970 年代在莫卡小鎮到處殺死動物的莫卡吸血鬼有許多雷同。莫卡吸血鬼留下的動物屍體完

全沒血，顯然是從身上一系列圓孔傷口處被吸乾。關於卓柏卡布拉最常見的描述是說這生物像蜥蜴，有皮革似的或帶鱗片的綠灰色外皮，沿著背脊有刺或羽莖。牠站立起來大概有 90 至 120 公分高，移動時類似袋鼠的樣子。至少有一次被人看到牠一跳就有 6 公尺高。據說這異種有著狗或豹的鼻子與臉孔，巨大尖牙的口中吐出分叉的舌頭，受驚時發出尖銳的嘶嘶聲響，同時在身後留下一陣酸臭味。有些傳聞說牠嘶嘶作響時眼睛會異常發紅，使得目擊者感到暈眩噁心。還有些人說牠有蝙蝠一樣的翅膀。

在波多黎各的卡諾瓦諾斯（Canovanos），路易斯·瓜達盧佩（Luis Guadalupe）與他連襟從這醜陋的惡魔面前倉皇逃命，路易斯說：「牠大約 1.2 公尺到 1.5 公尺高，有著細長的大紅眼……口中不斷吐出尖尖的長舌。牠全身灰色，但背部顏色不同。牠是個妖怪。」麥德琳·托倫蒂諾（Madelyne Tolentino）說她曾注視著一隻卓柏卡布拉，牠像袋鼠般跳在卡諾瓦諾斯的一條街上，然後在她車窗前暫停下來。她說牠散發出硫磺般的惡臭，車上十八個月大的小孩與她經歷僅僅一秒的目擊，至今仍因此在咳嗽。其他許多人發誓說有看到這吸血鬼般的掠食者殺死無數動物。然而，農業部獸醫部門主管赫克托·J·加西亞（Hector J. Garcia）博士抱持懷疑，他相信這些攻擊是野狗所為。當地建築工人法蘭西斯科·F·蒙赫（Francisco F. Monge）損失價值 500 美金的五隻綿羊，他說五隻都有頸部穿孔的痕跡。他從九歲就開始養動物，發現死因很不平常。「狗從不攻擊我的動物。」他說。卡諾瓦諾斯鎮長荷西·索托（Jose Soto）以前是警探，他帶領超過 200 人搜查山區濃密樹叢。他說在自己轄區死了超過 100 隻動物，引發大規模恐慌。鎮長請求政府單位協助獵捕的努力遭到漠視。

2004 年，德州聖安東尼奧（San Antonio）附近的一位農場主人射殺一隻像狗的無毛生物，牠攻擊他的牲畜。那是一隻郊狼。2006 年，德州科爾曼（Coleman）的一名農夫殺死一隻奇怪生物，像狗、像鼠又像袋鼠，牠攻擊他的雞與火雞，但他把牠跟垃圾一起扔了。大約相同時候，一隻有尖牙、像齧齒類的生物被發現死在緬因州特納（Turner）的一條路旁，但屍體還來不及檢驗就被清運掉。德州庫埃羅（Cuero）的菲勒絲·坎妮恩（Phyllis Canion）將一隻奇怪動物拍攝下來，牠殺死她的 30 隻雞並吸食雞血後死亡。一位獸醫認為那是一隻有嚴重疥癬的灰狐。

傳説中的獨角野驢

傳奇的獨角動物，可能
誤拿鬚狗當範本

神話中有兩隻筆
直尖角的綿羊或
山羊

耶魯或森堤科瑞，
神話中像羚羊的
動物，大角可以轉
往任何方向

獨角獸的角被認
為可以治療多種
疾病，還可以用
來試毒

阿得羅野驢，神話
中有犀牛角的野驢

鱷魚眼淚與面膜

在中世紀動物寓言中，尼羅鱷（Nile crocodile）的糞便被推崇為美容聖品：將牠的糞便拿來敷在臉上，直到汗水把它沖洗掉。據說只有兩種動物能殺死牠。「鋸齒背脊的魚」（海豚）會割開鱷魚腹部，「海德拉斯」或「埃及鼬」（ichneuman）會爬進鱷魚嘴裡，從身體裡面殺死牠。鱷魚吃人之後總會流淚。

西元前五世紀的希臘歷史學家希羅多德寫道：「鱷魚在冬季四個月裡不吃東西；牠們有四隻腳，可以活在陸上或水裡。母鱷在岸邊產卵並在那裡孵蛋，牠們白天大部分待在乾地上，不過入夜就退回河中，河水要比夜晚冷空氣與露水暖和。在所有已知動物中，牠們從最小身形成長到最大身形：鱷魚蛋只比鵝蛋大一點，小鱷魚也跟蛋差不多大；不過這動物完整發育後經常有十七腕尺長，甚至更大。牠有像豬的眼睛，與身材成比例的大獠牙；不像其他動物，牠沒有舌頭；鱷魚無法移動下顎，就這點來講也是牠的獨特性，是世上唯一移動上顎而非下顎的動物。牠的爪子強而有力，背上的鱗皮難以穿透。牠在水中看不到東西，但在陸上視覺敏銳。因為牠主要活在水中，嘴裡常附著水蛭；因此當其他鳥類與動物總是躲避牠時，尼羅鴴似乎能與牠和平共存，因為牠得感激這鳥：當鱷魚離水來到陸地時，習慣朝著西風張大嘴巴，這時尼羅鴴會走進嘴裡吃掉水蛭。這讓鱷魚受惠，讓牠感到高興，於是會小心不傷到尼羅鴴。」

老普林尼記載：「牠允許小鳥走

進嘴巴清理牙齒；如果這時牠張開嘴巴睡著了，埃及鼬會跳進嘴裡一路咬穿腹部……海豚也會攻擊鱷魚，牠用銳利背鰭割開鱷魚腹部。鱷魚在水中的視力很差，但出了水後眼力極佳。據說鱷魚是唯一終生在成長的動物，牠在冬天可以待在洞裡四個月不進食。」

威廉·里·克拉克在十三世紀的《動物寓言》記錄：「從沒看過這樣的動物，牠可以同時活在陸上和水中。牠在晚上沒入水中，白天則到陸上休息。如果牠遇見並打倒一個人，就會將他整個吞下，不留殘跡。但是牠會一生為此哀悼。這野獸吃東西時上顎不動，只動下顎。其他生物沒有這特點。我曾告訴你們活在水中的其他野獸（水蛇）對鱷魚痛恨至極。當牠看到鱷魚在陸上張開嘴巴睡覺時，就會在軟泥中打滾讓自己變得更滑溜，然後跳進鱷魚喉嚨讓自己被吞進胃裡。牠在這裡又咬又撕鑽了出來，鱷魚就因此受傷而死。」

狗是證人

十二世紀初期，威爾斯的傑拉德在他的《遊遍威爾斯》寫道：「所有動物中，狗跟人最親近，也最容易識別牠們；當牠被迫離開主人時會不願活下去，保護主人時勇敢得不畏死亡；牠會做好準備一死，或者與主人共亡。我認為必須提到蘇埃托尼烏斯在他關於動物本性的書籍中一個例子，安波羅修斯（Ambrosius）在他的《創世六日》（Exameron）中也有敘述。一個人帶著他的狗在安提阿城（Antioch）偏僻處，遭到一名士兵的搶劫而被殺害。兇手在晨曦陰影的掩護下逃到城市他處；死者曝屍日下；一大群人聚集起來；那狗怨聲嚎叫，為主人的命運哀傷不已。兇手偶然路過，為了假裝清白，混進圍觀人群中，似乎受到憐憫驅使而靠近死者遺體。這狗的嗚咽停頓一會兒，牠決定採取報復；狗衝向那個人攫住他，同時嚎叫得悲痛不已，在場的人都流下眼淚。這被認為是不利兇手的證據，因為狗從那麼多人中抓住他，還不放他走；特別是在這情形下，這狗不可能出於憎恨、妒忌或傷害之意。因此在強烈懷疑下（雖然士兵不斷否認），人們裁定事情真相得通過決鬥考驗。人們聚集在空地圍成一圈，狗站在一邊，而士兵拿著一腕尺長的棍子站另一邊，兇手最後被狗打倒，在絞刑臺上當眾含羞而死。普林尼和索利努斯（Solinus）都提到有個國王很喜歡狗，而且沉溺狩獵，他被敵人俘虜監禁起來，卻在未經朋友協助下，奇妙地由一群狗幫他重獲自由，這些狗原本遊蕩在山林裡，還兇殘掠奪附近的牲畜與家禽。我該趁此機會說說自己經驗，親眼觀察到關於狗的天性。狗一般來說嗅覺靈敏，不過特別是對牠主人；因為有時牠在人群中走失，要依賴的是

雙鼻狗

跟隨一支1913年前往南美洲雨林的探險隊，波西瓦爾‧費西特上校據稱看見有兩個鼻子的狗。雙鼻安第斯虎犬是曾在玻利維亞出現的罕見品種。所謂「雙鼻」看起來像普通狗的鼻子，但兩個鼻孔被一道直達上唇的皮膚與短毛分隔開。2006年和2007年都有人看到這種狗。牠們也許是安第斯虎犬裡的突變種。牠們名稱裡的「虎」指的是南美洲豹，不是亞洲虎。安第斯虎犬的血統也許來自帕丘那瓦羅犬（Pachon Navarro），這品種大概是由征服者帶到美洲。帕丘那瓦羅犬是一種西班牙獵犬，也被稱為古代西班牙指示獵犬，牠稀有的特徵是分隔的鼻子或雙鼻。人們認為這罕見鼻子讓狗的嗅覺極為敏銳，也是牠被選為獵犬的主要原因。

鼻子而非眼睛；牠努力尋找主人，一看到他時會先用鼻子聞衣服加以確認，彷彿天性賦予鼻子絕無錯誤的力量。狗舌頭有一種治療效果；相反地，狼的舌頭有毒：狗治療自己傷口會用舌頭舔，狼用相同方式會感染傷口；狗的傷口若在頸部、頭部或身體任何舔不到的部位，牠會聰明地利用腳來傳遞治療成分到傷口……在科爾斯休爾（Coleshulle）森林裡，一位威爾斯年輕人穿越國王軍隊時被殺死；他的灰狗不離不棄伴隨主人遺體，八天都沒進食；牠忠心看守，不讓野狗、狼與猛禽攫取屍體，令人驚訝地隨侍在側。就算兒子對父親，尼索斯（Nisus）對歐律阿羅斯（Euryalus），波呂尼刻斯（Polynices）對堤丟斯（Tydeus），俄瑞斯忒斯（Orestes）對皮拉德斯（Pylades），會展現這般深厚的感情嗎？為表感佩這幾乎餓死的狗，英格蘭人雖然是威爾斯人的宿敵，仍然基於人道將這幾乎腐爛的屍體埋在官員專用的墓地裡。」

人頭驢

「有一種動物被他們稱做人頭驢（Onokentaura），一旦看過這種動物的人就不會懷疑人頭馬的存在……但我打算要講的這個生物，我曾聽過以下描述。牠的臉像人，並且覆蓋濃密毛髮。頭以下的脖子與胸部也像人，但是乳頭腫脹挺立在胸膛；牠的肩膀、上臂、前臂、包括雙手、還有胸部以下到腰部也都是人形。但是牠的背脊、肋骨、腹部和後腿很像驢子；顏色就像驢子的灰白，不過側腹以下偏白。這生物的手有兩種作用，當牠需要快跑時，手會放在後腿前面一起跑，就能像其他四腿動物跑得一樣快。同樣，當牠需要拿取或放下東西，要抓要握，那兩隻腳又變成手；這時牠不再走路而是坐下。這生物的脾氣暴躁。

至少牠被抓住時無法忍受遭到束縛，在渴望自由下會拒絕所有食物並餓死。」這是羅馬作家埃里亞努斯在《論動物特性》中的描述，似乎是在講黑猩猩。

科摩多龍

龍原本被認為是最大的蛇，具有鱗片的身軀還有翅膀，通常被形容成像蝙蝠。牠頭上有角和一簇短毛，尾巴尖銳帶刺。威爾斯的紅龍旗是世上最古老的國旗，也許模仿自羅馬軍團。不列顛

（威爾斯）的領袖被稱為「pendragon」（pen 在威爾斯語是指「首領」）。六世紀時的英國領袖邁爾貢·圭內斯，亞瑟王的繼位者，也被稱為「島嶼之龍」（the island dragon），因為他的領土在安格爾西島。長久以來，龍在中國神話裡扮演重要角色，在羅馬、希臘和其他古老文明中亦是如此。龍被認為住在洞穴或深藏在地核中，身邊永遠伴隨著火，所以牠們自己能吐出火。在英國紋章學裡，四腳龍是晚期的發展，牠在十五世紀以前只有兩條腿。紋章學中的兩腿龍在目前傾向稱做飛龍（wyvern）或巴西利斯克。龍的起源可能是透過旅人傳說描繪的科摩多龍，或者是出土化石中大型的史前野獸。

科摩多龍（Varanus komodoensis）是在一些印尼海島上發現的碩大巨蜥。牠可以長到 3 公尺長，70 公斤重。牠們是巨蜥科殘存族群的代表，這些巨蜥科曾經遍佈印尼與澳洲，大部分在接觸現代人類之後已滅絕。雖然科摩多龍主要吃腐屍，牠們也會捕食獵物。科摩多龍已知會攻擊人類。2007 年 6 月 4 日，牠在科摩多島上攻擊一名八歲男童，他後來死於失血過多。原住民歸咎於島外環境保護論者禁止他們獻祭山羊，所以斷絕了科摩多龍預期的食物來源。

許多科摩多島的原住民相信，科摩多龍是自己親屬的轉世，應該受到崇敬對待。2009 年 3 月 24 日，兩隻科摩多龍攻擊並殺死島上漁夫穆罕默德·安瓦（Muhamad Anwar），他從釋迦樹上跌落後被牠們啃咬雙手、身體、雙腿與脖子，傷口嚴重流血。2001 年，女演員沙朗·史東的丈夫菲爾·布朗斯坦在洛杉磯動物園遭受一隻科摩多龍攻擊腳部，他必須接受緊急手術的治療。

老鷹回春術

《詩篇》第 103 篇說：「以致你如鷹返老還童。」老普林尼記載：「鷹是最強壯和最高貴的鳥。鷹總共有六種。只有海鷹會強迫羽翼未豐的幼鳥去看太陽光線；如果牠們眨眼或流淚就會被丟出鳥巢。有幾種鷹會把稱做鷹石的石頭築在巢裡；這石頭耐得住火燒而不失功效，牠有許多有用的療效。這石頭很大，裡面有另一顆石頭，搖的時候可以聽到咯咯聲。鷹厭倦餵食幼鳥時會把牠們趕出巢外，並且驅逐到遙遠距離外，這樣就不會跟自己爭搶食物。鷹不會老死或病死，牠們衰老時會死於飢餓，因為上喙長得太大又有鉤，牠們無法張嘴進食。有些鷹會跟雄鹿戰鬥；牠們會到沙土裡翻滾，用羽毛收集沙土，然後降落在雄鹿角上，將沙土灑進雄鹿眼睛，然後用翅膀敲擊雄鹿的頭，直到牠倒

地。鷹也會跟企圖吃牠蛋的大蛇搏鬥；蛇能擊敗鷹，牠用自己身體纏繞鷹的翅膀，使鷹摔落地上。」帕多瓦的聖安多尼（St Antony of Padua）將聖徒比做鷹。「鷹被如此稱呼源於牠敏銳的視覺，牠能堅定看著太陽。因此自然史書籍是這麼說的，鷹有非常敏銳的視覺，所以牠迫使幼鳥在羽翼未豐前就要盯著太陽看。為達目的，牠會毆打幼鳥並將牠們轉向太陽，如果任何一隻流了眼淚，牠會殺了他，再注意其他幼鳥。書中還說牠會產下三顆蛋，並且丟掉第三顆。書中更強調，牠會放顆紫水晶在鳥巢裡跟幼鳥在一起，它的功效是能驅走蛇。聖徒微妙的智慧與莊嚴的凝視可在鷹身上加以闡述；因為牠們將自己幼子，也就是牠們的作為，轉向真正太陽的方位，轉向智慧之光，以便任何血統不純或急欲隱藏之事，都能在太陽光彩下一覽無遺。因為所有罪惡都被光線明白揭露。因此，如果看到任何作為無法正視太陽，在這陽光下困惑流淚，牠們立刻殺死牠……並且提到，鷹的三顆蛋是正直之人身上存有的三種愛；對上帝、對鄰居、對自己的愛。那最後一個愛憑良知必須從鳥巢完全趕走……」

威廉・里・克拉克在十三世紀的《動物寓言》寫道：「鷹是鳥中之王。當牠衰老時會以非常奇特方式再變年輕。當年歲使得眼睛晦暗、羽翼沉重時，牠會尋找一處清澈純淨的泉水，在清晰陽光下閃耀著冒出氣泡。牠在泉水上方高飛，眼注視陽光並且盯著牠看，讓高溫點燒眼睛與翅膀。然後牠衝進最清澈明亮的泉水裡，來回沖洗三次，直到自己變得煥然一新，從衰老中痊癒過來。鷹有如此敏銳的視力，牠可以翱翔在雲端，飛騰在空中，看見下方游在河中或海裡的魚；然後牠俯衝襲擊那魚將牠攫取上岸。此外，如果在牠未察覺下將巢裡的蛋調包，當幼鳥發育還沒離巢，牠會在太陽照射最耀眼時把幼鳥帶到空中。那些能夠直視陽光絕不眨眼的幼鳥，牠會倍加疼愛；那些無法承受直視陽光者，牠會視為出身卑賤而棄之不顧，再也不會煩擾自己去操心牠們。」

▋ 鮣魚──拖慢船速的魚

從一世紀到十三世紀，人們都認為這種魚會延遲船的行進。老普林尼說：「鮣魚是一種常在岩石間發現的小魚。牠會吸附在船殼上減緩行進。牠也被當做愛情魔咒與延緩法律訴訟的符咒來源，能夠用來幫助孕婦避免早產，拖延到正常時間生產。這魚不能食用。有些人說這魚有腳；亞里斯多德說牠沒腳，但牠的鰭像翅膀。」塞維亞的依西多祿說：「鮣魚（echinais）的名稱由來是因為牠會吸附船隻並緊緊抓住（echei-naus）。牠是一種小魚，大約六吋長，但吸附在船上時會讓船動彈不得，就像在海裡生根一樣，就算強風暴雨也不為所動。這魚也被稱為「延遲」

（mora），因為牠讓船原地
不動。」

　　巴特洛邁烏斯·安戈里克斯寫道：
「鮣魚是半呎長的小魚：牠雖然身體
小，然而有極大功效。因為牠在海裡會
吸附船上，牢牢抓住，讓船就像擱淺在
那邊一樣。就算強風吹，大浪推……船
還是不動……這魚沒用什麼詭計定住
船，就只是緊黏不放而已。據說當這魚
感知到天氣變壞風浪將至，牠會找塊大
岩石像錨一般牢牢抓住，以免自己被海
浪襲擊捲走。船員看到這情況就知道要
提防暴風不要翻船。」

　　鮣魚（remora）屬於鮣科
（Echeneidae），有時被稱為吸盤魚。牠
能長到 30 至 90 公分長。牠特有的前背
鰭發展成一個具有百葉結構的吸盤，藉
由開合可以產生吸力，能夠穩固吸附在
大型海洋動物的皮膚上。鮣魚往後退會
增強吸力，牠也可以向前游釋放吸力。
鮣刀有時會吸附在小船上。牠利用寄主
移動並得到掩護，有時會撿食寄主吃剩
的食物。牠們本身游動性好，靠著身體
蜿蜒曲動而前進。鮣魚被某些民族用來
捕海龜。他們在鮣魚尾巴繫上繩索，看
到海龜時就把鮣魚從船上放出去；牠通
常會直往海龜而去，並且吸附在龜殼
上，然後鮣魚和海龜被一併拉回。小的
海龜可以用這方式拉進船裡，大海龜就
拖到魚叉可以刺擊的範圍。

　　鮣魚的拉丁文意思是「延遲」
（delay），鮣屬（Echeneis）來自希臘

文 echein（抓住）與
naus（船）。馬克·安
東尼（Mark Antony）的艦隊在西元前 31
年亞克興戰役（Battle of Actium）中戰
敗，小普林尼將其歸咎於鮣魚，因為牠
拖慢了艦隊船速。

▎戰象──絕種的漢尼拔軍團

　　象在古代世界出了名是理所
當然的，尤其是當時茅利塔尼亞
（Mauretania，非洲西北部地區）的亞
種（現已滅絕）。漢尼拔（Hannibal）
帶了 37 頭象跨越阿爾卑斯山攻擊羅馬，
牠們是較小型的茅利塔尼亞象，非洲草
原象（*Loxodonta africanus*）。牠們通常
被迦太基人用來作戰，例如在迦太基外
的第一次布匿戰爭（First Punic War），
克桑提普斯（Xanthippus）打敗了雷古
魯斯（Regulus）率領的羅馬軍團。不過
在西元前 202 年，漢尼拔調度了 80 頭戰
象，依然在札馬（Zama）敗給大西庇阿
（Scipio Africanus）。這象也被稱為阿
特拉斯象，因為牠們活在阿特拉斯山一
帶，但是到二世紀時已經幾乎消失。那
時在突尼斯的羅馬馬賽克嵌圖上，描繪

了北非沙漠化以前存在的多樣化野生生物。其中特別顯眼的是大象、獅子、野豬、鴕鳥和豹。現在除了野豬以外都消失了，野豬者則成了打獵的目標。最後一隻阿特拉斯獅子於 1920 年在摩洛哥被殺。這些動物以往都被送去羅馬與帝國各地競技場表演格鬥。

沒膝蓋的象

長久以來，許多關於象的奇妙怪誕故事裡，牠的身體各部常被做成醫藥與美容製品。例如，一種象牙磨碎做成的敷藥可用來塗抹臉上斑紋，還可拿來潔白牙齒。飲用象血可以治療嚴重出血。如果焚燒象皮或象骨，冒出來的煙可以驅蛇。《馬加比一書》（*Book of Maccabees*）記載：「有人在象前放上葡萄汁和桑葚汁，引誘牠們上陣作戰。」老普林尼寫道：「象是動物界中最接近人類智慧的動物。牠懂得自己國家的語言，因而了解並遵從指令。象既聰明又正直，牠記得自己的職責，享受疼愛，尊敬宗教。牠們知道自己象牙很有價值，所以象牙脫落時會將牠埋起來。象溫文儒雅，除非受到挑釁，牠絕不做傷害之事。母象比公象膽小。公象被用來

作戰，背上扛著一籮筐武裝士兵。只要輕微的豬叫聲都能使牠們驚嚇，而非洲象害怕看見印度象。牠們討厭老鼠，老鼠碰過的飼料拒絕食用。象的懷孕期是兩年，一胎只生一隻。牠們到 60 歲發育成熟，可以活 200 至 300 年。牠們喜歡河流，但不會游泳。象與印度大蛇是世仇，蛇會纏繞住牠。象會因此被絞死，但牠倒下時會壓死蛇。蛇有另一種方式殺死象，牠潛入河中等象來飲水；牠纏住象並咬牠耳朵吸血，象倒下死亡時也把蛇壓死。最大的象產自印度，但衣索比亞象的體形與牠們不相上下，有 30 呎高……象的氣息會引蛇出洞。」

聖安波羅修（西元 340 至 397 年）告訴我們，象不會彎曲牠的膝蓋，因為需要如柱子般挺直的象腿去支撐龐大身軀。結果是牠無法躺下。他形容象有多不靈活時說「有大橫樑支撐著，所以牠們睡覺時可以稍微倚靠而不會跌倒。但野象靠著樹木磨擦或睡覺時，常因為樹木支撐不住而跌倒，牠們會躺在那裡死亡，或者不顧一切大叫，這時獵人就會過來殺死牠們。獵人看準這習性會把樹木直劈出裂縫，牠支撐不住象的重量

會倒下，牠們就會被獵人捕獲。」聖安波羅修稱牠們是「移動高塔」，還說所有東西在牠們攻擊下都會倒塌。就像高聳的建築，人們認為象有非常穩固的下盤，因為有符合身材的象腿才讓牠們可以活到三百多歲。「因此牠們的關節是密合的，如果像人類一樣，那麼牠們在久站、持續快跑或持續走路時，膝蓋或腳底會有多痛！」他把象牙比做天然矛刺，牠們用象牙頂起的任何東西都會斷裂，被牠們踩在腳下一定丟掉性命，因為就像被倒落的建築壓死一樣。進一步觀察牠們習性之後，他的結論指出象讓我們學到一件事，就是天生沒有多餘的部分；「然而體型如此碩大的野獸聽從我們，遵守人類指令。」

▌象與主人

羅馬政治家與作家卡西奧多羅斯（Cassiodoru，大約西元 485 至 585 年）記載說：「活象如果倒在地上，就像經常幫人類推倒樹時那樣，在沒得到協助下是無法再站起來的。這是因為牠的腿沒有關節；所以你會看到許多象如同死了一般躺在地上，直到有人過去協助牠再站起來。因此這生物雖有如此驚人的碩大身材，牠的天賦與微小螞蟻全然不同。象的智慧優於其他動物，顯現在牠對自己認為是最高的統治者會表達敬愛。更甚者，牠對好的君王給予崇敬，對暴君則拒絕如此。象鼻是大自然

的賞賜，以彌補牠的短脖子，牠用鼻子當手來為主人做事，同時接受主人的回禮。牠走路謹慎，留意不要跌倒（到獵人的陷阱），那會導致牠被俘。主人會吩咐牠吐氣，據說那是治療人類頭痛的良方。牠到河邊會用鼻子吸起大量水，然後在一聲令下像暴雨般噴出。如果有人鄙視牠，牠就朝那人噴一柱髒水，別人會以為河水灌進他家。因為這野獸有極佳記憶力，牠記仇也不忘恩。牠的眼睛小，但眼神嚴肅。牠顯現出一種高貴的莊嚴，會愉悅地讚賞任何值得尊敬的事，但瞧不起粗俗的俏皮話。牠的皮膚佈滿深皺摺，就像那些得了象皮病（elephantiasis）的人一樣，這病就是用牠命名。就因為這獸皮難以穿透，波斯王把象用於作戰。」

塞維亞的依西多祿在《語源學》裡說：「象的名稱源於希臘文的「山」（lophos），因為牠的身軀龐大如山。這野獸在軍事上很有用；印度人和波斯人做戰是坐在象背上的木製塔樓裡，從那裡發射弓箭。象有極佳的記憶與智慧，成群移動，害怕老鼠，會移動身體迎向太陽，可活三百歲。牠們懷胎兩年後出生，每胎生一隻幼象。牠們在隱密地點生產，然後把幼象帶去水邊或島上，

避免牠們受到敵人龍的傷害，龍會纏繞並殺死象。象曾住在非洲與印度，但目前只出現在印度。」這種對於象的正面觀點在《亞伯丁動物寓言》得到證實：「被象鼻纏繞的任何東西都會折斷；被牠們踩在腳下必死無疑，就像被壓在斷垣殘壁之下。牠們從不爭奪母象，因為牠們不會通姦。牠們有慈悲的品德。如果遇到有人在沙漠裡迷路，牠們會為他指引出熟悉的路。如果碰上群牛聚集，牠們會小心前進，避免象牙傷害任何動物。假如意外發生打鬥，牠們對傷者不會冷漠以待。因為牠們會把精疲力竭的傷者帶回隊伍中間。」

▋ 象的交配與老鼠

大英圖書館編號 Harley MS 3244 館藏──大約 1260 年由不知名作者寫的一篇動物寓言──記載著象的交配習性：「有一種稱為「象」（elephant）的動物，牠們沒有性交慾望。希臘人稱之為「象」，源於牠龐大的身軀好像一座山。

因為希臘文裡山稱做「Eliphio」。但印度人稱之為「barrus」是因為牠的吼聲。所以牠的吼聲也稱為「barritus」，象牙稱為「ebur」。牠的鼻子稱為「promuscis」，因為牠用鼻子拿食物放進嘴巴；鼻子像一條蛇，兩側有象牙保護。沒看過更大的動物……對印度人和波斯人而言，從牠背上的木製塔樓射箭作戰就像站在高牆上。牠們擁有高度智慧與記憶力。牠們成群移動（牠們樂意如此移動，因為牠們做得到），害怕老鼠，不喜歡生育。牠們懷孕兩年後生產，只會生產一次，而且只生一子。牠們可活 300 年。當象希望有孩子時，牠會到天堂東方，那裡有一種叫風茄（Mandragora）的植物，牠會帶著母象同行，母象把這植物果實摘下遞給公象。母象哄騙公象吃下果實，然後她立刻懷孕；當生產時刻來臨，她到一處深度及胸的水塘。但公象在她生產時從旁戒護，以防象的敵人龍會出現。如果牠發現蛇會將蛇殺死，踩在腳下踐踏至死。牛懼怕象，但象怕老鼠。牠有個天性是如果跌倒就無法站

權杖上的蛇

在《聖經‧民數記》第21章6節讀到：「於是耶和華使火蛇進入百姓中間，蛇就咬他們。以色列人中死了許多……」《民數記》第21章8至9節告訴我們：「耶和華對摩西說：你製造一條火蛇，掛在杆子上；凡被咬的，一望這蛇，就必得活。摩西便製造一條銅蛇，掛在杆子上；凡被蛇咬的，一望這銅蛇就活了。」

起來。所以牠倚靠一棵樹睡覺會跌倒，因為牠的膝蓋沒有關節。於是獵人會劈裂樹幹，象倚靠時會跟樹一起倒下。牠倒下時會大聲喊叫，另一頭大象立刻出現，但也無法將牠扶起。於是牠們一起喊叫，於是來了十二頭象，但牠們還是無法抬起倒下的象。接著牠們全都喊叫，立刻來了一頭小象，牠把嘴巴與鼻子放到大象腳下將牠舉起。既然小象有此天性，用牠獸毛與骨頭生起火來，有害東西或龍都會散去。象用鼻子捲起任何東西都可折斷，被牠踩踏就像巨大建築倒下一般都會壓扁。牠們絕不為爭奪母象而打鬥，因為牠們不會劈腿。牠們有和善的好品性。如果牠們遇見一個人迷失在沙漠裡，會護送他找到捷徑；如果遇上一群羊，牠們會和緩安靜移動腳，謹守自己路線，避免踩死路上任何動物。當牠們與眾多敵人交戰時，牠們不會忽視傷者，會把疲累的傷者置於隊伍中間。」

《聖經》中的火蛇

摩西帶領以色列子民歷經悲慘旅程橫越西奈沙漠後，他們來到以東（Edom）山區。在通過被認為是阿拉伯谷（Araba Valley）的艱辛路程中，以色列人投票反對摩西的領導。他們在這裡遭遇致命的毒蛇，後來成為反基督的象徵。人們猜測那蛇可能是埃及眼鏡蛇，牠會致命，但已不再出現於阿拉伯谷。

角蝰致命而且棲息在阿拉伯谷，但最有可能的似乎是以色列鋸鱗蝰蛇（Israeli saw-scale viper）。這蛇像「著火」似的，牠們顏色是桃紅或淡紅，居住在山谷（但不是西奈沙漠）的岩石地形中，是世上最致命的蛇之一。

蒼蠅

蒼蠅在許多古老宗教裡是代表靈魂的重要象徵。人們認為蒼蠅具有亡者靈魂，也許是因為牠出現在屍體附近。婦女吞下蒼蠅也許會懷胎。居爾特女英雄中，例如庫胡林（Culchulainn）的處女母親就是用這方式懷孕。希臘人相信靈魂是以昆蟲的形式從此世前往來世。他們代表靈魂的字「psyche」意思是蝴蝶。在當今的中東，別西卜被認為是「蒼蠅王」，而牠的稱號原本是「靈魂王」的意思。

拯救羅馬的鵝

人們認為鵝比其他任何動物更能聞出人的氣味，所以牠們被用來當哨兵以防夜襲。老普林尼在他的《自然史》中說：「鵝會持續細心留意；牠的喀喀聲警示有人要攻擊首都羅馬。鵝有智慧的力量，從一隻鵝如影隨行跟在哲學家拉居得（Lacydes）身邊的故事就可證

明。鵝肝很有價值，牠是美味佳餚，還有牠的羽毛，尤其是裡層的羽絨。鵝群從高盧走到羅馬；其中一隻如果累了就會移到隊伍前面，這就會被後面的鵝推擠，強迫繼續前進。鵝油在銅碗裡混合肉桂再加雪浸泡可製成藥劑。只有鴕鳥會長得比鵝大。待在魚塘的鵝會失去牠們的風味，牠們會憋氣至死。」塞維亞的依西多祿記載：「鵝（anser）的名稱來自於牠們像鴨（ans），或者牠們常游在水上。鵝在夜晚負責守衛，並用喧鬧聲提出警告；牠們比其他動物更能聞出人的氣味。鵝在高盧人進攻羅馬前發出警訊。」在歐洲，最早馴養的鵝源自灰雁（Anser anser）。當阿芙蘿黛蒂第一次來到岸邊，她受到卡里忒斯（Charites，羅馬人稱為 Graces）女神們的迎接，傳說中她們乘坐由鵝拉的戰車。

警示首都遭受攻擊是發生在阿里亞戰役（Battle of the Allia）之後，那是大約西元前387年高盧第一次進犯羅馬期間。居爾特部族之一的塞農人（Senones）跨越亞平寧山脈（Appennines）尋找新居地。羅馬歷史學家李維（Livy）說他們中了三名羅馬使者的計謀，被殺掉一位領導者。塞農人從丘西（Clusium）行軍145公里到羅馬去報復。李維描述他們的行程：「和預期相反的是高盧人沒傷害他們（鄉間人民），也沒掠奪他們土地，甚至經過他們城市附近，喊說自己正向羅馬推進，並宣稱只會攻打羅馬，但其他人民則被視為朋友。」戰役發生在羅馬附近的阿里亞河，雙方各有 24,000 人左右。塞農人在布倫努斯（Brennus）領導下在城北 19 公里處與羅馬軍隊會戰。當他們進攻時，羅馬側翼潰敗，獨留中路軍隊被包圍屠殺。殘餘部隊逃回羅馬。李維說：「所有人奔回羅馬，城門沒關就到處躲避。」然後市民將自己封鎖在卡比托利歐山（Capitoline Hill）上。塞農人發現一條陡峭路徑通往山上，根據傳說，守衛在夜間得到攻擊警告，那是來自朱諾神廟神聖的鵝發出的喧鬧。羅馬其他地方遭到劫掠，羅馬人經由談判同意付出一千磅黃金解除圍城。居爾特人使用厚實且製作精良的長劍與長盾，連結起來可以成為一道防禦線。這種戰術後來稱為龜甲形連環盾（testudo），被羅馬軍團在戰鬥中採用。

▌牛羊與鑽石

公山羊被視為淫蕩的野獸，以牠的性慾聞名。這天性使得母山羊熱情到牠的血可以溶解鑽石。

鬣狗與變性

西元前六世紀的《伊索寓言》裡，我們讀到：「據說鬣狗會變性，一年是公鬣狗，隔年是母鬣狗。有一天，一隻公鬣狗想用不自然的方式與一隻母鬣狗交配，母鬣狗說要他記住今年對她做了什麼，明天也會發生在他身上。」老普林尼寫道：「鬣狗普遍被認為是雙性者，一年是公，隔年是母，母鬣狗不需公鬣狗就能獨自懷孕；但亞里斯多德不認為如此。牠的脖子沿著脊椎像鬃毛般延伸出去，要回頭得轉過全身。牠們一些值得注意的事實都有記載，最引人注目的是牠們在牧羊人的農場裡會冒充人說話，挑一個人的名字叫他走出門外然後撕裂他，牠也會模仿人嘔吐，吸引狗來攻擊牠們；這動物會自己掘開墳墓找屍體；母鬣狗很少被抓到；牠的眼睛變化多端，有好多種顏色；更甚者是牠們影子落在狗身上會讓狗無法出聲；牠有某種魔力，任何動物被牠盯三次就會呆立在原地。」

埃里亞努斯在《論動物特性》記載：「鬣狗和犬狼（Korokottai）如牠們的名稱，似乎是邪惡伶俐的動物。至少鬣狗會在夜晚的牛欄周圍遊蕩，模仿人的嘔吐聲。狗聽到那聲音會過來，以為那裡有人。牠就在那裡抓住狗並把牠吃掉。」有些早期評論者認為鬣狗眼中有顆石頭（或者年輕時在胃裡），人如果把石頭放在舌下就有預言未來的能力。鬣狗會整夜繞著一棟房子打轉，用人的聲音發出話語。任何人只要被騙

刺蝟是天氣預報員

以往刺蝟被烹煮做成內服藥或當成食物，老普林尼寫道：「為了預備過冬，刺蝟會在掉落的蘋果上滾動，把蘋果刺在牠們尖刺上，嘴裡再咬一或多顆，帶著它們回到樹洞。刺蝟能預測南風將轉北風，此時會躲回窩穴。牠們遇上獵食者會捲成一個球，如此要抓牠們一定會碰到尖刺。」塞維亞的依西多祿告訴我們：「刺蝟全身覆滿管刺，受驚時會挺直起來，同時牠把自己捲成一個球，這就能抵禦各個方向。牠從樹藤咬斷一串果實後會在上面滾動，就能將果實串在尖刺上帶回去給小刺蝟。」其他中世紀作者強調刺蝟只從果園帶走蘋果或無花果。

出去察看就會被吃掉。狗只要穿過鬣狗影子就會變啞。鬣狗脊椎被認為是很僵硬，所以要回頭得轉過整個身體。鬣狗與母獅交配產下的野獸被稱為雷克洛塔（leucrota）。」

法老王的老鼠

老普林尼在《自然史》中記載：「埃及鼬（Ichneuman）為人所知的是牠願意跟蛇冒死一戰。首先牠把自己抹上好幾層泥巴，每層都在日光下曬乾成盔甲一樣。牠準備完畢就出擊，頻頻擋下每次的攻擊，直到看準一次機會，撇頭向前咬住敵人喉嚨。埃及鼬也用相同方式攻擊鱷魚。」牠也是龍的敵人。那些認為牠會攻擊鱷魚的人可能把牠跟海德拉斯搞混了。令人困惑地，塞維亞的依西多祿曾提到：「用這野獸氣味製造出來的東西放在食物裡既有害也有益健康。」埃及鼬這字在希臘文裡被用來指

稱「法老王的老鼠」，或是會攻擊蛇的埃及貓鼬，但也可以用來指水獺。埃及貓鼬的學名是埃及獴（Herpestes ichneumon）。

船隻破壞者

康加瑪托（Kongamato）的意思是「船隻破壞者」，這名稱指的是一種像翼手龍的生物，據說存在於尚比亞、喀麥隆、安哥拉、坦尚尼亞、那米比亞、肯亞與剛果。這生物在肯亞被稱為巴淡金佳（Batamzinga），在剛果則稱歐里度（Olitu）。卡翁德（Kaonde）部落描述牠是巨大紅眼蜥蜴，有薄膜狀翅膀，沒有羽毛，像個長型鳥喙裡有牙齒的巨型蝙蝠。牠會弄翻獨木舟，而且任何人看牠一眼就會死，因此惡名昭彰。主要的目擊發生在尚比亞西部糾度（Jiundu）沼澤，接近剛果與安哥拉邊界的地方。法蘭克·梅蘭德（Frank Melland）在他1923年的著作《巫術國度的非洲》（*In Witchbound Africa*）描述牠活在幾條河裡，而且非常危險，經常攻擊小船。牠是紅色，翼展 1.2 至 2.1 公尺。當地卡翁德部落的人從梅蘭德藏書中的一張照片指認牠是翼龍。翼龍（pterosaur，意思是「有翅膀的蜥蜴」）通常指的是翼手龍（pterodactyl），名稱從希臘文 pterodaktulos（意思是「有翅膀的手指」）而來。牠們是飛行的爬蟲類，在六千五百萬年以前已生存很久。牠們翅膀的構造是由皮膚、肌肉與後肢延伸出的薄膜連接到有四指的長前肢。早期物種具有佈滿牙齒的長顎和長尾巴，後期的尾巴則短了許多，而且有些沒牙齒。有些物種具有細如頭髮般的毛皮，成年

後的翼展十分寬闊。

尚比亞西北省分的卡翁德人在橫渡某些河時，身上會配戴稱做「木齊瓦康加瑪托（muchi wa Kongamato）」的符咒以防範康加瑪托。1925年，一位新聞特派員G・沃德・普萊斯（G. Ward Price）跟隨威爾斯王子（後來的愛德華八世）正式訪問羅德西亞（現今的辛巴威）。他報導說一位公務員告訴他們一個人進入可怕沼澤後受傷的事。那人走進傳說充滿惡魔的沼澤以證明他的膽量。他回來時身受重傷，胸前有一道大傷口，說是有長喙的怪鳥攻擊他。公務員從一本史前動物書刊裡找出翼手龍圖片給那人看，那人驚聲尖叫逃出公務員的家。證據指向牠是翼手龍，因為原住民在在未經提示下能正確描述牠，對牠的外觀說詞一致。梅蘭德寫道：「原住民不認為牠像穆隆比（mulombe，惡魔）是個非自然的東西，牠只是個非常嚇人的東西，就像會吃人的獅子或者兇猛的大象，但是恐怖多了……我曾提到糾度（Jiundu）沼澤是康加瑪托常出沒的知名地點，我必須說這地方正是那種爬蟲類會存在的地方，如果牠真的存在的話。」

1932至33年，珀西・斯萊登（Percy Sladen）探險隊為大英博物館前往西非，嚮導是動物學家兼作家伊凡・T・山德森（Ivan T. Sanderson，1911-

1973年）。到了喀麥隆的阿蘇姆博山脈（Assumbo Mountains），他們在臨近陡峭河岸的叢林山谷裡紮營。一天傍晚，當隊伍在河流附近打獵，山德森射中一隻食果大蝙蝠，當這動物掉進河裡，山德森開始走過去，要把獵物從湍急河流中取回。他不小心失足跌倒。他重新站起，同伴突然驚呼「小心！」的同時，一個怪物向他飛撲過去。山德森描述後來發生的事：「我也發出一聲驚呼，立刻衝進水底，因為就在水上幾呎直朝我來的是像鷹一樣大的黑色東西。我只瞥見牠的臉，但也相當足夠了，因為牠的下顎打開，長了半圈尖銳白牙，牙齒間隔與齒寬相仿。當我浮出水面，牠已經走掉……就在光線全暗之前，牠又出現了，往河的下游飛馳而去，牙齒喳喳作響，空氣彷彿被那吸血鬼似的黑色翅膀『嘶──嘶』地劈開。」他後來稱牠是「所有蝙蝠的老祖宗」。

1942年，C・R・S・彼得曼（C.R.S. Pitman）上校描述由原住民告訴他的故事，提到一種像大型蝙蝠或鳥的生物，住在羅德西亞北部的濃密沼澤區。據說只要看到牠就會死。這種生物的足跡被人看到，一個大尾巴拖過地面的痕跡就是證據。這些傳聞不限於尚比亞，也發生在非洲其他地區，例如吉力馬札羅山與肯亞山。J・L・B・史密斯

（J.L.B. Smith）博士以研究活體腔棘魚聞名，他在 1956 年的著作《古老四腳魚》（*Old Fourlegs*）寫道關於住在坦尚尼亞吉力馬札羅山附近的飛龍：「……有個人實際看到這樣的生物在夜晚從附近飛過。我從不懷疑像這樣的生物也許仍然存在的最小可能性。」

狩獵監督官 A・布蘭尼・珀西瓦爾（A. Blaney Percival）駐紮在肯亞，他記錄的一個巨大生物足跡顯示只有兩隻腳與一條粗重尾巴，坎巴部族（Kamba）認為牠每晚會從肯亞山飛下平地來（卡爾・舒克〔Karl Shuker〕在 1995 年的《尋找史前倖存者》〔In Search of Prehistoric Survivors〕有講述）。1956 年，工程師 J・P・E・布朗（J.P.F. Brown）說他在尚比亞班韋烏盧湖（Lake Bangweul）附近的曼薩（Mansa）看到那生物。這件事在 1957 年 4 月 2 日的《羅德西亞先鋒報》被報導出來。布朗拜訪剛果的卡森剛（Kasenga）後開車回索爾茲伯里（Salisbury），他在曼薩停下，就在班韋烏盧湖西側，到後車廂拿他的水壺。大約在傍晚六點，他看見兩隻生物在頭頂上緩慢而安靜地飛翔。他說牠們看來像史前生物，有一條長尾巴和狹長的頭。他估計翼展有 90 至 107 公分。其中一隻張開嘴巴，他看到許多尖牙。

1957 年，同樣是在曼薩的一間醫院，一名病患因為胸部嚴重外傷來到醫院。受害者聲稱在班韋烏盧沼澤區受到大鳥攻擊。被要求概略畫出鳥時，那位原住民畫出的生物很像翼手龍。不久之後，尚比西河谷因為水力發電計畫的卡里巴水壩而淹滿水。一位《每日電訊報》記者伊恩・科爾文（Ian Colvin）就在當地，他拍下一張爭議性照片顯示的可能是一隻翼手龍。1988 年，羅伊・麥克爾（Roy Mackal）教授率領一支探險隊到尚比亞，尋找據傳翼展達 9 公尺的奇怪飛行生物。根據目擊者所說，牠通常在空中滑翔，但也有振翅飛舞的能力。一般出現在傍晚，牠從一哩外的山縫間滑行而過。探險隊沒能找到可靠證據，但一位隊員詹姆士・科西（James Kosi）據說在距離 300 公尺外看到這生物。他描述這生物外形像巨大滑翔機，黑色的身上有白色斑痕。1998 年，住在路易斯安那州的肯亞交換學生史帝夫・羅曼帝—曼亞（Steve Romandi-Menya）宣稱，在他國家叢林裡的居民都知道康加瑪托。這生物據說以人類腐屍為食，如果死者埋得不夠深都會被挖出來。

康加瑪托還讓人想到可能是如今倖存的喙嘴翼龍屬（Rhamphorhynchus）生物，一種嘴裡有針齒的長尾翼龍。牠可能吃魚維生。另有人認為牠是一種不知名的巨大蝙蝠，或許現在因為棲息地

消失而已經滅絕。有些懷疑論者相信，非洲當地原住民與旅者把兩種當地原生大鸛誤認為是康加瑪托，牠們是鯨頭鸛和鞍嘴鸛。鯨頭鸛是黑色鳥，翼展達 2.4 公尺，長得就像史前生物。牠們數量稀少，只能在尚比亞與臨近國家的沼澤區深處才可找到。然而，沒證據顯示鯨頭鸛對人有攻擊性行為。牠們鳥喙很大，但不是尖的，而且像所有鳥一樣是沒牙齒。鞍嘴鸛的翼展達 2.6 公尺有個紅色長鳥喙，全身黑白相間，頭是黑色，沒羽毛的腳是紅色。牠的鳥喙又長又尖。

▌花豹──私生的貓科

花豹（leopard）被認為是獅與「豹子」的私生子。塞維亞的依西多祿說：「牠是獅（leo）與豹（pard）通姦後的墮落產物。」牠的名稱因此而來。方濟會修道士巴特洛邁烏斯・安戈里克斯在十世紀寫道：「花豹是最殘酷的動物，他是公豹與母獅雜交生下的產物，他用跳躍突襲而非奔跑的方式追捕獵物，如果跳躍三、四次後仍沒捉到獵物，他就會氣呼呼地停下來，認輸撤退。他的身材比獅小，所以害怕獅子，他在地

下挖的洞穴有兩個出口，從一邊進去另一邊出來。這洞的兩邊出口又寬又大，中間筆直比較狹窄。所以當獅子來時，他奔逃躲進洞裡，獅子大步追來也進洞裡，料想在那可以修理花豹，但他龐大身軀無法通過筆直的洞穴中段，當花豹知道獅子被困在中間地方，他就往前走出洞，再從另一邊進到獅子後方又咬又抓，所以花豹通常用這方法戰勝獅子，憑的是技巧而非蠻力，體型較小的野獸經常能統治強壯的野獸，就是利用洞穴中的狡詐詭計，以及不怕在野外現身，正如荷馬在作品中用野獸比喻的戰鬥與詭計。」

因為有私生的涵意，花豹在紋章學裡暗示持有這徽章的第一人是通姦的非婚生子。十五世紀紋章學作者古拉斯・厄普頓（Nicholas Upton）說「花豹是最殘酷的動物，生自一隻任性而為的獅子與一種叫豹子的野獸」並且建議繪製時「整張臉要完整正面呈現」。獅心王李查的徽章自 1195 年起有三頭金花豹，可能暗示著被人們稱為「雜種」的他祖父征服者威廉。

▌花豹、豹子、黑豹、獅、獵豹

古老動物寓言裡常把這幾個動物種類搞混。最近一些評論者猜測說，早期被稱為花豹（leopard）的其實是獵豹（cheetah），而豹子（pard）是花豹。其他人又說豹子是黑豹。科學上來說，

豹屬（Panthera）屬於貓科（feline），包含四種「大貓」—獅、虎、花豹（但不包含雪豹）與美洲豹（jaguar）。只有這四種貓科動物的生理結構可以讓牠們發出吼嘯。

花豹學名是 *Panthera pardus*。因為古代與中世紀作者並不知道有美洲，所以我們不談美洲豹。加上已滅絕的物種更混淆了，例如 *Panthera gombaszoegensis*（歐美洲豹）、*Panthera toscana*（托斯卡那山地獅）、*Panthera leo spelaea*（歐亞穴獅）、*Panthera leo europaea*（歐洲獅）、*Panthera pardus sickenbergi*（歐洲豹）和 *Panthera tigris virgata*（裏海虎）。*Panthera leo leo*（柏柏里獅）在野外已絕跡。獅子學名是 *Panthera leo*，亞洲獅是 *Panthera leo persica*。波斯豹是 *Panthera pardus saxicolor*，安那托利亞豹是 *Panthera pardus tulliana*。虎的學名是 *Panthera pardus tulliana*，孟加拉虎是 *Panthera tigris tigris*，西伯利亞虎是 *Panthera tigris altaica*。

獵豹（*Acinonyx jubatus*）是貓科另一個成員，牠的速度獨一無二，但缺乏攀爬能力。牠是獵豹屬（*Acinonyx*）唯一存活的物種，也是陸地上速度最快的動物，可以時速高達 113 至 120 公里衝刺超過 460 公尺的距離。亞種包括亞洲獵豹（*Acinonyx jubatus venaticus*）和西北非獵豹（*Acinonyx jubatus hecki*）。

古埃及常豢養獵豹當寵物，也訓練牠們狩獵。牠們並沒有馴化，但在人類監督下繁殖。牠們也被稱為狩獵花豹。獵豹會被戴上頭套遮住眼睛，然後用拖板車或放馬背上帶去狩獵場，當狗驅趕獵物時仍然栓住牠們。直到獵物距離夠近了，他們拿掉頭套釋放獵豹。這習俗傳遞到波斯，然後再傳到印度，印度王子們施行到二十世紀。查里曼、成吉思汗和其他君主和王子會在皇室庭院飼養獵豹。印度蒙兀兒帝國皇帝克巴（Akbar the Great，1556-1605 年在位）養了將近一千頭獵豹。甚至到了 1930 年代，衣索比亞皇帝海爾‧塞拉西（Haile Selassie）還經常被拍攝到牽一隻獵豹在他前面。除了美洲獅，獵豹是唯一會滿足地呼嚕叫的大貓。許多幼豹因為缺乏食物而死，或者死在牠們天敵的獅子或鬣狗手上。一個古老非洲傳說是說，獵豹臉上淚痕般的條紋是因為牠失去幼豹流淚所致。

咧嘴笑的野獸

不同文獻說雷克洛塔（Leucrota）住在印度、利比亞或衣索比亞，牠的頭像獾或馬。據說牠是鬣狗與母獅雜交而生，但希臘歷史學家與哲學家斯特拉波（Strabo）認為牠是狼與狗的後代。這生

物又被稱為克洛可塔（crocotta）、雷克洛可塔（leucrocotta）或耶納（yena），牠是神話中的狗狼，與鬣狗相關，據說是人和狗的致命敵人。老普林尼記載：「雷克洛塔的體型和驢子一樣大，有著獅子的脖子、尾巴和胸膛、雄鹿的臀部、分趾蹄、獾的頭，以及一張咧嘴，嘴裡是隆起的骨頭而非牙齒。牠是速度最快的野生動物，據說可以模仿人的聲音。」九世紀的拜占庭學者佛提烏（Photius）說：「衣索比亞有一種動物叫克洛可塔（vulgarly kynolykos，狗狼），具有驚人力量。據說牠在晚上會模仿人聲呼叫人的名字，只要靠近牠就會被吃掉。牠像獅子般勇敢，像馬一樣快速，像公牛那般強壯。任何鐵製武器都打不倒牠。」據說克洛可塔曾出現在羅馬競技場，那是西元148年由皇帝安敦尼‧畢尤（Antonius Pius）帶來的一隻。卡西烏斯‧狄奧（Cassius Dio）說皇帝塞提米烏斯‧塞維魯斯（Septimius

Severus）帶了一隻到羅馬：「這個印度物種……就我所知是第一次傳入羅馬。牠有母獅與老虎混雜的顏色，有著那些動物一般的外觀，也像狗或狐狸，很奇怪的混合體。」在動物寓言中，克洛可塔的眼睛是有條紋的寶石，擁有者將牠放到舌下就有預知未來的能力。

斑鬣狗的學名叫 *Crocuta crocuta*，源自神話中的克洛可塔，根據描述也有一些相似。鬣狗擁有強而有力的牙齒與顎，能咀嚼多種食物，被認為會挖掘人類屍體來吃，而且可以發出像人的聲音，例如他們的笑聲。關於鬣狗的民間傳說通常認為牠們的能力有變化性別（也許因為牠們公母難分辨），轉變外形和模仿人說話。因此鬣狗也許就是克洛可塔神話的由來。另一個可能是雷克洛塔的是非洲野犬（*Lycaon pictus*）。牠是非洲野犬屬（*Lycaon*）裡唯一尚存的種，牠的始祖瑟氏非洲野犬（*Lycaon sekowei*）已經滅絕。

利維坦——海中怪物

利維坦（Leviathan）是源於《聖經》的大海怪，牠的名稱變成任何巨大海中怪物或海龍的同義詞。利維坦與相似的蛇怪在古老神話中歷史悠久，早在西元前三千年就有英勇的神擊敗七頭蛇的記載。在《詩篇》第74篇，上帝「砸碎海獸（利維坦）的頭」把牠給曠野的人們吃。《以賽亞書》第27章第1節，利維坦被稱為「曲行的蛇」，最後會被殺死。《約伯記》第41章在描述利維坦時，似乎是講一條大鯨魚：

1：你能用魚鉤釣上海怪嗎？能用繩

子壓下他的舌頭嗎？

2：你能用繩索穿他的鼻子嗎？能用鉤穿他的腮骨嗎？

3：他豈向你連連懇求，說柔和的話嗎？

4：豈肯與你立約，使你拿他永遠作奴僕嗎？

5：你豈可拿他當雀鳥玩耍嗎？豈可為你的幼女將他拴住嗎？

6：搭夥的漁夫豈可拿他當貨物嗎？能把他分給商人嗎？

7：你能用倒鉤槍扎滿他的皮，能用魚叉叉滿他的頭嗎？

8：你按手在他身上，想與他爭戰，就不再這樣行吧！

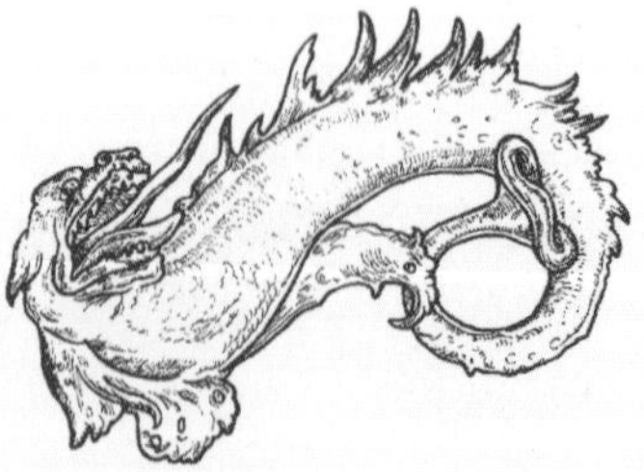

9：人指望捉拿他是徒然的；一見他，豈不喪膽嗎？

10：沒有那麼兇猛的人敢惹他。這樣，誰能在我面前站立得住呢？

11：誰先給我什麼，使我償還呢？天下萬物都是我的。

12：論到海怪的肢體和其大力，並美好的骨骼，我不能緘默不言。

13：誰能剝他的外衣？誰能進他上下牙骨之間呢？

14：誰能開他的腮頰？他牙齒四圍是可畏的。

15：他以堅固的鱗甲為可誇，緊緊合閉，封得嚴密。

16：這鱗甲一一相連，甚至氣不得透入其間，

17：都是互相聯絡、膠結，不能分離。

18：他打噴嚏就發出光來；他眼睛好像早晨的光線。

19：從他口中發出燒著的火把，與飛迸的火星；

20：從他鼻孔冒出煙來，如燒開的鍋和點著的蘆葦。

21：他的氣點著煤炭，有火焰從他口中發出。

22：他頸項中存著勁力；在他面前的都恐嚇蹦跳。

23：他的肉塊互相聯絡，緊貼其身，不能搖動。

24：他的心結實如石頭，如下磨石那樣結實。

25：他一起來，勇士都驚恐，心裡慌亂，便都昏迷。

26：人若用刀，用槍，用標槍，用尖槍扎他，都是無用。

27：他以鐵為乾草，以銅為爛木。

28：箭不能恐嚇他使他逃避；彈石在他看為碎稭。

29：棍棒算為禾稭；他嗤笑短槍颼的響聲。

30：他肚腹下如尖瓦片；他如釘耙經過淤泥。

31：他使深淵開滾如鍋，使洋海如鍋中的膏油。

32：他行的路隨後發光，令人想深

淵如同白髮。

33：在地上沒有像他造的那樣，無所懼怕。

34：凡高大的，他無不藐視；他在驕傲的水族上作王。

獅子傳說

獅子總被視為「萬獸之王」，因此在中世紀動物寓言裡通常是第一個被描述的動物。古希臘本地就有原生獅子，其他地方還包括小亞細亞、中東與北非。西元前六世紀，伊索最名的寓言提到獅子：「獅子向普羅米修斯抱怨，神將他造得碩大強壯，卻還是怕公雞。獅子覺得缺乏這膽量很愚蠢。獅子去找大象談談，發現他正被為了一隻蚊子感到苦惱。當獅子問他煩惱什麼，大象說他怕蚊子，因為蚊子如果飛進耳朵，自己就會死。獅子聽到後對自己的膽小感到比較舒坦，因為公雞比蚊子可怕多

了。」、「有一天，一頭驢子和一隻公雞在一起，此時獅子攻擊驢子。公雞開始啼叫，獅子逃之夭夭，因為獅子怕公雞的啼叫聲。驢子以為獅子怕他所以逃走，於是在後面追獅子，但獅子一跑到聽不見公雞啼聲的地方後，就停下來殺了驢子。」

希羅多德在西元前五世紀寫道：「另一方面，母獅是最強壯英勇的野獸之一，她一生只生下一隻幼獅；她無法再懷第二胎，因為在生下幼獅的同時也失去了子宮。那是因為幼獅在母獅肚子裡開始挪動時，他那比任何動物都還銳利的爪子抓傷了子宮；假以時日，他長得更大了，他的撕扯也愈來愈厲害；所以到最後，當他出生時，子宮裡已經沒有一處是完好的。」

老普林尼在西元一世紀的《自然史》談到，人們相信母獅只能生產一次，因為她的子宮會被幼獅爪子弄傷，但他不以為然：「母獅在第一年會生

五隻幼獅，第二年四隻，後續每年各減一隻，直到第五年後不再生育。幼獅出生只是像鼬鼠尺寸般的一團肉，在前兩個月動也不動，直到第六個月才能

走動。獅子在歐洲只有阿克奧洛斯河（Achelous）與奈斯托斯河（Mestus）之間才能發現；這些獅子比亞州與非洲的獅子還要壯。那裡有兩種獅子：一種膽小易受驚，有捲鬃毛；另一種長鬃毛的英勇無懼。牠們不常喝水，每隔一天才進食，有時飽餐一頓後可以三天不吃。獅子如果吃太多，會用爪子伸進喉嚨，把肉從胃裡拉出來。獅子是唯一會饒了主動倒在牠面前的人的動物。牠生氣時會攻擊男人，不攻擊女人，只有很餓時才攻擊小孩。獅子最有力氣的地方是胸膛，牠的血是黑色。母獅在獵人前保護幼獅時，牠會瞪著地上，避免看到獵人的矛而害怕。獅子怕滾動的輪子、無人的雙輪戰車、啼叫的公雞和火。一頭失去胃口的獅子會去嘗猴子的血來恢復食慾……獅子產下的幼獅還未成形，牠們會把幼獅舔成形。牠們這點就像熊與狐狸……獅的氣息包含七種毒。」

塞維亞的依西多祿告訴我們：「獅子是萬獸之王，因此牠在希臘的名稱是拉丁文「國王」的意思。捲鬃毛的獅子很軟弱，但直鬃毛且體型較大者就兇猛多了。牠們的膽量可從正面和尾巴看得出來；牠們的韌性在腦袋；牠們的力量在胸膛。如果牠們被手持矛的獵人包圍，就看著地上便不會害怕。牠們怕輪子的聲音，但更怕火的聲音。牠們張開眼睛睡覺。獅子行走時會用尾巴抹掉足跡，獵人就無法跟蹤牠們。牠們生下幼獅後，據說會睡三天三夜，直到公獅吼嘯震撼了藏身處，把牠叫醒。獅子從小就能用牠們的爪子與牙齒打鬥。獅子只有很餓時才攻擊人類；否則牠們很溫和，除了受到攻擊之外不會被激怒。牠們會饒了自己在牠面前躺下的人，並且放他回去。」

威廉·里·克拉克在十三世紀的《動物寓言》告訴我們：「我們理所當然應該先談獅子的天性，這個兇狠驕傲又非常勇猛的野獸。牠有三個非比尋常的特性。首先是牠一定住在高山上。牠可以從老遠外就嗅出跟蹤牠的獵人。因此牠用尾巴覆蓋自己足跡，讓獵人找不到牠的藏身處。另一個驚人特性是獅子睡覺時睜大眼睛，瞪得清澈明亮。第三個特性同樣非常奇怪。當母獅生下幼獅後，牠倒在地上毫無生命跡象，直到第三天，公獅子的氣息吹在身上才使牠又活過來。」獅子是紋章學裡最受歡迎的動物，代表著高貴與勇氣，因為牠

只在遭受攻擊時才出擊，或者非常需要食物的時候。牠最常被描繪成躍立（rampant），就是用後腳腿立起來，前腿與爪子伸在胸前，但有時是邁步（passant），用四腿站立或趴下。

尼斯湖水怪

尼斯湖是英國最大的淡水湖。最早關於水怪的記載，來自七世紀愛奧那島（Iona）修道院長阿當南（Adomnan）所寫的《聖哥倫巴傳》（Life of Saint Columba）。書中描敘這位愛爾蘭傳教士停留在皮克特人（Picts）的土地上，遇見尼斯河畔一個人的葬禮。當地人說這人游在河中時被一個「水獸」攻擊，拖進水底。他們在船上試圖營救，但只拉起他滿是傷痕的屍體。聽到此事，哥倫巴做出令皮克特人驚訝的事，他派信徒呂伊涅·摩庫·明（Luigne moccu Min）游過河。這動物跟在後面，但哥倫巴手比十字並命令道：「別再前進。不許傷人。立刻退去。」這怪物「像被繩索拉住」一樣停了下來，然後逃走。哥倫巴一行人和異教的皮克特人都為此神蹟讚美上帝。

第一次用到「水怪」這詞，推測應是尼斯湖水警亞力士·坎培爾（Alex Campbell）在 1933 年 5 月 2 日《印威內斯快報》（*Inverness Courier*）的一

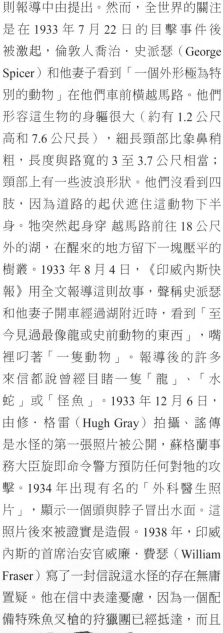

則報導中由提出。然而，全世界的關注是在 1933 年 7 月 22 日的目擊事件後被激起，倫敦人喬治·史派瑟（George Spicer）和他妻子看到「一個外形極為特別的動物」在他們車前橫越馬路。他們形容這生物的身軀很大（約有 1.2 公尺高和 7.6 公尺長），細長頸部比象鼻稍粗，長度與路寬的 3 至 3.7 公尺相當；頸部上有一些波浪形狀。他們沒看到四肢，因為道路的起伏遮住這動物下半身。牠突然起身穿越馬路前往 18 公尺外的湖，在醒來的地方留下一塊壓平的樹叢。1933 年 8 月 4 日，《印威內斯快報》用全文報導這則故事，聲稱史派瑟和他妻子開車經過湖附近時，看到「至今見過最像龍或史前動物的東西」，嘴裡叼著「一隻動物」。報導後的許多來信都說曾經目睹一隻「龍」、「水蛇」或「怪魚」。1933 年 12 月 6 日，由修·格雷（Hugh Gray）拍攝、謠傳是水怪的第一張照片被公開，蘇格蘭事務大臣旋即命令警方預防任何對牠的攻擊。1934 年出現有名的「外科醫生照片」，顯示一個頭與脖子冒出水面。這照片後來被證實是造假。1938 年，印威內斯的首席治安官威廉·費瑟（William Fraser）寫了一封信說這水怪的存在無庸置疑。他在信中表達憂慮，因為一個配備特殊魚叉槍的狩獵團已經抵達，而且決定「不論死活」都要抓到這水

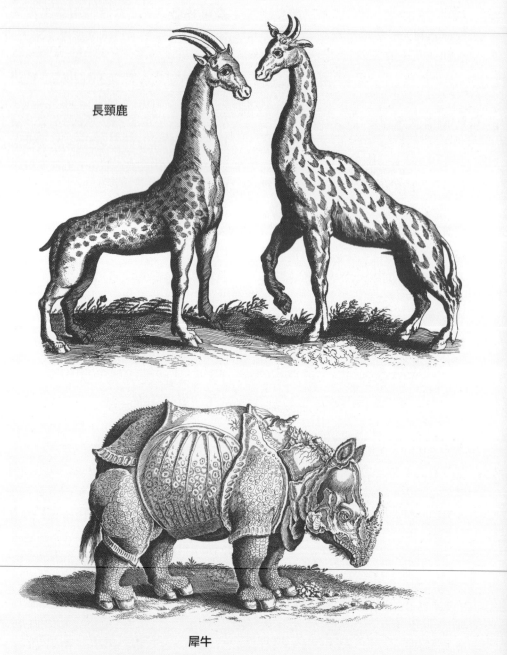

長頸鹿

犀牛

野山羊

野牛或水牛

山羊

尼斯迷與回文構詞法

已故博物學家與藝術家彼得·史考特（Peter Scott）爵士對尼斯湖水怪堅信不疑，他甚至為它創造一個全新拉丁文學名 Nessiteras rhombopteryx，意思是指「住在尼斯湖並有鑽石狀鰭片」的東西。他對自己創造的名字非常得意，直到政治家尼古拉斯·費爾貝恩（Nicholas Fairbairn）指出，這名字用回文構詞法可以寫成「Monster hoax by Sir Peter S」（被彼得·S爵士愚弄的怪物）。

怪。他相信僅用自己職權去保護水怪免遭獵人毒手「非常靠不住」。蘇格蘭國家檔案館在 2010 年 4 月 27 日公開這封信。還有其他目擊發生，但沒有具體證據顯示有任何麻煩生物住在湖裡。有人相信牠也許是其他恐龍滅絕後倖存的蛇

頸龍，但也站不住腳。牠也許是海豹，甚至只是波浪。幾次的探測都曾利用現代科技，但都毫無斬獲。

化製成的石頭）有吸引物體的力量，就像琥珀一樣，有些人說牠不僅會吸引麥桿和葉子，銅或鐵若是薄片的話也會被吸引，如同狄奧克勒斯（Diokles）過去所說。牠冰冷透明，來自野生猞猁的質地比馴養的好，公猞猁的又比母猞猁的好；因為牠們吃的東西不同，運動不同，還有一般而言在身體本質上的不同，所以前者的比較乾燥，後者的比較潮濕。經驗老道的人能找到並挖出這些石頭；因為這動物排尿後會用泥土掩蓋在上面。」一世紀的奧維德也宣稱：「征服後的印度將猞猁獻給植物神巴克斯（Bacchus），他們說這些動物排出的尿液接觸空氣後會硬化變成石頭。」同一時期的普林尼告訴我們：「猞猁外

▌猞猁和珍貴的尿液

希臘哲學家泰奧弗拉斯托斯（Theophrastus）在西元前四世紀在他的著作《論石》（*On Stones*）寫道：「（猞猁石——猞猁〔Lynx〕尿液硬

形像狼，有花豹的斑點，第一次出現是在龐培（Pompey the Great，西元前55年）的競技表演上……衣索比亞產許多猞猁…猞猁尿液凝結成水晶般的滴狀物，顏色像火焰；這種物質被稱為猞猁石（lyncuriam）。猞猁知道這回事，所以會用泥土掩埋尿液讓牠們更快凝結。」

南美雨林的長毛象

筆者有幸接受艾弗雷特‧黑爾姆（Everett Helm）的邀請，加入印地安納大學的獎助計畫，以便能夠改寫《海員彭羅斯的日誌》。這部小說講述威廉‧威廉斯於1760年代被遺棄在尼加拉瓜海岸的羅摩印第安人土地上。筆者完成的作品於2007年以《美國第一本小說：威廉‧威廉斯的海員彭羅斯日誌》之名出版。作者除了描述一些首見的植物與動物，也發現雕刻在玄武岩上的象形文字，年代是出土前的兩百年，他寫下值得注意的片段：「今年有一天，離家大約半哩之後回來，我提議大夥繼續回到鄉野看能發現什麼，第二天帶好裝備就出發。有時我們前進得相當困難。最後我們來到遠方一處開闊地，這裡長滿高聳樹木，後方就是光禿鄉野。我們看到三隻鹿快速跑過；我們的狗從後面追去，但很快就跟丟了。然後我們來到一處低漥濕地，另一端看去像是大片碎裂邊坡。我們在這兒看到頭上飛過許多野鸚鵡。

因為眼前景象相當陌生，我們愈加好奇。森瑪發現邊坡腳下有某種野獸的大型頭骨。骨骸大到他幾乎舉不起來。許多臼齒還在頭骨上，相當穩固，但可以輕鬆拔起。再往前一些，我在邊坡撿到巨大的肋骨。我們接著發現更多屬於同一種野獸的骨頭。我不知道這可能是哪種動物，但森瑪堅信牠必定是一頭大象，他曾經看過這動物，但我不曾看過。我們帶走三顆牙齒，還發現所有掉在水裡的木片樹枝都石化了。我們決定

爬上邊坡，可以看到四周更遠的地方。我們滿足好奇心後就回去。我們回家之後再次聚集研究那牙齒，但所有人都一無所知。只有亨利曾聽老人說他們打獵時也發現過。於是牙齒被擱置一旁，我們對這件事毫無進展……我後來找機會去請教歐瓦格米，聽聽他對於我們發現的牙齒有何意見。印第安人們將牠們拿在手上傳遞下去，用他們語言發表看法，歐瓦格米告訴亨利說，他和自己父親曾經看過這些牙齒，他們知道有一處深谷有許多這種東西，但是那在遙遠的

南方。他不知道自己族裡是否有老人曾看到這動物還活著，還說他們知道這動物有跟人一樣長的白色角，因為有些老人說自己曾看過——例如老瓦里邦，一位偉大的獵人，曾有很長時間留了一根在身邊，但因為他們住得離他太遠，所以未曾見過。

說到這裡，一位叫卡尤塔的印第安人此時出現，說他父親見過好多次——還比出手指；我們收集並且談到的野獸一定是大象，他提到的那些角應該是那動物的牙齒。但為什麼整個物種都消失了，對我們而言是一個謎，當時想到是除非所有原住民全都加入撲殺牠們。然而一個人應該會想，他們絕不可能完成規模這麼浩大的任務。這塊大陸如此開闊，所有原住民不可能彼此協議共同參與，因為各族相距好幾千哩，甚至不知道彼此的存在。但我把這問題留給博學之士，讓他們用正確方式解釋這巨大謎團。」

這些史前長毛象的骨骸應該受到近期尼加拉瓜豪雨沖刷，從邊坡裸露出來。這是第一次有作者記錄下美洲這樣的發現，但長毛象的分佈居然達到尼加拉瓜這麼南方。重要的是，一個美國團隊才在聖伊莎貝（Santa Isabel）附近發現一具長毛象遺骸，那是位於馬拉開波湖（Lake Maracaibo）與太平洋岸之間。根據估計，牠們在一萬年前左右從北美洲往南美洲遷徒，所以威廉斯說牠們在這區域是沒錯。如果印第安人的消息來源正確，這意味著牠們待在尼加拉瓜的時間比料想已經滅絕的時間還晚。

獵人瓦里邦被提到曾經擁有一根長毛象的象牙。如果卡尤塔的父親曾看過長毛象，當時雨林中就可能有殘餘的長毛象族群。2009 年，《科學》雜誌宣稱「可靠證據」顯示一顆巨大彗星在西元前 11,000 年撞擊北美洲上空大氣層，來大火與死亡。牠造成的滅絕包括古印第安人（也被稱為克洛維斯人〔Clovis people〕），美洲獅、劍齒虎、美洲駱駝、地懶、短面熊、乳齒象與長毛象。西伯利亞凍原上最後的長毛象死於三千六百年前左右，當凍原在夏天融化時，人們發現數以噸計的長毛象象牙。據說蜜雪兒·歐巴馬戴的首飾是用長毛

象象牙製成。真可悲，非法獵捕的象牙被漂白成合法的長毛象象牙，如今非洲與亞洲的象仍為了牠們的象牙而被宰殺。

▌曼德拉草——人形植物

曼德拉草（Mandrake）是史上最神秘的植物，又稱風茄（Mandragora）。

這植物的根部像個人形，把牠從土裡拉出來時會尖叫。牠被用來當藥材，但只要聽到牠尖叫的人都會死亡或發瘋。於是一隻饑餓的狗會被綁在植物上，拿一塊肉掛在搆不著的地方誘惑牠。狗為了吃到肉就用猛拽繩子，把植物拉了起來。這植據說生長在東邊接近天堂地方。母象為了懷孕必須吃一些曼德拉草根。大英圖書館裡編號 Harley MS 4986 的十一世紀植物誌裡寫道：「如果你為了傑出的健康療效要去採集曼德拉草，你應該用這種方式。牠在夜裡會像燈火一樣發亮，你看到時要迅速用鐵銬將牠圍住，否則牠會逃跑。牠內在力量十分強大，如果看到不乾淨的人靠近就會跑走。所以要用鐵銬將牠圍住再挖掘，小心別讓鐵銬觸碰牠；用一根象牙棒盡可能小心把土從牠上面移開，當你看到這植物的腳和手時，應該該用一條新繩子立刻綁住這植物，再把同條繩子綁在一隻餓狗脖子上，然後在前面一些距離放下食物，狗在很想吃食物下就會拉起這植物。此外，你可以用另一種方法。做一個像投石器的機械，上面換成固定好的長桿，桿頭綁上的新繩子另一端也綁住這植物；你應該要到遠處像捕鼠器般觸動這機械，當長桿彈起時就把植物拉出來。你把牠拿在手裡不要受損，馬上將葉子汁液保存到玻璃

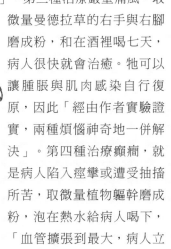

罐裡，牠就可以當作人類的藥物。」

植物誌裡描述了六種療效，第一種治療防礙睡眠的頭痛，用汁液做成的油膏在前額塗上厚厚一層，「當疼痛迅速舒緩，睡意很快就跟著來」。第二種治療耳痛，汁液需要和甘松油混合，把混合液倒入耳朵，「病人會意想不到地快速痊癒」。第三種治療嚴重痛風，取微量曼德拉草的右手與右腳磨成粉，和在酒裡喝七天，病人很快就會治癒。牠可以讓腫脹與肌肉感染自行復原，因此「經由作者實驗證實，兩種煩惱神奇地一併解決」。第四種治療癲癇，就是病人陷入痙攣或遭受抽搐所苦，取微量植物軀幹磨成粉，泡在熱水給病人喝下，「血管擴張到最大，病人立刻被治癒」。第五種治療肌肉抽筋，「植物軀幹磨成非常細的粉，跟橄欖油混合後塗在那些提到有此困擾病人身上」。第六種用在「如果在房子裡出現那種特別致命的頭部冰冷，那麼用曼德拉草──儘管只在房子裡放了很少──就可以驅走感染」。

老普林尼在《自然史》中告訴我們曼德拉草有兩種，一般認為白色是雄株風茄，而黑色被視為雌株。「牠的葉子比萵苣窄，莖部有毛，有一個雙重或三重根，黑色的沒有而白色的夾在中間，像肉一般柔軟，大約一腕尺長。兩種都

會結果子，大小如同榛果…雌株葉子比雄株寬。」同年代（西元一世紀）的迪奧斯科里德斯（Dioscorides）描述根部可以做春藥。德拉草的根部像人形，也許源自人們相信這植物是靠絞刑臺上吊死的人屍流下的體液長出來的。這植物在德國被稱為「絞刑臺小人」。一個生在小偷家族的世襲竊賊，或者一個人還被懷在肚子裡時母親去偷竊，被吊死在絞刑臺上時，他的精液或尿液滴到地上，曼德拉草或絞刑臺小人就從這裡發芽。另一個版本說這植物的人類祖先不是竊賊，他是個清白貞潔的年輕人，

在拷打逼供下承認自己是小偷，結果在絞刑臺上斷了性命。曼德拉草（曼陀羅草）是茄參屬（*Mandragora*）植物的通稱，屬於茄科（Solanaceae）植物。牠含有致幻的生物鹼成分。牠的根有時會分岔，形成酷似人的造型，所以牠的根長久以來被用在巫術與神秘學儀式上。茄參植物（*Mandragora officinarum*）的各部分都有毒性。牠生長於歐洲南部、中部和地中海周圍地區。牠的球狀紅果實被稱為「愛的蘋果」，牠的希伯來文名

稱的意思是「愛的植物」。希伯來與亞洲文化相信牠能幫助不孕的婦女懷孕。

蝎獅是老虎？

蝎獅（Manticore）的名稱一般認為源自波斯文裡意思是食人者的一個字，這生物有獅的身體、人的臉孔和帶有尖刺的尾巴。西元前四世紀的希臘歷史學家克特西亞斯記述：「在這國家（印度）可以發現一種叫蝎獅的動物。牠的臉孔像人，皮膚紅得像朱砂，體格和獅子一樣大。牠有三排牙齒，耳朵和淡藍色眼睛像人，尾巴像陸蝎，末端有根一腕尺長的刺。尾巴旁邊也都有刺，每根都像子的尖刺，被牠刺到通常會致命。如果受到遠方攻擊，牠會將尾巴舉到前面，像弓一樣從尖刺噴出毒液；如果攻擊來自後方，牠會伸直尾巴將刺直射一百呎距離。被牠傷到的動物除象以外都會死。這些刺有一呎長，像小燈蕊草一樣粗。蝎獅的希臘文名稱是 Anthropophagos（食人者），因為牠不僅捕食其他動物，也殺死並吃掉不少人類。牠用爪子與尖刺來打鬥，尖刺射出後還會再長。印度有許多這種動物，牠們被原住民坐在象上用矛或箭獵殺。然而，西元二世紀的保薩尼亞斯告訴我們：「克特西亞斯在他的《印度史》中描述，印度人稱為蝎獅而希臘人稱為食人者的動物，我比較認為是老虎。但牠的雙顎各有三排牙齒，尾巴末端有用來

近身防衛的尖刺，捲起來時像弓箭可以射向更遠的敵人。」羅馬作家埃里亞努斯記註「印度人在這些動物年幼尾巴尚未長刺時獵捕牠們，然後用石頭碾碎尾

巴防止牠長出刺來。牠們的聲音與象的吼聲非常相似。」蝎獅造型在各種繪圖中有所不同，但最好辨識的就是有張人類臉孔。裏海虎是當代存活的老虎中體型第三大者，僅次於西伯利亞虎和孟加拉虎。牠分佈在伊拉克、土耳其、蒙古、伊朗、伊拉克北部和俄羅斯。紅軍曾接受命令要撲殺裏海四周的所有老虎，他們的高效率使得裏海虎在 1959 年滅絕。

麒麟是獨角獸？

麒麟（Monocerus）有一根長角，牠也許是仿自犀牛的造型。普林尼沒有區分麒麟與獨角獸，但有些人認為牠們是不同的野獸，因為麒麟的描述是有雄鹿的頭，馬的身軀，象的腳，公的尾巴，前額有根很長的黑角。牠會發出低沉的哞叫，是象的敵人，打鬥時用角瞄準敵人的腹部。

獨角獸

獨角獸（Unicorn）這字源於希伯來文的 re'em（角），在早期版本的《舊約聖經》裡被翻譯成 monokeros，意思是「一隻角」，後來在英文裡就變成「unocorn」。西元前 398 年，希臘歷史學家克特西亞斯說獨角獸住在印度，描述牠們是「體形像馬甚至更大的野驢，牠們身體是白色，頭是暗紅色，眼睛深藍色。牠們前額有獨角，大約半米長。」這描述似乎組合了印度犀牛、喜瑪拉雅羚羊和野驢。也許非洲或亞洲大羚羊的角也產生影響。這獨角被認為具有療癒性質。從角銼下的粉末可以抵抗毒物和許多疾病。牠甚至能起死回生。中世紀的皇室貴族使用獨角獸的獨角當飲用杯，不僅因為相信牠能防毒，更因

獨角馬

獨角馬（Hippoi Monokerata）是東方的快腿獨角獸。這些華麗雪白的馬匹有一根顏色耀眼的獨角長在額頭中央。希臘人也稱它們是Onoi Monokerata（獨角驢）。老普林尼有不同的描述：「最兇猛的動物是麒麟（Monocerotem），身體像匹馬，但頭像雄鹿，有著象一樣的腳，尾巴像公豬，吼叫聲低沉，前額中央冒出一根三呎長的黑色獨角。他們說不可能活捉到這種動物。」

為這變成一種時尚。在十二至十九世紀間，最後一次氣候明顯變冷時期（小冰期），獨角鯨分佈範圍據信比現在更往南擴張，記錄中英國海域最後一次看到牠們是 1588 年。不久之後，私掠船長馬丁·弗羅比舍將一支角呈獻給女王伊莉莎白一世，牠的價值是自己重量十倍的金子。

▎莫拉格─蘇格蘭第二號水怪

莫拉格（Morag）是蘇格蘭繼「尼斯湖水怪」後最為人知的水中怪物，據傳牠活在莫拉湖（Loch Morar）裡。從 1887 年開始有超過 30 件目擊報告，其中 16 件包含多個目擊者。1948 年，有九個人在船上聲稱看到「20 呎長像蛇一樣的奇特生物」，與 1887 年的目擊地點

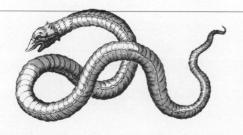

雷同。1969 年，杜肯·麥當諾（Duncan McDonnel）和威廉·辛普森（William Simpson）駕駛快艇突然撞上這生物並遭到反擊。麥當諾用槳回擊，辛普森用步槍開火，牠緩緩沉下失去蹤影。他們描述這褐色生物有 7.6 至 9.1 公尺長皮膚粗糙。牠的三個背峰升出湖面 46 公分，頭有 30 公分寬，伸出水面 46 公分高。如同尼斯湖水怪，這些目擊似乎缺乏邏輯解釋，牠的存在仍是一樁奇聞。

▎飛蛾人

1966 年十一月至 1967 年十二月間，據報出現在西維吉尼亞州查爾斯頓（Charleston）與波因特普萊森特（Point Pleasant）地區的奇怪生物被稱為飛蛾人（Mothman）。此生物的目擊事件在這段期間的前後偶有發生，最近的還發生在 2007 年。 根據大部分目擊者描述，這和跟人一樣大的有翅膀生物有一對會反射的大眼睛。牠通常沒有頭，眼睛長在胸部。一名年輕男孩在 1926 年首度看到飛蛾人。同一時間，在附近墓園挖

岩燕──沒有腳的鳥

　　岩燕（Martlet）在腳的位置是一簇羽毛，紋章學裡的岩燕設計是沒有腳也沒有鳥喙。這種鳥據信像雨燕一樣終身不落地。十字軍從聖地歸來後帶回關於它們故事。岩燕被當做一種紋章授與英國貴族的年輕後輩，是要提醒他們「要相信美德與功績的羽翼，而不是它們的腿，因為沒有可以讓它們落下休息的陸地。」岩燕是小型燕鳥，但雨燕也被稱為岩燕。牠們的腿很短，以至於人們認為牠們沒有腿。紋章學圖案應該是根據某種雨燕而來，因為發現牠

們在地上很難起飛，於是大部分時間都飛在空中。雨燕從不會停留在平地，牠棲息在垂直面上。雨燕有數種，牠們是速度最快的飛行動物之一。普通雨燕在一年之中遷徙的距離至少有200,000公里。

墓穴的三人看到一個有翅膀的褐色人形從後方樹林騰空而過。兩個事件分別被報導出來。那裡已有數起飛蛾人目擊事件，但都沒有照片實證。

老鼠的繁殖

　　老普林尼在《自然史》中寫道：「有些老鼠天生會啃食鐵；在沙利伯（Chalybes）國度的老鼠還會在礦場裡啃食金，當牠們肚子被剖開時常會看到被偷走的金子。白色外觀的老鼠代表好兆頭。地鼠跟其他森林來的老鼠合不來，總跟牠們殊死交戰。當父母老邁

時，牠們會非常有愛心地餵養。老鼠在冬天會冬眠；老鼠此時會死去……老鼠是最會繁殖後代的動物；牠們不用交尾，互舔或吃鹽就能懷孕。

埃及老鼠用兩腳走路，阿爾卑斯山老鼠也一樣。」塞維亞的依西多祿補充說：「老鼠是一種小動物，有的一些生自泥土。老鼠肝臟在滿月時期會變大……榛睡鼠會睡整個冬季，像死了一般動也不動，到了夏天就甦醒過來。」

牛會預知天氣

　　牛在某些文化裡是神聖的，早期作家認為牛可以預知天氣，如果知道天將降雨會拒絕走出牛舍。牛在拖犁時喜歡跟老夥伴在一起，如果抱牠們分開會咆叫。印度有一種特別的獨角牛，牠無法被馴化。塞維亞的依西多祿註記

公羊

老普林尼告訴我們：「在公羊角接近耳朵地方鑽一個洞可以約束牠的野性。用細繩繞住公羊右邊睪丸，就會生出母羊；如果綁在左邊，就會生出公羊。」

說「牛糞可以治療叫做海德羅斯的水蛇咬傷」。老普林尼在《自然史》敘述：「據說印度牛跟駱駝一樣高，包含牛角有四呎寬。加拉曼特的牛只有倒退走時吃草。有故事說牛在埃及跟金子一樣受到崇拜。」

▌豹──龍的美味敵人

老普林尼在《自然史》第八冊講述：「豹是淺色帶有眼睛般的小斑點，牠們鮮美的味道吸引所有四腳獸，但一臉兇狠嚇跑這些動物。因此豹要抓獵物會把頭藏起來，用牠們味道吸引獵物到可得手的範圍。有人說豹的肩膀有一個像新月的記號。豹最常出現在非洲與敘利亞。」塞維亞的依西多祿記載：「豹（pantera）的名稱源自於希臘文的「泛」（pan），因為牠是除了龍以外所有動物的朋友。牠們身上覆滿像眼睛的黑白圓圈。母豹只會生一胎，因為幼豹在子宮裡急於出來，會用爪子抓傷母豹，所以她不能再懷孕。」陶恩的菲利浦（Philip de Thaun）在 1121 年左右的《動物寓言》中寫道：「那是一種奇特動物，美得令人驚嘆，有著上帝子民都稱讚的顏色，就像約瑟長袍上變化多端的色澤，一個比一個鮮明，一個比一個細緻，展現在人子眼前。這野獸淺淡色澤變化無窮，一個比一個耀眼美麗，熠熠生輝；牠愈是顯得比其他動物奇特，也愈是散發牠獨有的驚豔。當這醒目野獸沉睡三日後醒來，威風凜凜驟然起身，從牠嘴裡發出悅耳聲響；此後曠野傳來一陣令人愉悅的芳香氣味，比任何花朵綠葉的香氣更甜美濃烈，高貴得無與倫比。」

在基督教寓言裡，豹代表基督，吸引人們走向他。龍代表魔鬼，害怕基督躲避他。豹的多樣色彩代表基督的多樣身分。基督飽受嘲弄與辱罵後，倒地睡死送進墳墓。他進入地獄捆綁住龍。三天後基督離開墳墓，宣告他戰勝死亡。豹的芳香氣息吸引所有動物走向牠，象徵基督話語引領眾人走向他，不論猶太人與否一視同仁。

俾格米人

俾格米人（Pygmies）據描述是矮小、黑皮膚的人種，身材有一「俾格」（pugme）高，俾格是指人的手肘到指關節的長度（大約46公分）。古代俾格米人分別居住在印度和下撒哈拉地區，這兩個區域被認為是座落在包圍大地的俄刻阿諾斯河（River Okeanos）最南岸。根據荷馬在《伊利亞德》裡的描述，俾格米人的每年春天都得在俄刻阿諾斯河岸與鶴鳥對抗。「鶴鳥的喧鬧響徹雲霄，當鶴群度過冬天，雨下不停，牠們鼓噪地飛到俄刻阿諾斯河，給俾格米人帶來流血與毀滅：牠們一到黎明便向他們發起兇狠的戰鬥。」後來的作者通常認為他們居住在尼羅河源頭，據說鶴鳥每年都會遷徙到那裡並佔據俾格米人的土地。當海克力士到他們國家時，俾格米人要爬梯子到他的高腳杯緣才喝得到酒；他們襲擊這位英雄時，耗費一整支軍隊去攻擊他的左手，另外兩支軍隊攻擊右手。亞里斯多德不相信這些對俾格米人的寓言描述，但認為他們是住在上埃及地區的一個部落，他們有很小的馬，居住在洞穴裡。我們也曾提到印度的俾格米人，他們住在恆河東邊的地底下。這名稱首次出現是在荷馬的作品裡。現在俾格米（Pygmy）這名詞用來泛指世上平均身高異常矮小的不同種族。牠的定義是成人平均身高矮於1.5公尺。最著名的俾格米族群是在非洲中

部。關於印度俾格米人的傳聞也許有事實根據。直到二十世紀才有報告指出有一個藏緬語系的俾格米部落存在，他們是東南亞的獨龍族（T'rung），居住在印度、西藏與緬甸交界處。現在只有少數人還存活著。

鶴鶉是沉船禍首

西元一世紀的老普林尼寫道：「鶴鶉偏好待在地上，雖然遷徙時也會飛行。牠們有時會給船員帶來危險；晚上接近陸地時，牠們會降落在帆上導致船沉沒。為了提防老鷹，鶴鶉會跟著其他鳥尋求護航，包括長舌鳥、長耳鴞和圓鴞。牠們飛行時喜歡乘著北風，因為牠們很虛弱容易疲倦；牠們因為這種勞累在飛行時會發出淒慘叫聲。如果碰上逆風，牠們會撿起小石頭或在喉嚨塞滿沙子當壓艙物。鶴鶉會吃有毒的種子；所以鶴鶉不可食用。這鳥是除人以外唯一會發生癲癇的生物；所以習慣上看到這鳥就吐口水可以當做預防癲癇的符

蠑螈與金匠

以下文字截取自《本韋努托‧切利尼傳》（*Life of Benvenuto Cellini*），這位傑出的義大利雕刻家兼金匠（1500至1571年）在自傳裡寫道：「當我五歲大的時候，父親偶然來到他們原本在洗滌的小房間，裡面橡木升起的火正旺，他往火裡瞧，看到一個像蜥蝪小動物，能夠活在最熱的環境下。他一察覺那是什麼，就把姊姊和我叫過來，指給我們看那生物之後，給了我一個小盒放在耳邊。我哭了出來，此時他輕聲安慰我說：『親愛的孩子，我不會譴責你曾犯的過錯，但希望你會記起火裡看到的小生物是一隻蠑螈；我從未見過這樣的生物。』這麼說他擁抱我，給了我一些錢。」這種被稱為蠑螈的兩棲生物有500種。許多蠑螈喜歡住在腐朽原木裡。木頭放進火裡時，蠑螈會試圖逃出原木，導致人們認為蠑螈生於火。

咒。」

塞維亞的依西多祿有相同看法：「鵪鶉（coturnices）的稱呼來自於牠的聲音。希臘人第一次看到牠是在奧提伽島（Ortygia），所以稱牠 ortugai。牠們會在固定時間飛越海洋。鵪鶉（ortygometr）之所以如此命名是因為牠帶領鳥群。當老鷹看到第一隻鳥飛向陸地時會抓住牠，所以牠們尋找其他不同的鳥當護航，避免飛第一個。牠們喜歡吃有毒種子，所以古人說牠們不可食用。」

▌渡鴉

身為鴉科動物中體型最大者，黑色渡鴉在歷史中扮演有智慧的鳥。老普林尼說：「當渡鴉幼鳥長到夠壯能飛時，父母會趕牠離巢到遙遠的地方，所以小村莊裡絕不會超過兩對渡鴉。在秋天無花果成熟前，渡鴉會因為口渴缺水

而經歷六十天健康欠佳。有些人說渡鴉是透過鳥喙交配或下蛋，因此孕婦如果吃了渡鴉蛋，或者將蛋擺在家裡，她生產時就不會順利；但亞里斯多德說這不屬實。渡鴉是唯一懂得自己傳達什麼預兆的鳥；當渡鴉呱呱啼叫時哽住是最壞的徵兆……提貝里烏斯（尼祿）當皇帝時，有隻渡鴉在羅馬經常喊他名字打招呼。另一隻渡鴉被看到把石頭丟進水缸裡，讓水滿到牠能喝得到水。」

巴特洛邁烏斯‧安戈里克斯寫道：「渡鴉看著幼鳥張開的嘴。但她不給

肉，要先確認牠們是否跟自己的一身漆黑、顏色和羽毛是一樣的。當牠們開始變黑之後，她會使勁全力餵養幼鳥。據

說渡鴉幼鳥被餵的是天上露水，黑色羽毛都是天生而來。在鳥禽中，只有渡鴉有六十四種變化的聲音。」就像大部分腐食動物，渡鴉來到屍體旁會先啄掉眼珠，這樣才吃得到有營養的腦部。寓言是說渡鴉先啄掉眼睛，所以魔鬼先摧毀的正確判斷的能力，使得心智易遭攻擊。因為渡鴉要先確認幼鳥是自己孩子才會餵食，所以老師先不要告訴學生深奧道理，直到他認為學生已準備好了再說。

鵬鳥──太陽鳥

鵬鳥神話的起源也許來自有人目睹一隻鷹能抓起初生羔羊。然而，神話也可能來自對一隻真實大鳥的描述，也許是馬達加斯加巨大的隆鳥或象鳥，一種已經滅絕、3 公尺高且不會飛的鳥。牠們的鳥蛋周長有 90 公分，直到十七世紀才滅絕。另一個理論說鵬鳥的起源其實是看到鴕鳥，因為牠不會飛，也不常見，把這禽鳥誤認為是較大物種。還有另一理論說鵬鳥的靈感是來自日全蝕期間，人們看到鳥一般的形體出現在日冕中。也許從這巨大「太陽鳥」啟發靈感的是鳳凰，或者其他神話中與太陽緊密相關的鳥。日全蝕理論的證據在於鵬鳥被描述成白色（太陽日冕的顏色），而且《天方夜譚》裡的描述是「一隻體形碩大的鳥，身軀龐大（也許是黑暗的月亮）而且翅膀寬廣（也許是日冕的赤

道閃焰），飛翔在空中；就是牠遮住了太陽，把太陽蒙上黑影（所以造成日全蝕）。」

十六世紀時，歐洲人將鵬鳥的存在當做事實。1604 年，詩人麥可・德雷頓（Michael Drayton）寫了首詩想像鵬鳥被帶上方舟：

> 人類未知所有羽禽，
> 從大鵬鳥到小鷦鷯；
> 來自森林鄉野河域，
> 無論帶蹼或者分趾；
> 全都聚集大方舟上，
> 各地繁族不及備載。

蛇逃離裸人

世上各個文化有數以千計關於蛇的故事，許多來自創世神話。下面是其中幾個例子。蛇變老時的視力會減退，牠可以吃茴香恢復視力。為了恢復青春，牠會禁食到皮膚變得鬆垮，然後爬過細縫脫去舊皮。蛇到河邊飲水時，會先把毒液吐到一個洞裡，隨後再來取回。蛇會攻擊穿衣服的人，但碰到裸人會逃走。蛇受攻擊時會保護自己頭部。蛇嚐到齋戒者的唾液會死。牠是貓鼬、鸛和雄鹿的敵人，雄鹿角焚燒出來的煙會讓牠致命。

衣索比亞史芬克斯

衣索比亞史芬克斯（Sphinx

Aithiopikos）是傳說中一半獅子、一半女人的生物，產於衣索比亞（下撒哈拉地區）。牠們在老普林尼的《自然史》中被引用，也許源自旅者對一種非洲狒狒的描述，就像人頭驢可能來自對黑猩猩的描述。

蜘蛛是造雨者

跟蛇一樣，據說蜘蛛嚐到齋戒者的唾液會死。老普林尼說：「觀察蜘蛛可以獲得一些預報：蜘蛛織許多網就是要下雨的徵兆，河水要上漲時，牠們會把蜘蛛網移往高處。據說雌蜘蛛負責織網，雄蜘蛛負責捕獵，因此牠們公平分擔工作。」

鸛——咯咯作響的鳥

老普林尼說：「鸛生病時用墨角蘭當藥草。沒人知道鸛的遷徙來去何處；牠們只在夜裡到達與離開。當牠們準備離開時，會在固定地點聚集後一起出

發，好像適當日期早已決定。有些人說鸛沒有舌頭。牠們在某些地方很有價值，因為牠們能殺蛇。鸛每年會回到固定鳥巢，父母衰老時會照顧牠們。」塞維亞的依西多祿告訴我們：「鸛（ciconiae）的名稱來自於牠們發出的噪音，那不是牠們的叫聲，而是鳥喙的咯咯聲響。鸛是春天的佈達者，蛇的敵人和群棲的動物。牠們編隊飛越海洋前往亞洲，跟在兩隻烏鴉後面就像一支軍隊。牠們格外照顧幼鳥，持續孵蛋就算羽毛脫落也不管；不過日後幼鳥會餵食牠們，如同牠們養育幼鳥一樣久的時間。」

燕子是眼科醫生

根據老普林尼在《自然史》中所說：「燕子用白屈菜當藥草治療幼鳥眼睛酸痛……燕子遷徙不會走太遠，只會到陽光充裕的山谷。牠們不會進底比斯城，因為在那裡常被捕捉。據說燕子總會回到相同鳥巢；這項特性讓牠們成為信使。燕子的飛行快速又多轉折，牠們只在空中餵食…燕子用稻草與泥土築巢；如果缺少泥土，牠們會用水沾濕翅膀灑在塵土上。父母會公平分享食物給幼鳥，還會保持鳥巢清潔，有一種燕子（灰沙燕）築巢在河岸的洞穴裡；如果河水漲升威脅鳥巢，燕子會提早幾天便離開。這種燕子的幼鳥若燒成灰，可以當成治療嚴重喉病的藥方。」

老虎有斑點

塞維亞的依西多祿在《語源學》

中說：「虎（tigris）的名稱源自波斯人與米底亞人指稱「箭」的單字，因為虎的速度太快。底格里斯河（Tigris River）以虎命名是因為整條河的流速都很快。虎有許多斑點，牠們的力量與速度令人欽佩。許多虎住在赫卡尼亞（Hyrcania）……在印度，母狗晚上被綁在森林裡，野虎會與其交配；如此生下的狗會兇猛勝過獅子。」

烏庫──南美洲的大腳怪

烏庫（Ucu）有時也稱烏庫瑪（Ucumar）或烏庫瑪蘇派（Ukumar-Zupai），據稱是住在智利與阿根廷山區附近像大腳怪的生物。烏庫據描述是身材像大狗，站立著走路；人認為牠偏好在安地斯山的熱帶區域活動。根據原住民所說，烏庫喜歡吃沛歐，一種像甘藍菜的植物，會發出像嗚呼、嗚呼、嗚呼的聲音，博物學者兼神秘動物學者伊凡·T·山德森（Ivan T. Sanderson）將其比做亞伯特·奧茲曼（Albert Ostman）描述的聲響，奧茲曼聲稱自己

在 1924 年被一個薩斯科奇人部族俘擄。

不明的蛇

根據北美洲東部的本土傳說，雪蛇（snow snake）是一種純白外皮的劇毒蛇。牠大部分時間都躲藏起來，任何靠近牠的東西都會被咬。早期殖民者也相信牠的存在。如果牠真的存在就可能是一種響尾蛇，因為蛇中只有響尾蛇能存活在緯度這麼高的地方。在同一地區，滾環蛇（hoop snake）在逃跑時會繃緊身體捲成環狀，然後從山坡滾下去。一個世紀前的查爾斯·弗萊徹·盧米斯（Charles Fletcher Lummis）在《野馬之王》（The King of the Broncos）中描述出現在新墨西哥、亞利桑那和墨西哥的皮丘匡達（pichu-cuate）。盧米斯說牠是美國唯一真的毒蛇。牠非常小，典型鉛筆的長度與粗細，頭比人的拇指甲還小。牠是北美最大膽、兇猛和毒性強的蛇，上半部是鉛灰色，下半部是玫瑰紅，有個清楚的三角頭和小獨角。據說印第安人崇拜響尾蛇，也不怕牠們，但是卻怕這種微小的皮丘匡達。這種小蛇也許現在完全滅絕了。非洲北部應該沒有蟒蛇，但人們經常在摩洛哥與突尼西亞看到巨蛇，唯一可能的就是蟒蛇。撒哈拉沙漠化以前的非洲各地都有蟒蛇，但氣候變遷使牠們相繼死去，也許只剩少量殘存在綠洲裡。恩古馬─摩內內（N'guma-monene）是剛果境內一種像蛇

的大型生物，然而牠不是蛇，看起來像個沒有腿的恐龍。

瓦爾基麗——英靈挑選者

在維京神話中，瓦爾基麗（Valkyrie）屬於低階女神，被描述成眾神行列中的「好戰處女」。她們的角色是去挑選戰死沙場中最英勇的武士，帶領他們去英靈神殿成為英靈戰士（einherjar）。因為主神奧丁需要戰士在諸神黃昏（Ragnarök）的末日之戰為他出征。現在人們認為瓦爾基麗源自於奧丁的女祭司，她在獻祭儀式中處決犯人（獻祭給奧丁）。這些女祭司有時會親自使用矛刺挑選犧牲者。

莫卡吸血鬼

1975 年二月，美國發生大量牛隻遭到殘殺的事件，在此同時，一家波多黎各報紙的頭條新聞報導以莫卡小鎮為中心發生神秘的動物連環死亡消息。「莫卡吸血鬼」在莫卡的洛恰區（Barrio Rocha）開啟殺戮，牠以前所未見的可怕方法殺死一些動物。十五頭牛，三隻山羊，兩隻鵝和一隻豬被發現死於外皮上有異於尋常的穿孔，推測是被一種尖器刺進體內。解剖顯示這些動物體內血液完全乾涸，彷彿被某個掠食動物吸乾。1975 年 3 月 7 日，雷·西門尼斯（Rey Jimenez）擁有的一頭母牛被發現死在

莫卡的克魯茲區（Barrio Cruz）。牠頭蓋骨有很深刺傷，身體有幾處抓傷。西門尼斯的母牛被加入日漸增加的受害者名單中，現在總數超過 30 隻。莫卡居民瑪莉雅亞·瑟維多（Maria Acevedo）宣稱，有個奇怪動物在夜裡落到她家鐵皮屋頂上。這動物啄了屋頂和窗戶後飛走，發出可怕的尖叫。更多動物遭到殺害，1975 年 3 月 18 日，赫克多·維拉（Hector Vega）住在莫卡的派布羅區（Barrio Pueblo），他發現自己的兩隻山羊被吸血。山羊脖子上的穿孔無疑是被攻擊的痕跡。這動物隔天晚上回到維拉的農場又殺死十隻山羊，還傷了其他七隻。二十年後，卓柏卡布拉造訪了相同地區。

韃靼利亞植物羊

韃靼利亞植物羊（Vegetable Lamb of Tartary）這個傳說中的植物全名是「*Planta Tartarica Barometz*」——「barometz」這字是韃靼語中「羊」的意思。據說這植物結的果實是羊。植物羊的果實是棉花，但歐洲旅人不認識棉花，所以推論說那物質應該是羊毛。因為羊毛來自於羊，所以他們以為這植物是某種混種，那一朵朵棉花是微小的羊用肚臍連接在植物上面。人們認為這植物會彎下讓羊吃下面青草，當草都吃完後，羊就從植物落下跑走，這植物就枯死。實際上，這種植物是金狗毛蕨

（*Cibetium barometz*）。植物羊的「身體」是植物的根。

　　還有另一個傳說，十七世紀約翰‧帕金森（John Parkinson）的《太陽花園》（*Paradisi in Sole*）手冊封面上，我們看到一幅「植物羊」的圖畫。牠長在韃靼利亞，種子長到像一顆大甜瓜，掛在莖上離地 60 公分高。當甜瓜成熟裂開，一個看起來像綿羊的生物會出現，牠繞著莖打轉，一碰到青草就立刻吃幾口。當青草都被吃完，植物羊就會枯

死。

▌鯨魚像海島

　　塞維亞的依西多祿在《語源學》第十二冊記載：「鯨（ballenae）跟海鼠（sea-mouse）交配懷孕。鯨是巨大的動物，身軀可與山岳比擬。牠們名稱源自於噴水，因為希臘文的 ballein 是噴射的

意思；牠們激起的波浪比其他水中動物造成的都還高。牠們被稱做怪物（cete）因為實在令人害怕。吞下約拿的鯨，牠的肚子就像地獄一樣大；如同約拿說：『他聽到我從地獄般的肚子裡發出的話語』。」十三世紀的威廉‧里‧克拉克記載：「在海中有許多碩大強健的魚，例如鰈魚、鱘魚和海豚。但有一種怪物是非常狡詐危險。牠的拉丁文名稱是 Cetus。牠是船員的惡鄰。牠的背看起來像沙，所以當牠從海中升起時，海員以為那是一座島。被那龐大體積所騙，他們在風暴來時航行過去避難。他們拋下船錨，登上鯨魚背升火煮食，為了綁緊船隻，朝著看似沙地的腳下釘下大木樁。當這怪物感到背上燒灼，牠衝進深海裡，把船和人一起拖下去。這魚的餓時候嘴巴大開，吐出一口極為誘人的香氣。接著小魚湧來，受那香氣誘惑擠滿牠喉嚨。然後鯨魚閉上雙顎，把牠們吞進寬如山谷的胃裡。」

▌野驢──不稱職的父親

　　老普林尼說：「每頭公野驢是牠那群母驢的首領。因為牠妒忌對手，所以會看緊母驢，如果生出公驢就一口咬掉睪丸。母驢為了防範都會秘密生產。野

大口土，這被認為是最好的徵兆。」在羅馬，娼妓被稱為母狼（lupae），因為

她們耗盡恩客的錢財。

驢沉迷於大量性行為。」塞維亞的依西多祿支持普林尼的發現：「野驢被稱做onager，因為「驢」在希臘文是onus，「野」是agrion。非洲野驢體型大，漫遊在沙漠中。一頭公野驢統治一群母驢。因為妒忌新生公驢，這首領會咬掉牠們的睪丸；就怕此事發生，母驢會將小驢藏在秘密地方。」據說在 3 月 25 日這天，野驢會叫 12 聲告知春分來臨。牠早晚都會叫，叫的聲數代表時辰。

狼和狼人

老普林尼在《自然史》第八冊描述狼：「如果一匹狼在人還沒看到牠時盯著人看，這人會暫時無法說話。寒冷地區的狼既殘酷又兇猛，但非洲與埃及的狼就懦弱。人不會變成狼（wolf）又變回人（werewolf），儘管希臘人相信這回事。狼在吃東西時如果視線離開食物，牠會忘了正在進食，然後去尋找其他食物。狼尾巴有一小綹毛含有愛情藥，而且得從活狼身上拔下才有效；因此狼如果被抓到會讓那綹毛自動脫落而無效。狼在一年之中只有十二天進行繁殖。旅人在右手邊遇上擋路的狼吃了一

啄木鳥是預言者

老普林尼在他的《自然史》第八冊告訴我們：「啄木鳥被用來占卜。有一些鳥會直往樹上爬，像隻貓一樣；有一些會顛倒緊抓著樹。牠們敲擊樹的時候，可以從聲音感覺出樹皮下有食物。啄木鳥是唯一將幼鳥養在洞裡的鳥。一般相信牧羊人若把楔子敲進啄木鳥的洞裡，這些鳥會用一種牧草讓楔子滑脫出來。如果楔子或釘子被敲進有啄木鳥巢的一棵樹，不論釘得多牢固，當鳥飛回樹上時，釘子立刻就掉出來。」

參考資料

書目

Bellingham, D., Whittaker, C. & Grant,
J., Myths and Legends, New Burlington
Books 1992, London

Breverton, T.D., Breverton's Nautical
Curiosities – A Book of the Sea, Quercus
2010, London

Breverton, T.D., The First American
Novel – The Journal of Penrose,
Seaman, Glyndwr Publishing 2007,
Glamorgan

Breverton, T.D., The Pirate Dictionary,
Pelican 2004, New Orleans

Breverton, T.D., Wales – A Historical
Companion, Amberley Publishing 2009,
Stroud

Spencer, John and Anne, The
Encyclopaedia of the World's Greatest
Unsolved Mysteries, Headline Book
Publishing 1995, London

Welfare, Simon & Fairley, John, Arthur
C. Clarke's Mysterious World, William
Collins, Sons and Co. Ltd. 1981, London

實用網站

http://bestiary.ca
中世紀動寓言網站，包括野獸、手稿、數
位文件等資料。

http://monsters.monstrous.com
神話怪的網站，豐富的調查資料包括外星
人與殭屍等項目。（無法連上網站）

http://sacred-texts.com
免費資料庫，包含宗教、神話、民間傳說
與神秘學的線上書籍。

http://world-mysteries.com
包括奇特人造物、神秘地點、古代文件與
科學神秘等資料來源。

http://www.monstropedia.org
自稱是「原創開源動物寓言」的網站，超
過2100篇文章，主題從天使到變形人都
有。（無法連上網站）

http://www.theoi.com
希臘神話從A到Z名詞查詢。

http://www.timelessmyths.com
古典、居爾特、北歐與惡瑟王神話概要手
冊。

中英文對照及筆畫索引

索引

國家圖書館出版品預行編目資料

奇幻圖鑑 / 泰瑞‧布雷文頓(Terry Breverton)著；林捷逸譯. ── 初版. ── 臺中市：好讀, 2020.02

　　面；　公分. ──（圖說歷史；57）

譯自：Breverton's Phantasmagoria: A Compendium of Monsters, Myths And Legends

ISBN 978-986-178-511-0（平裝）

1.神話 2.通俗作品

280　　　　　　　　　　　　　　　　108023202

好讀出版

圖說歷史 57

奇幻圖鑑：不可思議的怪物、神話、傳說

作　　者／泰瑞‧布雷文頓（Terry Breverton）
譯　　著／林捷逸
總 編 輯／鄧茵茵
文字編輯／莊銘桓
行銷企劃／劉恩綺
發行所／好讀出版有限公司
臺中市407西屯區工業30路1號
臺中市407 西屯區何厝里19 鄰大有街13 號（編輯部）
TEL:04－23157795 FAX:04－23144188 http://howdo.morningstar.com.tw
　（如對本書編輯或內容有意見，請來電或上網告訴我們）法律顧問 陳思成律師
總經銷／知己圖書股份有限公司
106臺北市大安區辛亥路一段30號9樓 TEL：02－23672044 23672047 FAX：02－23635741
407臺中市西屯區工業30路1號1樓 TEL：04－23595819 FAX：04－23595493
E－mail：service@morningstar.com.tw 網路書店 http://www.morningstar.com.tw
讀者專線：04－23595819＃230 郵政劃撥：15060393（知己圖書股份有限公司）

印刷／上好印刷股份有限公司
初版／西元2020年02月15日
定價：599元
如有破損或裝訂錯誤，請寄回知己圖書更換

本書圖片來源：© Dover Publications Inc.

Published by How-Do Publishing Co., Ltd.
2020 Printed in Taiwan
All rights reserved.
ISBN 978-986-178-511-0